Gérard Klockenbring

DAS BUCH GENESIS

Gérard Klockenbring

DAS BUCH GENESIS

Mysterienmotive im Alten Testament

Verlag Urachhaus

Aus dem Französischen übersetzt
von Doris Hecht.
Die französische Ausgabe erschien 1996 bei Iona, Franchesse

ISBN 3-8251-7290-2

Erschienen 2000 im Verlag Urachhaus

Umschlaggestaltung: U. Weismann
Druck: WB-Druck, Rieden

INHALT

Vorwort . . . 7
Kosmische Schöpfung. Der erste Tag . . . 9
Die ersten drei Tage . . . 23
Die ersten sechs Tage . . . 36
Der siebte Tag . . . 50
Die Erschaffung Adams und Evas . . . 63
Der Sündenfall . . . 77
Kain und Abel . . . 89
Noah und die Sintflut . . . 116
Der Turmbau zu Babel. Abraham . . . 134
Abraham und Melchisedek . . . 151
Ismael. Die Beschneidung . . . 168
Sodom und Gomorra. Isaak . . . 179
Das Opfer Abrahams. Rebekka . . . 192
Esau und Jakob . . . 202
Isaak im Land der Philister . . . 212
Isaak segnet Jakob . . . 224
Die Jakobsleiter . . . 237

Die Söhne Jakobs 247
Jakob wird zu Israel 260
Versöhnung zwischen Jakob und Esau. In Sichem 272
Josef wird von seinen Brüdern verkauft 285
Josef in Ägypten 293
Das Wiedersehen Josefs mit seinen Brüdern und seinem Vater 307
Die Familie Jakobs in Ägypten 324
Jakob segnet seine zwölf Söhne 337

Weiterführende Literatur 355

VORWORT

Nach den Vorträgen Gérard Klockenbrings über das Johannes-Evangelium* liegen nun auch die über die biblische Schöpfungsgeschichte in deutscher Sprache vor. Sie ergänzen die Ergebnisse der modernen Naturwissenschaft durch eine geistige Anschauung der Welt und des Menschen. Die Überwindung des Abgrundes, der zwischen beiden heute noch klafft, wird eine der Hauptaufgaben des neuen Jahrhunderts sein.

Die Frage nach dem Ursprung von Mensch und Erde scheint für die moderne Naturwissenschaft im Sinne einer allmählichen Selbstorganisation der Materie beantwortet. Anders die Schöpfungsmythen der Menschheit! Überall finden wir am Anfang, im »Urbeginn«, Schöpfergottheiten, aus denen unsere gegenwärtige Welt und wir selbst, so wie wir heute sind, hervorgegangen sind.

Diesen Weg verfolgt Gérard Klockenbring anhand der *Genesis* des Alten Testaments. Mit Hilfe der Geisteswissenschaft Rudolf Steiners, der Anthroposophie, zeigt er, wie göttliche Wesenheiten in schöpferischer Tätigkeit Welten aus sich hervorgehen lassen, die sich differenzieren und polarisieren, und wie sich daraus der Mensch bildet. Der Sündenfall, das Drama zwischen Kain und Abel erweisen sich als notwendige Stufen in der Entwicklung des Menschen zur Freiheit. – Dann führt uns der Autor in die nun schon »geschichtliche« Welt der Patriarchen Abraham, Isaak und Jakob. Er macht deutlich, wie sich das hebräische Bewusstsein aus dem imaginativen

* Gérard Klockenbring, *Das Johannes-Evangelium.* Ein Kurs in 22 Betrachtungen. Verlag Urachhaus, Stuttgart 1995.

Bewusstsein der alten Kulturen herausringt und so die Grundlage für unser heutiges intellektuelles Bewusstsein bildet.

Es zeichnet die Darstellungen Gérard Klockenbrings ganz besonders aus, dass die Ereignisse nie als etwas bloß Vergangenes erscheinen. Was am Anfang war, spiegelt sich in Bewusstseinsvorgängen der Gegenwart. Dadurch dass der Mensch diese Vorgänge durchschauen lernt, findet er zu seinem eigenen Ursprung zurück und ahnt zugleich sein Zukunftsziel, sodass sich das schöne Wort von Novalis zu bewahrheiten beginnt: »Und was man glaubt, es sei geschehn, Kann man von weitem erst kommen sehn.«

Ein paar Worte seien noch gesagt zur Übersetzung des alttestamentarischen Textes. Gérard Klockenbring verwendete die französische Übersetzung von Edmond Fleg, die er ihrer Genauigkeit und rhythmischen Durchgestaltung wegen sehr schätzt (vgl. die Fußnote auf S. 17). Es lag nahe, im Deutschen die Übersetzung durch Martin Buber und Franz Rosenzweig heranzuziehen. Ihre Herbheit und gewaltige Bildkraft, verbunden mit den sprachlich-stilistischen Eigentümlichkeiten des hebräischen Urtextes – so weit sie in unsere Sprache herüberzuholen waren –, lassen die vertrauten Begriffe und Geschehnisse ganz neu und frisch und aufweckend im Innern erstehen. Martin Buber hat selbst auf die »Unmöglichkeit« hingewiesen, den ursprünglich »zungen-, nicht federgeborenen« heiligen Text in einen anderen Sprachleib zu übertragen. Eine Annäherung erblickte er darin, durch die von allem Geläufigen abweichende Wortwahl, durch Satzbau und rhythmische Gliederung wieder zu den Wirklichkeiten des biblischen Geistes hinzudringen.

Stuttgart, Februar 2000 Doris Hecht

KOSMISCHE SCHÖPFUNG
DER ERSTE TAG

Die Genesis, die Schöpfungsgeschichte des Alten Testaments, ist wie das Johannes-Evangelium ein Dokument allerhöchsten Ranges. Nicht nur die Tatsache, dass beide mit den gleichen Worten – »Am Anfang …« – beginnen, macht sie einander ähnlich, sondern auch die Blickrichtung: Das Johannes-Evangelium beginnt mit einem Blick auf die entferntesten Ursprünge der Welt; die Genesis will uns teilhaben lassen an den Ursprüngen der Erde und des Menschen.

Ich möchte hier keine historische Betrachtung über die Komposition des Alten Testaments anstellen, sondern nur auf Folgendes hinweisen. Im 18. Jahrhundert bemerkten einige Theologen, dass im Alten Testament verschiedene Namen für Gott auftauchen. Sie stellten sich vor, diese Verschiedenheit sei darauf zurückzuführen, dass im Lauf der Jahrhunderte Dokumente unterschiedlichster Herkunft zusammengetragen und zu dem vereint worden seien, was wir heute als das Alte Testament kennen. Dadurch wurde aus der Bibel eine Art Puzzle, ein buntscheckiger Teppich ohne innere Einheit, und der Gelehrteneifer richtete sich immer mehr darauf, herauszufinden, woher diese oder jene Passage stammte.

Eine sehr interessante Antwort auf diese Art von Problem gab Rudolf Steiner. Er wandte die gleiche Methode auf Goethes *Faust* an und zeigte, wie man ganz exakt beweisen kann, dass der *Faust* von mindestens vier oder fünf Verfassern stammt, von denen jeder einen völlig anderen Stil hat. Was Goethe betrifft, so weiß man heute zum Glück noch, dass er allein das alles geschrieben hat, während wir für die Genesis – und für Homer, der das gleiche Schicksal erlitt – über keine Dokumente verfügen, welche die alleinige Autorschaft unwiderleglich beweisen könnten.

Ich möchte damit nicht behaupten, die Genesis sei, so wie sie uns heute vorliegt, von einem einzigen Menschen verfasst worden; ich glaube jedoch, dass die alten Überlieferungen, selbst wenn sie allmählich modifiziert wurden, dennoch auf wirklichen Wahrnehmungen beruhen und daher ein in sich schlüssiges Gebilde ergeben. Dass die Tradition die ersten fünf Bücher der Bibel einhellig und ohne Unterbrechung Moses zuschreibt, kann nicht einfach geleugnet oder übergangen werden. Wir wollen uns indessen fragen, ob es auch innere Gesichtspunkte gibt, die den Zusammenhang dieser ersten Bücher zeigen und eine gemeinsame Autorschaft nahelegen.

Während das erste Buch von den Geheimnissen des Erdenursprungs und der frühen Geschichte des Menschen berichtet, erzählt das darauf folgende Buch *Exodus* von dem spirituellen Weg, den Moses ging, und von seinen Erfahrungen auf dem Berg Sinai oder Horeb. Diese Erfahrungen geben uns einen Einblick in seine Möglichkeiten; und eines der Merkmale dieser Erfahrungen ist die Anwesenheit von Feuer, von Wärme. Schon Moses' erste Geistbegegnung, in deren Verlauf ihm die Gottheit ihren Namen enthüllt, trägt diesen Charakter: Gott erscheint ihm im brennenden Dornbusch, der sich im Brennen nicht verzehrt. Die Bibel legt großen Wert darauf, deutlich zu machen, dass es sich nicht um ein physisch-materielles Feuer handelt, wie wir es aus unserem gewöhnlichen Leben kennen, sondern um ein Feuer, in dessen Kraft sich eine göttliche Energie kundtut, die es jedem Menschen ermöglicht, sich seiner selbst bewusst zu werden – wenn er nämlich seine eigene innere Wärme, sein eigenes inneres Feuer spürt. Meine Wärme ist die meine; sie vermengt sich mit keiner anderen. Und in der Berührung mit der Wärme meines Leibes werde ich mir bewusst, dass ich bin, dass ich ein Ich bin.

Dass auch der Kosmos von Wärme durchdrungen ist, ist für Moses das Zeichen dafür, dass auch der Kosmos ein Ich hat, eine Mitte, ein Zentrum, dass er kein Zufall ist, keine unübersehbare, zufällige Summe von im Raum und in der Zeit zerstreuten Atomen und Molekülen. Letztere Vorstellung findet sich schon bei den Griechen in den atomistischen Anschauungen, für die das Universum nichts anderes ist als eine Ansammlung von Teilchen, die man sich so klein dachte, dass sie nicht weiter geteilt werden können; das Wort »Atom« bedeutet »unteilbar«. Alle diese im Universum verstreuten Atome, so dachte man, schaffen untereinander Phänomene der Abstoßung und der Anziehung; und wenn sie zufällig zusammentreffen, heften sie sich aneinander. Auf diese Weise bildeten sich nach und nach, den Zufälligkeiten der Evolution folgend, die Organismen, so wie wir sie heute vorfinden.

Nach dieser atomistischen Anschauung verwirklichen sich im Universum nach und nach alle möglichen Verbindungen, und wenn sich dann nach extrem langen Evolutionszeiten alle Atome miteinander verbunden haben, beginnt der ganze Reigen von Neuem. An diese Theorie knüpfte beispielsweise Nietzsche mit seinem Begriff der ewigen Wiederkehr des Gleichen an. Wir haben hier eine rein logisch-intellektuelle Begriffskonstruktion vor uns, die etwa im 5. Jahrhundert v. Chr. entstand und mit Moses'Anschauung nichts zu tun hat.

Moses machte folgende Erfahrung. Allein die Tatsache, dass das Universum von Wärmeströmungen durchzogen ist und dass die Wärme in der menschlichen Innenwelt erfahren werden kann, bezeugt, dass das Universum ein einheitliches Wesen und von einem einheitlichen Bewusstsein getragen ist. Selbstverständlich wäre es eine Illusion zu glauben, Moses habe sich diese Gottheit nach dem Bild des Menschen vorgestellt. Viele Menschen stellen sich Gott als etwas vor, das der Mensch selbst aus seinem Innern irgendwo hinaus in den Raum projiziert habe. Bei solchen Vorstellungen braucht man sich dann nicht zu wundern, dass sie früher oder später zerbrechen und dem Zweifel Platz machen. Moses' Vorstellungen waren unendlich viel weiter und größer. Nicht darum ging es ihm, in die Außenwelt Bilder dessen zu projizieren, was er in der eigenen Seele vorfand. Im Gegenteil! Moses erkannte: Wenn ich selber denke und mein Seelenleben weiter entwickle, dann schaffe ich in mir in mikrokosmischer Gestalt und Kraft jene Mächte wieder, die makrokosmisch das Universum formen. Ich tue dies, indem ich in Berührung komme mit diesem Bewusstsein, das so unendlich weiter, so viel umfassender ist als das eigene, dass ich mich ihm nicht nähern kann, ohne verzehrt zu werden, und das mein Vorstellungsvermögen so weit übersteigt, dass es schon eine Blasphemie wäre, mich ihm vergleichen zu wollen. Im Verhältnis zu diesen Weltenkräften sind wir nur kleine Tropfen in einem großen Meer – und dennoch verdichtete Tropfen des Geistes, der das Universum gestaltet.

Moses machte diese Erfahrung auf dem Sinai, als das Ur-Feuer ihn in gewisser Weise durchdrang. Er hat wahrscheinlich vierzig Jahre und nochmals vierzig Jahre gebraucht, um zu verstehen, was da in der kurzen Spanne eines Augenblicks geschah. Man kann sehr wohl erst im Nachhinein begreifen, was in einer Erfahrung enthalten war, die wie ein Blitz in einen einschlug. Im Augenblick selbst erfasst man das Geschehen kaum; meditiert man jedoch darüber und bewegt alles in seinem Herzen, wie es Maria tat, dann entfaltet sich allmählich diese so dichte, konzentrierte Erfahrung, öffnet sich und enthüllt ihre ganze Größe und Weite.

Dass Moses tatsächlich ein solches Grunderlebnis hatte, das er dann in einer Lehre entfaltete, die Jahrhunderte und Jahrtausende umfasst, wird auch dadurch wahrscheinlich, dass ein anderer es später ebenfalls hatte. Das Erlebnis des Paulus auf dem Weg nach Damaskus kann mit dem von Moses vor dem brennenden Dornbusch verglichen werden. Und die Unterrichtung der Menschen, die beide ihr Leben lang als ihre Aufgabe betrachteten, ist der Versuch, den Inhalt ihrer Begegnung bis ins Einzelne zu erkennen und darzustellen.

*

Die Genesis ist ursprünglich auf Hebräisch verfasst, dieser ganz besonderen Sprache, in der – ebenso wie im Sanskrit – noch Nachklänge dessen lebendig sind, was man die Ur-Sprache, das heilige Ur-Wort nennen kann. (Auch das Griechische trägt davon noch einige Spuren, aber weniger als das Hebräische.) Daher sollen hier die ersten Verse der Genesis auf Hebräisch wiedergegeben sein, sodass man ihren Klang hören kann:

B'reschit bara Elohim et haschamajim we't ha'arez
We ha'arez haitha tohu wa bohu, we hoschech alpene tehom
we ruach Elohim m'rahefet alpene hamajim.

Das erste Wort, *b'reschit*, bedeutet »am Anfang«, *reschit* ist »der Anfang, der Beginn«. Um zu verstehen, was sich in diesen Worten ausspricht, muss man sie hören. rrr schschsch – was für eine Empfindung lebt darin? Nichts Festes ist da, nichts, worauf man sich abstützen könnte. Was aber dann, wenn es der Anfang aller Anfänge ist? Hören wir das Rrrr, können wir etwas wie einen großen, wehenden, tragenden Atem empfinden; vom ersten Wort an werden wir in eine große Bewegung hineingenommen. Wir müssen uns gewissermaßen mit unserer Seele in die Weite, in die Höhe schwingen, wenn wir uns den Beginn, den Ursprung vorstellen wollen.

Und dann *bara* – gewöhnlich übersetzen wir mit »schuf«. »Wir sind geschaffen, nicht aus ihm hervorgegangen« – gerade diesen Aspekt betonen manche Glaubensgemeinschaften, um den Unterschied zwischen Geschöpf und Schöpfer hervorzuheben. Nicht so im Hebräischen. Im B spricht sich gerade die entgegengesetzte Gebärde aus: enthalten, umschließen, umhüllen. Diese allerersten Worte sprechen noch nicht von etwas, das sich außerhalb der Gottheit begeben, das sich ihr gegenüber gestellt hätte. Sie sprechen uns davon, was in der Gottheit selbst geschieht.

Vielen Theologen wurde es zum Problem, dass im zweiten Kapitel eine weitere Schöpfungsgeschichte erzählt wird. Da die Welt nur einmal geschaffen wurde, so argumentierten sie, kann es doch nicht zwei verschiedene Schöpfungsgeschichten geben; es müssen also zwei verschiedene Quellen vorliegen, die man nebeneinander gestellt hat. – Ein solcher Gedanke ist indessen nicht wirklichkeitsgemäß. Wenn ein Architekt ein Haus bauen will, muss er es zuerst vollständig in seinem Geist konzipieren. Jede Schöpfung vollzieht sich in zwei Schritten: zuerst die Konzeption, die Idee, dann die Ausarbeitung. Und gerade davon wird uns in der Genesis berichtet. Die Schöpfung vollzieht sich zuerst im Schoß des schöpferischen Gedankens der Gottheit. Das Wort *reschit* ist mit *rosch* verwandt, was »Kopf« bedeutet. Nun ist der Kopf (der »Chef«) dasjenige, was vorausgeht, was vor allem anderen da war. Man kann die Worte auch so verstehen: Im Bewusstsein der Gottheit entstand – *bara* – die schöpferische Tätigkeit.

Es besteht eine gewisse Ähnlichkeit zwischen dieser ganz im Innern sich entfaltenden schöpferischen Tätigkeit und dem, was wir zu erreichen suchen, wenn wir meditieren oder beten. Wir schließen unsere Sinne, brechen den Kontakt mit der äußeren Welt ab, betreten das Zentrum unseres Bewusstseins und versuchen, darin Werte wie Klarheit, Güte, Friede, Ruhe entstehen zu lassen. Wenn auf diese Weise in unserem Innern eine Kraft hervorgerufen wurde, beginnt sie Wellenkreise um sich zu ziehen. Und wenn diese Wellen unser ganzes Wesen durchzogen haben wie Wärme, die uns vollständig durchdringt, dann verwandeln sie sich in Tatkraft, die sich nun in der äußeren Welt verwirklicht. Das ist die wahre schöpferische Tätigkeit. Denn alles, was wir gewöhnlich in der Außenwelt tun, ist nicht wirklich schöpferisch; es ist, wie Albert Camus bemerkte, nichts weiter als das Versetzen von Steinen von einem Ort zu einem anderen. Das menschliche Tun besteht gewöhnlich nur darin, die Lage von Dingen, die bereits existieren, zu verändern. Was aber wirklich von uns geschaffen wird, das sind die Werte, die wir ihnen geben; denn diese Werte mussten wir zuerst selbst in uns erzeugen. Und wenn wir uns so von ihnen haben durchstrahlen lassen, dass alles, was nicht sie sind, wie aus unserem Bewusstsein verbannt wurde, wenn sie so stark in uns geworden sind, dass sie zu einem Entschluss werden, dann haben sie in uns etwas bewirkt, was wahrhaft neu in der Welt ist.

B'reschit bara – im Urbeginn wird in der Aktivität des Geistes die Geburt, das Entstehen meditiert. Wenn wir diese Tätigkeit der Meditation, der Schöpfung im Geiste empfinden, dann wird uns auch bewusst, wer sie hervorbringt. Von der Tätigkeit, vom Verbum, gelangen wir zum Subjekt: Elohim. In diesem Wort *Elohim* liegen große Geheimnisse verborgen. Zuerst das Geheimnis des Klanges von *El*. Auf welcher Bewusstseinsebene erfasst derjenige, der das Hebräische hört, die Gottheit? Es gibt im Ausdruck der Seelenempfindungen eine Art Polarität: Einige Werte sind mehr innerlich, andere mehr äußerlich. So drückt sich im Vokal A ein sehr tiefes Gefühl aus. Wenn wir dann die Reihe der Vokale weitersprechen – E, I, O, U –, bemerken wir, wie sich das Bewusstsein immer weiter nach außen wendet. Das E markiert den Augenblick, da man das Innere hinter sich gelassen hat und sich auf die Schwelle zubewegt; das I bezeichnet etwa die Schwelle selbst. Man muss die Reihe A, E,

I, O, U nur einmal aufmerksam sprechen, und man wird deutlich bemerken, wie das A am Gaumen entsteht, das E in der Mitte des Mundes, das I an der Grenze, und wie das O und mehr noch das U nach draußen gerückt sind.

Im E haben wir also den ersten Vokal, der sich in Richtung auf den Ausgang hin in Bewegung setzt. In der Interjektion »Eh!« drückt sich immer eine Art Begegnung aus zwischen mir und etwas, das mir von außen entgegenkommt; wenn ich mich ein wenig attackiert fühle, rufe ich »Eh!«, und ich mache vielleicht eine kleine abwehrende Bewegung, gerade auf der Grenze, damit das Attackierende nicht zu sehr in mich eindringt. E ist ein Vokal der Begegnung, verbunden mit einer Bewusstwerdung meiner selbst. Oder wenn ich jemanden erreichen will, der nicht zuhört, dann rufe ich »He!« Ich möchte aus mir heraus und einem anderen Bewusstsein entgegen gehen, das sich jedoch verschließt. »He, du!« Das heißt: Da ist eine Innerlichkeit, da eine andere; und wenn beide einander begegnen wollen, haben sie ein Hindernis zu überwinden.

Das also ist das Erste, was man empfindet, wenn einem in der Meditation diese schöpferische Tätigkeit, die hervorbringende Kraft der Welt selbst, bewusst wird. Es gibt eine Schwelle zwischen ihr und mir, und dennoch spüre ich, dass ich innerlich von dieser Kraft lebe, dass ein Überschreiten dieser Schwelle möglich ist. Diese Kraft, die aus der Gottheit entspringt, ist etwas Fließendes: L. Das göttliche E, das aus seiner Innerlichkeit heraustritt, wendet sich nach außen und teilt sich der äußeren Welt mit: *El.* Nun ist aber *Elohim* ein Plural – die Einzahl, also *ein* Gott, ist *Eloah.* Und wir haben im hebräischen Text das Merkwürdige, dass das Subjekt im Plural, das Verb jedoch im Singular steht: »Am Anfang schuf Elohim …« Das heißt, diese Mehrzahl von Wesen handelt in ihrem schöpferischen Tun wie ein einziges Wesen.

Das erinnert mich an ein Gespräch, das ich einmal mit dem Maler Johannes Rath hatte. Wir kamen an den Punkt, dass wir sagten: Der Christus ist das Wesen, das jedem ganz nahe, das im Bewusstsein eines jeden ganz gegenwärtig ist. Und doch muss es in dieser unmittelbaren Gegenwart unendliche Fernen geben, die sich gleichsam hinter seinem Haupt auftun. Diese Polarität, dieses vollständige

Auseinandergerissensein zwischen der nächsten Nähe und den fernsten Grenzen, müsste in einem Bild, das die Dimensionen des Christus-Wesens darstellen wollte, zum Ausdruck kommen.

Das Wort *Elohim* enthält etwas von dieser Spannung. Es bezeichnet die Fülle aller schaffenden Gottheiten, die gleichzeitig ein einziges Wesen sind, ein Subjekt mit einem einheitlichen Tun.

In der jüdischen Esoterik umfassen die Elohim nicht die ganze Fülle der göttlichen Mächte, sie stellen vielmehr eine bestimmte Hierarchie von Schöpfungsmächten dar. Dennoch ist es gerechtfertigt, sie »die Fülle« zu nennen, die Summe der göttlichen Schöpfermächte; das griechische Wort *pleroma* hat denselben spirituellen Wert wie das hebräische *Elohim.*

Die göttlichen Mächte, die man sich in der jüdischen Esoterik jenseits der Elohim dachte, sind so hoch, so rein, dass wir sie nicht mehr im eigentlichen Sinn Schöpfermächte nennen können, also Mächte, die etwas aus ihrem Inneren nach außen tragen und gestalten. Sie sind durch sich selbst eine Ganzheit, eine Einheit. Will man dafür ein Bild gebrauchen, so kann uns die Sonne zum Vergleich dienen. Wir haben die Lichtkraft als solche; das Licht glänzt und breitet sich überall aus, dieses Sich-Ausbreiten ist das Wesen des Lichts. Sodann haben wir die Stärke des Lichts, die Tatsache, dass es eine schöpferische Dynamik, eine konzentrierende Kraft entfaltet. Die göttlichen Wesen, die über diese konzentrierende Kraft verfügen, gehören dem Reich der Elohim an. Die Elohim sind, wenn man von oben kommt, die ersten Wesen, deren Wirken darin besteht, eine äußere Welt zu schaffen. Das bedeutet freilich nicht, dass die den Elohim übergeordneten Wesen nicht auch an dieser Schöpfung beteiligt wären; doch sind sie es allein durch ihr Sein, während die Elohim selbst tätig werden.

Am Anfang also schuf die meditative, schöpferische Tätigkeit der Gottheit die Himmel und die Erde. Die Himmel, *schamajim,* ist im Hebräischen ein besonderer Plural, der sogenannte Dual. Wenn zwei Dinge zusammen gehören – beispielsweise die beiden Augen oder die beiden Füße –, gebraucht die hebräische Sprache eben diese besondere Pluralform. Das Wort für Himmel, *schem* oder *scham*, hat als Plural *schamim*, das heißt alle Himmel, während *shamajim* eben die zwei Himmel bezeichnet. Darin klingt eine Art Trennung an. Wenn in den Waldorfschulen die Kinder rechnen lernen, geht der Unterricht immer von der Einheit aus; nicht jedoch von einer Einheit in dem Sinne, dass man beispielsweise zu einem vorhandenen Apfel einen zweiten hinzufügte, denn in Wirklichkeit ist der zweite nie ganz gleich dem ersten, sondern man halbiert den Apfel und gelangt auf diese Weise von der Eins zur Zwei. Die Einheit ist immer Eins, und der erste davon ausgehende Akt ist die Teilung in Zwei. – Eine Polarität zeichnet sich ab, und zwischen den beiden Polen entsteht eine Spannung – das wird bezeichnet als *arez*, Erde.

Die Ganzheit des Seins wurde wie auseinandergezogen und in zwei entgegengesetzte Pole getrennt, zwischen denen eine Spannung entsteht. Und diese sich herauskristallisierende Spannungsmitte ist der Keim dessen, was einmal die Erde sein wird; die Pole, der Umkreis, die Peripherie aber, das sind die Himmel.

»We ha'arez haitha tohu wabohu!« Gewöhnlich übersetzt man: »Und die Erde war wüst und leer«, *tohu wabohu*. Hören wir nun einen anderen Versuch, diese gewaltigen Worte des Anfangs in der deutschen Sprache wiederzugeben.*

> »Im Anfang schuf Gott den Himmel und die Erde. Die Erde aber war Irrsal und Wirrsal. Finsternis über Urwirbels Antlitz.«

Man könnte auch sagen: Und die Erde war Fließen und Zurückfließen. Denn wenn ein Zurückfließen stattfindet, empfindet man etwas wie eine Leere; und genau diese Nuance ist in dem Wort *bohu* enthalten. Wenn das Wasser zurückkehrt, nimmt es die Leere wieder in

* Gérard Klockenbring griff in seinen Vorträgen gerne auf die Übersetzung der *Genesis* durch Edmond Fleg, *Le livre du commencement*, Editions de Minuit, Paris 1959, zurück. Er bezeichnet sie als eine der besten Übersetzungen, da sie sehr genau Sinn und Rhythmus des hebräischen Textes wiedergibt. – Es lag nahe, dieser deutschen Fassung die Übersetzung durch Martin Buber und Franz Rosenzweig zugrunde zu legen. Sie erschien unter dem Titel *Die Schrift*. Verdeutscht von Martin Buber gemeinsam mit Franz Rosenzweig, 11., verbesserte Auflage der neubearbeiteten Ausgabe von 1954, in vier Bänden im Verlag Lambert Schneider, Heidelberg 1987. – Siehe auch die Bemerkungen im Vorwort.

Besitz, die es beim Hinfließen zurückgelassen hat. Das Wort *bohu* kann sehr wohl Leere bedeuten, aber diese Leere entsteht aus einer Bewegung. Die Erde war eine große Bewegung von Urkräften, ein großes kosmisches Atmen; und Finsternis lag über dem Abgrund, den Tiefen.

Wir können in diesem Urbeginn etwas wie die Spur einer großen Dreiheit erkennen. Da ist zuerst die Meditation des Anfangs, und zwar im *rosch*, im Kopf – die erste Konzeption aller Dinge. Wenn man zu denken beginnt, dann beginnt man zu unterscheiden; unterscheiden heißt aber immer trennen. Mit dieser Unterscheidung, dieser Trennung setzt das Getrenntsein von Wesen ein: Was zuerst Eines war, wird in die Zwei geteilt. Und dazwischen bildet sich eine Mitte heraus. Wir haben also die beiden Himmel und die Erde, die ein Fluten und Ebben ist, ein Hin und Zurück, ein Rhythmus. Und dann sind da die Abgründe, die Tiefen, über denen Finsternis herrscht. Das Ganze aber wird umfasst von einer gewaltigen Kraft, dem Atem Gottes, *ruach;* Geist und Atem – es ist die gleiche Wirklichkeit.

»Braus Gottes schwingend über dem Antlitz der Wasser.«
»Und der Atem, der Geist Gottes brütete über den Wassern.«

Unter »Wassern« hat man sich hier nicht eine Flüssigkeit vorzustellen, sondern eine Art lebendiges Weben, etwas von dem, was die Alten unter »Säften« verstanden. Wir können uns diese Urwasser vergegenwärtigen, wenn wir uns vorstellen, wie Gedanken, die noch wässrig-flüssig, die noch nicht ausgetrocknet sind, ihr Leben ihrer Umgebung mitteilen. In der lebendigen Kraft dieser Gedanken-Wasser schwimmt das sich gestaltende Universum, in dessen Mitte allmählich ein fester Teil entsteht, die Erde als Hin- und Zurückfließen, als großes rhythmisches Atmen. Und das Ganze ist von dem Geist Gottes überschattet und bebrütet. Rudolf Steiner hat darauf aufmerksam gemacht, dass dieses Wort »brüten« in seiner wörtlichen Bedeutung zu nehmen ist: Wenn das Huhn brütet, dann strahlt es die Wärme seines Körpers in das werdende Wesen unter sich hinein; und dieses kann dank dieser Wärme leben. Dieser Geist Gottes, der dabei ist, die Zukunft, das Werden zu meditieren, strahlt die Wärme seiner Meditation zum Zentrum hin, in dem sich die Erde befindet, dieses kleine kosmische Küken im Werden. Dieses lebendige Bild ist selbst eine Art schöpferischer Kraft.

Eine große Dreiheit steht also am Anfang: die göttliche Kontemplation, der sich mitteilende Rhythmus und die Dunkelheit über dem Abgrund. Die Willenstiefen sind immer unbewusst, immer in Dunkelheit gehüllt. Wir wissen niemals, woher unser Wille stammt. Wir fassen in unserem bewussten Denken den Entschluss, etwas zu tun, wir schicken den Impuls dieses Gedankens in die Tiefen, und wir stellen dann fest, dass uns unsere Hand gehorcht. Wie aber vollzieht sich dieser Prozess des Hinuntertauchens? Immer unbewusst.

»Gott sprach: Licht werde! Licht ward.«

Seltsamerweise klingt das Wort für Licht, *or*, eher dunkel, man empfindet in ihm etwas Finsteres, das jedoch blendet. Es ist ein Licht von innen geschaut. – Im Laufe seiner Studien über das Licht, die optischen Erscheinungen und die Farben kam Goethe zu dem Schluss, dass in der Tat das Licht absolut finster ist, man sieht es nicht. Schaut man in die Sonne, so wird man geblendet; und schaut man hinaus in das Universum, das doch ganz von Licht durchströmt ist, so sieht man nichts. Das Universum ist für unser Auge schwarz, und was wir als Helligkeit wahrnehmen, ist nur ein Widerschein, Licht, das von Gegenständen zurückgeworfen wird, die selbst ohne Licht sind. Wo das Licht alleine herrscht, sehen wir nichts. Darüber kann man lange meditieren. Es ist eine Tatsache, dass das Licht unsere Wahrnehmungsmöglichkeiten übersteigt; es ist zu stark für uns. »Gott sprach: Licht werde! Licht ward.« In lapidarer Kürze drückt dieser Satz etwas Unerhörtes aus: Ein Wort wird ausgesprochen, und im Augenblick, da es ausgesprochen wird, erscheint das, was es meint. Das ist der Sinn jeglicher Magie.
Magie ist nicht notwendigerweise schwarz. Wenn ich mich in meine innere Dunkelheit versenke, wenn ich die Augen, die Ohren, alle meine Sinne verschließe, mich ganz beispielsweise auf »Frieden« konzentriere und diesen Begriff »Frieden« in mein ganzes Wesen ausstrahlen lasse, dann bringe ich das, was ich innerlich »ausgesprochen« habe, zur Erscheinung. Es ist das ein magischer Akt des Be-

wusstseins. Im Grunde ist jeder Bewusstseinsakt ein magischer Akt, ein Akt geistiger Schöpfung. Appelliert man dabei an das Bewusstsein – das eigene und das des anderen –, dann ist es richtig. Versucht man jedoch, ein anderes Bewusstsein dadurch zu beeinflussen und Macht über es auszuüben, dann handelt es sich um schwarze Magie.

> »Gott sprach: Licht werde! Licht ward. Gott sah das Licht: dass es gut ist. Gott schied zwischen dem Licht und der Finsternis. Gott rief dem Licht: Tag! Und der Finsternis rief er: Nacht! Abend ward und Morgen ward: Ein Tag.«

Das sind Hinweise, die dem Menschen gegeben sind, damit er darüber meditiere. Denn ebenso wenig wie »Wasser« hier eine materielle Flüssigkeit bezeichnet, ebenso wenig meint »Licht« das Licht der Sonne, da diese erst später erschaffen wird. Um etwas anderes handelt es sich: um Bewusstwerdung. Wenn das Bewusstsein klar und hell ist, leuchtet das innere Licht auf. Und bevor das Licht sich äußerlich manifestieren kann, muss im Universum zuerst ein helles Bewusstsein existieren. Die Geburt des hellen Bewusstseins offenbart sich sogleich darin, dass Gott »be–namt«: Er bezeichnet das Licht mit dem Namen »Tag« und die Finsternis mit dem Namen »Nacht«.

Um etwas bei seinem Namen zu nennen, muss ich mich davon distanzieren; ich kann eine Sache, die ich nicht sehe, nicht benennen. Gott wirft den Schein seines Bewusstseins auf das, was er selbst voneinander geschieden hat: das, was durch die Bewusstseinshelle erfasst werden kann, einerseits und andererseits das, was in den dunklen Tiefen schlummert. Und er nennt das eine Tag und das andere Nacht. »Tag« heißt auf hebräisch *iom*. Dieses Wort hat etwas sehr Ausdrucksstarkes: Es beginnt mit einem I, und in allen Sprachen bezeichnet dieser Laut das Erscheinen des Ich. Bei den Griechen und Römern klang dieses I im G mit: *ego*. Im Französischen haben wir schon *je*, in den romanischen Sprachen *io*, im Russischen *ia*, im Englischen *ai* – immer ist das I die Bekräftigung, die Selbstbewusstwerdung des Ich, am entschiedensten im deutschen *ich*. Auf das I folgt dann im Hebräischen *om*. Dieser Klang ist das Tor, durch welches im Hinduismus das menschliche Bewusstsein wieder in die

Gottheit zurückflutet: *om*, *aum*. So haben wir in dem Wort *iom*, Tag, zugleich eine Bekräftigung des Ich und die Bewusstwerdung des Ganzen: Ich suche die Verbindung zwischen mir und dem Ganzen herzustellen.

Und die Finsternis nannte er Nacht, *laila*. Die Phönizier, wie die Juden ein semitisches Volk, nannten die Göttin der Nacht *Lilith*. In der hebräischen Sprache haben wir nicht diesen scharfen, ein wenig aggressiven Klang von *Lilith*, worin sich diese Macht ausdrückt, die im Unterbewussten wirkt und uns gewissermaßen von unten anstachelt und zu pervertieren sucht; im A I A und L von *laila* spricht sich eher die Kraft aus, die im Dunkel fließt und uns zu formen, zu gestalten sucht.

Rudolf Steiner hat auf die Verwandtschaft dieses Wortes *laila* mit dem Sanskritwort *pralaya* aufmerksam gemacht. In letzterem spricht sich aus, dass im Werden, in der Entwicklung immer Zeiten einer Wirkung nach außen, durch die etwas Objektives entsteht, und solche einer Verinnerlichung, des Eintauchens in das Subjektive beziehungsweise den Schlaf miteinander abwechseln. Pralaya, das ist der kosmische Schlaf, sind die Zwischenzustände, während derer keimt, was sich in einem nächsten Entwicklungszyklus entfalten soll. Und in dem Wort *laila* schwingt etwas davon mit: Im Schlaf bereitet sich die Zukunft vor. Während des wachen Tageslebens versichere ich mich meines Ich und versuche bewusst, die Verbindung mit dem *om*, dem Kosmos, der Gottheit herzustellen. Dann gebe ich mich der Verdunkelung meines Bewusstseins hin, wissend, dass das ein Zurücktreten ist, um dann desto weiter springen zu können; ich kehre in einen Zustand der Ruhe ein, um die Kräfte zu sammeln, die ich brauche, um einen neuen Zyklus aufnehmen zu können. Diese Polarität ist es, die in der Zweiheit von Licht und Finsternis, Tag und Nacht entfaltet wird.

»Gott sah das Licht: dass es gut ist.«

Hier taucht zum ersten Mal ein qualitativer Begriff auf. Bisher war nur von ganz objektiven Realitäten die Rede, von den Himmeln, der Erde, dem Hin- und Zurückfließen, der Dunkelheit über dem Abgrund, dem über den Wassern brütenden Atemhauch Gottes, von

Dunkelheit und Licht, Nacht und Tag. Nun ein Akt der Wahrnehmung und eine Bewertung: Das Licht ist gut.

In der platonischen Weltsicht spielt das eine bedeutende Rolle. Platon fragt: Warum ist Gott nicht in sich selbst geblieben? Warum empfand er das Bedürfnis, aus sich selbst herauszugehen und eine Welt zu schaffen? Und er gibt die Antwort: Die Gottheit ist die Summe aller Möglichkeiten, aller Vollkommenheiten; es wohnt also der Gottheit auch die Güte inne; Güte kann aber nur existieren, wenn sie sich hingeben kann; sie erfordert ein Gegenüber, dem sie sich mitteilen kann; aus Güte also schuf Gott die Welt, um seine eigene Substanz, sein eigenes Wesen einem anderen Wesen geben zu können. – Der erste moralische Begriff bei Platon, Güte, ist also derselbe, der als erster in der hebräischen *Genesis* auftaucht: Das Licht ist gut.

Nachdem sich nun die erste Trennung, die erste Unterscheidung vollzogen hat, wird alles Entstandene in eine große Erfahrung zusammengefasst und kehrt dann in die Dunkelheit, in ein Pralaya zurück:

»Abend ward und Morgen ward: Ein Tag.«

DIE ERSTEN DREI TAGE

Es ist für das religiöse Leben unerlässlich, eine gewisse Form von Aufmerksamkeit, von innerem Hören zu pflegen. Ganz besonders zeigt sich diese Notwendigkeit, wenn es sich um »heilige Schriften« handelt. So wie sich Poesie und Prosa voneinander unterscheiden, so auch inspirierte Schriften und Prosa. Letztere ist einfach ein Mittel, mit Hilfe der Alltagssprache entnommener Worte Gedanken auszudrücken, die man definiert und miteinander verbunden hat. Warum denn empfinden Dichter das Bedürfnis, anders zu sprechen? Warum gebrauchen sie eine Sprache, die noch etwas anderes zum Ausdruck bringt als bloße logisch miteinander verknüpfte Begriffe? Welches ist der Unterschied zwischen einem inspirierten Text und einem Prosatext? Er liegt nicht nur darin, dass sich hinter dem intellektuell erfassbaren Sinn ein anderer, ein esoterischer Sinn verbirgt und dahinter vielleicht noch ein dritter, noch verborgenerer. In dichterischen oder inspirierten Schriften sind vielmehr die Worte so gewählt, dass sich durch ihren Klang, ihren Rhythmus, ihre Anordnung, ihre Struktur hindurch unmittelbar etwas ausdrückt, das ursprünglicher ist und die Seele tiefer berührt als der bloße intellektuelle Gedankeninhalt.

Auch in unserer Alltagssprache haben wir Wörter, die keinen Verstandesinhalt haben, dafür aber mit umso größerer Energie geladen sind. Immer dann, wenn wir ausdrücken wollen, nicht dass etwas geschieht, sondern dass es geschehen oder verstärkt werden soll, gebrauchen wir Interjektionen, Ausrufewörter: Ah! Oh! Psst! – alles Wörter, deren Sinn in ihrem Klang erscheint und die sich nicht an den Intellekt wenden. Diese Wörter sind außerordentlich wirksam.

»Hierher!« oder »Fort!« »Weg!« wirken sehr viel stärker als einfach »Komm!« oder »Geh weg!«, die doch auch schon Befehle darstellen. Wenn ein Befehl direkt den Willen ergreifen soll, erscheint er nicht in der Form eines Verbs, sondern als Interjektion, das heißt als reine Lautform. Dieses Element kennen die Dichter; in ihm leben sie, und auch die Träger einer religiösen Inspiration leben in dieser Sphäre, welche die Sphäre des lebendigen Wortes, des Logos selbst ist. Der Logos ist die Kraft, welche das gesprochene Wort schafft, formt, gestaltet und in die Welt der Sinne die Absichten der Welt des Geistes herüberträgt.

*

Wir sind in unseren Betrachtungen ausgegangen von der Haltung des Horchens, der Aufmerksamkeit auf die Worte der *Genesis*, und wir haben versucht zu empfinden, was der erste Anfang des Werdens ist. Rufen wir uns nun in einem weiteren Schritt die großen Bilder dieses Textes vor unser inneres Auge, um zu sehen, wie sie einen unendlich großen Entwicklungsprozess widerspiegeln.

Das Leben des Kosmos gehorcht Gesetzen, die so mächtig und umfassend sind, dass unser Verstand sie nicht zu fassen vermag. Der Mensch lernt zwar allmählich diese Weltgesetze zu formulieren, aber er empfindet dabei immer einen gewissen Abstand, eine gewisse Unvereinbarkeit und sogar manchmal einen gewissen Widerspruch zwischen den Tatsachen einerseits und den Gesetzen, so wie unsere Logik sie sich erarbeitet, andererseits. Denn die Welt stellt dem Menschen eine Aufgabe. Um sie zu erkennen, muss er über sich hinauswachsen; er muss wissen und akzeptieren, dass in einem bestimmten Augenblick seine eigenen Kategorien sich als zu eng erweisen; sie müssen zerreißen, denn der Rhythmus der Welt ist viel gewaltiger.

Beim Propheten Jesaja lesen wir (55, 8–9; in der Übersetzung durch Martin Luther): »Denn meine Gedanken sind nicht eure Gedanken, und eure Wege sind nicht meine Wege, spricht der Herr; sondern so viel der Himmel höher ist denn die Erde, so sind auch meine Wege höher denn eure Wege und meine Gedanken denn eure Gedanken.« Manche Theologen haben aus diesen Worten den

Schluss gezogen, die Gedanken Gottes seien für den Menschen unerreichbar und unerkennbar. Warum aber ist die Welt dann erschaffen worden? Und warum ist der Mensch in sie hineingestellt worden? Zu glauben, das eine würde in das andere passen wie eine Hand in den eigens für ihre Größe zugeschnittenen Handschuh, wäre ein Irrtum ebenso wie die Annahme, es gebe zwischen Mensch und Welt kein gemeinsames Maß. Es gibt sehr wohl eines; damit aber der menschliche Geist in den Geist des Schöpfers eindringt, muss er sich zuerst verwandeln, er muss im Schmelztiegel geschmolzen und aufgelöst werden. Dann macht der Mensch die Erfahrung, dass er in gewisser Weise zerstört und wiedergeboren wird. Das ist eine Notwendigkeit. Wenn die Darstellungen Rudolf Steiners manchmal schwer zu fassen sind, dann liegt das daran, dass er selbst durch das Nichts, durch diese Leere hindurchgegangen ist und erfahren hat, wie sich das Leben in einem anderen, geistigen Bereich neu entfaltet. Er wollte uns helfen, diese Erfahrung ebenfalls zu machen. Das geht aber nicht ohne Anstrengungen. Akzeptiert man das, so ist man eher bereit, sich darauf einzulassen.

*

Betrachten wir nun einige der großen Stufen des Werdens, wie Rudolf Steiner sie beschreiben konnte und wie sie sich in den ersten Versen der *Genesis* spiegeln.

Wenn wir am Morgen aus dem Dunkel des Bewusstseins heraustreten, durchlaufen wir verschiedene Stufen, bis wir im vollen Wachbewusstsein angekommen sind. Lenken wir unsere Aufmerksamkeit auf diese Stufen, können wir erkennen, dass sie nichts anderes sind als ein kleines Abbild der großen Stufen, durch die das Bewusstsein der Menschheit und die Welt selbst hindurchgegangen sind. Versuchen wir, uns in unsere geistige Verfassung zu versetzen, wenn unser Bewusstsein noch leer ist, das heißt den Augenblick zu erfassen, da es sich gerade anschickt, den Schlaf zu verlassen. Kein Inhalt erfüllt es noch, wir empfinden nur, dass wir sind – noch nicht, dass wir wir sind, das heißt im Gegensatz oder in Beziehung zu irgendetwas anderem. Wir haben einfach die diffuse Empfindung zu sein, zu sein jedoch in einem großen All, einem großen, umfassenden Wesen. Nichts hindert uns daran, diese Empfindung mit dem Wort »im Ur-Beginn« zu bezeichnen. Es ist ein undifferenziertes Sein, nichts als Sein, ohne Ursachen, ohne Folgen, der allererste Ur-Anfang. Durch Meditation können wir uns innerlich in diesen Zustand versetzen: Ur-Beginn.

Dann taucht das Bewusstsein auf, kristallisiert sich. Und dieses Auftauchen ist ein aktives Geschehen: Etwas webt ineinander, verdichtet sich. Die Verdichtung zu einem Werdenden, zu etwas, das sich gestaltet, das dauernde Form annimmt – das wird ausgedrückt in dem Wort *bara*, schuf. Damit ist ein Schaffen nicht im Sinne eines äußeren Herstellens gemeint, sondern im Sinne eines Form- und Sein-Gebens. Und im selben Augenblick, da ich erkenne, dass ich es bin, der diese Tätigkeit ausführt, erscheint das Subjekt der Tätigkeit. Auf einen noch ganz undifferenzierten Zustand folgt eine Art Konzentration, die schon Tätigkeit ist, und es wird mir bewusst, dass ich deren Urheber bin. Manchmal habe ich den Eindruck, dass ich zu meinem Tun gedrängt werde, ich fühle mich wie von etwas ergriffen; und in dieser Empfindung wird mir bewusst, dass ich in Bewegung bin: Tätigkeit (Verbum) und Subjekt.

Wir haben gesagt, dass diese Wiedergeburt des Bewusstseins im täglichen Erwachen aus dem Schlaf ein Geschehen darstellt, in dem sich das Werden selbst widerspiegelt. Um das zu verstehen, müssen wir nur das erwachende Ich in die Unendlichkeit versetzen; dann ist es nicht mehr das menschliche Ich, das aktiv wird, sondern Gott selbst. Im biblischen Text steht das Wort, das die Gottheit bezeichnet, im Plural; denn das Subjekt ist noch die Fülle, die Gesamtheit der Schöpfermächte. Das dazu gehörige Verb steht indessen im Singular. Das heißt, die Vielheit von Kräften bildet eine Einheit, einen einheitlichen Willen; es gibt noch keine Trennung, keinen Gegensatz, keinen Widerstreit; die Vielheit der Schöpfungsmächte hat noch einen gleichen Willen, eine gleiche Aktivität.

Was die Gottheit im Meditieren ihres Gedankens, ihres geistigen Begriffs schuf – Rudolf Steiner nannte diese innere Tätigkeit ein »kosmisches produktives Sinnen« beziehungsweise »Ersinnen« –, bildet nun eine Dualität: *haschamajim* und *ha'arez*, die (zwei) Himmel und die Erde, das heißt einen Umkreis und einen Mittelpunkt. Auch dieses Geschehen hat im täglichen Erwachen eine Entsprechung: Kurz bevor wir die Augen öffnen, erleben wir uns wie nach außen uns ausdehnend, während zugleich mit dieser Aktivität im Zentrum das Bewusstsein des Erwachens entsteht. – Wir nennen die Ausgedehntheit des Universums »die Himmel«, ohne uns zunächst weiter zu fragen, was dieses Wort bezeichnet; denn wir haben von den Himmeln nur eine sehr eingeschränkte Erfahrung. Was wir erleben, ist dagegen das Zentrum, das, was wir »die Erde« nennen. Bevor überhaupt eine äußere Schöpfung entstand, war diese Erde ein Hin- und Wiederfluten von Kräften. Zentrum und Peripherie waren noch nicht unterschieden, noch nicht getrennt; sie standen in dauernder Beziehung zueinander. Aus der Mitte flossen Kräfte in den Umkreis, aus dem Umkreis flossen Kräfte zurück zur Mitte. »Finsternis über Urwirbels Antlitz.« Dunkelheit lagerte – im hebräischen Text steht hier kein Verb – über dem Abgrund. Vergleichen wir wieder mit dem täglichen Erwachen: Die Augen sind noch nicht geöffnet, das Bewusstsein hat noch keinen objektiven Inhalt, es ist erfüllt allein von der diffusen Empfindung eines Zentrums und einer Peripherie und einer Bewegung, die dunkel zwischen beiden hin und her schwingt. Noch ist nichts zu Vorstellungen und Begriffen geronnen, noch herrscht ein großes Ganzes. Und der Hauch beziehungsweise der Geist Gottes – das Wort *ruach* hat beide Bedeutungen – brütet über den Wassern. Entwurf einer reinen Innerlichkeit, diese Innerlichkeit selbst, die Tätigkeit des Hauchs, des Geistes – diese drei Elemente bezeichnen drei Stufen der Schöpfung; sie spiegeln den Gang der Entwicklung.

Das erste, worin das Bewusstsein in seinem noch diffusen Anfangszustand lebt, ist die Wärme, das Ur-Feuer, dessen Macht Moses während seiner Erleuchtung vor dem brennenden Dornbusch erlebte. Im Ur-Anfang war nichts anderes als Wärme, differenzierte, strömende Wärme. Im Hin- und Zurückfluten der »Erde« haben wir diesen fortwährenden Austausch verschiedener Wärmeströmungen vor uns. Nichts anderes existiert noch – höchstens vielleicht der Raum. Aber diese Wärme wird so diffus erlebt, dass man nicht recht weiß, ob sie nur erst eine Qualität darstellt oder ob sie bereits räumlichen Charakter hat. Umgekehrt kann es passieren, dass eine innere Regung oder ein Zustand der Seele plötzlich eine Kälteempfindung hervorruft; man kann auch frösteln, wenn man bemerkt, dass man über einen längeren Zeitraum hin keine Verbindung mit einem anderen Menschen geknüpft hat; und wenn man erkennt, dass die Verbindungen, die man zu haben glaubte, nur naturhafter Art waren und nicht von einem selbst geschaffen und gestaltet, dann kann einen ein Kälteschauer zittern machen.

Man kann ein deutlich spürbares Erlebnis von Wärme auch dadurch hervorrufen, dass man einen klaren Gedanken so ausarbeitet, dass er im Innern Begeisterung entzündet. Wenn man zum Beispiel »Licht« so denkt, dass man sich ganz damit durchdringt und erfüllt, sodass man es spürt und zu lieben beginnt, dann erlebt man, wie durch den ganzen Körper bis in die Füße hinein Wärme strömt. Man erlebt dann, dass die Wärme sich in einem Grenzbereich darlebt: Es ist unmöglich zu sagen, wo sie physisch, wo sie geistig wird. Sie ist zugleich das eine wie das andere, ebenso physisch wie geistig. Dieser Art war die Ur-Wärme.

Ein zweiter Zustand, der in einem sich immer deutlicher offenbarenden Raum ein Außen schafft, die erste Form der Verdichtung jenseits des Wärmezustandes, ist die Luft, das Gas. Man kann das folgende kleine Experiment machen: Wenn man sich eine Zeitlang die Nase zu- und den Atem anhält, kommt man an einen Punkt, an dem unser ganzes Seelenleben sich zusammenschoppt und zu stocken und zu wanken beginnt. Die Aufeinanderfolge der verschiedenen Bewusstseinszustände kann sich nicht mehr ordnungsgemäß vollziehen; unser Seelenleben überschwemmt uns innerlich, gerät bei Luftmangel in Unordnung. Man erkennt, dass ein in der Zeit geordnetes seelisches Leben sich nur mit Hilfe dieses Luftstroms vollziehen kann. Das also ist der zweite Schritt. – Der Hauch Gottes brütet, strahlt Wärme aus; dann erscheint das Luftelement, und wenn dieses sich weiter verdichtet, bildet sich als dritter Zustand das Wässrige, das Flüssige.

Rudolf Steiner stellt dar, dass diese ersten Entwicklungsstufen in Wirklichkeit Wiederholungen von Zuständen sind, die sich herausbildeten, noch bevor die Erde existierte. Den ersten dieser drei kosmischen Zustände nennt er den Alten Saturn, eine Art kosmischen Körper, der ganz aus Wärme bestand. Den zweiten Zustand bezeichnet er als Alte Sonne, auf der alles, was heute unser Universum ausmacht, sich noch in einem gasförmigen Zustand befand und ein erstes seelisches Leben sich zu regen begann. Auf dem Alten Mond schließlich gab es noch nichts Festes; die dichtesten Substanzen waren flüssig, höchstens gelartig.

Dieser fortlaufende Prozess, durch den die Wärme Luft wird und die Luft sich weiter zu Wasser verdichtet, wird von einer geistigen Entfaltung begleitet. Dem genannten Prozess entspricht eine absteigende Linie der Verdichtung bis hin zur Materie, der umgekehrten Entwicklung eine aufsteigende Linie, indem eine noch feinere Substanz, als es die Wärme ist, erscheint. Dieses Phänomen ist noch heute zu beobachten: Erreicht die Erwärmung von Gasen eine bestimmte Stärke, beginnen sie zu verbrennen und dabei Licht auszustrahlen. Licht ist also die erste Substanz, die auf dem aufsteigenden Weg erscheint. Die Wärme verwandelt sich einerseits nach unten in Luft, andererseits nach oben in Licht.

»Gott sprach: Licht werde! Licht ward.«

Wir haben gesehen, dass es sich noch nicht um ein Licht handelt, das an Gegenständen sichtbar wird, sondern um ein »dunkles« Licht. Wenn beim Erwachen Augen und Ohren noch nicht geöffnet sind, wenn noch keinerlei Eindrücke von außen herangedrungen sind und man allmählich in einen Zustand von Gegenwärtigsein, von hellem Bewusstsein übergeht, dann tritt der Augenblick ein, da man beginnt zu denken, das heißt innerlich Bilder zu entwerfen. Und diese Bilder sind die erste Form des Lichtes. Bevor das Licht äußerlich-physisch wird, ist es ein inneres Licht. Dieses Phänomen zeigt beispielsweise die Biografie von Helen Keller, die blind, taub und stumm war und der es in einem gewissen Alter gelang, denken zu lernen, sich das Licht vorstellen zu können. Ihre Lehrerin, die nur mit Hilfe der Hände, also durch den Tastsinn mit ihr kommunizieren konnte, erreichte es, dass ihre Schülerin lesen und schreiben lernte. Sie entriss sie dadurch der Nacht, in der sie lebte, sodass sie später sogar im Stande war, Kontakt mit anderen Menschen aufzunehmen, sich mit ihnen über Ideen, Gedanken auszutauschen und zu studieren, das heißt, mit der Welt derer zu kommunizieren, die durch Augen und Ohren wahrnehmen; denn sie konnte in ihrem Innern alle Begriffe bilden, die dem Licht und den Farben entsprechen. Einmal sagte sie: Ja, ich habe verstanden, was Licht ist; ich konnte mir das Licht imaginieren, indem ich ein Bewusstsein davon gewann, was ein klarer Gedanke ist. – Auch die Autobiographie von Jacques Lusseyran *Das wiedergefundene Licht* ist in dieser Hinsicht außerordentlich aufschlussreich. Der Autor erblindete im Alter von sieben Jahren infolge eines Unfalls. Er transponierte in gewisser Weise die Welt, wie er sie vor seiner Erblindung gekannt hatte, in die Welt der Blinden, was zeigt, dass zwischen beiden mehr als eine bloße Analogie besteht, nämlich exakte Entsprechung. Mit Hilfe eines Sinnes, der dem verwandt ist, den wir beim Wahrnehmen von Gedanken gebrauchen, konnte er beispielsweise die Farben der untergehenden Sonne auf einer Fensterscheibe wahrnehmen.

Licht ist zuerst eine innere Qualität, und seine erste Offenbarung am Morgen, vor dem Öffnen der Augen, ist die Klarheit des Gedankens. Es stellt auch – geht man vom Ursprung aus, in dem nur reine Wärme existiert – innerhalb der Luft-Welt die erste Stufe eines sich bildenden Seelenlebens dar, das zunächst nicht mehr ist als ein Hin- und Herfließen zwischen zwei Polen.

Auf der zweiten Stufe beginnen kristallisierende, modellierende, formende Kräfte zu wirken; unter ihrem Einfluss beginnen die Substanzen sich nach bestimmten Gesetzen zusammenzufügen. Die Chemiker reproduzieren diese Formen manchmal auf sehr kunstvolle Weise, indem sie die mathematische Struktur gewisser Moleküle heranziehen, und zwar mit Hilfe schematischer Bilder, wie wir sie in Kristallen, zum Beispiel in Schneekristallen finden. Man erkennt da ein allen Schneekristallen zugrunde liegendes Gesetz, das des Sechsecks. Die Formen dieser Kristalle können unendlich variieren, sind aber alle nach 60°-Winkeln konstruiert. Diese kristallisierenden beziehungsweise chemischen Formkräfte sind gleicher Natur wie jene, welche die Klänge hervorbringen. Ein kleines Experiment, das manchmal an Schulen vorgeführt wird, macht diesen Zusammenhang sichtbar. Man streut feinen Sand auf eine Metallplatte und streicht den Rand mit einem Geigenbogen an. Die Platte beginnt wie eine Geigensaite zu klingen je nachdem, wie schnell der Bogen bewegt wird, und der Sand ordnet sich in sehr schönen, exakten, manchmal flüssigeren, manchmal konzentierteren Formen, den Chladnischen Klangfiguren – so genannt nach ihrem Entdecker. Man kann sie mit den Wellen vergleichen, die entstehen, wenn man einen Stein ins Wasser wirft: Sie breiten sich kreisförmig aus, kehren, wenn sie auf einen Widerstand treffen, zurück, kreuzen sich, heben und senken sich, an manchen Stellen enger, an anderen weiter. Alle feste Materie ist auf diese Weise entstanden; sie wurde, als sie noch in flüssigem Zustand war, von wellenartigen Bewegungen durchwirkt.

Daher konnte Pythagoras von der »Sphärenharmonie« sprechen. Wenn man eine Saite in Schwingung versetzt oder eine Trompete zum Klingen bringt, dann verhalten sich die Schwingungszahlen der einzelnen Töne zueinander wie die Entfernungen der Planeten. Eine so verstandene Musik ist nicht willkürlich komponiert, sondern spiegelt Gesetzmäßigkeiten und Rhythmen des Kosmos wider. Rudolf Steiner spricht von chemischen oder Klangkräften beziehungsweise von chemischem oder Klangäther. Aus dem Klangäther gehen nicht nur die Klänge und Harmonien hervor, die wir mit den Ohren hören, sondern auch die Klänge und Harmonien, die jenseits des Hörbaren liegen. Auch der *Mensch* wurde aus ihnen heraus aufgebaut. Ein Zeugnis dafür sind unsere Gliedmaßen: Die Gliederung beispielsweise des Armes vom Schlüsselbein bis zu den Fingerspitzen entspricht genau den musikalischen Intervallen der Oktave, Quinte, Quarte und so weiter.

> »Gott sprach: Licht werde! Licht ward. Gott sah das Licht, dass es gut ist. Gott schied zwischen dem Licht und der Finsternis.«

Durch die Sphäre des Wortes, die gestaltende Kraft im Kosmos vollzieht sich im Bewusstsein ein erster Trennungs- und Unterscheidungsakt: Trennung in den oberen Pol, den Pol der Helle, des Lichtes, und den unteren Pol, den der Dunkelheit; in den Bereich, in dem das Bewusstsein auftaucht, und den, in dem das reine unbewusste Leben waltet.

> »Gott rief dem Licht: Tag! – *iom* –, und der Finsternis rief er: Nacht! – *laila*.«

Dem Wort *laila* entspricht das griechische Wort *aion*, das Zeitenkreis, Zeitenumlauf bedeutet. Nun gibt es bestimmte Geister, welche diese Evolutionszyklen lenken: Immer wenn die Evolution in einen neuen Zyklus eintritt, erscheint ein solcher Geist der Umlaufzeiten. Das Wort *laila* ist dagegen mit dem Sanskritwort *pralaya* verwandt, welches bedeutet, dass alles, was einmal in Erscheinung getreten ist, wieder in den Bereich des Unbewussten hinabsinkt, dorthin, wo die an der Zukunft wirkenden Kräfte erneut in der Lebenssphäre arbeiten. Eine große Pendelbewegung also zwischen einem Bewusstsein, in der sich die Gesetze spiegeln, und einem unbewussten Zustand, in dem dieselben Gesetze wirken, aber ohne unser Wissen, in dem unser Bewusstsein wie aufgelöst ist. Dann erwacht erneut ein klares Bewusstsein der Gesetze, die in der Dunkelheit gewaltet haben – und wieder folgt ein Hinabtauchen in die Nacht. Der biblische Text bezeichnet diesen Übergang mit den Worten: »Abend – *ereb* – ward und Morgen – *boker* – ward.« Das griechische Wort für Abend, für Dunkelheit lautet *erebos*; es bedeutet eigentlich Chaos, Auflösung. Gerade das aber geschieht, wenn wir am Abend in den Schlaf sinken; alle Fäden, die wir am Tag geschickt zusammenhielten, entgleiten uns. Und *boker* bedeutet, dass sich die Fäden wieder neu verknüpfen, dass das Bewusstsein wieder neu seinen Gedanken- und Vorstellungsteppich weben kann.

»Abend ward und Morgen ward: Ein Tag.«

»Gott sprach: Gewölb werde inmitten der Wasser und sei eine Scheide von Wasser und Wasser.«

Die Gestaltung der Substanz geht weiter. Wie können die Kräfte, die in dem göttlichen Schöpfungsplan und in den göttlichen Gesetzen wirken, die Materie ergreifen und sich ihr einprägen? Sie tun dies nach dem Gesetz des Rhythmus; damit aber ein Rhythmus entstehen kann, braucht es das flüssige Element. Rhythmus lebt im Flüssigen. Er entlässt aus sich Wellen, die sich dem Flüssigen mitteilen, darin Interferenzen schaffen und so die Substanz organisieren und ordnen. Auf diese Weise bilden die hin- und zurückflutenden

Meereswellen die kleinen Sanddünen, die wir auf den Stränden sehen, wenn sich das Meer zurückgezogen hat.

Bilden wir uns nicht selbst auf die gleiche Weise? Unser aus Nervenmaterie bestehendes cerebro-spinales System, das Gehirn, schwimmt wie ein Kontinent im Gehirnwasser, das ständig zwischen ihm und dem harten Schädel sowie im Zentrum zirkuliert. Mit jedem Laut, den das kleine Kind hört und hervorbringt, entstehen Schwingungen, welche in dieser Gehirnflüssigkeit Wellen erzeugen, die das Gehirn ausgestalten. Dieses strukturiert sich nach der Art der Laute und Klänge. Und da die Sprachen der Menschen verschieden sind, sind auch die Gehirne der Bewohner eines Landes ein klein wenig anders gestaltet als die der Bewohner eines anderen Landes. Einige Sprachen beziehungsweise »Gehirne« machen es leicht, dass ein Mensch andere Sprachen lernt; andere erschweren es. So kann man feststellen, dass die Engländer im Allgemeinen nur englisch sprechen, da diese Sprache dem Gehirn nicht die notwendige Geschmeidigkeit zu verleihen scheint. Die Franzosen sprechen oft gut englisch, während sie mit dem Deutschen Schwierigkeiten haben. Geht man weiter nach Osten in den slawischen, besonders den russischen Bereich, so sieht man, dass da mit großer Leichtigkeit das Polnische, Tschechische, Bulgarische, Englische, Deutsche, Französische gelernt werden können. – Die mit dem Sprachenlernen verbundenen Schwierigkeiten nehmen natürlich niemandem die Möglichkeit, den Sinn für das Verstehen anderer Menschen zu entwickeln.

Das Wort, ein Privileg des Menschen, muss also sorgfältig gepflegt, die Laute müssen bewusst gebildet werden. Dadurch stellt man seine Würde als Mensch her und erfüllt seine Menschenaufgabe. Das Wort ist, auf die menschliche Ebene versetzt, die göttliche Schöpferkraft, die alles schuf und die uns in dem »Gott schuf« des Alten Testaments begegnet.

Die Weite der Wasser wird nun also gestaltet durch das Wort. Der Bewusstseinspol oben und der Willenspol unten sind voneinander geschieden; es entsteht ein Zwischenraum. Dieser Gesamtorganismus trägt in sich eine Polarität und zwischen den Polen einen ausgedehnten Raum. Die Schwelle reiner Innerlichkeit beginnt überschritten zu werden.

> »Gott machte das Gewölb und schied zwischen dem Wasser das unterhalb des Gewölbs war und dem Wasser das oberhalb des Gewölbs war. Es ward so. Dem Gewölb rief Gott: Himmel! Abend ward und Morgen ward: zweiter Tag.«

Erinnern wir uns, dass schon beim ersten Schöpfungsakt von den Himmeln die Rede war: »Am Anfang schuf Gott die Himmel und die Erde.« Damals aber handelte es sich um ein Ganzes, das die Polarität noch im Innern verborgen trug. Nun aber sind die beiden Pole – Konzentration und Ausdehnung – nach außen projiziert und erscheinen wie in einem Raum. Das Zentrum ist noch flüssig; in ihm wirken die konzentrierenden Kräfte mit dem Ziel, diesem Magma eine gewisse Dichte zu verleihen. Der Blick wird sich auf einen äußeren Raum richten können, auf das, was über dem Gewölb, über der Feste ist.

> »Gott sprach: Das Wasser unterm Himmel staue sich an einen Ort, und das Trockne lasse sich sehn! Es ward so. Dem Trocknen rief Gott: Erde! und der Stauung der Wasser rief er: Meere! Gott sah, dass es gut ist.«

Dieser Vorgang wiederholt sich im Kleinen, wenn sich an einem Sommerabend die neblige Luft so weit ausdehnt, dass sie ganz verschwindet und nicht einmal mehr ein Gas darstellt, sondern jenseits einer gewissen Höhe zu reiner Wärme wird. Dann verdichtet sich die Wärme wieder, wird wieder gasförmig, dann zu Wasserdampf und schließlich unter Umständen zu Hagelkörnern, in denen in gewisser Weise das Trockene, das Harte erscheint. Das ist ein Abbild des Schöpfungsprozesses. Die ersten Schneeflocken machen uns deshalb fröhlich, weil sie in uns die Erinnerung an den Ursprung, an die Unschuld des Anfangs wachrufen. Durch alle Schwierigkeiten und Sorgen unseres Lebens hindurch erscheinen uns auch heute noch diese Gesetze wirksam, diese Gesetze der ursprünglichen Sechsheit, der sechs Elohim, die um ein Zentrum, den siebten, versammelt sind.

> »Dem Trocknen rief Gott: Erde! und der Stauung des Wassers rief er: Meere! Gott sah, dass es gut ist«, das heißt, dass die Verwirklichung dem ursprünglichen Plan entsprach.

»Gott sprach: Sprießen lasse die Erde Gespross, Kraut, das Samen samt, Fruchtbaum, der nach seiner Art Frucht macht, darin sein Same ist, auf der Erde! Es ward so.«

Wir können ein Bewusstsein gewinnen davon, was diese Worte ausdrücken, wenn wir uns immer wieder dem Staunen hingeben angesichts der Tatsache, dass ein in die Erde gelegtes Samenkorn immer eine Pflanze derselben Art hervorbringt. Das ist beispielsweise nicht der Fall bei den ebenfalls schöpferischen Formkräften, die im Winter an Fensterscheiben die Eisblumen hervorbringen; denn am nächsten oder übernächsten Tag werden da ganz andere pflanzliche Formen erscheinen. Aus einem Weizenkorn wird indessen immer eine Weizenpflanze hervorgehen, aus einer Haselnuss immer ein Haselstrauch – niemals etwas anderes. Es gibt also Formkräfte, die für sich existieren und dann auf die Materie einwirken, sie ziehen die Stoffe an sich heran, die notwendig sind, damit sie sich ihnen einprägen und sie gestalten können. Nicht die mineralischen Salze schaffen die Pflanzenformen; es ist die Form selbst, die sich der Salze bemächtigt, sie kombiniert und plastiziert. Warum wachsen denn auf Eichen keine Buchenblätter? Weil die Eiche ein Bildemuster in sich trägt, das nur die vorgesehenen Formen hervorbringen kann. Eiche und Buche sind beide Träger unsichtbarer Kräfte, die Jahr für Jahr die Pflanze in die Sichtbarkeit hineingestalten und sich dann in das Samenkorn zurückziehen. Keine Art kann sich natürlicherweise mit einer anderen vermengen, weil die Arten – auch die Tierarten – unsichtbare, übersinnliche Wirklichkeiten sind.

Als sich die bis dahin flüssige Erde nach und nach verfestigte, begannen die gestaltenden Kräfte ihr die Formen einzubilden, die den verschiedenen samentragenden Pflanzen gemäß sind. Indessen sind die Pflanzen noch nicht wirklich in die Sichtbarkeit getreten, die Formen der künftigen Pflanzen sind noch geistig.

»Die Erde trieb Gespross« – dieses Wort ruft das Bild der Erde als einer einzigen großen Pflanze hervor –, »Kraut, das nach seiner Art Samen samt, Baum, der nach seiner Art Frucht macht darin sein Same ist. Gott sah, dass es gut ist. Abend ward und Morgen ward: dritter Tag«.

DIE ERSTEN SECHS TAGE

Rufen wir uns die bisher durchlaufenen Stationen ins Gedächtnis zurück. Zuerst ist da eine noch ganz undifferenzierte Einheit, ein ungeschiedenes großes Ganzes, das wie in einem tiefen Schlaf liegt. Dieser Zustand ist durch die Worte »im Ur-Anfang« ausgedrückt. Eine erste Stufe der Differenzierung, der Auseinanderfaltung wird erreicht, indem sich mitten in dieser einzigen großen Wirklichkeit allmählich eine Polarität herausbildet, und zwar dadurch, dass sich verschiedene Kräfte konzentrieren. Der eine Kräftepol bringt eine auf das Zentrum hinstrebende Bewegung hervor, während der andere gleichzeitig eine Bewegung schafft, die auf das hinzielt, was wir Peripherie nennen könnten. Wir haben also Verdichtung und Ausweitung. Das sind indessen bis dahin nur zwei Bewusstseinszustände: ein Wachzustand, in dem man sich seiner bewusst ist, und ein Schlafzustand, in dem man völlig in das All, das Ganze ausgegossen ist.

Diese Polarität ist ausgedrückt durch die Worte »Erde« – *ha'arez* –, um die sich nach und nach das Selbstbewusstsein kristallisiert, und »Himmel« – *haschamajim* –, Ausdehnung, das, worin sich das Bewusstsein wieder auflöst. Diese Polarität verstärkt sich, bis hin zur Erschaffung des Lichtes und der Finsternis und dem schließlichen Auftreten zweier einander klar entgegengesetzter Bewusstseinshaltungen. Im Wort *iom* für »Tag« drückt der I-Laut das Selbstbewusstsein aus, *laila*, »Nacht«, ist schon von seiner Lautgestalt her Ausdruck völliger Auflösung und Ausweitung. Das Ganze bezeichnet indessen einen noch ganz anfänglichen Bewusstseinszustand, vergleichbar dem Schlaf, in den keine Spur der Außenwelt hineinragt.

Auf der zweiten Stufe erscheint die Scheidung in die Wasser oben und die Wasser unten. Was zuvor ein ständiges Übergehen von einem Zustand des Ausgedehntseins zu einem solchen der Verdichtung und umgekehrt war, ein ständiges Wechseln zwischen stärkerer und schwächerer Wärme, wird nun zu einer entschiedenen Trennung, und zwischen beiden Zuständen entsteht so etwas wie ein Raum. Das heißt, das eine beginnt das andere von außen wahrzunehmen. Das ist der Beginn der Entwicklung, des Werdens.

Entwicklung entsteht aus dem Übergang von einem Zustand in einen anderen. Sie wird erst in dem Augenblick möglich, da zwei voneinander völlig verschiedene Zustände auftreten und sich ein vermittelnder Raum zwischen den zwei Sphären bildet. Damit die Kräfte der einen Sphäre zu denen der anderen hinüberreichen können, müssen sie etwas von sich weggeben. Eine Kraft fließt von einer Sphäre in die andere; diese wird von dieser Gabe gewissermaßen befruchtet und beginnt sich zu bewegen und sich zu entwickeln.

Das wird uns in der Bibel in einem wunderbaren Bild vor Augen geführt:

> »Gott sprach: Sprießen lasse die Erde Gespross, Kraut, das Samen samt, Fruchtbaum, der nach seiner Art Frucht macht darin sein Same ist, auf der Erde. Es ward so.«

Das ist ein neuer Prozess. Wenn wir den Gedanken zu einer Handlung fassen, dann geschieht dies an einem Pol, der dem Lebenspol entgegengesetzt ist. Damit diese Handlung Wirklichkeit wird, muss der Gedanke den Lebenspol befruchten, er muss in den Willen, den Leib übergehen. Der Lebenspol muss den Samen des Bewusstseinspols empfangen. Vorher war es so, dass die Gottheit etwas konzipierte, und schon war es Wirklichkeit. Nun, da die beiden Pole voneinander getrennt sind, denkt sie zuerst, dann spricht sie das Wort, das dem Gedanken Ausdruck verleiht, so dass er auf den anderen Pol, den Pol der Lebenskräfte wirken kann. Die Gedanken, die eine Richtung, eine Form haben, beginnen ihre Form der empfänglichen Materie einzudrücken. Diese lebendigen Samenkräfte schreiben sich der reinen, aufnahmebereiten Materie – man könnte auch sagen: dem Schlamm der Erde – ein.

Wir haben gesehen, dass das, was auf diese Weise geschaffen wurde, die *Art* ist, nicht die einzelnen Exemplare einer Pflanze oder eines Tiers. Das Wort »Same« bedeutet in diesem Zusammenhang, dass die Gedanken der Gottheit in sich die Kraft zu tragen beginnen, sich nach außen zu wenden, sich der Materie einzuprägen.

»Abend ward und Morgen ward: dritter Tag.«

Was wird nun der nächste Schritt sein? Wir kennen alle das Bild, das vielleicht am reinsten Werden und Fortgang ausdrückt, das Bild eines Flusses. In der Mythologie der Griechen erscheint auf der Stufe der Entwicklung, von der hier die Rede ist, das Fließende, der Fluss, während es bis dahin nur das Chaos gab. Uranos und Gaia, die Urgottheiten, verwandeln sich in Kronos und Rhea. Die Zeit erscheint, das Gestern und das Morgen und zwischen beiden der Strom Rheas, der Strom des Werdens.

Wenn man beobachten will, was in einem Fluss oder Bach geschieht, kann man Papierschnipsel hineinwerfen. Manche werden von einem Wasserwirbel erfasst, sodass sie sich im Kreis drehen. Alles, was fließt, folgt bestimmten Gesetzen, Kräften, die ihrem Wesen nach wirbelartig sind. Man findet diese Erscheinungen wie überhaupt die dem Flüssigen eigenen Bewegungsformen beschrieben in dem Buch *Das sensible Chaos* von Theodor Schwenk.

Das also geschieht auf der zweiten Stufe, der des reinen Wässrig-Flüssigen, des reinen Werdens. Die Papierschnipsel, die sich um sich selbst zu drehen beginnen, sind aus dem allgemeinen Strom herausgetreten und haben ein Eigenleben begonnen, vielmehr ein Eigen-Sein nach einem Rhythmus, der durch die Form des Flussbettes hervorgerufen wird. Wenn es aber kein Flussbett gibt, woher können dann die Wirbel kommen, und woher kommt es, dass ein bestimmter Wirbel sich aus dem allgemeinen Strom aussondern kann?

Wir haben auf Gedankenformen hingewiesen, die in dem allgemeinen Strom anwesend sind, sich jedoch nur materialisieren, wenn sie die Materie an bestimmten Grenzpunkten ergreifen. Es sind Formen pflanzlicher Art, wie an manchen Wintertagen auf den Fensterscheiben erscheinen, wenn sich durch Gefrieren Eiskristalle bilden. Diese Gedankenformen erscheinen im flüssigen Element in dem Augenblick, da es von Kälte durchdrungen wird. Wir entdecken, dass die entstehenden Formen nicht nur ihren eigenen Kristallisationsgesetzen folgen – in diesem Fall würden nur Sechsecke entstehen –, sondern dass sie auch alle in der umgebenden Atmosphäre anwesenden Formen in sich aufnehmen. Wenn in einem Zimmer Pflanzen stehen, dann erinnern die auf den Fensterscheiben erscheinenden Formen an die der Pflanzen, die von ihren Formkräften wie umschwebt sind. Wenn sich dann die Luft wieder erwärmt und die Formen wieder resorbiert werden, werden die Kräfte, durch die sie hervorgebracht wurden, erneut unwahrnehmbar. – Das geschah am zweiten Schöpfungstag; die Gedankenformen konnten sich der Materie nur in bestimmten Zeiten und unter bestimmten Bedingungen einprägen.

Stellen wir uns nun vor, dass die Gedankenformen Geschmack gewinnen an dieser Materie und sich mit ihr vereinigen: Ein allererstes Pflanzenwesen tritt in Erscheinung; ein wenig Materie lässt sich von einer vegetativen Kraft durchdringen, und diese löst sich nicht mehr gänzlich in der Atmosphäre auf. Diese so entstandene Materie fängt an, sich zu reproduzieren, sie behält den Eindruck, von dem sie geprägt wurde, sie hat sich ein wenig individualisiert.

Damit die Entwicklung über dieses allererste vegetative Stadium hinausgelangt, muss sich dieser Individualisierungsprozess verstärken, müssen sich für diese Kräfte bestimmte »Stützpunkte« bilden, die deren Impulse in sich tragen und bewahren. Damit ist das erste seelische Phänomen gekennzeichnet. Es gleicht einem Wirbel; ein Wesen beginnt sich um sich selbst zu drehen und die immer gleiche innere Verfassung zu pflegen. Es braucht diesen Impuls des Selbstgefühls, des Sich-Drehens um sich selbst, damit sich irgendwo ein besonderer Raum herauskristallisiert. Und das ist nun die dritte Stufe. In diesem Zwischenraum zwischen dem Pol der Verdichtung und dem der Ausdehnung, zwischen *ha'arez*, Erde, und *haschamajim*, Himmel, beginnen sich alle möglichen Arten von Zwischenphasen oder Zwischenebenen abzuzeichnen, die sich immer mehr personalisieren und, von dem großen Werdestrom durchzogen, Wirbel bilden, die aus Kräften hervorgegangen sind, von denen jede ihren besonderen Charakter hat; die einen Wirbel drehen sich schneller, die anderen langsamer. Wenn wir versuchen, uns dieses Kräftespiels als eines inneren, seelischen Phänomens bewusst zu werden und es dann in den Kosmos zu übertragen, können wir uns einen ersten Begriff davon bilden, was im großen kosmischen Strom die Schöpfung verschiedener Sphären, verschiedener Einflussbereiche bedeutet. Diese Sphären sind dadurch charakterisiert, dass sich aus dem großen universellen Strom verschiedene Kadenzen und Rhythmen herausgliedern und dadurch verschiedene Bewegungen hervorgerufen werden.

Stellen wir uns mit Hilfe eines kleinen Experiments vor, wie ein Zusammenspiel verschiedener Bewegungen entstehen kann. Man lässt in ein Glas Wasser einen Tropfen Öl fallen und versetzt diesen mit einer Nadel in eine kreisende Bewegung. Infolge der Drehbewegung trennen sich von dem großen Tropfen kleine Tröpfchen ab und beginnen die Mitte zu umkreisen; dabei kreisen sie verschieden schnell. Auf diese Weise wird manchmal in Schulen die Entstehung von Sternsystemen erklärt, riesigen Organismen, von denen unser Sonnensystem nur einen kleinen Teil bildet und zu denen auch die Milchstraße gehört. (Meist wird dabei jedoch vergessen, dass die Kraft, welche die kreisende Bewegung hervorbringt, nicht im System selbst liegt, sondern dass da jemand ist, der von außen die Bewegung erregt.)

In unserem Sonnensystem haben sich die Rhythmen bereits konsolidiert; jeder Planet hat seinen ihm eigenen Rhythmus. Zwischen der Drehgeschwindigkeit um die eigene Achse und der Geschwindigkeit des Kreisens um die Sonne, zwischen der Entfernung zur Sonne und der zu den anderen Planeten haben sich außerordentlich subtile Verhältnisse hergestellt; sieben, acht, neun verschiedene Weltenkörper tragen einander gegenseitig in einem außerordentlich instabilen Gleichgewicht, nach Gesetzen der Anziehung und Abstoßung, die sich gegenseitig bedingen.

Was aber belebt und beseelt jeden dieser Weltenkörper? Was schafft die Kraft, die sie aneinander bindet? Wer impulsiert sie zu der Eigenbewegung, durch die sie sich in sich selbst drehen. Was veranlasst einen Körper, sich um sich selbst zu drehen? Wieder haben wir es nicht mit einem äußeren, physikalischen, sondern mit einem inneren Problem zu tun. Wenn ich eine bestimmte Seelenverfassung pflege und andere Seelenzustände ausschließe, beginne ich um mich selbst zu kreisen. Es ist eine innere Bewegung, die dazu führt, dass ein Himmelskörper sich um sich selbst dreht. Er will sich gewissen Einflüssen, unter Ausschluss anderer, aussetzen. Eine Art innerer Psychismus macht, dass sich ein Himmelskörper um sich selbst dreht.

Man kann sich an dieser Übertragung mechanisch-physikalischer Begriffe auf seelische Vorgänge stoßen; die Analogie zeigt sich tatsächlich nicht auf den ersten Blick. Das Entscheidende ist indessen, dass man im Nachsinnen über diese Phänomene erkennt, dass es sehr wohl gültige Gründe gibt, dasselbe Wort für mechanische wie auch für seelische Phänomene zu gebrauchen. Man erkennt, wenn man in der Meditation die Aufmerksamkeit darauf lenkt, den Zusammenhang, auch wenn man ihn nicht im gewöhnlichen Sinn »beweisen« kann.

Auf diese Art von Phänomenen deutet die Bibel hin, wenn sie nun die dritte Entwicklungsstufe ins Auge fasst. Indem die Dualität von der Kraft des Werdens ergriffen wird, erscheint eine größere Differenzierung und Mannigfaltigkeit. Einzelne Teile dieses Werdens entwickeln allmählich besondere, eigene Qualitäten; sie kreisen um sich selbst und beginnen einen Organismus zu bilden.

> »Gott sprach: Leuchten seien am Gewölb des Himmels, zwischen dem Tag und der Nacht zu scheiden …«

Die Unterscheidung zwischen Tag und Nacht war ja bereits getroffen; da es jedoch noch keine Sonne gab, handelte es sich um verschiedene Bewusstseinszustände: das auf sich selbst zentrierte gedankliche Bewusstsein (*iom*, Tag) und das ausgeweitete Bewusstsein (*laila*, Nacht). Damit diese Unterscheidung wirklich klar und deutlich wird, muss sie einen äußeren Ausdruck finden; sie muss sich im Kosmos konkretisieren.

> »… dass sie werden zu Zeichen, so für Gezeiten so für Tage und Jahre, und seien Leuchten am Gewölb des Himmels, über die Erde zu leuchten! Es ward so. Gott machte die zwei großen

> Leuchten, die größre Leuchte zur Waltung des Tags und die kleinre Leuchte zur Waltung der Nacht, und die Sterne. Gott gab sie ans Gewölb des Himmels, über die Erde zu leuchten, des Tags und der Nacht zu walten, zu scheiden zwischen dem Licht und der Finsternis. Gott sah, dass es gut ist. Abend ward und Morgen ward: vierter Tag.«

Alle Himmelskörper werden also einen ihnen eigenen Rhythmus haben; ihr Sinn ist es, Rhythmen in der Materie zu offenbaren. – Auch Platon hat über diese Erscheinungen nachgedacht. Im *Timaios* beschreibt er die großen Bewegungen, welche das Universum beseelen. Eine dieser Bewegungen ist durch die Rotation der Erde um sich selbst bestimmt, wobei der Äquator die Rotationsebene darstellt. Die andere Bewegung ist die der Erde um die Sonne; sie ist durch die Ebene der Ekliptik bestimmt, die gegenüber der Äquatorebene geneigt ist, so als gebe es einen zweiten Äquator, den – von der Erde aus betrachtet – die Sonnenbahn zeichnet. Es gibt also zwei große »Scheiben«, die gegeneinander geneigt sind und zwei verschiedenen Rhythmen folgen. Die Beziehung dieser beiden Bewegungen ist inkommensurabel, sie kann nicht durch eine exakte Zahl ausgedrückt werden. Für Platon ist die Himmelsekliptik immer die gleiche; alles ist da unveränderlich. Die zweite Bewegung – er nennt sie die »andere« – variiert in ihrer Beziehung zur ersten, und die beiden Bewegungen haben kein gemeinsames Maß. Das ist die Kreuzigung der Weltseele. Platon stellt sich vor, dass der Raum zwischen beiden von den Planeten durchzogen wird, die zwischen dem »Selben« und dem »Anderen« vermitteln und die Ursache davon sind, dass sich die Weltseele ständig verändert.

Diese Beschreibung Platons charakterisiert, was wir mit dem Begriff Astralleib bezeichnen; er ist Ausdruck unseres Seelenlebens, der inneren Veränderungen unserer Gefühle und Empfindungen. Die Alten hatten auf intuitive Weise ein Verständnis für die geheimnisvolle Verwandtschaft zwischen dem Seelenleben mit seinen auf- und abwogenden Empfindungen und den ständigen Veränderungen der Atmosphäre in den Bereichen, die zwischen dem »Selben«, dem ewig mit sich Identischen, und dem »Anderen«, dem ewig sich

Wandelnden, liegen. Von dieser Vielfalt innerer Zustände – Freude, Schmerz, Verzweiflung, Harmonie, Vereinigung – fühlten die Alten, dass sie im Kosmos und im Menschen ähnlich ist. Dieser Empfindungsleib im Menschen ist wie eine Projektion der Sternenwelt. Da der Mensch eine Empfindung seiner selbst hat, kann er gar nicht anders als sich um sich selbst zu drehen, so wie sich die Erde um sich selbst dreht. Und da das jeder tut, verändern sich unsere Seelenhaltungen im Bezug auf andere fortwährend. Denn wir kreisen auch umeinander. Und wenn wir uns vergegenwärtigen, wie wir gegenseitig angezogen werden, wie wir uns einander nähern, uns voneinander entfernen, uns begegnen, uns aneinander stoßen, in Gegensatz zueinander treten – dann erkennen wir, dass wir wie Sterne sind in verschiedenen Sonnensystemen, beseelt von inneren und von gegenseitigen Bewegungen.

Wir können also verstehen, warum die Bibel von der Kristallisation verschiedener kosmischer Einflusszonen spricht, durch welche der Kosmos zu einem Organismus wird, nicht mehr einfach nur ein großes Ganzes oder eine Polarität darstellt. Zwischen den beiden Polen beginnt eine immer wachsende Vielfalt sich zu entwickeln. Das war gewissermaßen der erste Impuls zur Entfaltung eines seelischen Lebens. Diese gewaltigen Kräfte luftartiger Natur, die zu verschiedenen inneren Zuständen kosmischer Anziehung führen, spiegeln sich von nun an in der Erdenwelt selbst. Auf der Erde erscheinen Wesen, von denen jedes über eine ihm eigene Innerlichkeit verfügt. Nach dem in seinem Werden immer fließend-flüssigen Pflanzenreich taucht ein neues Reich auf, das dadurch charakterisiert ist, dass sich in jedem einzelnen Wesen ein Eigenseelisches, ein inneres Leben bildet, das um sich selber kreist. Das Tier ist in dieser Hinsicht ein kleiner Wirbel; ein Teil seines seelischen Lebens wird im Innern festgehalten und in seinem Rhythmus fixiert. Die Pflanze wird von Kräften durchflossen, die ihr die Form geben und dann wieder im Umkreis wirken; sie hat kein inneres Leben, während das Tier über die Fähigkeit verfügt, sich in sich selbst zu empfinden.

»Gott sprach: Das Wasser wimmle, ein Wimmeln lebenden Wesens« – das ist die exakte Beschreibung der vielen kleinen individuellen Wirbel, die sich inmitten des großen Weltenstromes bilden –, »und Vogelflug fliege über der Erde vorüber dem Antlitz des Himmelsgewölbs! Gott schuf die großen Ungetüme und alle lebenden regenden Wesen, von denen das Wasser wimmelte, nach ihren Arten, und allen befittigten Volgel nach seiner Art. Gott sah, dass es gut ist.«

Betrachten wir nun die Wirkung dieser Bildung von Wesen, die einerseits die Wasser bevölkern, andererseits die Weiten der Himmel im Flug durchstreichen. – Das Studium der Geologie kann unter zwei Gesichtspunkten geschehen, die Rudolf Steiner deutlich voneinander unterschieden hat: unter dem Gesichtspunkt des Menschen und unter dem eines Flohs. Ein Floh, der auf der Oberfläche eines Menschenkörpers spazieren ginge und den Bereich analysierte, auf dem sich seine Existenz abspielt, würde nur sehr wenig von dem wahrnehmen, worauf es ankommt. Es wäre diesem ohne Verstand in einem unermesslichen Raum sich bewegenden Wesen unmöglich, sich das Ganze dieses Organismus vorzustellen. Nun kann man sich aber auch – und das ist der zweite Gesichtspunkt – einen mit einem Eigenleben begabten Planeten vorstellen, indem man den eigenen beschränkten Horizont immer mehr erweitert. Dann erkennt man, dass es in der Erdentwicklung Zeiten gab, da die Erde viel weniger verfestigt war als heute. Einige Partien waren belebt und beseelt, »Riesentiere«, die sich bewegten und eine dem schuppigen Schildkrötenpanzer ähnliche Oberfläche bildeten. Diese Panzer blieben als gewaltige mineralische Ablagerungen erhalten; die Kalkgebirge wie der Jura und ein Teil der Alpen haben sich auf diese Weise gebildet. Studiert man die geologischen Schichten, stößt man auf ein geheimnisvolles Phänomen, das die gegenwärtige, auf die Erforschung der Materie sich beschränkende Geologie große Mühe hat zu erklären: Diese übereinander gelagerten Kalkschichten sind jeweils durch eine dünne Schicht aus Mergel, das heißt mehr oder weniger kalkhaltigem Ton, voneinander getrennt, deren Herkunft man sich nicht erklären kann; man spricht von Anschwemmungen, von zertrümmerten Überresten und so weiter. Sie enthalten oft ebenfalls Kalkablagerungen. Eine lebendige Anschauung gewinnt man, wenn man in dieser Schichtung des Muschelkalks, in diesem Wechsel von Kalkbänken und Mergelbänkchen, ein Bild von Lebensvorgängen der Erde erkennt. Im Übrigen kann man zeigen, dass beispielsweise eine Austernschale genau nach dem gleichen Prinzip gebildet ist wie die Muschelkalkformationen.

Bei den Chinesen, deren mythisches Gedächtnis in sehr alte Zeiten zurückreicht, haben sich Legenden erhalten, in denen von großen Drachen erzählt wird, die dadurch, dass sie sich kratzten, irgendwo eine Insel auftauchen ließen. In einer gewissen Zeit der Entwicklung war das Seelische der Erde noch nicht so spezialisiert, dass es Geschöpfe hätte hervorbringen können, wie wir sie heute kennen. Stattdessen gab es Riesengestalten, die gewissermaßen ganzen Kontinenten zu vergleichen waren.

Nicht überall hat die feste Erde diesen Ursprung. Granit und Porphyr beispielsweise waren nie solche Riesentiere; nur die Kalkgebirge sind tierische Produkte. Die Riesengestalten wurden manchmal, durch mächtige Gegenreaktionen aus dem Kosmos, durch Milliarden von Kleinstlebewesen abgelöst, die ebenfalls Kalk in Form von Muschelschalen ausschieden. Aus den Überresten dieser Kalkausscheidungen entstanden die Kreidebildungen.

Ursprünglich gab es Lebewesen, die entweder schwammen oder flogen, und erst nach und nach, nachdem sich die beiden Pole tierischer Existenz herausgebildet hatten, erschienen auf den festen Teilen des Erdkörpers die mittleren Tiere. Ein Tier hat die beiden Pole des seelischen Lebens in gewisser Weise miteinander verschmolzen und zugleich beide Verhaltensweisen bewahrt: der Schmetterling. Er durchläuft zuerst die Phase der Raupe, die wie ein Parasit beispielsweise in Früchten, also in einem anderen Organismus verborgen, lebt. Dann geht sie durch eine Art von Tod. Sie wird wie in einen Sarg, die Puppe, gelegt und darin wahrhaft mumifiziert. Im Laufe dieses Todesschlafes vollzieht sich eine vollständige Metamorphose des gesamten Organismus; dessen Substanzen werden völlig umgebildet. Was dann daraus hervorgeht, ist ein Tier, das fast keine Verbindung mehr zur Erde hat und ganz in Luft, Licht und Wärme lebt. Der Schmetterling ist so etwas wie eine kosmische Erinnerung an die erste Form der Tierheit, die sich um die Erde webt und Formen tierischen Lebens entwirft, die dann auf der Oberfläche der Erde erscheinen.

> »Gott schuf die großen Ungetüme und alle lebenden regen Wesen, von denen das Wasser wimmelte, nach ihren Arten, und allen befittichten Vogel nach seiner Art. Gott sah, dass es gut ist. Gott segnete sie, sprechend: Fruchtet und mehrt euch und füllt das Wasser in den Meeren, und der Vogel mehre sich auf Erden! Abend ward und Morgen ward: fünfter Tag.«

Das ist eine großartige Annäherung an die Gottheit, welche durch diese Trennung von Erdenkräften und Himmelskräften, von Verdichtung und Ausdehnung die »Mitte« vorbereitet. Sie strebt ein Gleichgewicht an und macht zu diesem Zweck innerhalb der Tierheit selbst einen weiteren Schritt: Sie schafft Tiere, die weder unter noch über der Erde, sondern auf der Erde selbst leben.

> »Gott sprach: Die Erde treibe lebendes Wesen nach seiner Art, Herdentier, Kriechgerege und das Wildlebende des Erdlands nach seiner Art! Es ward so. Gott machte das Wildlebende des Erdlands nach seiner Art und das Herdentier nach seiner Art und alles Gerege des Ackers nach seiner Art. Gott sah, dass es gut ist.«

Wir haben nun etwa die Entwicklungsstufe erreicht, auf der sich die Erde, die zuvor ein flüssiger, schlammiger gelartiger Organismus war, in manchen Teilen verdichtet und das trockene Land auftaucht. Nun erscheinen Tierarten, welche die verschiedenen Entwicklungsstufen widerspiegeln. Das Aufnahmegefäß ist bereitet; was es nunmehr braucht, das ist ein Innenleben. Dieses Innenleben ist noch keine sprudelnde Quelle, wie Gott selbst oder wie der Kosmos; das ist Inhalt der nun folgenden Stufe. Interessant ist, dass diese Stufe anders vorbereitet wird als die vorhergehenden. Diese wurden eingeleitet mit den Worten »Gott sprach ...«. Nun spricht Gott zwar auch, aber er richtet die Worte an sich selbst: »Machen wir...«

Bisher hat Gott immer den Gedanken ausgeführt, den er gefasst hatte. Nun muss er ihn aussprechen, muss ihn sich selber sagen. Das ist von großer Wichtigkeit. Denn der Mensch – und das ist seine Besonderheit – entstand dadurch, dass Gott sich in sich selbst zurückwendete, sich in gewisser Weise selbst betrachtete und sich dann selbst einen Befehl gab, indem er zu sich im Plural sprach: »Machen wir …« Das heißt, er appelliert an alle von ihm ausgehenden Kräfte, an alle Aspekte seines Wesens. Und er sagt: Vereinen wir alle Schöpferkräfte zu einer einzigen, in der sich alle spiegeln. »Machen wir den Menschen in unserem Bild nach unserem Gleichnis!« Nicht: nach meinem Bild! Alle Kräfte des Universums tragen dazu bei, ein Geschöpf hervorzubringen, das »Ich« sagen kann. Aber »in unserem Bilde«! Der Mensch ist zugleich Zentrum und Peripherie, ein All, ein Konzentrationspunkt seines Bewusstseins und eine Vielfalt von Bewusstseinszuständen; der Makrokosmos spiegelt sich im Mikrokosmos, in diesem kleinen Kosmos Mensch.

> »Gott sprach: Machen wir den Menschen in unserem Bild nach unserem Gleichnis! Sie sollen schalten über das Fischvolk des Meeres, den Vogel des Himmels, das Getier, die Erde all, und alles Gerege, das auf Erden sich regt.«

Wer die Welt so betrachtet, als stehe sie unter dem Gesetz des Kampfes ums Dasein, projiziert nur in die Natur und den Kosmos eine ausschließlich menschliche Haltung; er interpretiert als Gesetz der Welt, was er in sich selbst empfindet. Mit dem gleichen Recht kann man indessen sagen, dass das Gesetz des Kosmos das des Opfers ist. Man kann also die Entwicklung mit einem positiven oder einem negativen Vorzeichen versehen. Unglücklicherweise herrscht in der offiziellen Wissenschaft – und entsprechend in vielen Menschen – das Negativzeichen. Sicher, wenn ein Tier ein anderes packt, um es zu verschlingen, kann man nicht sagen, dieses andere Tier opfere sich, denn es sucht ja zu entkommen. Aber der Kosmos wirkt nicht auf der Ebene von Einzelwesen, er wirkt vom Ganzen aus. Und wenn man sich einmal bemüht, sich auf den Gesichtspunkt der Entwicklung, des Werdens zu stellen, kann man sagen: Diese Entwicklung ist eine Schule des Opfers. Die Fähigkeit zu geben beziehungsweise sich selbst zu geben ist der Lernstoff der Welt.

Die Darwinisten werden einwenden: Da seht ihr ja selbst, Gott erlaubt uns, die Welt in unseren Besitz zu nehmen und sie nach unserem Belieben zu gebrauchen! Mit dem gleichen Argument rechtfertigen christlich sich nennende Bekenntnisse den Genuss von Fleisch und also die Tötung von Tieren: Gott hat es erlaubt, es steht wörtlich in der Bibel. Das ist eine Interpretation aus der Sicht des Verbrauchers. Was aber bedeutet das Wort »über alles Geschaffene zu schalten« unter dem Gesichtspunkt des Bewusstseins? Es bedeutet: Ich trage in mir einen Widerschein aller Wesen; ich trage in mir den Drachen und die Raupe und den Schmetterling, den Raben, das Huhn und sein Küken, die ganze Tierwelt. Während jedoch all diese Geschöpfe den Instinkten ihrer Art unterworfen sind, ist der Mensch der Ort, wo diese selben Instinkte gezähmt, koordiniert, in einen Zusammenhang miteinander gebracht werden müssen. Der Mensch hat die Aufgabe, all diese Instinkte, diese Tiere in sich zu erkennen und darüber zu wachen, dass sie in Frieden miteinander leben. Er allein ist ihnen nicht notwendigerweise ausgeliefert, er allein kann sie erkennen und harmonisieren.

Diese Anschauung liegt dem Bild zugrunde, das der Prophet Jesaia gebraucht, wenn er von einem neuen Himmel und einer neuen Erde spricht (Jes. 65,25; Martin Buber): »Geschehen wirds. Eh sie rufen, antworte ich, sie reden noch, und ich erhöre. Wolf und Lamm weiden wie eins, der Löwe frisst Häcksel wie das Rind, und die Schlange, Staub ist nun ihr Brot: nicht übt man mehr Böses, nicht wirkt man Verderb auf all dem Berg meines Heiligtums, hat ER gesprochen.« Ein Kind wird dann – wie in Goethes *Novelle* – die wilden Tiere sänftigen und führen können. Das ist die Wiederherstellung des ursprünglichen Paradieses, in das hinein der Mensch erschaffen wurde, um zwischen allen Tierkräften Frieden zu stiften. Er ist von diesem Ziel abgekommen, aber einmal wird er sich wieder darauf besinnen.

> »Gott schuf den Menschen in seinem Bilde, im Bilde Gottes schuf er ihn, männlich, weiblich schuf er sie.«

Wir sehen nun den Menschen im Allgemeinen – nicht einen einzelnen Menschen – erscheinen, und in diesem Menschen offenbart sich von Anfang an dieselbe Polarität (nicht Dualität), die wir bereits in der Gottheit selbst erkannt haben: »Männlich, weiblich schuf er sie.« Damit ist der Mensch dazu aufgerufen, selbst ein Schöpfer zu werden.

»Gott segnete sie, Gott sprach zu ihnen: Fruchtet und mehrt euch und füllet die Erde und bemächtigt euch ihrer! schaltet über das Fischvolk des Meeres, den Vogel des Himmels und alles Lebendige, das auf Erden sich regt! Gott sprach: Da gebe ich euch alles samensäende Kraut, das auf dem Antlitz der Erde all ist, und alljeden Baum, daran samensäende Baumfrucht ist, euch sei es zum Essen, und allem Lebendigen der Erde, allem Vogel des Himmels, allem was auf Erden sich regt, darin lebendes Wesen ist, alles Grün des Krauts zum Essen. Es ward so. Gott sah alles, was er gemacht hatte, und da, es war sehr gut. Abend ward und Morgen ward: der sechste Tag.«

DER SIEBTE TAG

Wir haben die großen Entwicklungsstufen verfolgt, die das Neue Testament Äonen nennen wird, große Zeitkreise, die wie kosmische Tage aufeinander folgen – ein großes Atmen im Werden der Welt. Eine erste Stufe in diesem Werdegang war die Schöpfung der Urbilder, der Ur-Kräfte, die später dadurch, dass sie sich dem Stoff einprägten, die vielfältigen Wesen hervorbrachten. Das Universum war damals gekennzeichnet durch seine Fülle – Himmel und Erde – und die Polarität zwischen Zentrum und Peripherie.

Auf einer zweiten Stufe erscheinen die Urbilder alles Belebten, dann das Urbild des beseelten Lebens. Wir haben uns dann darauf konzentriert, wie die Ur-Polarität, der Gegensatz zwischen Mitte und Umkreis, sich zu spiegeln beginnt in der Erschaffung von zwei Arten beseelter Wesen, einerseits der über der Erde hinfliegenden Wesen, andererseits der Wesen, von denen das Wasser wimmelt. Wir haben uns darunter jedoch noch keine materiellen Geschöpfe aus Fleisch und Blut vorzustellen. Vielmehr handelt es sich um die erste, die Ur-Tierheit; und wir haben im Schmetterling, in dessen Lebensweise sich die beiden Pole aussprechen, ein Bild dafür gesehen. Die Raupe rollt sich in sich selbst zusammen, sobald man sie berührt, und bildet eine kleine Kugel. Ihr Leben besteht allein darin zu fressen, das heißt der äußeren Welt zu entnehmen, was ihr Inneres nährt. Sie ist Bild des Poles, der dadurch charakterisiert ist, dass eine Mitte geschaffen und alles andere auf diese Mitte bezogen wird.

Der andere Pol tut sich zuerst darin kund, dass die Chrysalide, die Schmetterlingspuppe, erscheint; in ihr wird die Raupe einem Zerstörungsprozess unterworfen, in dessen Verlauf eine durch Kräfte ganz anderer Art hervorgerufene Metamorphose stattfindet. Man kann beobachten, dass auf der physischen Ebene der Schmetterling fast nichts von der Raupe bewahrt. Seine Struktur zeigt radiale geometrische Figuren, denn der Schmetterling ist ein Wesen, das in der Peripherie lebt, das umherflattert, nirgends Halt machend, alle Dinge nur streifend, nur die Oberfläche der Blüten berührend, ganz den Bewegungen der Luft hingegeben, sich im Umkreis, im Licht auflösend. Seine Verwandtschaft mit dem Licht offenbart der Schmetterling in den Farben, die ihn unter allen Tieren in besonderer Weise auszeichnen. Er ist in der Tierwelt das am wenigsten materielle Geschöpf – eine leise Berührung genügt bereits, sein Leben auszulöschen.

Im Laufe seines kurzen Lebens inkarniert der Schmetterling also zuerst den Teil der Tierheit, der ganz auf sich selbst konzentriert ist, und dann den anderen, der sich ganz auf den Umkreis hin orientiert und sich von allem befreit, was ihn zurückhalten könnte. Beide Pole der Tierheit finden somit ihren Ausdruck in einem einzigen Geschöpf. Der Schmetterling ist gleichsam das Urbild der Tierheit.

*

Was wir jetzt erscheinen sehen, ist nicht die Tierheit als Ganzes, als umfassendes Wesen, sondern sind die Fähigkeiten, die mit den verschiedenen Tierformen verknüpft sind. Es entspricht durchaus der Wirklichkeit, wenn wir uns vorstellen, dass da ein Übergang von der Tierheit zum Menschen stattfand; und wir werden in dieser Anschauung unterstützt durch Zwischenformen, die eine Verwandtschaft zwischen dem Menschen und gewissen Tierformen erkennen lassen. Die Beobachtung dieser Verwandtschaft ließ im 17. Jahrhundert eine ganze Schule entstehen, in der man physiognomische Ähnlichkeiten zwischen dem Menschen und den verschiedenen Tierarten studierte. Dieses vergleichende Nebeneinanderhalten, das in Zeichnungen, vor allem in den damals Mode gewordenen Profil-Schattenrissen einen Ausdruck fand, ließ klar erkennen, dass der Mensch in seinen Formen alle Möglichkeiten vereint, die im Tierreich in die einzelnen Arten auseinandergelegt sind. Hat man sich diesen Zusammenhang verdeutlicht, kann man mit Recht sagen: Die Tiere sind eben nicht Evolutionsstufen, welche das Erscheinen des Menschen in der Weise vorbereiten, dass der Mensch »vom Affen abstammt«. Das Umgekehrte gilt, dass nämlich die Tiere vom Menschen abstammen. Das bedeutet, das Bild des Menschen so sehen, wie die in der Entwicklung wirkende Schöpferkraft es zu gestalten strebte: auftauchend aus der Tierheit, aus dieser großen polar strukturierten Wirklichkeit, wie sie durch die Entwicklungsphasen des Schmetterlings illustriert wird.

Der nächste Schritt ist nun der auf den Menschen hin. Die universelle Schöpferkraft macht verschiedene Entwürfe, von denen sich einige erhalten – so wie es einem Künstler, der ein Werk konzipiert hat, meist nicht auf Anhieb gelingt, es zu realisieren; er macht ein anderes, das dem, wovon er träumt, näher kommt, dann ein drittes, das seinem Ziel noch näher kommt. Die am höchsten entwickelten Tierarten sind nichts anderes als Merkpfähle auf dem Weg, auf dem die göttliche Schöpferkraft daran arbeitet, das entstehen zu lassen, was einmal zum Träger des Menschenwesens werden soll. Um dieses Ziel zu erreichen, müssen sehr viele Organismen gebildet werden, die verschiedenen Seelenfähigkeiten entsprechen, welche in der vegetativ bestimmten Raupe noch nicht vorhanden waren. In der Folge entstehen Formen beträchtlicher Größe, Körper, die manchmal von Grausamkeit bewohnt sind – das Krokodil und der Kaiman stammen von ihnen ab –, andere, die schwerer, aber weniger aggressiv sind: das Nilpferd, das Rhinozeros. Auch andere Formen erscheinen, die wie die Gazelle über die Schwere triumphieren oder wie die Affen in die Kronen der Bäume klettern. Andere entwickeln bestimmte Sinnesfähigkeiten (Geruch, Gehör, Gesicht und so weiter) in besonders ausgeprägter Weise oder auch Organe, die den Bewegungsinstinkten angemessen sind: Ein Finger wird zu einem Huf, die Fingernägel verwandeln sich in Krallen. Das Studium der verschiedenen Tierarten lässt erkennen, wie alle Instinktmöglichkeiten auf eine zentrale Idee hinorientiert sind, auf ein Bild, das sie alle umfasst.

Das Auftreten der bereits hoch entwickelten Säugetiere fällt schon in den sechsten Tag, an dem auch der Mensch erscheinen soll. Die verschiedenen Tierarten sind in Wirklichkeit heruntergesunkene, abgelegte Formen eines noch unsichtbaren Wesens; sie sind in ihrer Entwicklung in einer Phase stehen geblieben, da dieses noch nicht gebildet war. Der Mensch entwickelte sich weiter, weil er noch in einem embryonalen Zustand, weil er noch unvollendet war, während die Tiere in verschiedenen Entwurfsstadien erstarrt sind. Das Ganze aber läuft auf das Erscheinen des Menschen zu; daher wird gesagt: »Gott sah alles, was er gemacht hatte, und da, es war sehr gut.«

> »Gott sprach: Machen wir den Menschen in unserem Bild nach unserem Gleichnis!«

Vom ersten Augenblick an, da der Mensch konzipiert wird, geht in ihn etwas über vom Mysterium der Gottheit selbst – Ausdruck einer sehr tiefen Weisheit. Dass der Mensch eines der Geheimnisse der Gottheit spiegelt, zeigt sich im Augenblick, da sich sein Erscheinen vorbereitet, in der Tatsache, dass die Gottheit zu sich selbst spricht. Das war bisher noch nie geschehen. Gott hatte bisher nur ausgesprochen, was geschehen sollte, und das war dann auch geschehen. – Nun spricht die Gottheit von sich in der Mehrzahl: »Machen wir den Menschen in unserem Bilde nach unserem Gleichnis!« Das ist nicht einfach das »Wir«, wie es Fürsten oder Päpste gebrauchten. Es handelt sich hier tatsächlich um die Fülle göttlicher Wesenheiten; und wir erinnern uns, dass das entsprechende hebräische Wort ein Plural ist: Elohim. Denn Gott ist vielfältig und das Ganze, er ist zugleich Eins und Vieles. Dieses Gottesgeheimnis ist dem Wesen des Menschen von Anfang an eingeschrieben: Auch der Mensch ist zugleich Eins und Vieles. Das Geheimnis der Gottheit findet sich wieder im Menschen.

Wenn ich eine Handlung vollbringe, weiß ich mich als den Handelnden. Es kann indessen vorkommen, dass ich im Nachhinein feststelle, dass ich im Zorn oder getrieben von einem Wunsch, einem Verlangen, einer Illusion, einer Hoffnung und so weiter handelte. Dann muss ich mir sagen: Das war nicht ich, der das getan hat. – Und trotzdem ist die Handlung getan worden. Ich erkenne auf diese Weise, dass ich Eins und dass ich Vieles bin. Dieses Geheimnis teilt also der Mensch mit der Gottheit. Nicht dass Gott sich widerspräche! Aber über Bewusstseinseinheit und zugleich über Vielfältigkeit zu verfügen, gehört zur göttlichen Natur; und diese göttliche Verfasstheit ist in dem Satz ausgesprochen: »Machen wir den Menschen in unserem Bild nach unserem Gleichnis!«

Was charakterisiert den Menschen gegenüber allen anderen Geschöpfen? Dass deren Verhalten durch die Gesetze ihrer Natur bestimmt ist. Gewiss, auch der Mensch handelt seiner Natur gemäß; er ist jedoch fähig, diese Gesetze seiner Natur zu erkennen und zu verstehen, er hat eine Menschen-Kenntnis, eine Anthropologie entwickelt. Der Hund kann keine »Hunde-Kenntnis« entwickeln. Der Mensch ist dazu aufgerufen, sich der ihn lenkenden Gesetze bewusst zu werden, in seiner Seele die Gesetze widerzuspiegeln, die ihn geschaffen haben, und dadurch eine gewisse Macht über sie auszuüben.

Dadurch also unterscheidet sich der Mensch von allen anderen Geschöpfen; dadurch darf er über sie schalten und walten. Das Erscheinen des Menschen wird mit großer Kraft betont: Dreimal findet sich das Wort »schaffen«. »Gott schuf« – das heißt, er gab der Entwicklung einen neuen Impuls.

> »Gott schuf den Menschen in seinem Bilde, im Bilde Gottes schuf er ihn; männlich und weiblich schuf er sie.«

Wir sagten oben, dass Gott bei der Erschaffung des Menschen in dessen Wesen einen Teil seines eigenen Geheimnisses hineinprägte. Wir haben gesehen, dass von Stufe zu Stufe der Entwicklung sich eine Polarität offenbarte. Zuerst schuf Gott die Himmel und die Erde; dann bewirkte er die Scheidung in die Wasser oben und die Wasser unten. Sogar die Tierwelt spiegelt in den fliegenden und den schwimmenden Tieren diese Polarität wider. Und nun erscheint sie im Wesen des Menschen selbst: »Männlich, weiblich schuf er sie.« Das Geheimnis Gottes – dass er zugleich Eines und ein Vielfältiges ist – findet sich im Menschen wieder: Der Mensch ist eins und doppelt. Es heißt: »Im Bilde Gottes schuf er *ihn*« – Einzahl! – und unmittelbar darauf: »Männlich, weiblich schuf er *sie*.«

Man sieht, ein trockenes Denken und starre Kategorien werden dem Anfang der Genesis nicht gerecht. Die Sprache der Bibel ist außerordentlich beweglich in sich selbst, was sich beispielsweise im Gebrauch des Plural ausdrückt, dem wir schon verschiedentlich begegnet sind. In vielen Übersetzungen wurde versucht, der Doppelnatur des Menschen, der zugleich eine Einheit und eine Zweiheit ist, durch allerlei Interpretationskünste auszuweichen. Wenn man sagt: Er schuf sie als einen Mann und eine Frau – dann entspricht dies nicht dem ursprünglichen Text; denn in diesem finden sich zwei Adjektive, die nicht »Mann und Frau«, sondern »männlich und weiblich« bedeuten. Mit anderen Worten: der Mensch ist ursprünglich ein Wesen, das beide Pole in sich trägt. Griechen, Hindus, andere sogenannte heidnische Völker hatten davon einen Begriff und drückten ihn durch ein Bild aus, dessen Elemente der sinnlichen Welt entlehnt sind, durch das Bild des androgynen Menschen; ihn stellten die Griechen sogar in Statuen dar. Selbstverständlich gab es nie Wesen aus Fleisch und Blut, die wir in diesem Sinne androgyn nennen könnten. Aber die geistige Wirklichkeit, die der Mensch in seinen Anfängen war, sein Archetyp, sein Urbild, umschloss in der Tat diese beiden Pole.

»Gott segnete sie, Gott sprach zu ihnen …« Er segnete sie, das heißt, er richtet das Wort an sie; man möchte sagen: er erfüllt sie, er überschüttet sie mit der Substanz seines Wortes. Dasselbe wurde (am fünften Tag) in Bezug auf die Tiere gesagt, jedoch in einer etwas anderen Form: »Gott segnete sie, sprechend …« Da ist es noch das göttliche Wort allein, das aus der Gottheit quillt und wirkt. Nun heißt es: »… Gott sprach zu ihnen.« Nun ist ein Bewusstsein anwesend, das die Worte, die Gedanken Gottes wahrnehmen kann. Zum ersten Mal wendet sich Gott an ein anderes Wesen, zum ersten Mal hat er ein Gegenüber.

> »Gott sprach zu ihnen: Fruchtet und mehrt euch und füllet die Erde und bemächtigt euch ihrer! Schaltet über das Fischvolk des Meeres, den Vogel des Himmels und alles Lebendige, das auf Erden sich regt.«

Das also ist die erste Aufgabe, die der Mensch bekommt: Er soll ein Zentrum sein, das Verantwortung trägt für den Lauf und die Einrichtung der Welt; er ist dazu aufgerufen, die Welt zu ordnen. –

Dann heißt es:

> »Da gebe ich euch alles samensäende Kraut, das auf dem Antlitz der Erde all ist, und alljeden Baum, daran samensäende Baumfrucht ist, euch sei es zum Essen …«

Hier drückt sich ein weiterer Aspekt der Polarität in der Menschennatur aus. Der Mensch soll zuerst Herrscher sein; er soll sich der Welt bemächtigen und sie gestalten – das ist das Besondere, das Einmalige an ihm. Er unterscheidet sich von allen anderen Geschöpfen, und sie werden ihm zur Nahrung dienen. Aber der Mensch muss sich der Tatsache bewusst werden, dass sich die Geschöpfe ihm hinopfern; auch das gehört zu den Gesetzen seiner Natur. Er wird sich so einerseits eines Teiles seiner Verantwortung bewusst, seiner Besonderheit als Mensch, und andererseits seiner Solidarität mit den ihn umgebenden Geschöpfen und seiner Abhängigkeit von ihnen. Dieses Verhältnis zueinander und diese Abhängigkeit voneinander sollten immer im Bewusstsein des Menschen leben.

Als der erste Schöpfungsakt vollendet war, sah Gott das Licht und sah, »dass es gut ist«. Dieses Betrachten und Sich-Bewusstmachen des Geschaffenen setzt sich fort, bis es dann am sechsten Tag, als das Werk vollendet ist, heißt: »Gott sah alles, was er gemacht hatte, und da, es war sehr gut.« Auch dieses Sich-zum-Bewusstsein-Bringen gehört zum Geheimnis der menschlichen Natur. Der Mensch ist nicht dazu geschaffen, nur von einem Tag auf den anderen zu leben. In Wirklichkeit lebt er so, dass er seine Kräfte in einer fortwährend erneuerten Aktivität verausgabt. Es ist seiner Natur aber auch eingeschrieben, dass er immer wieder innehält, um das, was er getan hat, zu betrachten. Er verfügt somit in seinem Bewusstsein über zwei polare Fähigkeiten, die so beschaffen sind, dass er sich der einen bedienen kann, um die andere anzuschauen. Das kann das Tier nicht; es hat in sich zwar auch eine Polarität – es kann sich auf sich selbst konzentrieren und sich dann wieder seiner Umgebung zuwenden –, aber mehr als um eine tatsächliche Fähigkeit handelt es sich dabei um eine Möglichkeit. Der Mensch dagegen kann lernen, auf beiden Instrumenten zu spielen und sich des einen zu bedienen, um das andere wahrzunehmen. Es wurde also dem Menschen die

Möglichkeit gegeben, die Gesetze der Welt in einem globalen Bewusstsein zu umschließen.

Für das praktische Leben ist dieses Phänomen von allergrößter Bedeutung. Man spricht von ihm oft in philosophischen Begriffen, es ist indessen eine alltägliche Wirklichkeit. Wir sind uns dessen nicht immer bewusst, und doch gewinnen unsere Tage nur dann einen Sinn, wenn wir uns fragen: Bin ich blinden Gesetzen unterworfen oder gibt es in meinem Leben eine Ordnung? Bin ich bloß das Ergebnis aufeinander folgender und sich ineinander verzahnender Gesetze, oder setze ich sie selbst in Gang? Ist alles nur Zufall oder gibt es zwischen den Phänomenen, die in meinem Leben auftauchen, einen Zusammenhang?

In der Antwort, die sich ein Mensch auf diese Fragen gibt, drückt sich seine innerste Grundhaltung dem Leben gegenüber aus. Der eine gelangt zu der Überzeugung, dass die Welt in sich zusammenhängt, dass trotz aller Widersprüche und endlosen Fragen die Dinge sich miteinander verknüpfen und in einem Sinn zusammenlaufen; der andere, der, dem es nicht gelingt, die Fäden auf diese Weise zu verknüpfen, wird sich immer wieder in Verzweiflung, ja Angst die bange Frage stellen: Und wenn all das sinnlos, vergebens wäre? – Dabei kommt es gar nicht so sehr darauf an, welche Begriffe wir bilden, um auf die Frage zu antworten, ob in der Welt mannigfaltige Kräfte sinnvoll zusammenspielen oder im Grunde überall nur Zufall und Chaos herrschen. Man kann sehr wohl im Kopf ein ausgearbeitetes philosophisches, ja selbst theologisches Gedankengebäude mit sich herumtragen, das einem zu verstehen gibt, alles sei vorzüglich geordnet. Auf dem tiefsten Grund unseres Wesens schläft indessen ein Wesen, das an den Zufall glaubt. Diesem Wesen in den Tiefen – nicht unserem gewöhnlichen, alltäglichen Oberflächenbewusstsein – schulden wir eine Antwort; und zwar aus einem Bereich, in dem wir ahnen können, wie wir unser Grundverhalten einrichten müssen, damit die Wirklichkeiten selbst uns die Evidenz vermitteln: Die Welt ist eins und zusammenhängend. Mit anderen Worten: Die Welt ist von einem Bewusstsein durchdrungen.

Der Name, den man dieser Wirklichkeit gibt, ist dann von sekundärer Bedeutung. In Wirklichkeit handelt es sich um den Inhalt des

Wortes »Gott«. Kein einziges, einem materialisierten menschlichen Denken entsprungenes Bild, weder der ehrwürdige Alte mit dem weißen Bart noch die anmutige Göttin Venus, kann Gott wirklich gemäß sein. Einzig kann sich ihm nähern die im tiefsten Innern gelebte Überzeugung, getragen zu sein – nicht anders als von seiner Gestalt und seinem Skelett – von dem tief inneren Bewusstsein: Ja, die Erscheinungen der Welt sind verbunden nach einer Ordnung; ein Bewusstsein lenkt die Welt und ihre Entwicklung. – Selbst wenn es in dem Gedankensystem von Teilhard de Chardin Widersprüche und Brüche gibt (es ist, wissenschaftlich gesehen, nicht ohne Fehler), so liegt ihm doch die innere Erfahrung dessen zugrunde, was er den Zusammenfluss der ganzen Evolution in einem Ziel nannte. Gewiss, er hat das weder mit den Augen noch mit den Händen wahrgenommen; aber in seinem Geist blitzte eine Evidenz auf, die so deutlich war wie das, was wir mit den Augen sehen: Alle großen Strömungen der Entwicklung sind auf einen Zielpunkt hin ausgerichtet. Diesen Punkt nannte er den »Punkt Omega«.

Die Entdeckung, dass das Universum einem Ziel zustrebt, dass es nicht dem Zufall ausgeliefert ist, ist außerordentlich wichtig. Diese Tatsache spiegelt sich in Worten wie: »Gott sah alles, was er gemacht hatte.« In diesen Worten ist ausgedrückt, dass im Kosmos, in der Totalität des Seins ein Bewusstsein anwesend ist, das alles umfasst, ein Bewusstsein, das man sich nicht nach dem Bild des Menschen vorstellen darf. Wir ahnen das, wenn wir erkennen, dass die Gesetze des Universums einander entsprechen. Wenn man einen etwas trivialen Vergleich gebrauchen will, der indessen die Sache genau trifft, kann man sagen: Im Kosmos gibt es keine Verkehrsunfälle, keine Zusammenstöße von Planeten; denn die kosmischen Gesetze stehen in harmonischen Beziehungen zueinander.

»Und Gott sah alles, was er gemacht hatte, und da, es war sehr gut. Abend ward, und Morgen ward: der sechste Tag.«

*

»Vollendet waren der Himmel und die Erde, und all ihre Schar. Vollendet hatte Gott am siebenten Tag seine Arbeit, die er machte, und feierte am siebenten Tag von all seiner Arbeit, die er machte. Gott segnete den siebenten Tag und heiligte ihn, denn an ihm feierte er von all seiner Arbeit, die machend Gott schuf.«

Mit diesen Worten beginnt das zweite Kapitel der Genesis. Am Anfang des ersten Kapitels hieß es nur: »Im Anfang schuf Gott den Himmel und die Erde.« Aus welchem Grund, zu welchem Zweck?, mag man sich fragen. Welchen Sinn hat diese Schöpfung? Die Himmel und die Erde haben die Aufgabe, den Hintergrund zu bilden, vor dem das menschliche Bewusstsein in Erscheinung treten kann. Sie waren der erste Entwurf dessen, was ihm die Möglichkeit bieten sollte zu entstehen. Die Himmel und die Erde sind nicht vollendet, solange nicht der Mensch da ist, sie in seinem Bewusstsein zu umfassen. »Vollenden« bedeutet: das hingeben, was voll macht, was wirklich einen Inhalt schafft. Von dem Augenblick an, da sich das Bewusstsein des Menschen mitten in diese Schöpfung ergoss, wurde es mit einem Inhalt erfüllt. – So heißt es weiter: »Vollendet hatte Gott am siebenten Tag seine Arbeit, die er machte.« An dem Tag, von dem gesagt wird, dass er an ihm sein Werk vollendete, schafft er nichts Neues. »Er feierte am siebenten Tag von all seiner Arbeit, die er machte. Gott segnete den siebenten Tag und heiligte ihn.«

Bisher hatte Gott die Tiere gesegnet, dann den Menschen; und nun segnet er den siebenten Tag. Im Zeitenstrom erscheint somit ein abgesonderter Raum, eine Art Zeitfragment, das ebenfalls einen Inhalt erhält. Gott teilt dem siebenten Tag also die Substanz seiner selbst mit, die er zuvor schon den Tieren und dem Menschen mitgeteilt hatte, »und er heiligte ihn«.

Das Wort »heilig« bezeichnet etwas, das herausgehoben ist, das einen besonderen Charakter trägt. Das Geheimnis der Heiligkeit besteht darin, dass man sie nicht wahrnehmen kann, wenn man sich nicht das entsprechende Organ geschaffen hat. Das heißt, dass die Erdendinge nur in dem Maße heilig sind, wie man selbst sie heiligt, wie man selbst ihnen diese Heiligkeit beilegt, man kann auch sagen: wie man sie wahr-nimmt. Wenn ein Wesen Heiligkeit nicht erkennen kann, kann ihm nichts von außen zu Hilfe kommen. Es hat keinen Sinn zu sagen: Sprich nicht so, tu das nicht! das ist ein heiliger Ort! Die Gefühls- und Gedankenqualiltäten, die an einem solchen Ort gepflegt wurden und die seine Heiligkeit geschaffen haben – sie müssen wahrgenommen werden. Wenn in der Genesis gesagt wird: »Und Gott segnete den siebenten Tag und heiligte ihn«, dann bedeutet das, dass er dem Menschen zur Aufgabe macht, in den aufeinanderfolgenden Zeitläuften Räume auszusparen, denen er dann den Inhalt geben wird, den er allein ihnen geben kann.

Warum denn heißt es im Vaterunser »Dein Name werde geheiligt«? Ist denn der Name Gottes nicht ohnehin heilig? Können wir Menschen der Heiligkeit Gottes etwas hinzufügen? Nein, niemand kann das, denn Gott ist das Wesen der Heiligkeit selbst. Wenn man solche Gedanken meditiert, kommt man schließlich dazu, sich zu fragen: Wozu würde es Gott dienen, heilig zu sein, wenn niemand da wäre, diese Heiligkeit wahrzunehmen? Nur dort ist für das Heilige Raum, wo es auch Menschen gibt, die plötzlich die Qualität des Heiligen zu erkennen vermögen; und wie immer auch die Heiligkeit des Wesens beschaffen ist, sie bleibt leer, wenn niemand sie bemerken kann.

Es ist dies ein großes Geheimnis. Es wird vom Menschen erwartet, dass er den Namen Gottes heiligt, dass er in der Gottheit eine Eigenschaft erkennt, die er selbst noch nicht hat, und dass er seine Gedanken dazu erhebt. Einen Ort, Handlungen, Zeitabschnitte heiligen oder weihen bedeutet nichts anderes als sie über den natürlichen Verlauf des Lebens hinausheben und sich der Qualität des Heiligen, die man ihr beimisst, bewusst zu werden. Indessen muss die Haltung dem Heiligen gegenüber menschlich und einfach bleiben; jeder ungezügelte Überschwang kann es zerstören. Nicht Kniebeugen und gestenreiches Überströmen vor einer Statue, einem Ort, einem Gegenstand schaffen eine Stimmung von Heiligkeit, sondern die Stärke des inneren Gefühls, das Schweigen, die Stille als Qualitäten der Seele, die sich dann auch dem äußeren Raum mitteilen.

Der siebte Tag, ein Siebtel der Zeit, das heißt ein Rhythmus, ein Zeitfragment wird so aus dem allgemeinen Zeitstrom herausgenommen und der Bewusstwerdung beziehungsweise der Aufmerksamkeit, die man ihm schuldet, geweiht. »Denn an ihm feierte er von all seiner Arbeit, die machend Gott schuf« – das heißt, er bestimmte ein Innehalten in dem Wirken, das auf das Tun, auf den äußeren Ausdruck ausgerichtet war.

*

Das sind die Zeugungen der Himmel und der Erde: ihr Erschaffensein. Am Tag, da ER, Gott, Erde und Himmel machte …«

Zum ersten Mal erscheint hier die neue Benennung Gottes. Bisher wurde er immer Elohim genannt. Nun, da er in dieser Welt des Schweigens lauscht und betrachtet, was er geschaffen hat, mitten in dieser göttlich-einen Vielfältigkeit, blitzt das Bewusstsein seiner selbst auf. Zum ersten Mal ist die Rede von Gott dem Herrn, von IHM, unausgesprochen von Jahwe. Jahwe bedeutet »Ich bin«. – Dabei ist nicht das Verb »sein« entscheidend, sondern die Fähigkeit, »Ich bin« zu sagen. Daher versucht man, die Natur des Wesens, das »Ich bin« zu sagen fähig ist, durch »der Ewige« wiederzugeben; denn der Ewige ist immer in dem »Ich bin« anwesend; sein ganzes Wesen ist im Aufblitzen dieses Selbstbewusstseins enthalten.

Worte sind nicht leere Lautfolgen, sie sind auch Kräfte. Die Juden wussten das sehr wohl und bewahrten der Sprache gegenüber immer eine respektvolle Haltung. Den Namen eines Wesens auszusprechen bedeutet immer – ob man es will oder nicht, ob dieses Wesen es weiß oder nicht –, dass man eine gewisse Macht über es ausübt. Den Namen von jemandem aussprechen heißt ihn rufen; er ist dann stärker anwesend als die anderen, und das macht das Mysterium des Namens aus. Die Juden empfanden die Heiligkeit der Gottheit, deren sie sich sehr wohl bewusst waren, so, dass der Mensch weder das Recht noch die Macht hatte, einen Einfluss auf sie auszuüben. Der Mensch musste Gott gegenüber ganz verfügbar, ganz Empfangender sein und durfte keine Ansprüche an ihn stellen. Daher sprach man den Namen Gottes nicht aus. Als man dann in der Schrift auch Vokale zu verzeichnen begann – das war sehr spät, bis dahin hatten die Hebräer nur Konsonanten geschrieben –, wirkte man der Versuchung, den Namen Gottes dennoch auszusprechen, dadurch entgegen, dass man unter das Tetragramm JHVH die Vokale A O E des

Wortes Adonai, Herr, schrieb, aber in umgekehrter Reihenfolge: E O A; daher die Aussprache Jehova.

In dem fortschrittlichsten, am weitesten von der jüdischen Spiritualität losgelösten Buch der Bibel, in der Apokalypse, taucht dieses Geheimnis des Namens wieder auf. Es wird da erzählt (19, 11-16), dass dem Reiter auf dem weißen Pferd ein Name eingeschrieben ist, den niemand kennt außer er selbst, und dass er auf seinem Gewand und an seiner Hüfte den Namen trägt: König der Könige und Herr der Herren. Gewiss, niemand kann sich vorstellen, was »Ich bin« im Munde Gottes bedeutet. Die Fähigkeit jedoch, »Ich bin« zu sagen, haben wir aus Gottes Machtvollkommenheit empfangen. Als der Mensch im Dasein erschien, war das Feld für ihn wie vorbereitet dadurch, dass Gott selbst das »Ich bin« bekräftigt hatte. Zuvor war Gott noch Ein und Alles, Hin- und Zurückfließen – das Tohuwabohu. Als aber Himmel und Erde vollendet waren und bereitet war die Leinwand, auf der nun die Weltgeschichte gemalt werden sollte, als das Urbild des Menschen als Widerspiegelung des göttlichen Bewusstseins geformt war – da erschien im Herzen der Gottheit selbst die Möglichkeit, »Ich bin« zu sagen.

Daher sieht man in späteren Büchern des Alten Testaments plötzlich JHVH auftauchen, die hebräischen Konsonanten, welche den Gottesnamen tragen. »Ich bin« kann man nur für sich selbst sagen. Gott nennt sich »Ich bin«; aber niemand kann es für ihn aussprechen, und also ist niemand fähig den Namen Gottes auszusprechen.

DIE ERSCHAFFUNG ADAMS UND EVAS

Das zweite Kapitel der Genesis zeigt eine zweite Schöpfung. Worauf bisher nur angespielt worden war, gewinnt immer schärfere Konturen. Wir können uns rückblickend vorstellen, dass alles, wovon im ersten Kapitel die Rede war, sich in einer ganz anderen Sphäre abspielte, dass es sich noch um eine kosmische Schöpfung handelte.

Alle alten Völker, und insbesondere die Hebräer, kannten das Bild eines himmlischen Menschen, eines geistigen Menschen als des Erstlings der Schöpfung. Dieses große Werden, von dem das erste Kapitel spricht, haben wir uns in einer Zeit vorzustellen, da die Erde physisch noch nicht existierte und ebensowenig die Sonne oder die anderen Planeten: Wir haben ein gewaltig großes Universum, ein kosmisches All-Ganzes vor uns. Die Weltenkräfte verweben sich ineinander mit dem Ziel, im Laufe von Äonen Orte zu schaffen, in denen die allmählich entstehenden Sphären eine dichtere Konsistenz erlangen können. Diese Orte sind noch nicht dichte Körper von der Art, wie wir sie heute wahrnehmen; es sind vielmehr ungeheure kosmische Räume. Diese kosmische Erde umfasst noch exakt den Raum, den unser heutiges Sonnensystem einnimmt, bis hin zu den Umlaufbahnen der äußersten Planeten. Der am weitesten entfernte Planet, der den Alten bekannt war, war Saturn; in noch größerer Entfernung finden wir Uranus, Neptun und Pluton (die sich möglicherweise erst später mit unserem Sonnensystem verbanden). Man kann sich nun vorstellen, dass dieses große kosmische Gebilde sich immer mehr verdichtete. Damit haben wir das vor uns, was ursprünglich »Erde« genannt wurde, das heißt das den Stoffen und Kräften der Erde verwandte Universum.

In dem ungeheuer großen Universum, von dem das genannte nur einen kleinen Ausschnitt darstellt, müssen wir uns nun wie bis in die Peripherie ausgebreitet die Kräfte denken, die sich dann im Menschen wie in einem Brennpunkt konzentrieren werden. Um das zu begreifen, muss sich das Bewusstsein wie ein Handschuh umwenden. Nach außen zu projizieren, was im Innern war, ist eine außerordentlich nützliche Übung. Wir haben heute die Vorstellung, dass alles, was unseren Körper ausmacht, in uns ist: Alle Organe, ihre Kräfte und Säfte, alles, was sie produzieren, wirken zusammen, um das zu bilden, was das Bewusstsein unseres Körpers hervorbringt. Man kann nun versuchen, all das nach außen zu projizieren und diese Organe als den Kosmos zu empfinden; je weiter wir dabei gehen, desto mehr nähern wir uns den Kräften, die denen entsprechen, welche unsere Organe gebildet haben. All das zusammen nannte die alte hebräische Weisheit den himmlischen Menschen, Adam Kadmon, Adam, wie er im Gedanken Gottes lebte, in der geistigen Welt, bevor er sich inkarnierte. Von diesem Adam Kadmon war im ersten Kapitel der Genesis die Rede, von ihm und den Kräften und Qualitäten, die seine seelisch-geistige Umgebung bilden.

Dann kam die Zeit, da das Werden in die Phase der Konzentration, der Verdichtung trat. Dieser Prozess vollzog sich zuerst in der Gottheit selbst, als sie nämlich begann, ihr Bewusstsein auf einen Punkt zu zentrieren und sich selbst »Ich«, »Ich bin« zu nennen. Diesen Namen der Gottheit bezeichneten die alten Hebräer als unaussprechlich. Und in der Tat, so wie jeder von uns das Wort »Ich« nur auf sich selbst beziehen kann, so kann auch die Gottheit, das göttliche Ich, ihren Namen nur für sich selbst aussprechen und seinen Sinn kennen. Die Laute dieses Namens können für uns nur Sprossen einer Leiter sein, mit deren Hilfe wir unser Bewusstsein zu den kosmischen Kräften, die sich durch diesen Namen hindurch ausdrücken, erheben.

Die Worte, vielmehr die Laute, aus denen sie gebildet sind, sind uns als heiligste Wirklichkeiten anvertraut. Dank der inneren Geste, die sich in jedem Laut ausdrückt, können wir etwas von der Aktivität im Innern der Gottheit wahrnehmen: IAO. Wenn wir das I aussprechen, fühlen wir, dass wir uns mit Kraft konzentrieren. In den westlichen Sprachen trägt das I immer einen Punkt; »das Tüpfelchen auf das I setzen« bedeutet: etwas so deutlich und vollständig tun oder sagen, dass der andere es wirklich versteht, dass man sein ganzes Bewusstsein ergriffen hat, um es wie auf einen Punkt zu zentrieren und zu vollenden. Im Hebräischen war das I kein senkrechtes Zeichen mit einem Punkt; es war vielmehr das kleinste aller Zeichen: ein Punkt, in dem sich zwei kleine Kommata begegneten. Und dieses Zeichen wurde nicht wie ein I ausgesprochen, sondern als jod. Die innere Kraft der Alten war noch nicht so weit entwickelt, dass sie ein I hätten aussprechen können; sie konnten nur »je« sagen. Im Laufe der Entwicklung lernten sie dann, mit dem I zu verschmelzen, es zu verlängern, sich mit ihm zu identifizieren. Das Wort für »Ich« ist im Hebräischen Ani. Um den Besitz zu kennzeichnen, fügt man am Ende eines Wortes ein I an; so heißt beispielsweise »mein Gott« Eli.

Allmählich nahm das Bewusstsein des Ich Gestalt an. Am Anfang ist es gerade ein Hauch. Das sich festigende Ich teilt sich dem A mit; und dieses A drückt immer ein Sich-Öffnen der Seele aus, eine vertrauende, bewundernde Gebärde. Aus diesem Grund sagen die germanischen Völker »ia«, wenn sie zum Ausdruck bringen wollen, dass sie mit dem, was ein anderer gesagt hat, übereinstimmen. Das gleiche Wort »ia« bedeutet in den slawischen Sprachen »ich«; der Mensch kommuniziert innerlich mit der Gottheit. Diese jedoch bekräftigt sich nicht nur, um sich dann zu geben; sie nimmt sich vielmehr in die Hand, sie bildet etwas wie einen großen Kreis, in dem sie alles, was einmal von ihr ausgegangen ist, versammelt und umschließt. Das O schließt den Kreis: IAO.

IAO ist eine Form des Gottesnamens. Im Althebräischen wurden die Vokale jedoch nicht geschrieben. Das Jod war ein Konsonant, ebenso das wo (uo), das wir mit o wiedergeben. Und dann stand vor und nach dem O jeweils der Konsonant H (he) als Träger des Atems. Das zusammen ergab IAHOH. Das Ursprungswort teilt sich durch einen Atemhauch mit, verbreitet sich in der Luft, in der Atmosphäre. Und wenn es wieder zu sich zurückkehrt, geschieht das erneut durch einen Atemhauch, der im Hebräischen den Vokal E trägt. Dieser sehr ausdrucksvolle Vokal bezeichnet eine Bekräftigung und kann sogar hart wie ein Kristall werden, wenn man nämlich jemandem, der sich nähern will, mit einem He! entgegentritt, um sich zu verteidigen. Hier jedoch drückt das E ein vollkommenes Gleichgewicht aus; die Gottheit hat das kosmische O geschlossen und setzt den Schlusspunkt: IAOE

Die Gottheit, dieses innere Leben, das sich in den genannten Lauten einen Ausdruck verschafft, verdichtete sich im Kosmos; und zugleich sehen wir einen äußeren, physischen Verdichtungsbereich entstehen: die Erde. Davon spricht das zweite Kapitel der Genesis. Überraschend ist, dass diese sich verdichtende Gestalt der Erde nicht die gleichen Stufen durchläuft, wie sie im ersten Kapitel beschrieben werden. Dort hatten wir gesehen, dass sich zuerst eine noch unbelebte Erde herausbildete, dass diese Erde dann das Pflanzen- und Tierwesen in sich aufnahm und schließlich, als Krönung des Ganzen, den Menschen. Hier nun wird die physische Welt, die Erde, unmittelbar in Beziehung zum Menschen gesetzt:

> »Am Tag, da ER, Gott, Erde und Himmel machte, noch war aller Busch des Feldes nicht auf der Erde, noch war alles Kraut des Feldes nicht aufgeschossen, denn nicht hatte regnen lassen ER, Gott, über die Erde, und Mensch, Adam, war keiner, den Acker, Adama zu bedienen. Aus der Erde stieg da ein Dunst und netzte all das Antlitz des Ackers, und ER, Gott, bildete den Menschen, Staub vom Acker, er blies in seine Nasenlöcher Hauch des Lebens, und der Mensch wurde zum lebenden Wesen.«

In manchen Mythen findet man das Ei als Bild für den Ursprung der Welt. Es wurde im Mittelalter in der romanischen Kunst wieder aufgegriffen und spielt bei den östlichen Völkern eine große Rolle. Vielleicht ist es nicht abwegig, sich die ursprüngliche Erde ganz konkret und sogar wissenschaftlich einsehbar unter der Gestalt eines großen Eies vorzustellen. Diese Erde ist ein noch nicht festgewordenes, noch nicht mineralisiertes Wesen, vergleichbar einer Gelatine, einem Eiweiß, das zum Umkreis hin immer flüssiger wird, immer mehr in ein Dampfartiges übergeht und das von einer Art Wolke eingehüllt wird. Jedesmal, wenn der Mensch wieder in einen Lebenszyklus eintritt, durchläuft er dieses primitive Stadium einer

Flüssigkeit, die wie in einem Dampf schwimmt. Die Bibel drückt diesen Tatbestand sehr exakt aus: »Aus der Erde stieg da ein Dunst und netzte all das Antlitz des Ackers.«

Das Wort »Acker« wird im ersten Kapitel nur ein einziges Mal gebraucht, und zwar im Zusammenhang mit dem kriechenden Getier, das einen Uraspekt der Tierheit darstellt und das beispielsweise in der Schmetterlingsraupe repräsentiert ist; von ihm wird gesagt: »... und alles Gerege des Ackers nach seiner Art.« Das Wort *arez*, das gebraucht wird, als vom Beginn der Erdenschöpfung erzählt wird, bezeichnet eine noch ganz luftartige Substanz, während die materialisierte, physische Erde, von der nun die Rede ist, mit dem Wort *adama*, Acker bezeichnet wird. Der Acker, das ist der Ort, an dem der Mensch seine Einsamkeit erfährt. Wenn sich das menschliche Bewusstsein diesem verfestigten Ort zuwendet, ist der Mensch isoliert. Er schwimmt nicht mehr im Meer der Gottheit, ist nicht mehr mit dem Kosmos eins; sein Wesen beginnt sich zu vereinzeln, zu individualisieren. Die Gottheit hatte begonnen, IAO zu sich zu sagen, sich zu konzentrieren, sich wieder auszudehnen und sich erneut zusammenzuziehen. Nun kann der Mensch sein Bewusstsein auf einen Punkt des Universums konzentrieren und darüber das Ganze vergessen. Denn jedesmal, wenn ich mich auf einen einzigen Gegenstand konzentriere, isoliere ich mich von der ganzen übrigen Welt, und ich bin allein. Adama, der Acker, ist die Voraussetzung dafür, dass der Mensch die Erfahrung macht, allein und zugleich er selbst zu sein, sich von dem Ganzen zu unterscheiden.

Dieser Acker ist indessen noch nicht hart geworden. Er ist ein großes Ei, die Ursubstanz, in der das geistige Menschenwesen zum Leben kommt. Wenn gesagt wird, Gott habe den Menschen »Staub vom Acker« gebildet, so heißt das, dass er innerhalb der Erdennatur des Menschen wirkte. In der Phase, da sich der Mensch in der Erde inkarnierte, war er noch mit dem Erdenganzen verbunden und mit ihm eins. Nun geschieht etwas, das eine Art Unterscheidung hervorruft: Es wird dem Menschen ein inneres Organ eingeblasen, in dem die Luft leben kann. Der Mensch erfüllt seinen Organismus mit Luft, er atmet, er stellt damit gebend und empfangend eine Verbindung, einen Austausch her zwischen der Luft im Innern und der

Luft draußen. Erst von diesem Zeitpunkt an kann man davon sprechen, dass eine Grundlage gegeben ist, auf der sich eine Seele entwickeln kann, die sich ihrer Einsamkeit und Besonderheit bewusst ist. Die Atmung, die eine Luftreserve einschließt, ist die notwendige Bedingung dafür, dass die Seele sie selbst bleibt, dass sie nicht mit anderen Seelen verschmilzt. Während dieses noch undifferenzierte Wesen empfangen und wie ein Daseinskeim vorbereitet wurde, wurde gleichzeitig der Erdenplanet als Ganzer, das kosmische Ei, befruchtet; und es beginnen die verschiedenen Naturreiche in Erscheinung zu treten.

> »ER, Gott, pflanzte einen Garten in Eden, Üppigland, ostwärts, und legte darein den Menschen, den er gebildet hatte. ER, Gott, ließ aus dem Acker allerlei Bäume schießen, reizend zu sehn und gut zu essen.«

Sobald die Vorbereitungen zum Menschen vollendet sind – denn ganz am Anfang ist er noch nicht ein individualisiertes Wesen –, sobald seine Existenz Gestalt annimmt, erscheint die Außenwelt unter zwei Aspekten: so wie man sie wahrnimmt einerseits, und so wie man sich von ihr ernährt andererseits. Das sind genau die beiden Formen, unter denen wir auch heute unsere Begegnung mit der Welt gestalten. Durch die vegetativ-vitale Verbindung tragen wir sie in uns beziehungsweise werden von ihr getragen; wir nehmen sie essend in uns auf, sie dient uns dazu, unseren physischen Organismus in seiner Vitalität zu erhalten. Die andere Verbindung erfolgt über das Bewusstsein, und zwar durch die Wahrnehmungen und Eindrücke, die wir von außen empfangen. Wir haben also eine Verbindung auf der physisch-organischen Ebene und eine andere auf der Bewusstseinsebene: »allerlei Bäume …, reizend zu sehn und gut zu essen.« Und alles, was das vegetative, das Lebenssystem betrifft, gipfelt nun in diesem Doppelbild der beiden Bäume mitten im Garten, des »Baumes des Lebens« und des »Baumes der Erkenntnis von Gut und Böse«. Was aber bedeutet dieser »Baum der Erkenntnis von Gut und Böse«? Wie kann ein Baum der Erkenntnis dienen? Gibt es denn bereits das Gute und das Böse? Übersetzen wir mit »der Baum, zu erkennen das Gute und das Böse«, scheinen wir der

Wirklichkeit näher zu kommen. Es würde bedeuten, dass in der vegetativen Welt, in der lebendigen Erde die Quellen aller Erkenntnis zu finden sind, dank derer wir auch das Gute und das Böse erkennen und unterscheiden und die Dinge zu uns und uns zu den Dingen in eine gerechte Beziehung setzen können. Die Tiere, beispielsweise die Kühe, wählen die guten Kräuter und lassen die anderen stehen. Aber sie »wissen« nichts davon, sie handeln aus Instinkt, von einer höheren Weisheit geführt; sie träumen, könnte man sagen, dieses Wissen. Ihr Bewusstsein ist noch ganz in den Dingen; und was in ihnen die Wahl zwischen dem Guten und dem Schlechten trifft, das ist die Weisheit ihrer Gruppenseele. Der Erkenntnisbaum mitten im Garten Eden deutet darauf hin, dass der Mensch dazu bestimmt ist, bewusst zwischen dem Guten und dem Bösen zu unterscheiden.

Ein anderes Bild präzisiert, was damit gemeint ist: das Bild des Stromes, der aus dem Garten Eden fließt und zu vier Strömen wird.

> »Der Name des einen ist Pischon, der ists der alles Land Chawila umkreist, wo das Gold ist, gut ist das Gold des Lands, dort ist das Edelharz und der Stein Karneol.«

Man hat das Land ohne große Mühe mit Arabien identifiziert. Doch dürfen wir uns darunter nicht Saudi-Arabien vorstellen, das so etwas wie ein Anhängsel von Süd-Mesopotamien bildet, sondern wir müssen den Bildcharakter der Darstellung empfinden. Dann entsteht vor uns das Bild einer großen Wüste, die von einem Lebensstrom umflossen ist. Dieses wüste Land bewahrt nun drei Geheimnisse: das Geheimnis des Goldes, das des Weihrauchs (des Edelharzes) und das eines Edelsteins. Der hebräische Name dieses Edelsteins, *bedula*, wird verschieden übersetzt. Manche sprechen von einem Beryll, andere von einem Onyx, wieder andere von einem Karneol. Und manche Kenner der Alchimie sehen in ihm den geheimnisvollen Stein der Weisen, dessen stoffliche Substanz in zwei Gestalten zu finden ist, in der Gestalt der ganz gewöhnlichen Kohle und in der des kostbarsten Steines überhaupt, des Diamanten, der ebenfalls aus Kohlenstoff besteht, aber in seiner absoluten Reinheit dem gereinigten Bewusstsein des Menschen entspricht. Wer dieses Bewusstsein erreicht hat, hat das Geheimnis des Steines der Weisen gefunden. – Der erste Strom umfließt also ein Land, das die Geheimnisse der mineralischen Welt hütet: das Geheimnis des Goldes, Symbol des Denkens, das sich dank der Erdenerfahrungen zur Weisheit entwickelt; das eines Harzes, des Weihrauchs, der eine besondere Substanz enthält, die sich beim Brennen als Duft befreit; schließlich das des reinsten Edelsteins, der durchsichtigen, vergeistigten physischen Materie.

– Von den weiteren Strömen wird gesagt:

> »Der Name des zweiten Stroms ist Gichon, der ists der alles Land Kusch umkreist. Der Name des dritten Stromes ist Chidekkel« – oft mit dem Tigris gleichgesetzt -, »der ists, der im Osten von Assyrien hingeht. Der vierte Strom, das ist der Euphrat.«

Tigris und Euphrat sind die zwei großen Ströme Mesopotamiens. Es ist indessen gewiss – und die Weisen aller Zeiten haben es so verstanden –, dass diese vier Flüsse keine materiellen Realitäten darstellen, sondern vier auf den psychischen Plan projizierte geistige Ebenen. Denn zu einer Zeit, da die Pflanzenwelt gerade erst auf der Erde erscheint, kann im Bereich des Flüssig-Wässrigen noch von nichts anderem gesprochen werden als von den vier Wirkensfeldern der Kräfte, die in der Pflanzenwelt herrschen, das heißt von den vier Kraftfeldern oder Äthern, welche die ätherische Welt bilden.

Ein Strom dieser geistigen Kräfte hat die Aufgabe, das Gewebe der mineralischen Materie zu weben; man nennt ihn den Lebensäther. Ein zweiter Äther modelliert alles, was sich zu Pflanzengestalten bildet; es ist der chemische oder Klangäther, der vor allem dadurch charakterisiert ist, dass er Formen schafft, Wellen gleichsam, sei es im Flüssigen, sei es im Luftelement, dass er also die Stoffe plastisch bildet. Der dritte Äther breitet sich in der Welt des Luftigen aus, in allen beseelten Wesen; es ist der Lichtäther, dessen Abglanz der Mensch mit den Augen wahrnehmen kann. Auch das Abbild des vierten Äthers, des Wärmeäthers, kann der Mensch mit seinem physischen Leib wahrnehmen, nämlich als Wärme. Diese vier Ätherarten begleiten also den Aufbau der vier Elemente, nachdem sie die vier Naturreiche unserer heutigen Welt gebildet haben.

Diesen kosmisch-ätherischen Wirklichkeiten wurden von den Alten immer die vier Hauptrichtungen im Raum zugeordnet. Eine Anspielung darauf finden wir im dritten Strom, Chiddekel, »der im Osten von Assyrien hingeht«. Der Lichtäther wurde immer als mit dem Osten, mit der aufgehenden Sonne in Verbindung stehend begriffen, der Wärmeäther mit dem Süden, der Klangäther mit dem Westen und der Lebensäther mit dem Norden. Man stellte sich in imaginativer Weise unter diesen vier großen Strömen vier Kraftströme vor, die an einem bestimmten Ort entspringen und etwas wie ein Kreuz auf die Erde zeichnen. Man wusste natürlich sehr gut, dass diese vier Ätherkräfte, diese Lebenskräfte einander durchdringen und auf allen Ebenen zusammenwirken; aber imaginativ verband man sie mit den vier großen Orientierungsrichtungen im Raum.

Nachdem die Lebenskräfte auf diese Weise durch das Bewusstsein voneinander unterschieden worden sind, wird gesagt:

> »ER, Gott, nahm den Menschen und setzte ihn in den Garten von Eden, ihn zu bedienen und zu hüten. ER, Gott, gebot über den Menschen, sprechend: Von allen Bäumen des Gartens magst essen du, essen, aber vom Baum der Erkenntnis von Gut und Böse, von dem sollst du nicht essen, denn am Tag, da du von ihm issest, musst sterben du, sterben.«

Wir hören die fast magisch wirkenden Wort- und Lautfolgen. Sie gleichen den Sprüchen und Wiederholungen vieler Märchen, die früher von Generation zu Generation weitergegeben wurden, sich den Kinderseelen einprägten und später im Leben für die Seele zu einer Kraft wurden, an der sie sich halten konnte wie die Rose am Geländer. Es ist vergebliche Mühe, dem Sinn dieser Worte nachzuforschen und sich zu fragen: Warum hat Gott dem Menschen gegenüber dieses Verbot erlassen? Denn Gott hat nichts verboten. In Wirklichkeit hat er ein Wort gesprochen, das die Macht und Kraft hatte, dem Bewusstsein so zu dienen wie das Geländer der rankenden Rose: Dieses Wort erlaubte es dem Menschen, sein Bewusstsein aufrecht zu halten.

Das kosmische Schöpferwort wirkte zuerst so, dass es unmittelbar alle Geschöpfe bildete. Der Mensch selbst ist unmittelbarer Ausdruck des göttlichen Wortes. Dann wurde ihm der Atem eingeblasen. Damit beginnt sich im Menschen ein Innenraum zu bilden, in dem er nach und nach die Widerspiegelungen dessen schafft, was er in der äußeren Welt wahrnimmt. Ein erster Bewusstseinskeim bildet sich, zuerst als einfache Sensibilität, als Empfindung. Er wird differenzierter und reicher, der Mensch beginnt zwischen den verschiedenen Empfindungen zu unterscheiden – das ist die erste Entfaltung eines persönlichen Bewusstseins.

In diesem Innenraum gibt nun die Gottheit dem Menschen eine Stütze, mit deren Hilfe sein Bewusstsein die ersten Schritte machen kann. Sie gibt ihm ein Wort, nun nicht mehr in der vegetativ-lebendigen Gestalt, die seinen Organismus bildet, sondern in der Gestalt eines Befehls: Der Mensch soll nicht vom Baum der Erkenntnis von Gut und Böse essen; tut er es dennoch, muss er sterben. Nicht um eine Strafe handelt es sich hier, die dem Menschen angedroht wird, falls er nicht gehorcht. Es wird ihm einfach gesagt, welches die Folgen des möglichen Ungehorsams sein würden. – Dann wird ein weiterer Entwicklungsschritt eingeleitet:

> »ER, Gott, sprach: Nicht gut ist, dass der Mensch allein sei, ich will ihm eine Hilfe machen, ihm Gegenpart.«

Wir haben gesehen, wie die Konzentration, die Zusammenziehung auf einen Raumpunkt zur Einsamkeit führt. Nun, wenn man erkennt, dass man allein ist, erwacht die Sehnsucht, es nicht mehr zu sein; man erlebt sich unvollständig und beginnt nach einer Ergänzung zu suchen. Daher erweckt die Gottheit im Menschen das Bewusstsein seiner Einsamkeit: »Es ist nicht gut, dass der Mensch allein sei.«

Die Einsamkeit erlaubt es dem Menschen, gegenüber der übrigen Welt den notwendigen Abstand zu gewinnen. Doch muss er sie empfinden, um sie zu überwinden, eine Gefährtin zu finden und ein autonomes, schöpferisches Wesen zu werden. Ganz zuerst war der Mensch eine große Wesenheit im Erden-Ei. Dann wurden ihm der Baum des Lebens und der Baum des Bewusstseins eingepflanzt. Und nun bildete Gott »aus dem Acker alles Lebendige des Feldes und allen Vogel des Himmels«, Geschöpfe, die wie der Mensch mit einem Innenraum, einem inneren, seelischen Leben begabt sind. Sie werden vor den Menschen geführt, und der Mensch hat die Aufgabe, ihnen einen Namen zu geben. Diese Wesen sind Bilder von Seelenformen, von Wirklichkeiten, die der Mensch in sich trägt; doch verkörpert jedes eine spezialisierte Form, die bis zur Karikatur gehen kann. Jedes hat eine ihm eigene Erscheinung, die ihm wie eine Maske angeheftet ist, und diese feste Maske entspricht der Seelenkraft, deren Träger ein jedes dieser Tierwesen ist.

Auf diese unveränderlichen äußeren Gestalten antwortet nun der Mensch mit Sprache. Er bringt beispielsweise »A – E – I« hervor; und jeder dieser Laute charakterisiert das Wesen des Tieres, so wie es sich im Bewusstsein des Menschen spiegelt. Das ist der Ursprung der Sprache. Die Vokale drücken gefühlsmäßige Regungen im Innern aus, die Konsonanten spiegeln in mehr objektiver Weise die äußere Welt. Mmmm, fff, rrr, k … – das sind Geräusche, die abmalen, was wir in der Außenwelt antreffen. Das Wort Sch-sch-schlange evoziert noch heute die Natur des Wesens, das einmal mit diesem Namen bezeichnet wurde.

Keiner dieser Namen drückt indessen die Beweglichkeit, die Veränderlichkeit und Freiheit aus, die für den Menschen ein ihm ähnliches Wesen widerspiegeln könnte. Der Mensch hatte noch eine Embryonalstruktur, das heißt, er war noch für alle Möglichkeiten offen. Jedes Tier hat eine dieser Möglichkeiten aufgegriffen und sich angeeignet; es ist zum Gefangenen dieser Form geworden und kann sich nicht mehr weiterentwickeln. Die Entwicklung ist über alle diese fest gewordenen Formen hinweggeschritten, während der Mensch noch voller Möglichkeiten ist. Zwar empfindet er seine Einsamkeit, aber er findet kein Gegenüber, kein Wesen, das wie er »ich« sagen könnte. Und so muss Jahwe, der Ewige, selbst eingreifen und die Fähigkeit, »ich« zu sagen, einem Wesen einflößen, das aus der Substanz des Urmenschen selbst genommen ist, so dass dieser einem Wesen gegenübertreten kann, das ihm gleich ist.

Hier nun taucht ein Bewusstseinsphänomen auf, von dem bisher nicht die Rede war. Das Bewusstsein des Menschen war immer dasselbe, es unterschied nicht zwischen seinen beiden Polen, nämlich dem des Sich-Nährens und dem des Wahrnehmens. Nun erfolgt eine Art Trennung: Gott »senkte auf den Menschen Betäubung, dass er entschlief«. Im Schlaf ist der Mensch ganz dem Verdauungsprozess hingegeben, und gerade in diesen Zeiten, da er für alles Irdische ohne Bewusstsein ist, ist er empfänglich für den Geist. (In Augenblicken höchster geistiger Konzentration verlässt unser Bewusstsein den physischen Körper.) Ursprünglich geschah die Reproduktion des Menschen in diesem von allem irdischen Bewusstsein freien Zustand; sie war zugleich eine geistige Empfängnis.

Das Deckengemälde von Michelangelo in der Sixtinischen Kapelle zeigt, dass der Künstler sehr wohl dieses Geheimnis kannte. Das Feld, welches die Erschaffung Adams darstellt, zeigt diesen ausgestreckt auf dem irdischen Fels, in einer Haltung vollkommener Hingabe, die Hand der Gottheit entgegen gestreckt, die ihm entgegenkommt, umgeben von einer ganzen Schar dicht sich drängender Wesenheiten, während ein großer roter Mantel die ganze Gruppe umhüllt. Gott streckt Adam die Hand entgegen; zwischen beiden ist nichts als ein leerer Raum. Gerade in diesem Raum zeigt sich das Genie Michelangelos; denn der Betrachter hat den Eindruck, dass in diesem Nichts, in dieser Leere ein spiritueller Strom fließt, der Lebensatem, den die Gottheit ihrem Geschöpf mitteilt. Der linke Arm der Gottheit ist leicht gerundet um ein anderes Wesen gelegt, das sich, wenn man aufmerksam hinschaut, von den anderen, die noch Zukunftswesen sind, deutlich unterscheidet. Es ist eine noch ganz junge Frau – wie das Bild Evas im Schoß der Gottheit, in deren Bewusstsein präsent und entstehend.

Das Geheimnis der Verbindung zwischen der Gottheit und Eva ist ihrem Namen selbst eingeschrieben. Der Name »Eva«, der »die Lebendige« bedeutet, ist in dem Namen Jahwe enthalten; nur das I als Ausdruck des aktiven Bewusstseins und der Ich-Bekräftigung fehlt. Dagegen enthält er vollständig den Ausdruck der Empfänglichkeit. So wie der Urmensch männlich und weiblich zugleich war, so trägt auch die Gottheit selbst diese beiden Pole in sich. Michelangelo hat dieses Geheimnis geahnt: Während das männliche Wesen in der Einsamkeit erschaffen wird, ist das weibliche Wesen noch im Schoß der Gottheit, wo es auf die Begegnung vorbereitet wird. Die sichtbare Form einer »Rippe«, einer Mondsichel, ist ein gutes Bild dafür, wie aus Adam dieses menschliche Wesen herausgezogen wird. Auch es ist aus dem göttlichen Hauch hervorgegangen, auch es ist eine lebendige Seele: Eva, die Mutter allen Lebens.

> »ER senkte auf den Menschen Betäubung, dass er entschlief, und nahm von seinen Rippen eine und schloss Fleisch an ihre Stelle. ER, Gott, baute die Rippe, die er vom Menschen nahm, zu einem Weibe und brachte es zum Menschen.«

Der Mensch sieht sich einem Wesen gegenüber und begegnet dessen Blick; er erkennt, dass es sich da nicht um einen Gegenstand handelt, sondern um ein anderes, ihm ebenbürtiges Bewusstsein. Die Leere zwischen den Blicken – wie die zwischen dem Finger der Gottheit und dem Adams – gibt dem Bewusstseinsfunken Raum.

> »Der Mensch sprach: Diesmal ist sies! Bein von meinem Gebein, Fleisch von meinem Fleisch! Die sei gerufen Ischa, Weib, denn von Isch, vom Mann, ist die genommen. Darum lässt ein Mann seinen Vater und seine Mutter und haftet seinem Weibe an, und sie werden zu Einem Fleisch.«

Die letzten Worte werfen eine Frage auf. Viel häufiger treffen wir doch auf die Sitte, dass die Frau Vater und Mutter verlässt, um bei ihrem Mann zu leben. Wahrscheinlich weisen diese Worte auf ein altes Matriarchat hin. Es gab in der Tat eine Zeit, in der das Patriarchat, das heißt die Gesellschaftsform, in der der Vater dominiert und seinen Kindern seinen Namen vererbt, noch unbekannt war. Die Vererbungslinie wurde von der Mutter bestimmt, und es war der Mann, der seine Familie verließ, um in der Familie seiner Frau zu leben. Ursprünglich war der physische Vererbungspol der stärkere. Am Anfang der griechisch-römischen Epoche begann dieses Verhältnis umzuschlagen, und der individuelle, der Bewusstseinspol trat die Herrschaft an. In der Gegenwart erweisen sich beide in ihrer vollen Berechtigung und bringen sich immer mehr ins Gleichgewicht.

> »Die beiden aber, der Mensch und sein Weib, waren nackt, und sie schämten sich nicht.«

Diese Nacktheit erinnert an das, was am Anfang gesagt wurde, dass sie nämlich in einem embryonalen Zustand waren, in einem Zustand seelischer, fast vorgeburtlicher Nacktheit. Sie kannten noch nicht diese radikalen Unterscheidungen, die uns heute so selbstverständlich sind. Ihr Bewusstsein begann gerade erst aufzukeimen, und ihre Lebenskräfte waren noch nicht voneinander geschieden. Wenn auch das eingetreten war, was man die Trennung der Geschlechter nennt – im Bewusstsein gab es noch keine deutlichen Unterschiede; das Bewusstsein war noch ganz nahe dem Traum.

DER SÜNDENFALL

Wir haben gesehen, wie zu dem Zeitpunkt, da die Gottheit das »Ich bin« auszusprechen beginnt und sich auf ihr eigenes Bewusstsein konzentriert, eine wichtige Schwelle in der Entwicklung überschritten wird. Zeichen dafür ist, dass die Bibel die Gottheit auf neue Weise benennt. Im ersten Kapitel wurde sie einfach »die Götter«, Elohim, genannt; nun, im zweiten Kapitel, ist von Jahwe-Elohim, das heißt den »Ich bin-Göttern« die Rede. Damit erscheint eine neue Form der Schöpfung; das Überraschende dabei ist, dass sie vom Menschen selbst ausgeht. Die Gottheit hat sich selbst einen Bewusstseinsmittelpunkt und ein bewusstes Ziel gegeben; und dieses Ziel ist das Erscheinen eines Wesens, das ihr gleicht, das, wie sie selbst, in sich existiert. Die Schöpfung, wie sie im ersten Kapitel beschrieben wurde, erfolgte so, dass zuerst das mineralische Reich und die anderen Naturreiche nacheinander in geistiger Gestalt gebildet wurden. Nun beschreibt die Bibel nicht mehr alle aufeinander folgenden Etappen der Schöpfung; denn das Entscheidende ist nun die Erscheinung eines Wesens, das die Mitte der ganzen Schöpfung ist, die Erscheinung des Menschen. – Versuchen wir, uns eine Vorstellung davon zu bilden.

Für die Empfindung, die wir von uns selbst haben können, sind uns unsere Wahrnehmungsorgane von keinerlei Nutzen; denn wir empfinden uns von innen, ganz verschwommen und konturlos. Wenn wir diese Empfindung gegen unsere Peripherie hin zu projizieren versuchen, stoßen wir beispielsweise auf den Sinn, der uns eine Wahrnehmung unserer Bewegungen vermittelt. Wenn wir Augen und Ohren und alle Sinne, die uns mit der Außenwelt in Beziehung setzen, verschließen, bemerken wir, dass unser Bewusstsein in unserem Körper herumwandern kann, dass es bald im Kopf, bald in den Händen, bald in den Füßen ist und dass es die Außenwelt an unserer Körpergrenze, an der Haut, streift. Diese Selbstempfindung enthüllt mir die Anwesenheit zweier Zentren in mir. Mittels des ersten Zentrums spüre ich, dass ich lebe, dass ich von dem Strom des Lebens durchflossen werde.

Innerhalb dieses lebendigen Wesens, das durch mich hindurchgeht und mich erhält, spüre ich aber auch noch etwas anderes, den Versuch nämlich, mich selbst wahrzunehmen, zur Peripherie zurückzuströmen. Das Leben tritt von außen in mich ein und durchdringt mich wie ein Saft; mein Bewusstsein jedoch strebt in die umgekehrte Richtung, um zu erkennen, was das ist, das in dieser Weise in mich eindringt, und woher es kommt. Es ist das wie ein zweiter Baum, der meinen ganzen Organismus durchdringt. Der erste Baum empfängt die Früchte des Lebens und trägt sie mir zu; der zweite streckt seine Äste von meiner inneren Empfindung hin nach der Peripherie, um sich dessen bewusst zu werden, was dort geschieht.

Jeder dieser beiden Bäume hat einen anatomisch-physiologischen Ausdruck; beide Kräfte sind jeweils in einem Organsystem konzentriert, die eine Kräfteart im Blutsystem, die andere im Nervensystem. Ersteres nährt mich fortwährend, es trägt mir nicht nur die Substanzen heran, sondern auch den Sauerstoff der Luft und die Wärme. Letzteres berührt die Welt in Augen, Ohren und Haut, in allen Organen, welche die Brücke zwischen innen und außen bilden; es funktioniert nur dann richtig, wenn wir uns nicht davon ernähren, wenn es nicht dazu dienen muss, unsere Lebensprozesse zu erneuern. Gerade weil diese Sinnesorgane darauf verzichten, Kräfte an sich zu ziehen und sich einzuverleiben, zu »essen«, setzen sie dem Leben in uns einen Widerstand entgegen. Dadurch dass sie das Leben zurückstoßen, schaffen sie zwischen uns und den Dingen eine Distanz; und diese Distanz erlaubt uns, die Dinge wahrzunehmen.

Das am meisten entwickelte, transparenteste, klarste Sinnesorgan ist das Auge; daher können wir an ihm am besten den hier vorliegenden Prozess studieren. Durch seinen Bau ist es einem Spiegel zu vergleichen. Die Retina widersetzt sich absolut dem Eindringen von Licht und lässt daher einer anderen Aktivität freien Raum, nämlich im Innern das Bild, das die Welt uns bietet, neu zu schaffen. Das lässt sich durch folgendes physiologisches Phänomen unmittelbar erleben: Wenn wir intensiv einen beleuchteten Gegenstand angeschaut haben und dann die Augen schließen, zeigt sich die innere Aktivität daran, dass das Bild, das wir bei geschlossenen Augen erkennen, die Komplementärfarbe des äußeren Gegenstandes trägt. Unser Auge widersetzt sich dem Eindringen der äußeren Welt und schafft im Innern immer ein Komplementärbild der äußeren Gegenstände. Auf diesem physiologischen Vorgang beruht unser Wahrnehmen der Dinge.

Das Auge funktioniert nur dann gut, wenn wir es nicht wahrnehmen. Die Linse ist absolut durchsichtig, wir können sie nicht sehen. Wird sie zu einem Gegenstand des Interesses – wenn wir weit- oder kurzsichtig sind oder das Auge sonstwie leidet –, dann richten wir unsere Aufmerksamkeit auf das Organ und nicht auf das, was wir sehen. Der Grund dafür ist, dass das Auge für uns zu einem Bereich geworden ist, auf den die Lebenskräfte wirken, die, im Falle des schlechten Funktionierens, ergänzt werden müssen, sodass wir uns mehr mit dem Auge beschäftigen, als für das Sehen gut ist. So erscheint die Rolle des Baumes in der Mitte des Gartens eng mit der Tatsache verbunden, dass wir von unserer Mitte aus nach der Peripherie gehen, um uns der Dinge bewusst zu werden. Er unterrichtet uns genau über die Welt – vorausgesetzt, dass wir nicht seine Früchte pflücken und sie dazu benutzen, unsere Lebenskräfte zu regenerieren, dass wir das, was die Welt uns durch ihn hindurch mitteilt, durch ihn hindurchgehen lassen, ohne es zu berühren.

*

Folgen wir nun der Darstellung des dritten Kapitels! Im zweiten Kapitel war erzählt worden, wie der Mensch seinen Blick auf die ihn umgebenden Geschöpfe richtete und sie rief, indem er jedem von ihnen einen Namen gab. Er suchte unter ihnen nach einem Wesen, dem er seinen eigenen Namen geben könnte und das ihm wie er selbst mit einem Bewusstsein begabt erschiene; man könnte auch sagen: ein Wesen, das, wenn er ihm in die Augen schaute, mit einem gleichen Blick antworten und ihm so ein Gegenüber sein könnte. Wir haben gehört, wie Gott dem schlafenden Menschen eine Rippe entnahm und ihm daraus die Gefährtin bildete. Bei ihrem Anblick sagte Adam: »Bein von meinem Gebein, Fleisch von meinem Fleisch!« Und er nannte sie Ischa, nach seinem eigenen Namen Isch, der auf hebräisch »Mann« bedeutet. Mann und Frau ergänzen sich in der Weise, dass sowohl im weiblichen als auch im männlichen Menschen beide Pole, der Lebens- und der Bewusstseinspol, enthalten sind. Rudolf Steiner drückt es so aus: Der Mann ist männlich in seinem leiblichen Lebenspol und weiblich in seinem Bewusstseinspol; die Frau ist männlich in ihrem Bewusstseinspol und weiblich in ihrem physischen Lebens- oder Willenspol. – Wir könnten hinzufügen: Der Mann hat die Tendenz zu größerer Empfänglichkeit auf dem Gebiet des Bewusstseins, des Denkens, und er ist mehr produktiv und aktiv in seinem Organismus und seinem äußeren Gebaren; die Frau dagegen ist im Bereich der Vorstellungen aktiver, intuitiver, schöpferischer und im vegetativen Bereich mehr empfangend. Beide sind also zweifach voneinander unterschieden und zugleich zweifach einander ergänzend; und doch sind sie identisch, gehören demselben Geschlecht an. Denn durch die Mitte unseres Wesens, durch den Bereich des Rhythmus und des Fühlens, sind wir identisch. Das Herz eines Mannes und das einer Frau haben dieselbe Kraft und funktionieren auf dieselbe Weise. Diesem mittleren Bereich, der Brust, ist die Frau entnommen, und deshalb sind die beiden Wesen gleicher Natur.

Diese Urpolarität, die in den zwei Bäumen ausgedrückt ist, findet sich in einer anderen Polarität in umgekehrter Form wieder, wird von ihr wie durchkreuzt. Dem weiblichen Lebensbaum entspricht der männliche Bewusstseinsbaum. Es verhält sich damit wie mit zwei Magneten: Damit sie sich anziehen, muss ein negativer Pol einem positiven gegenübergestellt werden. Andererseits hat jedoch der Mensch eine Mitte, die Mann und Frau gleichermaßen gehört und die weder männlich noch weiblich ist. Diese Mitte strebt danach, sich des Bewusstseins zu bemächtigen, damit dieses nicht einseitig, sondern objektiv wirkt. Jenseits des Erkenntnisbaumes, jenseits dieses Nervensystems entstand zu einem bestimmten Zeitpunkt ein zentrales Nervensystem; es begann dadurch eine besondere Rolle zu spielen, dass es die Grundlage für ein Bewusstsein wurde, welches den Menschen dazu anfeuerte, die empfangenden Fähigkeiten in den Organen seines Kopfes zu lokalisieren, sich aufzurichten, seine Hände vom Erdboden zu lösen und sich teilweise von den Schwerekräften zu befreien. Auf dieser Evolutionsstufe erscheint in der Tierwelt die Tendenz zur Vertikalität. Tiere erscheinen, deren cerebro-spinales System weit entwickelt ist: Saurier, Drachen, Ichthyosaurier, Dinosaurier und so weiter. Der letzte Abkömmling dieser Geschöpfe – der indessen nichts mehr mit dem Drachen gemein hat – ist das Känguru, das sich auf seinen Hinterbeinen aufrecht halten kann.

Dieser Versuch war notwendig. Dadurch dass das Gehirn dazu gebracht wurde, auf dem durch das Rückgrat gebildeten Kanal aufzuruhen, entstand eine anatomische Veränderung. Das Rückenmark ist von einer Flüssigkeit umgeben, in der auch das Gehirn schwimmt, der Gehirn-Rückenmarks-Flüssigkeit. Von dem Zeitpunkt an, da das Gehirn nicht mehr eine horizontale Verlängerung der Wirbelsäule ist, sondern oben aufliegt, löst es sich allmählich aus der Schwere; es schwimmt und befreit dadurch eine beträchtliche Menge von Blutgefäßen, es ist viel stärker von Blut durchströmt als das der Tiere. Damit kann der Mensch – oder ein ebenso konstituiertes Wesen – von der Fähigkeit zu unterscheiden Gebrauch machen. Während die Tiere von ihren Sinnen Gebrauch machen, die Dinge jedoch nacheinander wahrnehmen, hat das menschliche Gehirn dadurch, dass es in der Flüssigkeit schwimmt und fast nichts mehr wiegt, die Möglichkeit, die Eindrücke miteinander zu verbinden. Wenn das Bewusstsein beginnt, die verschiedenen Wahrnehmungen miteinander zu verbinden, dann stellt die Arbeit bewusster Reflexion Verbindungen zwischen ihnen her und gelangt damit zu verstandesmäßigen Überlegungen.

Das lateinische Wort *intellegere*, von dem unser Wort Intellekt, Intelligenz abgeleitet ist, bedeutet: die Gegebenheiten der Wahrnehmungen miteinander verbinden. Die Fähigkeit, unsere Wirbelsäule aufzurichten, so dass sie das Gehirn über sich tragen kann, gab die physiologisch notwendige Grundlage dafür, dass die Intelligenz sich entwickeln konnte. »Die Schlange war listiger als alles Lebendige des Feldes« – mit diesem Satz gibt uns die Bibel eine praktische Unterweisung in Physiologie. Wenn wir eine bestimmte Sensibilität entwickeln, können wir spüren, wie sich die »Schlange« in uns aufrichtet. Diese Bewusstseinskraft in Verbindung mit dem Zentralnervensystem erlaubt uns, uns aufzurichten, bis zu einem gewissen Grad die Schwere zu besiegen, bildhaft ausgebreitet, also gleichzeitig zu sehen, was wir sonst nur nacheinander sehen würden, sowie die Dinge miteinander zu verbinden und sie »intelligent« zu verstehen. Erinnern wir uns, dass auf der Bewusstseinsebene die Frau am aktivsten ist. Sie ist es, an die sich die Schlange wendet:

> »Die Schlange war listiger als alles Lebendige des Feldes, das ER, Gott, gemacht hatte. Sie sprach zum Weib: Ob schon Gott sprach: Esst nicht von allen Bäumen des Gartens …! Das Weib sprach zur Schlange: Von der Frucht der Bäume im Garten mögen wir essen, aber von der Frucht des Baumes, der mitten im Garten ist, hat Gott gesprochen: Esst nicht davon und rührt nicht daran, sonst müsst ihr sterben. Die Schlange sprach zum Weib: Sterben, sterben werdet ihr nicht, sondern Gott ists bekannt, dass am Tag, da ihr davon esset, eure Augen sich klären und ihr werdet wie Gott, erkennend Gut und Böse.«

Ich möchte an dieser Stelle auf eine Einzelheit eingehen, die so schwerwiegend ist, dass eine ganze Theorie der Bibel-Philologie, von der sich ableitet, was man teilweise heute noch über die Bibel verbreitet, durch sie entkräftet werden kann. Man unterscheidet zwei große Quellen, aus denen diejenigen geschöpft haben sollen, welche die Bibel zu dem machten, was wir heute vor uns haben. In der einen Quelle – so die Deutung – heißt Gott »Elohim« oder »die Götter«, in der anderen »Jahwe«, wobei die Gottheit, die Jahwe, das heißt »Ich bin« genannt wird, im zweiten Kapitel erscheint. Im dritten Kapitel tritt nun das Erstaunliche ein, dass der Erzähler immer noch von Gott als dem Ewigen oder als Jahwe spricht, die Schlange ihn jedoch »Elohim« nennt; die Schlange kann nicht »Ich bin« sagen. Die Begründung, man habe im dritten Kapitel aus der

»Elohim«-Quelle Anleihen gemacht, genügt eben nicht. Der »Elohist«, das ist die Schlange, das heißt das Bewusstsein, das dem Menschen eigen ist, bevor er »Ich bin« sagen kann, die Bewusstseinskraft, welche das »Ich-bin« leugnet. Die Schlange wollte den Menschen wie eine Marionette führen und mit Hilfe der Begehrlichkeit auf ihn einwirken. Sie wollte verhindern, dass der Mensch, indem er sich die Aufrechte erwarb, zu der Fähigkeit gelangte, »Ich bin« zu sagen. Daher vermeidet es die Schlange mit aller Sorgfalt, den Namen Jahwe auszusprechen. »Ob schon Gott sprach: Esst nicht von allen Bäumen des Gartens …!«

Die Formulierung der Schlange ist außerordentlich hinterlistig und verfänglich. Denn in Wirklichkeit hatte Gott gesagt: »Von allen Bäumen des Gartens magst essen du, essen, aber vom Baum der Erkenntnis von Gut und Böse, von dem sollst du nicht essen.« Denn das Essen von diesem Baum, das Kosten der Frucht, die das Funktionieren unserer Sinnesorgane ist, das trägt den Tod in sich. Die Frau rückt also die Sache ins Rechte und sagt: »Von der Frucht der Bäume im Garten mögen wir essen« – sie spricht von den Bäumen allgemein und ihren Früchten –, »aber von der Frucht des Baumes, der mitten im Garten ist, hat Gott gesprochen: Esst nicht davon und rührt nicht daran, sonst müsst ihr sterben.« Da haben wir die Bewusstseinskraft, die von der Mitte zur Peripherie strömt.

Worin besteht aber das Essen der Frucht dessen, was uns die Sinne geben? Wir haben gesehen, dass uns das Auge in dem Maße objektive, wahre Wahrnehmungen vermittelt, wie wir vom Sehvorgang selbst keinerlei Bewusstsein haben. Stellen wir uns nun Folgendes vor: Eine gewisse Farbe ruft in meinem Auge eine angenehme Empfindung hervor; ich werde auf den Sehprozess selbst aufmerksam und betrachte diese Farbe nun nicht um ihrer selbst willen oder um zu erfahren, was sie mir sagen will, sondern um der Empfindung willen, die sie in den Sehvorgang hineinbringt; ich suche dann nicht die Farbe wieder auf, sondern die Empfindung, die sie in mir hervorruft, was dann so weit gehen kann, dass ich den anderen Farben, die diese Empfindung nicht hervorrufen, aus dem Weg gehe. Von diesem Augenblick an schaue ich nicht mehr mit derselben Objektivität in die Welt. Mein Bewusstsein macht auf halbem Wege Halt, und ich genieße die Wahrnehmung. Tatsächlich ist alles Genießen nicht ein Genießen der Dinge, sondern der Wahrnehmungsqualitäten der Dinge. Auf diese Weise entsteht die Verbindung des Menschen mit der Außenwelt – unabhängig von jedem »moralischen« Urteil.

Wenn die Wahrnehmung erst einmal die Organe erreicht hat, kann man sie nicht mehr leicht davon lösen. Wollte man sich durch ein asketisches Leben davon befreien, das heißt jeden Genuss zurückweisen, würde man bald das Scheitern dieses Versuchs erfahren; denn der Genuss ist da und weicht nicht. Was man machen kann, ist, ihn nur als ein Mittel zu betrachten. Man erkennt dann allmählich, dass das Gefallen oder auch das Missfallen Instrumente sein können, mit deren Hilfe man eine Sache besser verstehen kann. Denn in dem Augenblick, da man sich fragt, warum man so oder so empfindet, objektiviert man die Empfindung, und sie wird ein Instrument der Erkenntnis. Von da an gewinnt man einen neuen Zugang zu den Dingen, nun aber von innen her, das heißt, man gewinnt einen ästhetischen Zugang. Die Schönheit eines Dinges empfinden bedeutet, die Wahrnehmung auf eine höhere Ebene des Sehens zu heben. Die organische Ebene gibt die reine Wahrnehmung; der Schönheitssinn gehört einer anderen Ebene an. Etwas vereinfacht könnte man sagen: Der Schönheitssinn gibt uns ein Wissen davon, dass die Dinge zusammen ein Ganzes bilden und in diesem Ganzen harmonisch vereinigt sind.

Wenn wir die verfälschte, subjektiv gewordene Wahrnehmung zu transzendieren versuchen, um eine Art Reinigung der Empfindungen und Gefühle zu erreichen, dann machen wir letztere zu Organen, durch die wir die Komposition des Ganzen, das heißt die Einheit, die Harmonie erfassen können.

Selbstverständlich kann ich etwas, was mir Angst oder Ekel einflößt, nicht als wohltuend empfinden. Aber ich kann allmählich lernen, die Dinge zueinander in Beziehung zu setzen; ich kann die Wirklichkeit als eine große kunstvolle Komposition erkennen. Denn das Schöne existiert nur in Bezug auf etwas Häßliches, so wie das Licht nur in Bezug auf die Dunkelheit. Wenn ich erkenne, dass sich beide ergänzen und dass beide notwendig sind, dann verstehe ich, wodurch die Dinge, die mir häßlich erscheinen, gerechtfertigt, also notwendig sind.

Die unter dem Namen »Die schöne Helmschmiedin« bekannte Skulptur von Auguste Rodin stellt eine Frau dar, die in ihrer Jugend von sehr großer Schönheit gewesen und von vielen umschwärmt worden war. Sie war jedoch auf eine schreckliche Weise gealtert, aller Putz war abgefallen, und Rodin, damals noch relativ jung, stellte diese Ruine eines Menschen dar, wie um zu sagen: Dieser Abgrund von Häßlichkeit war einmal die schöne Helmschmiedin. Ihre Schönheit trug in sich bereits den Keim des Zerfalls, und ihr Zerfall ist noch ein Teil ihrer Schönheit. In seiner Jugend hat Rodin viel Zeit darauf verwendet, sich häßlichen oder so genannten häßlichen Dingen zu widmen; denn das Wahrnehmen von Dingen, die man gemeinhin häßlich nennt, erlaubte ihm, das Schöne besser zu erkennen.

Man findet so einen Gesichtspunkt, der nicht nur subjektiv, sondern zugleich objektiv ist, weil das Subjektive durchsichtig geworden ist. Man lernt allmählich die zwei Seiten der Wirklichkeit sehen, ein Ding und seinen Gegensatz, und erkennt, dass sich beide ergänzen. Ich bin nun nicht mehr Gefangener meiner Subjektivität, denn auch diese ist mir zu einem Organ geworden. In der *Genesis* wird uns der Beginn dieses Prozesses geschildert. Ursprünglich sah der Mensch auf objektive Weise, aber er sah immer nur einen Aspekt der Wirklichkeit, er konnte keinen Abstand von ihr nehmen, er war der Gefangene seiner Objektivität. Diese erste Wahrnehmungsweise musste gestört werden, damit sich der Mensch über seine eigenen Fähigkeiten erheben und sie verwandeln konnte.

Die Worte, welche die Schlange an die Frau richtet, sind seltsamerweise zugleich wahr und falsch: »Sterben, sterben werdet ihr nicht, sondern Gott ists bekannt, dass am Tag, da ihr davon esset, eure Augen sich klären und ihr werdet wie Gott, erkennend Gut und Böse.« Bis dahin kannte der Mensch das Gute und das Böse nicht. Dass er nun selbst in den Sehprozess verwickelt wird, führt ihn zu der Erkenntnis, dass sein Sehen den Dingen nicht gerecht wird, dass es partiell, subjektiv ist. Er konnte nur einen Aspekt der Dinge sehen. Nun kann er zwischen einer positiven und einer negativen

Sicht der Dinge wählen, und je nachdem, wie er schaut, ist er entweder mehr er selbst und unabhängig oder im Gegenteil Sklave seiner Wahrnehmungen.

Die Vorstellung einer Welt, in der irgendwo alles gut und anderswo alles schlecht ist, ist aus dieser dem Menschen innewohnenden Dualität hervorgegangen; denn in uns tragen wir das Gute und das weniger Gute. Was immer wir auch anfassen, es hängt von uns, von der Art, wie wir uns ihm nähern, ab, ob es sich um ein Gutes oder ein Böses handelt. Wenn ich mich auf sehr schlimme, sehr üble Dinge einlasse und mich bemühe, sie wirklich zu verstehen und zu sehen, worum es sich handelt, dann verlieren sie – wenigstens partiell – ihr »Schlimmsein«. Und wenn ich mich einer sehr guten Sache mit dem Teil in mir zuwende, der sich darin einrichten und es sich behaglich machen möchte, dann wende ich mich ihr in einer schlechten, üblen Weise zu.

> »Das Weib sah, dass der Baum gut war zum Essen und dass er eine Wollust den Augen war und anreizend der Baum, zu begreifen. Sie nahm von seiner Frucht und aß und gab auch ihrem Mann bei ihr, und er aß.«

Aristoteles erkannte, das der Mensch einen gewissen Begriff der Dinge in sich trägt und dass jeder diesen Begriff in zwei Richtungen bewegen kann. Der Mut beispielsweise kann zur Tollkühnheit oder zur Feigheit werden. In dem Maße, wie ich mich zwischen diesen beiden extremen Formen bewege, finde ich den richtigen Begriff, die mittlere Stellung, und ich bleibe ein Wesen in Bewegung. Bezogen auf den Punkt, an dem ich mich befinde, ist immer Raum für ein Höheres oder ein Niedrigeres; und was für mich ein Höheres ist, kann für einen anderen ein Niedrigeres sein. So wäre also alles in der moralischen Welt relativ? In einem gewissen Sinne ja. Dann nämlich, wenn man von der Welt eine statische Sicht hat. Aber so wie der Fisch dank seiner Schwimmblase, die ihn im schwerelosen Zustand hält, im Wasser auf- und absteigen kann, so haben wir auch in der moralischen Welt eine »Schwimmblase«. Denn wir schwimmen in der geistigen Welt umgeben von allen hierarchischen Wesen, ohne dass wir besser als die Fische wüssten, was oben und unten ist. Wir verdichten oder erweitern unser Gewissen, wir steigen oder sinken im Schwererwerden. Das Gewissen ist in der geistigen Welt unser moralisches Organ.

Die Erzählung vom Sündenfall zeigt, wie unsere Augen geöffnet, »geklärt« wurden. Wir beginnen die ganze Welt neu zu sehen. Durch diese subjektiv gewordene Verbindung und die Fesselung unserer Erkenntnisfähigkeit an unsere Organe geschieht ein entscheidender Einbruch: Jede Wahrnehmung zerstört etwas; eine Licht- oder Klangwahrnehmung bewirkt im Gehirn eine Ablagerung, die nie mehr in den Lebenszusammenhang zurückgeholt werden kann. Damit setzt das Sterben ein. Und schon sehen wir das Organ, mit dessen Hilfe wir uns in der Wertewelt orientieren und von dem oben die Rede war. Dieses Organ funktioniert sofort.

> »Die Augen klärten sich ihnen beiden, und sie erkannten, – dass sie nackt waren.«

Der Mann und die Frau sehen, dass nichts da ist, ihre Nacktheit zu verbergen, und Scham stellt sich ein, diese starke, wichtige Kraft. Sie ist wahrhaft der Geburtsort des Gewissens. Wenn ich erkenne, dass ich mich auf einem niedrigeren Niveau befinde, als ich zu sein glaubte, dann schäme ich mich und versuche mich hinter mir selbst zu verstecken. Mein Blut strömt in die Peripherie, ich erröte, verstecke mich hinter meinem vegetativen Wesen, hinter dem Baum des Lebens aus dem Paradiesesgarten. Das Geschehen ist genau beschrieben:

> »Sie flochten Feigenlaub und machten sich Schurze. Sie hörten SEINEN Schall, Gottes, der sich beim Tageswind im Garten erging. Es versteckte sich der Mensch und sein Weib vor SEINEM, Gottes, Antlitz mitten unter den Bäumen des Gartens.«

Ich sehe mich, so wie ich war, und ich möchte mich verstecken. Wenn ich jedoch erröte, tritt meine Scham umso deutlicher ans Licht. Es ist das eine große Wohltat. Denn wenn man sich hinter sich verstecken könnte, gäbe es keine Objektivität in der Welt; man könnte sich selbst und die Welt »schamlos« belügen. Dadurch dass man sich verbergen will, enthüllt man sich; es ist wie eine Antwort dessen, was manche den eingeborenen Gerechtigkeitssinn nennen. An dem, was ich getan habe, hat sich indessen nichts geändert, ich sehe mich notwendigerweise den Folgen gegenüber. Von allem Anfang an ist die Welt so organisiert, dass sie uns das Spiegelbild unserer selbst zurückwirft.

KAIN UND ABEL

Die Geschichte von Kain und Abel, wie sie im vierten Kapitel der *Genesis* erzählt wird, öffnet uns gleichsam ein weiteres Fenster, um in die Geschichte des Sündenfalls hineinzuschauen. Bisher haben wir auf die Verführung Evas und Adams durch die Schlange geschaut und haben versucht darzustellen, wie dadurch im Menschen die Fähigkeit geboren wurde, sich der ihn umgebenden Welt bewusst zu werden. Wir haben gesehen, dass der Mensch, um ein Bewusstsein der Außenwelt zu erlangen, innerlich wie auseinandergerissen werden musste; erst dadurch konnte eine gewisse Distanz zwischen ihm und der Welt entstehen, die es ihm ermöglichte, gewissermaßen aus dem Abstand heraus die Welt zu betrachten und als etwas »Objektives« zu entdecken. Ein »Objekt« ist dem Wortsinn nach ein Gegen-Stand, etwas, das einem entgegengestellt wird. Im Ursprung war die Welt im Menschen selbst, sie war eins mit ihm. Dann wurde sie aus ihm hinausgeworfen und mit seinem Bewusstsein konfrontiert, und der Mensch wurde mit der Welt konfrontiert. Beide stehen nun einander gegenüber, und diese Tatsache erlaubt es dem Menschen, eine objektive Beziehung zur Welt einzugehen.

Der Grund dafür ist, dass sich im Innern des Menschen dieser schmerzhafte Riss vollzog, diese Art von Hingespannt-Sein auf die Welt, dieser Appetit auf sie. Er wurde von der Welt stärker angezogen, als es richtig und notwendig war; er hat in gewisser Weise den Erkenntnisakt gegessen und sich einverleibt, hat ihn gleichsam genossen und ist damit selbst auf das Niveau seiner Organe abgeglitten. Die Verwicklung seiner selbst in den Erkenntnisakt bewirkte im Gegenzug eine Entfernung von der objektiven Wirklichkeit der

Welt. Das Verlangen, sich die umgebende Welt immer mehr einzuverleiben, hat die ganze Situation verfälscht und die Art des Wahrnehmens und Erkennens vom rechten Weg abgelenkt, indem dadurch ein Graben, ein Abgrund zwischen Mensch und Welt geschaffen wurde. Das bedeutet, dass der Mensch aus der Einheit mit dem Weltenall, dass er aus dem Paradies vertrieben wurde.

Es gibt nicht ein irdisches und ein himmlisches Paradies; davon war nie die Rede. Das Paradies ist die Erde; ja, es ist die menschliche Existenz, der Mensch in seinem Körper – aber spirituell erfasst, mit den Augen des Geistes geschaut. Wie der Mensch selbst ist auch die ganze Natur, die physische Welt aus geistigen Kräften gebildet, eben ein »Paradies«. Dass der Mensch davon ausgeschlossen wurde, bedeutet nicht, dass zu einem bestimmten Zeitpunkt das Paradies wie in den Wolken verschwunden wäre; unser Bewusstsein wurde ausgeschlossen. Physisch gesprochen: Wir bewohnen immer noch dieselbe Welt, aber in unserem Innern erleben wir ihre geistigen Kräfte nicht mehr; wir begegnen nur noch der äußeren, gegenständlichen Welt, und diese verhüllt uns einen Teil unseres Wesens. Und so lautet der Fluch, der über Adam ausgesprochen wird:

> »Weil du auf die Stimme deines Weibes gehört hast und von dem Baum gegessen hast, den ich dir verbot, sprechend: Iss nicht davon!, sei verflucht der Acker um deinetwillen, in Beschwer sollst du von ihm essen alle Tage deines Lebens. Dorn und Stechstrauch lässt er dir schießen, so iss denn das Kraut des Feldes! im Schweiß deines Antlitzes magst du Brot essen, bis du zum Acker kehrst, denn aus ihm bist du genommen. Denn Staub bist du und zum Staub wirst du kehren.«

Das heißt: Zwischen dir und der Welt gibt es nun keine unmittelbare, unbezweifelbare Verbindung mehr; du musst dir die Verbindung in jedem Augenblick neu schaffen. Dass dich diese Welt physisch ernährt, das ist nicht das Wesentliche. Wesentlich ist, dass sie für dein Geistbewusstsein ein Gegenüber ist. Du wirst kämpfen und dich anstrengen müssen, wenn du die Kräfte wieder entdecken willst, die dir in der gegenwärtigen Welt zur Verfügung stehen. – In diesem Augenblick nun spricht Adam den Namen seiner Frau aus:

> »Der Mensch rief den Namen seines Weibes: Chawwa, Leben! Denn sie wurde Mutter alles Lebendigen.«

In diesem Namen Chawwa – Eva – drückt sich etwas aus wie die Sehnsucht Adams nach dem, was er verloren hat. Wir haben gesehen, was die Polarität zwischen dem Männlichen und Weiblichen eigentlich bedeutet. Der männliche Pol ist der des Bewusstseins, der weibliche Pol der des Lebens; jeder Mensch trägt in sich beide Pole, nur in einem jeweils anderen Verhältnis zueinander. Die Wahrnehmung des Unterschieds der Geschlechter ist wie eine Reminiszenz, eine dumpfe Erinnerung an die urprüngliche Einheit. Als der Mann die Frau sich gegenüber sieht, fühlt er: Ja, das ist das Leben, das mir entzogen wurde; es webt zwischen uns. Und er nennt sie »die Lebendige«. – Zur Schlange sprach Gott:

> »Weil du das getan hast, sei verflucht vor allem Getier und vor allem Lebendigen des Feldes, auf deinem Bauch sollst du gehn und Staub sollst du fressen alle Tage deines Lebens, Feindschaft stelle ich zwischen dich und das Weib, zwischen deinen Samen und ihren Samen, er stößt dich auf das Haupt, du stößest ihm in die Ferse. Zum Weibe sprach er: Mehren, mehren will ich deine Beschwernis, deine Schwangerschaft, in Beschwer sollst du Kinder gebären. Nach deinem Mann sei deine Begier, er aber walte dir ob.«

In diesen Worten spricht sich das Mysterium der Menschheitsentwicklung aus. Selbst aus dem Alten Testament, durch das sich Fluch und Strafe wie ein roter Faden hindurchziehen, wird ersichtlich, dass diese Trennung vom Göttlichen einen Sinn hat. Einmal würde die Ur-Sünde, der Fall des Bewusstseins wieder ausgeglichen werden. Durch das weibliche Element in der Menschennatur war die »Sünde«, die Sonderung in die Entwicklung gekommen; durch das weibliche Element würde auch das Heilende in die Entwicklung eintreten.

In einem der schönsten Gesänge des Mittelalters, im Ave Maris Stella, wird in sehr subtiler Weise auf die Beziehung zwischen Eva und Maria hingewiesen. Der Engel Gabriel grüßt Maria mit dem –

lateinischen – Wort »Ave«, »Sei gegrüßt«. Die Lautfolge von Ave ist genau die Umkehrung derjenigen von Eva, sodass das Gleichgewicht wieder hergestellt wird. Das ist mehr als ein bloßes Wortspiel. Dem Verfasser dieses wunderbaren Liedes war bewusst, dass dadurch eine Umwendung der ganzen Menschheitssituation ausgedrückt wird.

*

Die zweite Etappe in der Geschichte des Sündenfalls, die Ereignisse, die sich zwischen Kain und Abel abspielen, ist zumindest ebenso geheimnisvoll wie die erste. Nur zögernd wagt man sich ihnen zu nähern und ihre Tiefen zu erkunden. Bereits der erste Vers weist auf ein Mysterium hin. Nachdem erzählt worden ist, wie der Mensch aus dem paradiesischen Bewusstsein vertrieben wurde und damit die Fähigkeit verlor, das Geistige der Welt wahrzunehmen, und wie die Cherubim mit dem Flammenschwert ihm fortan den Zugang zum Baum des Lebens verwehrten, heißt es: »Der Mensch erkannte Chawwa sein Weib.« Die Erkenntnis ist nun nicht mehr wie im Usprung rein geistiger Art; sondern der Erkenntnispol und der Instinktpol – also der ganze Mensch – haben jetzt am Erkenntnisakt teil. Eigenartig: Die erste Erkenntnisanstrengung, nachdem die Paradiesesschwelle überschritten ist, bezieht sich darauf, ein Bewusstsein dieser beiden Pole der Menschennatur, des männlichen und des weiblichen Poles, zu erringen. So wird gesagt:

> »Der Mensch erkannte Chawwa sein Weib, sie wurde schwanger, und sie gebar den Kajin. Da sprach sie: Kaniti – Erworben habe ich mit IHM einen Mann. Sie fuhr fort zu gebären, seinen Bruder, den Habel.«

Wenn man diesen Worten einfach lauscht, spürt man, dass sich ein Mysterium in ihnen verbirgt. »Erworben habe ich mit IHM einen Mann« – dieser Satz ist mehrdeutig. Er kann bedeuten: Ein Mensch ist zu denen, die schon da waren, hinzugekommen, ich habe ihn mit dem Herrn gehabt, das heißt, er ist mein Gemahl. Man kann ihn aber auch so verstehen: Ich habe Jahwe, den Herrn, zum Gemahl erworben. – Es ist ratsam, diesen Satz nicht sofort auf einen einzigen Sinn festzulegen, denn im Hebräischen hat er zumindest drei mögliche Bedeutungen. Lassen wir ihn also vorläufig in einer gewissen lebendigen Unbestimmtheit.

Ursprünglich erfolgte die Hervorbringung eines Menschen durch eine geistige Empfängnis. Unsere Sprache hat diesen Sinn bewahrt: Man »empfängt«, man konzipiert eine neue Idee. Aber gerade weil heute die Geschlechter getrennt sind, sind wir nicht mehr im Stande, einem empfangenen neuen Gedanken auch einen Körper zu geben. Wenn dagegen in den allerersten Zeiten der Entwicklung eine neue, rein geistige, göttliche Idee in das Bewusstsein einschlug, wurde in diesem Bewusstsein ein Prozess in Gang gesetzt, der schließlich dazu führte, dass sich diese geistige Wirklichkeit auf dem irdischen Plan verkörperte. Das ist nicht mehr möglich. Der Mensch weiß heute nicht mehr genau, wie dieser Prozess als Ganzer abläuft; er bemerkt nur noch, was in der physischen Welt, nicht mehr, was in der geistigen Welt geschieht. Hätten wir auch nur eine winzige Ahnung von dem, was sich in der geistigen Welt abspielt, wenn der männliche und der weibliche Pol des Menschen sich begegnen, dann würden wir auch spüren, auf welche grandiose Weise die Geistwesen sich an einem solchen Akt beteiligen; und wir hätten vor all diesen Wirklichkeiten eine große Achtung, wir könnten sie nicht mehr auf das Niveau des Banal-Alltäglichen herunterzerren und durch den Dreck ziehen, wie es heute so oft geschieht.

Es handelt sich also bei der Empfängnis Kains um einen Erkenntnisakt. Seine Geburt – die erste, von der berichtet wird – ist ein Übergangsphänomen. Das Bewusstsein Evas ist noch der geistigen Welt zugewandt, sie weiß noch, dass ein Ereignis der geistig-göttlichen Welt sich mit ihr verbunden hat. Unter diesem Gesichtspunkt verstehen wir auch eine ganze Reihe mythischer Erzählungen anderer Völker. Jedesmal, wenn ein großer Religionsgründer, ein großer Menschheitsführer geboren werden sollte, war das Bewusstsein der Mutter – manchmal auch das des Vaters – in einem Zustand der Ekstase oder der Kontemplation, wo es Geistiges wahrnehmen konnte. Davon, was sich im Physischen abspielte, wussten sie nichts; sie nahmen wahr, wie sich, geleitet von einem Gott, ein geistiges Wesen näherte. Als Zeus, das heißt eine kosmische Macht, die Empfängnis eines Helden überschattete, der der Menschheit neue Impulse bringen sollte, nämlich Herakles, erlebte dessen Mutter Alkmene, dass die Geburt durch die Macht des Gottes vorbereitet und herbeigeführt wurde. Sie hatte am Abend ihren aus dem Krieg zurückkehrenden Gatten empfangen, und am Morgen darauf, als er wieder aufbrach, wurde ihr bewusst, dass Zeus bei ihr gewesen war. Nicht um einen Ehebruch also handelt es sich, bei dem Zeus Amphitryon betrogen hätte, indem er dessen Gestalt annahm. Was da wirksam war, das war die Macht des Zeus durch den Zeugungsakt des Amphitryon hindurch. Die Mutter aber hatte für einen Augenblick einen Bewusstseinszustand erreicht, der über dem des gewöhnlichen Lebens lag, und so die Heiligkeit des Geschehens erkannt.

In Wirklichkeit trug Kain, dessen Name an das Verb *qana*, erwerben, erinnert – etwas Neues ist in das Werden eingetreten -, noch einen Glanz jenes übermenschlichen Bewusstseins in sich, das den Menschen vor dem Sündenfall erleuchtete; Kain war noch ein in gewissem Sinne übermenschliches Wesen. Das kommt in dem rätselhaften Wort Evas bei seiner Geburt zum Ausdruck. Er trug einen göttlichen Impuls in sich und verfügte daher über eine Kraft, die seinem nachgeborenen Bruder Abel fehlte. Auch der Name »Abel« – er bedeutet »Rauch« – ist sehr bezeichnend. Abel hatte nicht die Bewusstseinsintensität Kains. Dieser konnte seine Aufmerksamkeit den Dingen der Erde zuwenden und Wirklichkeiten konzipieren, die auf der Erde noch nicht da waren. So war er derjenige, der die Erde als Ackermann bearbeitete. Er begnügte sich nicht damit, sie so zu nehmen, wie sie war, und ihre Früchte zu ernten; letzteres war Abels Sache, der die Tiere seiner Herden nahm und daraus seine Nahrung bereitete. Kain stieg tiefer auf den Erdenplan herab, indem er sich nicht nur von dem ernährte, was dem Menschen am nächsten stand, nämlich von den Tieren, sondern bis in die Pflanzenwelt eintauchte und an ihr seinen Erfindergeist erprobte.

Es ist in diesem Zusammenhang sehr aufschlussreich, sich zu vergegenwärtigen, dass die beiden Pflanzen, die gleichsam zum Symbol der Nahrung geworden sind, tatsächlich vor undenklichen Zeiten durch die Hand des Menschen verwandelt und veredelt wurden: das Getreide und die Weinrebe. Ebenso fast alle anderen Pflanzen, die uns zur Nahrung dienen; fast alle Früchte auch – zumindest die, die bei uns gegessen werden – stammen von Bäumen, die gepfropft oder sonstwie verändert wurden.

Wie kann man sich nun diese beiden Bewusstseinsverfassungen vorstellen? Das eine Bewusstsein ist von einem schöpferischen Impuls durchdrungen und wendet sich der Erde zu; es hat die Kraft und den Mut, in das Erdenleben einzutauchen, es zu verändern und zu ordnen. Das andere beschränkt sich hauptsächlich darauf, die Erde so aufzunehmen, wie sie sich ihm bietet. Welches Bewusstsein ist reiner? Die Antwort kann nicht pauschal gegeben werden, denn sie hängt von dem Gesichtspunkt ab, den man selbst einnimmt. Daher ist es ein wenig riskant, hier Werturteile zu fällen. Für die Entwicklung der Erde und der Welt ist es natürlich absolut unentbehrlich, dass der schöpferische Impuls der Ursprungsmächte sich in das weitere Werden fortpflanzte. Im Zustand der Trennung von den göttlichen Gedanken lief die Menschheit indessen Gefahr, sich von dem göttlichen Plan abzuwenden und damit die Entwicklung zu verderben. Von dieser Zeit an konnte also ein Bruch auftreten zwischen den schöpferischen Impulsen selbst und der Art ihrer Realisierung.

Andererseits: die Erde so zu nehmen, wie sie sich uns bietet, ist eine zwar durchsichtig reine, aber auch passive, zumindest nur empfangende Haltung; sie bringt nichts Neues. Damit ein reines Bewusstsein entwickelt werden konnte, war die Haltung Abels bestimmt notwendig. Jeder Mensch, der ein Ideal hat, der einmal einen ahnenden Blick auf etwas Großes getan hat, neigt jedoch dazu, seinen Impuls mit dem göttlichen Willen zu verwechseln; die Begeisterung trägt in sich den Keim des Irrtums. Um sich ein durchsichtiges, wahrhaft reines, unschuldiges Bewusstsein zu erhalten, braucht es zuallererst eine uneingeschränkte Empfänglichkeit, welche die Dinge kommen und selbst sich aussprechen lässt.

Weder die eine noch die andere dieser beiden Haltungen hätte genügt, die Entwicklung der Welt voranzubringen. Es steht außer Zweifel, dass beide Brüder wertvolle Menschen sind, dass es – unter diesem Gesichtspunkt – keinen Unterschied zwischen ihnen gibt. Und so kann man nachvollziehen, welch seelischen Schock es für Kain bedeutet, als er sieht, dass der Ewige Gott das rein empfangende Bewusstsein Abels dem seinen vorzieht; im Grunde seines Herzens weiß er nämlich sehr wohl, dass sein Wollen mit dem göttlichen Wollen übereinstimmt, da es ein schöpferisches Wollen ist. Für Kain tut sich im Verhalten der Gottheit etwas wie ein Widerspruch auf: Wie ist das möglich? Ich trage in mir das göttliche Feuer, und Gott nimmt mein Opfer, so wie ich es ihm darbringe, nicht an! Und das Opfer Abels, der dieses Feuer nicht in sich hat, das nimmt er an! – Mit Eifersucht, wie wir sie aus dem gewöhnlichen Leben kennen, hat all das gar nichts zu tun. Was hier vorliegt, ist ein unendlich tieferes, ernsteres Drama: Das Bewusstsein Kains sieht sich einem göttlichen Widerspruch gegenüber.

Warum aber gab der Herr dem Opfer Abels den Vorzug? Wer von einem starken schöpferischen Impuls geleitet wird, läuft immer Gefahr zu glauben, dieser Impuls müsse sich nun für das Wohl der Welt verwirklichen. Damit er aber objektiv wird, unabhängig von persönlichen Wünschen, muss der Mensch prüfen, ob er wirklich mit dem göttlichen Impuls identisch ist. Lässt er sich dagegen von seinem inneren Feuer antreiben, bevor er diese Objektivität festgestellt hat, verfällt er leicht dem Irrtum. Jede Revolte im Laufe der Entwicklung ist aus einem richtigen Gefühl hervorgegangen, gehorchte dann aber zu persönlichen, alles andere ausschließenden Vorstellungen. Da dem in gewissem Sinne noch göttlichen Bewusstsein Kains diese Gefahr innewohnte, musste er durch eine Art Demütigung hindurchgehen, musste er Bescheidenheit lernen und sich von den Dingen selbst unterrichten lassen. Die Aufforderung, Demut zu lernen, wird als erniedrigend empfunden. So sagt die Bibel an dieser Stelle:

> »ER achtete auf Habel und seine Spende, auf Kajin und seine Spende achtete er nicht. Das entflammte Kajin sehr, und sein Anlitz fiel. ER sprach zu Kajin: Warum entflammt es dich? warum ist dein Antlitz gefallen? Ists nicht so: meinst du Gutes, trags hoch, meinst du nicht Gutes aber: vorm Einlass Sünde, ein Lagerer, nach dir seine Begier – du aber walte ihm ob.

Was für ein sprechendes Bild! Der Ewige macht Kain darauf aufmerksam, dass die Möglichkeit der Verfehlung, der Abirrung gegeben ist: An der Schwelle deines Bewusstseins kauert die Sünde, und hat nach dir Verlangen. Seltsamerweise drückt sich darin dasselbe Verhältnis aus wie in den Worten des Herrn an Eva: »Nach deinem Mann sei deine Begier, er aber walte dir ob.« Es wird nicht gesagt, dass das Verlangen Kains sich auf die Verfehlung richte, sondern das Verlangen der Verfehlung strebt nach Kain. Wenn aber Kain diese Verfehlung gewahr und ihrer Herr wird, kann sein Bewusstsein eine außerordentliche Stärke gewinnen. So sehen wir in diesen wenigen Worten das ganze Mysterium der Versuchung ausgesprochen: Der Mensch darf vor der Versuchung nicht bewahrt bleiben; im Gegenteil, sie erst macht aus ihm ein Wesen, das sich seiner sicher ist, das Herr über sich selbst ist. Gewiss stellen die Kräfte, die ihn an sich reißen wollen, eine Gefahr dar; in dem Maße jedoch, in dem der Mensch sie erkennt und bewältigt, wird er reicher und stärker.

»Vorm Einlass Sünde, ein Lagerer, nach dir seine Begier – du aber walte ihr ob« – das ist das Ziel der ganzen Entwicklung nach dem Sündenfall: über die Kräfte Herr zu werden, die uns nach unten ziehen wollen, und im Beherrschen wirklich wir selbst zu werden. Das ist noch nicht verwirklicht. Doch im Augenblick, da sich das Problem stellt, gibt uns die Gottheit auch den Schlüssel zu seiner Lösung. Ganz einfach wird da gesagt:

> »Kajin sprach zu Habel seinem Bruder. Aber dann wars, als sie auf dem Felde waren: Kajin stand auf wider Habel seinen Bruder und tötete ihn.«

Nehmen wir ganz wörtlich, was da gesagt wird. »Kain stand auf …« – er offenbart sich in seiner übermenschlichen Größe, und dieser Glanz von Kraft und Mächtigkeit ist dem Erdenmenschen im eigentlichen Sinne unerträglich. »Kain stand auf wider Habel seinen Bruder und tötete ihn« – das ist nicht einfach eines dieser Verbrechen, von denen wir in der Zeitung lesen; das ist die Tat eines Bewusstseins, das so übermächtig ist, dass der andere sein Offenbarwerden nicht erträgt. Wir werden an eine der ersten Aussagen des Christus Jesus erinnert: »Ihr habt gehört, dass zu den Vorfahren gesagt wurde: Du sollst nicht morden; wer aber mordet, soll dem Gericht verfallen. Ich aber sage euch: Ein jeder, der zornig ist auf seinen Bruder, soll dem Gericht verfallen.« (Matth. 5, 21f.) Indem Kain gegen seinen Bruder in Zorn gerät, hat er ihn auch schon getötet. Wenn sich nämlich ein Wesen in seiner geistigen Überlegenheit offenbart und darüber außer Acht lässt, dass es sich ganz den anderen zur Verfügung stellen muss, dann vernichtet es die anderen. Es ist dies ein großes Problem all der Menschen, in denen große Ideen, starke Ideale leben: sie Ohr und Herz der anderen Menschen zugänglich zu machen, ohne diese zu verletzen.

Die Erzählung von Kain und Abel gewinnt noch eine andere Dimension, wenn man sich in Erinnerung ruft, was Rudolf Steiner über gewisse Erfahrungen sagt, die der Mensch machen kann, wenn er die Schwelle zur geistigen Welt überschreitet. Wenn allmählich übersinnliche Fähigkeiten erwachen, wenn Denken und Fühlen sich allmählich von dem gewohnten Automatismus des Lebens lösen und empfänglicher werden für die höheren Wirklichkeiten, kann es geschehen, dass plötzlich ein Gefühl von Kraft auftritt. Das, sagt Rudolf Steiner, ist eine schreckliche Erfahrung; denn man entdeckt in sich die Fähigkeit und Möglichkeit, alles zu zerstören. Man vernimmt dann eine Stimme, die sagt: Mache dir klar, dass du für diese schwerere, irdischere Wirklichkeit, die du in dir und in den anderen erlebst, verantwortlich, dass du ihr Hüter bist! – Wer solche Worte vernimmt, kann von einem nicht zu unterdrückenden Verlangen nach Revolte ergriffen werden; er sagt sich: Ich will aber nicht ihr Hüter sein! Wenn nun der Mensch nach und nach dieses Zerstörungspotential, das er in sich trägt, einzudämmen und zu lenken im Stande ist, dann lernt er die Natur der Dinge und Wesen um sich herum objektiv begreifen. In dem Maße, wie es uns gelingt, dieses innere Feuer zusammenzuhalten, werden wir dem Rückschrittlichen, Schwerfälligen und Unnützen, das sich überall – auch in uns selbst – breitmacht, ruhig und gelassen gegenübertreten. Wir lernen in Geduld, ihre wahre Natur zu durchschauen und sie ihren Lauf nehmen zu lassen. Und wir entdecken, dass gerade das das Mittel ist, die innerlich erlebte Flamme dem anderen zu vermitteln; wir erkennen, dass man sie dem anderen mitteilen kann in dem Maße, in dem man selbst sich auf die Ebene des anderen begeben hat. Wenn ich auf diese Weise sein Problem verstehe, kann ich ihm etwas geben.

Solange ich diese Ebene nicht erreicht habe, laufe ich Gefahr, den anderen zu missachten, ihn zu erdrücken und zu zerstören. Aber jede Begegnung – sei es mit einem Menschen oder einem anderen Geschöpf – trägt unbewusst Spuren der geschilderten Antipathie, des Tötungs- und Zerstörungswillens in sich. Das ist eines der größten Geheimnisse des Menschenwesens.

Ein Beispiel mag das hier Gesagte verdeutlichen. Wir haben heute die Fähigkeit entwickelt, eine Vielzahl von Dingen zu kennen. Aber diese allgemeine Erkenntnisfähigkeit hat eine Situation geschaffen, in der man die Dinge nur noch wie durch einen Nebel sieht: Alles erscheint ohne Zusammenhang. Ein gewaltig großes Laboratorium liegt vor uns, aber wir haben zu den Ergebnissen, die daraus hervorgehen, keinerlei menschliche Beziehung. Und so zerstören wir durch die so gearteten Kenntnisse. Auf der einen Seite finden wir heute eine Haltung vor, die sich überhaupt der Erkenntnis verweigert und nur mit dem rechnet, was sie schon hat; auf der anderen, entgegengesetzten Seite wird wohl Erkenntnis erworben, aber eine Erkenntnis, die zerstört. Zwischen beiden Extremen hindurch führt der mittlere Weg; auf ihm wird das innere Feuer nicht gelöscht, aber es wird eingedämmt und gelenkt, sodass sich der Herrscherwille allmählich in Interesse und den Willen zu verstehen verwandelt. An die Stelle des Willens, entweder in alle äußeren Erscheinungen einzudringen oder überhaupt jede Verbindung zwischen Mensch und Welt zu leugnen, tritt das Streben, zunächst seinen Machtwillen zurückzuhalten und sich dann behutsam den Wesen, Dingen und Tatsachen zu nähern, sodass sie sich selbst aussprechen und selbst tätig sein können. Was aber ist es, was aus ihnen spricht und handelt? Welches ist die in ihnen wirkende Kraft? – Wenn wir sie in uns hinein sich fortsetzen lassen, statt dass wir ihnen unseren Willen aufzwingen, dann bedeutet das eine vollständige Umwendung der Situation. Indem wir ein wirkliches Interesse für den anderen entwickeln, lassen wir ihn in uns ein. In Wahrheit spielt sich das Drama zwischen Kain und Abel auch heute noch ab.

Wenn wir dem anderen mit Interesse und Erkenntniswillen gegenübertreten, werden wir für ihn mit verantwortlich. Diese Haltung kann nur aus einem Opfer hervorgehen. Denn wenn ich bereit bin, für ihn verantwortlich zu sein, nehme ich ihn an, so wie er ist. Im Laufe der Entwicklung kam es darauf an, dass dieser Überschuss an Kraft, über den Kain verfügte, daran gehindert würde, sich als Zerstörungswille auszuleben, dass er beiseite geschafft, in seine Schranken verwiesen würde. Das aber wird gewöhnlich als ein Fluch empfunden.

> »ER sprach zu Kajin: Wo ist Habel dein Bruder? Er sprach: Ich weiß nicht. Bin ich meines Bruders Hüter? ER aber sprach: Was hast du getan! die Stimme des Geblüts deines Bruders schreit zu mir aus dem Acker. Und nun, verflucht seist du hinweg vom Acker, der seinen Mund aufmachte, das Geblüt deines Bruders aus deiner Hand zu empfangen. Wenn du den Acker bedienen willst, nicht gibt er dir fortan seine Kraft. Schwank und schweifend musst du auf Erden sein.«

Kain ist zurückgestoßen, ausgestoßen; er wird ein Einsamer. Das spiegelt sich in jedem Menschen. Denn jeder trägt in sich einen Impuls, ein Potential, das über das hinausstrebt, was bereits bekannt ist. Jeder spürt, dass er nicht alles, was er in sich trägt, realisieren konnte und kann. Ja, hört man da sagen, ich trage so viele Impulse in mir, und ständig hindert man mich daran, sie zu verwirklichen! – Das gehört zum Schicksal des Menschen; denn wenn wir alles, was in uns lebt, sogleich verwirklichen könnten, würden wir alles um uns herum zerstören. Der Impuls, sich der Erde zuzuwenden und sie zu verwandeln, muss eingedämmt werden. Er wird es bereits dadurch, dass ein Teil unserer Kräfte uns zunächst unbewusst bleibt und nur in dem Maße in unser Bewusstsein tritt, wie die Kräfte des Gleichgewichts in uns wachsen. Das erkennt Kain, und so sagt er:

> »Allzu groß zum Tragen ist meine Verfehlung. Da, du vertreibst mich heute vom Antlitz des Ackers, vor deinem Antlitz muss ich mich bergen, schwank und schweifend muss ich sein auf Erden, – so muss es sein: allwer mich findet tötet mich! ER sprach zu ihm: So denn, allwer Kajin tötet, siebenfach würde es geahndet. Und ER legte Kajin ein Zeichen an, dass ihn unerschlagen lasse, allwer ihn fände.«

Die Kainskräfte dürfen nicht zerstört werden, sie sind geschützt. Wir haben also einerseits einen Fluch als Ergebnis der Widerspruchssituation und andererseits Segen und Schutz. Dieses Doppelverhältnis drückt sich in der Entwicklung der Menschheit aus. Der eine Entwicklungsstrom ging in die Richtung, dass nach und nach die Fähigkeit ausgebildet wurde, die Dinge und Wesen, so wie sie sich in der Welt darstellen, mit Heiterkeit aufzunehmen und dafür den göttlichen Mächten, die man in der Welt nicht mehr wahrnahm, durch Kulthandlungen als eine Art Antwort zu opfern. Der Kultus ist in gewisser Beziehung eine Bezahlung für die Schuld, die wir der Welt gegenüber auf uns laden, indem wir in ihr nichts anderes als eine relativ neutrale, profane Wirklichkeit sehen. Dadurch können wir die Objekte und Dinge dieser Welt gebrauchen und handhaben. Wir verlieren aber damit die Verbindung mit dem Kosmos als einem Ganzen. Wir müssen die Dinge in ein kultisches, ein religiöses Leben eingliedern, um so die Verbindung mit den Kräften des Ursprungs wieder herzustellen.

Eine andere Strömung in der Menschheitsgeschichte belebt fortwährend den Impuls, durch die Künste, die Technik, durch alle uns zur Verfügung stehenden Mittel die Welt umzugestalten. Damit aber diejenigen, welche die Welt auf diese Weise umgestalten wollen, sie nicht zugleich gänzlich ihrem Egoismus unterjochen, ist ihnen ein Teil ihrer verborgenen Kraft genommen worden.

Das also ist der offenbare, allen erkennbare Strom: Wir Menschen haben eine äußere Kultur, Erkenntnis und Technik entwickelt. Im Hintergrund aber leben durch alle Jahrhunderte hindurch, unerkannt, verborgen, diejenigen, die die Verbindung mit den göttlichen Mächten und deren Erkenntnis pflegen; es ist die Welt der Mysterien, durch welche die schöpferischen Kräfte im Menschen fortwährend inspiriert werden, damit sie wieder in Harmonie mit der geistigen Welt zusammenklingen.

In diesem Zustand befindet sich die Menschheit. Zwei Menschengruppen stehen einander polar gegenüber: auf der einen Seite die Menschen, welche das gewöhnliche, täglich-alltägliche Erkennen pflegen und als Ausgleich dafür der göttlichen Welt das religiöse Leben darbringen; auf der anderen Seite die Menschen, die in sich einen Impuls tragen, der ganz unleugbar das Zeichen der Revolte, der Umgestaltung, des Nicht-Akzeptierens der Welt, so wie sie ist, trägt. Dieser Impuls der Umgestaltung muss immer kontrolliert und gelenkt werden, er kann dies dadurch, dass der Mensch sich spirituelle Kräfte aneignet, die umso größer sein müssen, je bedeutender die Errungenschaften auf dem physischen Plan sind. Wenn einmal diejenigen, die von dem schöpferischen Impuls durchdrungen sind, Erkenntnis der geistigen Kräfte erlangt haben, werden sie nicht mehr zerstören; sie werden eine Sprache gefunden haben, die von denen verstanden wird, die über das gewöhnliche Bewusstsein verfügen. Diese werden es dann nicht mehr nötig haben, Opfer darzubringen, denn sie werden das Göttliche erneut wahrnehmen.

In der Geschichte der Menschheit gab es einen Augenblick, da sich die beiden Ströme begegneten und befruchteten: im Christuswesen. Diese Tatsache kann unser Geschichtsverständnis beträchtlich bereichern. Seit uralten Zeiten begegnen wir in den verschiedenen Kulturen dieser Art von Polarität: Die Strömungen prallen aufeinander, vermischen sich und trennen sich wieder, und dies in ständiger Wiederholung. Auch gab es Zeiten, da beide Strömungen einander befruchteten, ohne dass sie sich jedoch vereinigt hätten. Höchst beeindruckend ist in dieser Hinsicht der Bau des Tempels zu Jerusalem. Salomo, der aus der Seth-Linie stammte, kann den Tempel nur dadurch errichten, dass er zu seinem Bau einen der Repräsentanten der Kain-Linie beruft, den großen Magier Hieram aus Tyrus. Zu einer wirklichen Begegnung zwischen ihnen kam es jedoch nicht. Statt dessen geschah eine Tat, durch welche die Situation wie umgekehrt wurde: Salomo wurde für den Tod Hierams verantwortlich, eine Art großer Vergeltung in der Geschichte, eine Rache des Abel-Seth-Geschlechts am Kain-Geschlecht. Das sollte in den darauf folgenden Jahrhunderten zu beträchtlichen Unruhen führen.

Man kann sagen, dass im Urchristentum, also in den ersten drei Jahrhunderten, die beiden Ströme brüderlich vereint miteinander lebten – bis Konstantin sie wiederum trennte. Es ist die Zeit, da die Vertreter der Kultus-Strömung erneut dazu übergingen, die Träger der Weisheit und der Erkenntnis in den Bereich der Häresie zu verweisen. Diesmal wurden die Abkömmlinge Kains von den Abkömmlingen Abel-Seths verfolgt. Im Mittelalter, zur Zeit der Kreuzzüge, also im 13., 14. Jahrhundert, bahnt sich ein Versöhnungsversuch an; er wird aber durch die Zerschlagung des Templerordens zunichte gemacht. Wieder tritt ein, dass sich die beiden Strömungen zugleich fliehen und suchen. Vielleicht wird einmal die Zeit kommen, wo man voll und in ihrem ganzen Umfang die Tat würdigen wird, die geschah, als ein Vertreter der Erkenntnisströmung die Erkenntnis des Physischen so verwandelte, dass er sie auf die Ebene ihres geistigen Gehalts hinaufhob und damit den Weg für die Begegnung der beiden Strömungen öffnete. Diese außerordentliche Tat vollzog Rudolf Steiner, als er seine *Philosophie der Freiheit* schrieb.

*

Die Geschichte von Kain und Abel spielte im Lauf der Jahrhunderte eine bedeutende Rolle im Denken und Vorstellen der Menschen. Sie gehört bekanntlich zu den zentralen Motiven der Freimaurerei, die sie wahrscheinlich vom Templerorden übernommen hat, der seinen Sitz ursprünglich an der Stelle hatte, wo einst der Tempel von Jerusalem gestanden hatte. Im Mittleren Orient waren die Templer mit sowohl islamischen als auch jüdischen esoterischen Traditionen in Berührung gekommen, und ihre Weisheit gründete auf den Tempelmysterien, die unter einem bestimmten Gesichtspunkt auf die Geschichte von Kain und Abel zurückgehen. – In Schriften des späten Mittelalters und der Renaissance, ja selbst noch in einigen Werken des 19. Jahrhunderts leben diese Mythen und Bilder in den Geschichten weiter, die sich um den Gral gruppieren. Immer wieder findet man darin Anspielungen auf Ereignisse und Zustände, die auf Salomon und den Schlüssel Salomons, von dem die Gralslegenden sprechen, zurückweisen. Aus dem zweiten christlichen Jahrhundert ist uns ein apokryphes Evangelium unter dem Namen des Nikodemus erhalten; es berichtet von dem Abstieg des Christus zur Hölle am Karsamstag. Dieser jüdische Eingeweihte, Führer des Volkes und Mitglied des Sanhedrin, der durch den Christus selbst eine esoterische Unterweisung über die »Geburt von oben«, das heißt die Geburt des geistig-göttlichen Wesens im Menschen, erhalten hatte, konnte die

»Höllenfahrt« wahrnehmen. Nikodemus stand zusammen mit Joseph von Arimathia unter dem Kreuz. Von diesem Joseph wird überliefert, dass er, wenn auch vielleicht nicht ein Mitglied, so doch ein Sympathisant des Essenerordens war, jener Gruppe von Menschen, die ebenfalls eine esoterische Unterweisung empfingen. Das Nikodemus-Evangelium berichtet nun, dass Joseph von Arimathia im Gefängnis, in das er geworfen worden war, eine Schau hatte: Ein Engel brachte ihm den Kelch, in dem der Christus beim Abendmahl seinen Jüngern den Wein gereicht hatte und in dem Joseph das Blut aufgefangen hatte, das am Kreuz aus den Wunden des Christus floss. Es wird erzählt, er habe im Gefängnis über lange Zeit nur von der geistigen Nahrung gelebt, die er aus dem Kelch empfing, und auf diese Weise eine Art geistiger Kommunion erlebt. Denn ganz offensichtlich handelte es sich dabei nicht um einen materiellen Gegenstand, sondern um einen geistigen Kelch. – Die Fäden all dieser Traditionen führen bis zu Kain und Abel zurück. Daher ist es auch so schwierig, das Kain-Abel-Drama in seinem ganzen Umfang zu begreifen.

Hilfreich für ein Verständnis ist ein Begriff, dem wir bereits am Anfang der Genesis begegnet sind: der Begriff der Polarität, die dem Gotteswesen innewohnt und die notwendige Voraussetzung dafür ist, dass der Mensch einmal zur Freiheit gelangt. Wir haben, um dieses Verhältnis zu charakterisieren, schon einmal das Bild eines Stücks Eisen zwischen den beiden Polen eines Magneten gebraucht: Das Eisen wird immer entweder von dem einen Pol oder dem anderen Pol angezogen, es ist niemals »frei« – außer an dem einen Punkt, wo die Anziehungskräfte der beiden Pole genau im Gleichgewicht sind, sich also gegenseitig aufheben. Damit in einem Wesen, das ganz von der Gottheit durchdrungen ist, einmal Freiheit entstehen kann, muss die Gottheit selbst einen ihr entgegengesetzten Pol schaffen, welcher dieses Wesen in die andere Richtung zieht, sodass es der Gefahr ausgesetzt ist, aus der Gottheit und dem göttlichen Sein herausgerissen zu werden.

Freiheit entsteht indessen nicht dadurch, dass ein Geschöpf aus der Gottheit ausgestoßen und von einer Gegenkraft aufgesogen wird, sondern dadurch, dass dieses Wesen selbst ein Gleichgewicht zwischen den entgegengesetzten Kräften findet und so schöpferisch wird. Auf allen Ebenen der Evolution sehen wir diese Polarität auftauchen; und einer ihrer Aspekte ist die Trennung des ursprünglich einheitlichen Menschenwesens in zwei Geschlechter. Fassen wir noch einmal kurz zusammen, wie sich das Leben dieses Urmenschen darstellt, von dem die *Genesis* sagt, er sei noch Mann-Frau gewesen.

Rudolf Steiner schildert, wie in dieser frühen Zeit nicht nur die Erde, sondern auch der Menschenleib noch viel weicher und bildsamer waren als heute. Dadurch hatte die Seele, die selbst männlich und weiblich zugleich war, die Möglichkeit, den Leib nach ihrem eigenen Bild zu gestalten. Die Fortpflanzung geschah nun so, dass sich der männliche, der Bewusstseinspol der Seele der Gottheit öffnete – in einer Art Ekstase, die ein Wahrnehmen des Geistigen war – und die in ihn einfließenden Kräfte dem weiblichen, dem Lebenspol mitteilte. Durch diese Selbstbefruchtung entstand auf der Erde ein neuer Menschenleib, der wie die Seele selbst männliche und weibliche Eigenschaften zugleich hatte.

Der große, gewaltige Prozess, der schließlich in die Trennung der Geschlechter mündete, wirft ein Problem auf. Beide Teile der Menschheit verfügen offensichtlich sowohl über den Bewusstseinspol als auch über den Lebenspol. Nun fand im Lebenspol eine Spaltung statt, und wir haben vor uns einen männlichen und einen weiblichen Körper. Auch im Bewusstseinspol trat eine Trennung ein, aber im umgekehrten Sinn: Der Geist des Mannes ist weiblich, der der Frau männlich. Was bedeutet das? Es bedeutet, dass von dem Augenblick an, da die Geschlechtertrennung vollzogen war, es zwei Wege gibt, sich der äußeren Welt mit dem Bewusstsein zuzuwenden: einen mehr dynamischen, willensbetonten, schöpferischen Weg und einen anderen, der eher passiv, empfangend, träumend ist.

Man kann sich dieses Verhältnis an der Tatsache klarmachen, dass die Entwicklung der Wissenschaften, die sich auf die äußere Wirklichkeit richten, der sogenannten exakten Wissenschaften, darauf zurückgeht, dass über einen gewissen Zeitraum hin die Entfaltung der Kultur und des Wissens in den Händen von Männern lag. Das kommt daher, dass der Geist des Mannes von der weiblichen Fähigkeit geprägt ist, das Wirkliche so aufzunehmen, wie es ist, sich von ihm beeindrucken zu lassen, während die männliche Bewusstseinsart – die also der Frau eignet – zu einem dynamischen, schöpferischen Verhältnis zur Wirklichkeit tendiert, das heißt davon ausgeht, dass sich die Wirklichkeit unseren Gedanken und Ideen zu beugen habe. Wenn man beide Seiten mit ein wenig Humor betrachtet und etwas überzeichnet, erkennt man sehr gut diesen Unterschied. Erst in unserer Gegenwart beginnen sich die Unterschiede zwischen dem männlichen Denken der Frau und dem weiblichen Denken des Mannes zu verwischen. Denn im Laufe der Jahrhunderte sind große Veränderungen eingetreten; an ihrem Ursprung aber steht die Geschichte von Kain und Abel.

Von jener uralten Epoche an, von der der Mythos von Kain und Abel berichtet, spricht uns die Bibel von zwei geistigen Strömungen, die nun aber nicht mehr ausschließlich an das Geschlecht derer gebunden ist, durch die sie repräsentiert werden: zwei Strömungen, deren Grundimpuls einerseits durch eine aufnehmende, rezeptive, andererseits durch eine intuitive, dynamische Haltung geprägt ist. Nun tritt aber noch das Wirken einer anderen Kraft hinzu. Die Entwicklung zu dem Bewusstsein, wie wir es heute kennen, geht darauf zurück, dass der Bewusstseinspol, dessen Ziel es ursprünglich war, göttliche Intuitionen zu empfangen und deren Dynamik dem Lebenspol mitzuteilen – wodurch eben ein neuer Menschenorganismus gebildet wurde –, dem Einfluss Luzifers ausgesetzt wurde. Luzifer öffnete dem Menschen die Augen, aber nicht um ihm die geistige Welt, sondern um ihm die äußere Welt zu zeigen.

Es war gerade dieser dynamische Pol innerhalb der Erkenntnis, der in einer Art Umkehrung die Gegebenheiten der äußeren, physischen Welt rezeptiv in sich aufnahm, sich in gewisser Weise von der äußeren Welt befruchten ließ. Von da an hatte er die Kraft, den Lebenspol zu befruchten, eingebüßt. Davon nimmmt das ganze Drama der Menschheitsentwicklung seinen Ausgang. Was zuvor ein der menschlichen Natur in ihrer Ganzheit innewohnendes Problem war, wurde nun zu einem Problem des menschlichen Bewusstseins. In Kain und Abel treten diese beiden Bewusstseinsformen in Erscheinung. Das Bewusstsein Kains wendet sich der äußeren Welt zu; Kain richtet seine Aufmerksamkeit und Aktivität auf die Früchte der Erde, verwandelt und erntet sie, und als er sie als Opfer darbringt, bleibt der Opferrauch innerhalb des Erdbereichs. Das Bewusstsein Abels hingegen war intuitiver Art und mit der Gottheit eins. Abel hält sich nicht bei konkreten Einzelheiten der äußeren Wirklichkeit auf; er erlebt im Blut die tief aktive Dynamik und opfert – als Bild seines Gebets – die Erstgeborenen seiner Herde. Damit lässt er die Erdenordnung unberührt, unverändert. Er hat, um seiner Frömmigkeit Ausdruck zu geben, als Opfer nur genommen, was die Erde ihm von sich aus bot.

In der darauf folgenden Entwicklung führte die eine Strömung dazu, dass das Bewusstsein des Menschen immer klarer und schärfer wurde und sich immer mehr mit den äußeren Wirklichkeiten verband, zugleich aber auch immer profaner, indem es zwar die äußeren Gegenstände wahrnahm, nicht mehr jedoch ihre Verbindung mit den göttlichen Formen und ihrem Ursprung. Die andere Strömung bildete ein Bewusstsein, das zwar in Frömmigkeit und Verehrung zum Göttlichen aufschaute, immer bestrebt, mit ihm in Einklang zu sein, zugleich aber dieses Göttliche konturlos, nur im Innern, in der mystischen Versenkung erlebte; die Seele mit ihren Kräften steht dem Bewusstsein zur Verfügung, dieses findet aber keinen Zusammenhang zwischen der Gottheit und der äußeren Welt. Um sich mit der äußeren Welt zu verbinden und sie in gewisser Weise in die Gottheit zu integrieren, braucht es Handlungen, die den Rhythmen des göttlichen Lebens entsprechen, und das sind die kultischen Handlungen.

Es existiert also eine profane Strömung – man nennt sie heute die der Positivisten oder Pragmatiker –, welche die Dinge nimmt, wie sie sich darbieten, und darüber den Begriff des Göttlichen verliert; und eine andere, die danach strebt, die Verbindung zum Göttlichen aufrecht zu erhalten, und zu diesem Zweck genötigt ist, durch kultische Verrichtungen die äußere Welt mit der Gottheit zu vereinigen. – Unmittelbar im Anschluss an die Geschichte von Kain und Abel nennt das Alte Testament die ersten Nachkommen Kains sowie Seth, der von Eva geboren wird und an die Stelle Abels tritt. Dann heißt es:

»Auch dem Schet wurde ein Sohn geboren, er rief seinen Namen Enosch, Menschlein. Damals begann man den NAMEN auszurufen.»

Dieser Enosch ist in gewisser Weise der Begründer der Kultus-Strömung.

Auch abgesehen von dem Fluch, der auf ihm lastet, sieht sich Kain schon durch die Tatsache, dass er ein profanes, der äußeren Welt zugewandtes Bewusstsein entwickelt hat, allein gelassen. Sein Schicksal ist es, fortan alle Erscheinungen des Lebens zu untersuchen, ohne dass ihn diese je zum Wesentlichen, zum Zentrum führen. Er ist wie der Ewige Jude, ein ewiger Wanderer von Geschöpf zu Geschöpf, von Erfahrung zu Erfahrung, ohne je das Band zu finden, das die Einheit all dieser Erfahrungen und Geschöpfe wieder herstellt. Und er ist sich dieser seiner Situation bewusst: »Allwer mich findet, tötet mich« – ich bin in einer wirklich schlimmen Lage. Dem entgegnet der Ewige: Das profan gewordene Bewusstsein ist dazu verdammt, von Erscheinung zu Erscheinung zu irren. Ich werde indessen einen Segen über diese Menschheit ausgießen, der diese Verarmung ausgleichen wird. – Dieser Segen erscheint in der Form eines Gesetzes, das man in der esoterischen Sprache das Gesetz des Karma nennt. Es bedeutet, dass das schreckliche Schicksal, allen Geschöpfen die Existenz abbetteln zu müssen, einen Ausgleich findet. Wer Kain totschlägt, soll dafür büßen müssen. Und Kain selbst wird mit einem Zeichen versehen, damit er nicht erschlagen würde.

Was bedeutet dieses Zeichen? Es bedeutet, dass die Wesen, die dem profanen Leben angehören und ganz besonders dem Einfluss Luzifers ausgesetzt sind, dennoch nicht aus dem Kreis dessen, was recht und gerecht ist, ausgeschlossen sind und dass, wenn sie Opfer einer Ungerechtigkeit werden, das Gesetz des Karma sie schützt; was sie zu erleiden haben, ruft ausgleichende Gegenwirkungen hervor. Wenn im Alten Testament von Rache die Rede ist, ist das absolut nie im Sinne persönlicher Gefühle zu verstehen. Rachegefühle entstehen letztlich daraus, dass wir in der Tiefe unseres Wesens nach einem Ausgleich verlangen. Wenn man uns ein Unrecht zugefügt hat, rebelliert etwas in unserer Natur und verlangt nach sofortiger Vergeltung. Die Rache Gottes hingegen hat nichts von diesem natürlichen Aufbegehren; sie ist ganz einfach ein Ausdruck dieses unerbittlichen Karma-Gesetzes. Auch den Griechen war es bekannt. Es offenbarte sich ihnen in den Erinnyen, diesen uralten Gottheiten, die bewirkten, dass die Folgen seiner schlimmen Taten über den Menschen kamen.

Wenn Kain fürchtet, dass »wer immer ihn fände, ihn totschlüge«, so drückt sich darin aus, dass er sich nach dem Verlust seiner Verbindung zur Gottheit und in dem Gefühl des Ausgeschlossenseins aus der Welt der Güte, die ihn bisher trug, dem Zufall ausgeliefert erlebt. Da sagt ihm der Ewige: Nein, du bist nicht hilflos ausgeliefert; das Unrecht, das an dir begangen wird, wird auf den zurückfallen, der es begangen hat. Es gibt ein objektives Gesetz der Weltenmoralität.

Eine andere Form des Ausgleichs tritt als eine Art Unterströmung hinzu. In dieser Welt, die nicht mehr in ihrem Naturzustand ist und für die Wesen, die darin geboren werden, ihren göttlichen Charakter verloren hat, erscheint die Technik: Tubal-Kain macht sich daran, das Eisen zu schmieden und die Metalle zu bearbeiten. Auch die Kunst tritt auf: Jubal, der ebenfalls dem Kain-Geschlecht entstammt, spielt als erster Flöte und Harfe. Ein weiterer Vertreter des Kain-Geschlechts ist Henoch (Chanoch), ein Sohn Kains und eine ganz ungewöhnliche Erscheinung: Er war der erste Städtegründer, hatte also ein Empfinden für soziale Zusammenhänge. Er erkannte, dass sich der Mensch von dem Augenblick an, da er nicht mehr sicher von den Gesetzen des Instinkts und der Natur geleitet ist, selbst beschützen muß. Dieser Schöpfer eines Gemeinschaftslebens nannte die von ihm gegründete Stadt: Stadt Henochs.

Henoch kam später zu hohem Ansehen. Das *Buch Henoch*, das wohl im 2. Jahrhundert vor Christus niedergeschrieben wurde, spielte eine große Rolle, denn es führt zum Ursprung dessen zurück, was man die jüdische Esoterik nennen kann. Es beschreibt, wie Henoch den Weg fand, der ihn zum Eingang des verlorenen Paradieses zurückführte. Henoch fand also bis zu den Ursprüngen zurück; er war einer der ersten, der das tat, was später der Buddha vollbrachte, nämlich die Kette der Ursachen zurückzuverfolgen bis zur ersten Ursache. So fand er das Tor, durch das man die Welt der ursprünglichen Einheit betritt. Man kann sagen, dass innerhalb der großen Kain-Strömung, die das profane Denken und Bewusstsein pflegte, ein zweiter Strom wirkte, der sich der menschlichen Fähigkeiten bediente, um diese auf die Suche nach dem Göttlichen hin auszurichten und so die Esoterik, das Wissen um die Geheimnisse der Welt, wiederzufinden. Man nannte dies den Strom der Mysterien, die gerade auf der Anstrengung des Menschen beruhen, den Zeitenstrom rückwärts bis zu seinem Quell zu verfolgen. Doch mussten diese Mysterien im Verborgenen bleiben, damit die in ihnen gepflegten Geheimnisse nicht profaniert würden, was sehr schlimme Folgen gehabt hätte. Die Mysterien waren also dem Gesetz des Arkanum, der Geheimhaltung unterworfen; und von ganz seltenen Ausnahmen abgesehen, wurde dieses Gesetz auch nie verletzt. Die wenigen Ausnahmen nach der Sintflut sind von nur geringer Bedeutung. Zur Zeit der römischen Cäsaren beispielsweise traten gewisse Unregelmäßigkeiten auf, doch verglichen mit dem Ganzen der Mysterienströmung sind das nur oberflächliche Erscheinungen, so dass man wirklich sagen kann: Das Wesen der Mysterien wurde nie nach außen verraten.

Die andere Strömung, die durch die Nachkommenschaft Seths repräsentiert wird, pflegt die Verbindung mit der göttlichen Welt durch den Kultus und den Gehorsam gegenüber den Gesetzen. Sie kennzeichnet das Wesen der jüdischen Kultur. In dieser Strömung wurde durch die Jahrhunderte hindurch das Mysteriengeheimnis immer geachtet, einer Profanierung wurde dadurch vorgebeugt, dass die Geheimnisse in Bildern, in Gleichnissen ausgesprochen wurden. Alle Mysterien, die aus dem kultischen Leben hervorgingen, sprachen von den Werdeprozessen in bildhafter Form. Manchmal flossen im Laufe der Geschichte beide Strömungen für eine kurze Zeit zusammen und befruchteten einander. Von einer solchen Begegnung erzählt beispielsweise die geheimnisvolle Geschichte eines Menschen, der schon als ganz kleines Kind vom Schicksal dazu bestimmt wurde, in den Mysterienstrom einzutauchen. Das Kind wurde in eine mit Harz und Pech verklebte geflochtene Wiege gelegt und dem Strom übergeben, in dem man die Grenze zwischen dem Reich der Lebenden und dem der Toten sah. Dieser Mensch war Moses. Er wurde in der Familie des Pharao erzogen und so in die ganze Weisheit der Ägypter eingeweiht. Der jüdische Historiker Josephus, der wenige Jahrzehnte nach Christus lebte, berichtet davon und beschreibt sogar, in bildhafter Form, einige Stufen der Einweihung des Moses.

Moses kannte also den Mysterienstrom der Einweihung, des Weges, auf dem der menschliche Geist in das Geheimnis des Göttlichen eindringt. Das führte ihn zu der Erfahrung des Göttlichen als des »Ich bin der Ich bin«. Durch diese Erfahrung auf dem Berge Horeb wurde er zu dem Menschen, dem sich das Geheimnis des Weltenursprungs enthüllte. Ihre Frucht ist der Gegenstand unserer Studien, das *Buch der Genesis* ihr späterer Ausdruck: eine Schau der Theogonie und Kosmogonie, der Entstehung der Welt und des Menschen und der Gesetze des Werdens. In dieser Einweihungsvision empfing Moses auch, was er dem Volk – das diese Enthüllungen in unmittelbarer Gestalt nicht ertragen hätte – geben konnte, nämlich die tägliche Nahrung, deren es bedurfte, und zwar in den Gestalten des Gesetzes und des Kultus. Auf diese Weise wurde Moses ein Repräsentant der tiefsten Mysterien und zugleich derjenige, der dem jüdischen Volk den Inhalt des moralischen und kultischen Gesetzes schenkte. Doch hat er dieses Gesetz nie selbst in die Praxis umgesetzt. Mit der praktischen Anwendung wurde sein Bruder Aaron, der Priester war, beauftragt.

Eine andere Begegnung der beiden Strömungen hatte schon früher zwischen Abraham und Melchisedek stattgefunden. Eine weitere ereignete sich später – wir haben schon davon gesprochen –, als es darum ging, den Tempel zu Jerusalem zu bauen. Dazu reichte die Weisheit Salomos, so groß sie war, nicht aus, sodass Salomo einen Eingeweihten aus Tyrus zu Hilfe rufen musste, den Baumeister des Königs Hieram und gleichen Namens wie dieser. Das Schicksal Hierams und das Salomos erscheinen wie in der Verlängerung der Schicksale von Kain und Abel. In dem Drama, das sich zwischen ihnen abspielte, erleben wir etwas wie eine Umkehrung dessen, was sich zwischen letzteren ereignete. Salomo, der – geistige – Nachkomme Abels, wird Hieram gegenüber schuldig, indem er letztlich zum Komplizen von dessen Ermordung wird. Die bisher göttlich inspirierte Weisheit Salomos wird profan; er wird zu einem spekulativen Denker, fast könnte man sagen: zum Vater der skeptischen Philosophie. Man findet in der Bibel einen Text, der zu den frühesten Dokumenten des Skeptiszismus gehört: *Der Prediger Salomo.* Darin stehen die Sätze: »Es ist alles ganz eitel … Was ist's, das geschehen ist? Eben das hernach geschehen wird. Was ist's, das man getan hat? Eben das man hernach wieder tun wird. Und geschieht nichts Neues unter der Sonne.« (Prediger 1, 2 und 9.) Wir haben hier ein erschütterndes Zeugnis dafür, wie ein Denken, das ursprünglich inspiriert war, nach und nach intellektuell wird.

Die Begegnung zwischen Salomo und Hieram bedeutet in der Geschichte des jüdischen Volkes einen entscheidenden Augenblick. Seine äußere Geschichte bricht hier ab. Nach dem Tod Salomos spaltete es sich und gewann nie mehr seine politische Einheit als Volk zurück, die wenigen Jahrzehnte ausgenommen, während derer es von einem König regiert wurde, der selbst nicht Jude war, von Herodes dem Großen. Seit dem Tod Salomos im Jahre 932 vor Christus war das Volk keine politische Einheit mehr.

Und noch ein weiteres Mal begegneten sich die beiden Strömungen, verschmolzen gänzlich miteinander und befruchteten sich gegenseitig: im Schicksal des Jesus von Nazareth. Er lebte auf der Erde vor aller Augen das Geheimnis der Mysterien. Der wahre Grund, weshalb ihn die Verfechter der alten Tradition zum Tode verurteilten, bestand darin, dass er ihrer Ansicht nach das Mysterium verraten hatte. Das Evangelium ist der Inhalt der Mysterien. Jesus verkündet von Beginn seines Wirkens an: »Denn es ist nichts verhüllt, was nicht enthüllt, und nichts geheim, was nicht erkannt werden wird. Was ich im Dunkeln zu euch sage, das sprecht im Lichte aus; und was euch ins Ohr geflüstert wird, das verkündet von den Dächern.« (Matth. 10, 26f.) Und: »Bringt man etwa ein Licht, um es unter ein Maßgefäß zu stellen oder unter das Bett? Stellt man es nicht besser auf den Leuchter? Denn nichts ist verborgen, außer um offenbar zu werden, und nichts wurde verhüllt, außer um ans Tageslicht zu kommen.« (Mark. 4, 21f.) Den Jüngern ist die Aufgabe gestellt, die Mysterien des Gottesreiches zu erkennen; den anderen werden sie – vorläufig – nur in Bildern mitgeteilt. Das soll nicht heißen, dass dies immer so sein wird, denn nach und nach werden die Mysterien allen Menschen enthüllt werden.

Die Bedeutung dieser Tatsache wurde in den Mysterienstätten erkannt. Auf der einen Seite, im Judentum selbst, erkannten die Essener den Christus; auf der anderen Seite erkannten ihn einige

Mysterienvertreter der hellenistischen Welt. Daraus entstand dann eine Bewegung, die zwischen dem griechischen Heidentum und dem Christentum vermittelte: die Gnosis. Diese Gnosis war in den ersten drei bis vier Jahrhunderten des Christentums außerordentlich vielgestaltig. Manche Gnostiker, unter ihnen vor allem Clemens von Alexandrien und Origenes, erkannten in Christus den wahren Logos; andere hielten an den vorchristlichen Traditionen fest und sagten: Ja, Jesus wurde vom Logos überschattet, aber beide haben sich nicht vollständig miteinander verbunden. Bei diesen Menschen, beispielsweise Valentinus, war die Wahrnehmung des Jesus-Wesens nicht so tief wie bei Paulus, der schaute, dass der Logos gerade dieser Jesus war, den er verfolgte.

Ein anderer entscheidender Augenblick für das Verhältnis der beiden Strömungen zueinander trat ein, als Kaiser Konstantin die christliche Religion zur Staatsreligion erklärte. Dadurch wurde der Kultus-Strom zu der Form erklärt, die allein anerkannt werden sollte, und durch eine Art kaiserliches Edikt wurden die gnostischen Bewegungen als häretisch verdammt. Von da an war es der Seth-Abel-Strom, der diejenigen verfolgte, die dem Kain- oder vielmehr dem Hieram-Strom angehörten. Die Erkenntniskraft, die sich mit der Spiritualität des religiösen Lebens verbunden hatte, wurde erneut daraus verbannt. Die Folge war, dass die Kirche im Mittelalter allein den mystischen Weg pflegte und die Erkenntnis, nach der sich das Bedürfnis immer dringlicher einstellte, außerhalb der Kirche entwickelt werden musste. Die Erkenntnisfähigkeit wurde dadurch gänzlich profan. Während der Verfolgungen der Katharer, Templer und auch der Rosenkreuzer, der wahren Begründer der Alchimie, wurde die Esoterik praktisch ausgelöscht. Das Resultat war ein radikaler Bruch zwischen der Welt des profanen Wissens und der Welt des religiösen Empfindens, das immer mehr den Boden unter den Füßen verlor.

Man glaubte eine Zeitlang, dem religiösen Leben einen Sonderbereich reservieren zu können und im übrigen dem Kaiser zu geben, was des Kaisers ist, oder vielmehr: dem Fürsten dieser Welt den Rest auszuliefern. So leben wir heute in einer völlig luziferisierten Welt, deren Macht weiter zunimmt, da sie keinerlei Berührung mit den religiösen Wirklichkeiten mehr hat. Es hätte zu einer Katastrophe geführt, hätte sich nicht um die Wende vom 19. zum 20. Jahrundert ein wirkliches Wiederfinden der beiden Strömungen ereignet, hätte nicht ein Vertreter der Erkenntnisströmung – er studierte an der Technischen Hochschule in Wien und sollte Ingenieur werden – mit Hilfe der wissenschaftlichen Methoden des logisch-rationalen Denkens wiedererkannt, dass in Wirklichkeit das Denken in der geistigen Welt seinen Ursprung hat, und wäre es ihm nicht gelungen, die Brücke zu bauen zwischen der Wissenschaftsmethodik des westlichen Denkens und der Wirklichkeit der geistigen Welt.

Rudolf Steiner – von ihm ist die Rede – erneuerte die Verbindung zwischen den beiden Strömungen, die definitiv getrennt schienen. Wir leben heute in einer Welt, in der von allen Seiten Informationen über uns hereinbrechen und uns zu ersticken drohen, in der wir überall, auf allen Ebenen – in Medizin, Erziehung, Landwirtschaft, Technik, Politik und Ökonomie – die Zeichen einer fortschreitenden Erstickung des Menschlichen erkennen müssen. Hätten wir nicht als einen kleinen Lichtschein die Gewissheit, dass die Möglichkeit besteht, das menschliche Denken zu befruchten und es durchlässig zu machen für den Geist – wie könnten wir leben?

Die Abel-Strömung und die Kain-Strömung streben in der Gegenwart erneut aufeinander zu. Sie werden sich aber nur miteinander verbinden, wenn die Menschen willens und fähig sind, an dieser Verbindung zu arbeiten. Dazu muss aber das innere Feuer des Menschen, das im Blut wirkt, wieder empfänglich werden für die klaren Bewusstseinskräfte. Das wissenschaftliche Bewusstsein muss so klar werden, dass es sich mit warmer Begeisterung erfüllt, sodass diese Klarheit selbst zu einer Kraft wird, die unsere Willensimpulse befruchtet. Auf den Übergang der Kain-Ebene zur Abel-Abene, der Ebene reflektierender Erkenntnis zur Ebene des in der Blutwärme wirkenden Willens – darauf kommt es an. Das kann nicht dadurch geleistet werden, dass man bei abstrakten Schemata Zuflucht sucht. Vielmehr ist ein täglich-alltägliches Suchen und Forschen nötig, das uns dazu führt, auf kleine, ganz einfache Wirklichkeiten aufmerksam zu werden. Man betrachte beispielsweise eine Pflanze so lange, bis man ihre Gestaltung wirklich wahrnimmt. In dem Augenblick, da man die Form erkennt und sie zu lieben beginnt, hat die Erkenntnis der Pflanze den Abgrund zwischen der Abstraktion und dem Willenspol überschritten; sie hat unser Inneres, unser Blut erwärmt.

NOAH UND DIE SINTFLUT

Das fünfte Kapitel der Genesis berichtet von der Nachkommenschaft Adams. Dabei stellt sich eine Frage, was die Lebensdauer der Menschen dieser ersten Generationen betrifft; denn sie wird als sehr viel höher angegeben als die der heutigen Menschen. Von Adam wird gesagt, er habe 930 Jahre gelebt; und von seinen Nachkommen wird ein Alter zwischen 500 und 900 Jahren genannt. Der am längsten lebte, ist als Methusalem bekannt, Sohn des Henoch; er lebte 969 Jahre. Höchstwahrscheinlich haben diese Zahlenangaben nicht denselben Sinn wie heute, indem sich durch sie hindurch qualitative Elemente ausdrücken. Viele Versuche wurden unternommen, diese Sprache zu erklären oder zu entschlüsseln, ohne dass man zu klaren Ergebnissen gekommen wäre.

Auf der anderen Seite macht Rudolf Steiner darauf aufmerksam, dass in diesen weit zurückliegenden Zeiten das Bewusstsein noch keineswegs so individualisiert war wie heute. Letzte Spuren dieses Bewusstseins finden sich in der Gegenwart noch bei sogenannten primitiven Völkern. Wie in ferner Vergangenheit neigen sie zu einem Gruppenbewusstsein. Ein Volk nennt sich im Allgemeinen nach seinem Stammvater oder nach sonstigen Ahnen, und ein Angehöriger einer solchen Gruppe hat keinen Eigennamen im eigentlichen Sinn. Sein Wert und seine Eigenschaften bestimmen sich nach der Verbindung, die er zu einem Ahnen oder einem für den Stamm bedeutenden Wesen hat. Wenn er sich nun in seinem Bewusstsein intensiv mit diesem gemeinsamen Ahnen verbunden fühlt, kann es geschehen – und man begegnet diesem Phänomen manchmal bei den genannten Völkern –, dass ein Einzelner die von seinem Vater oder seinem Großvater gemachten Erfahrungen so erlebt, als seien es seine eigenen, und dass er so von ihnen erzählt, als schöpfe er in seinem eigenen Gedächtnis. Wenn man solche Beobachtungen auf vorhistorische Zeiten überträgt, kann man annehmen, dass der Bewusstseinsinhalt eines Menschen für eine gewisse Zeitspanne auf seine Nachkommen überging, dass ein Mensch sich durch mehrere Generationen hindurch mitteilen konnte und es dadurch nicht nötig war, dass er beispielsweise 960 Jahre im selben Körper lebte. Sein Bewusstsein konnte sich ein Jahrtausend lang in einer Menschengruppe erhalten.

Das kollektive Gedächtnis, von dem C. G. Jung Spuren entdeckte, ist nicht genau das Gleiche. Zwar ist es richtig, dass das Geistgewebe, in das sich unsere Erinnerungen hineinbilden, nicht nur individuell ist; es gehört unserem Lebensorganismus, unserer ätherischen Substanz an und wird bis zu einem gewissen Grad durch Vererbung weitergegeben, was man an den Ähnlichkeiten von Familienmitgliedern erkennen kann. Aber das Bewusstsein in den Zeiten, von denen hier die Rede ist, war ein anderes, weniger persönlich, sehr viel fließender. Und auch der Leib war sehr viel weniger fest als heute.

Wenn man über die Ursprünge des Menschengeschlechts nachdenkt, kommt man unvermeidlich zu der Frage, warum man so wenige Überreste menschlicher Leichname gefunden hat. Aus verschiedenen Phasen der Altsteinzeit, des Paläolithikum, wurden bei Grabungen einige wenige Exemplare einer Menschenart gefunden, von der man glaubt, dass sie während Zehntausenden von Jahren lebte. Man muss sich einmal Folgendes vor Augen führen: Die Paläontologie, die Wissenschaft vom Menschen in der Vergangenheit, verfügt über äußerst wenige Zeugnisse, leitet davon jedoch Theorien von einer Genauigkeit ab, die durch diese Zeugnisse nicht gerechtfertigt ist. Man fragt sich unwillkürlich, ob damals nur vier oder zehn Menschenexemplare gelebt haben. Wie soll man sich erklären, dass man nicht mehr gefunden hat? Die Antwort auf diese Frage gibt eine Entdeckung, die im vorigen Jahrhundert gemacht und als biogenetisches Grundgesetz formuliert wurde. Es besagt, dass jedes menschliche Individuum, das heute geboren wird, im

Embryonalzustand die Etappen durchläuft, welche die Art bis zum Erscheinen des Menschen auf der Erde durchlaufen hat.

Wir wissen heute, dass bis zu einem relativ späten Zeitpunkt der Embryo noch über kein verknöchertes Skelett verfügt; was später zum Knochen verhärtet, ist noch in einem knorpeligen Zustand. Wenn man ein zu früh geborenes, nicht lebensfähiges Kind beerdigt, findet sich nach sehr kurzer Zeit keinerlei Spur mehr von ihm in der Erde, eben deshalb, weil die Knochen noch nicht verkalkt waren. Teilhard de Chardin, der sich ebenfalls gefragt hat, warum man in den geologischen Schichten keine Überreste aus den Anfangszeiten des Menschen finden, antwortet: »Die direkte Wahrnehmung der Ursprünge von was auch immer wird automatisch dadurch unterdrückt, dass sich zwischen unsere Augen und die Dinge eine genügend dicke Schicht von Vergangenheit legt.« Und: »Ob es sich um ein Individuum oder eine Gruppe, eine Idee oder eine Kultur handelt – die Embryonen werden nicht zu Fossilien.«

Es genügt, das biogenetische Grundgesetz zu berücksichtigen, nach dem die ganze Art eine Entwicklung durchmachte, die der jedes einzelnen Embryos vergleichbar ist, um zu verstehen, dass die Art existiert haben kann lange vor der Zeit, aus der einzelne Überreste erhalten sind; denn die Organismen waren weich, das Skelett noch knorpelartig. Wir müssen die Entdeckungen der Wissenschaft nur wirklich ernst nehmen und uns die Veränderungen vorstellen, die sich noch heute an den Tierarten beobachten lassen. Es gibt Tiere, die, obwohl »erwachsen«, während einer gewissen Zeit ein Embryonaldasein führen, beispielsweise gewisse Froscharten oder Amphibien. Die Kaulquappen sind aus Eiern geschlüpft und führen ein selbstständiges Leben. Sie haben Gliedmaßen und einen Organismus, der durch seine verschiedenen Organe dem menschlichen Organismus nahesteht, leben jedoch im Wasser oder zumindest in einer feucht-wässrigen Umgebung. Allmählich lernen sie die Luftatmung und führen so ein Leben zwischen dem Wässrigen und dem Luftigen. Dann ändert sich diese Lebensweise; sie durchlaufen eine vollständige Metamorphose und erscheinen dann in einer ganz anderen Gestalt, in der Gestalt von Fröschen, die nun über ein Skelett, also über Knochen verfügen.

Im Betrachten solcher Phänomene erkennt man, dass die lebenden Arten in ihrer Entwicklung einmal eine Schwelle überschritten haben, dass die ganze irdische Tierwelt einmal wässriger Natur war und dass das Milieu, in dem diese Wesen lebten, halb wässrig, halb luftig war – ohne dass man scharfe Trennungslinien ziehen könnte. Rudolf Steiner beschreibt uns die Erdatmosphäre als etwas, das an einen warmen Dampf denken lässt, jedoch viel dichter ist, indem es aus einer Substanz besteht, die nicht Wasser ist, sondern eine Art Gelee oder Eiweiß. Wenn man Eiweiß schlägt, also Luft und Flüssigkeit miteinander vermischt, erhält man eine Substanz, die viel leichter ist als die reine Eiweißmasse, weil nun alles von Luft durchdrungen ist.

Wir können uns vorstellen, dass die Erde zu einem beträchtlichen Teil aus einem solchen Gemisch aus Wärme, Luft und Eiweiß bestand. Die ersten Mineralien bildeten eine Art Schlamm, in dem sich die lebenden Wesen bewegten, und zwar mit einer Beweglichkeit, die unendlich viel größer war, als wir sie heute kennen. Wenn wir zum Beispiel Kaulquappen beobachten oder auch Amphibien, die in einer wässrigen Umgebung leben und für Augenblicke bestimmte Glieder hervorschießen lassen und wieder einziehen können, die es ihnen erlauben, andere, mikroskopisch kleine Lebewesen zu fangen, dann können wir uns diesen frühen Menschen vergegenwärtigen: Er hatte einen Organismus, dessen materielle Gestalt mehr der eines Embryos glich, und ein Bewusstsein, das man als träumend bezeichnen kann. Das erklärt, dass diese Wesen keinerlei Spuren hinterlassen haben. Ihre Körpersubstanz ist erst allmählich hart geworden. Einige Exemplare haben sich vor den anderen mineralisch verfestigt; sie sind es, von denen sich Spuren finden, während zur gleichen Zeit viele andere noch ganz weich und plastisch bildsam waren. Es gilt hier das Gesetz, dass bei einer Verwandlung gewisse Fähigkeiten zuerst bei einzelnen auftreten und sich erst dann allmählich verbreiten. Und umgekehrt: Wenn eine Art im Verschwinden begriffen ist, dann werden zuerst die Individuen weniger, welche die Charakterzüge der Art am meisten ausgeprägt haben. Einige indessen überdauern den Zerfall, und zwar gerade deshalb, weil sie mehr als die anderen verknöcherten. Die von Archäologen gefundenen Exemplare sind wahrscheinlich nicht solche, die im fortwirkenden Entwicklungsstrom standen, sondern ausgeschiedene Überreste der Entwicklung. Ihre Formen sind weniger edel; sie sind fast degeneriert. Die gegenwärtige Paläontologie ist zu dem Schluss gekommen, dass die Cro-Magnon-Menschen nicht die direkten Vorfahren der heutigen Menschheit sind, sondern die letzten Überreste einer zu Ende gekommenen Entwicklungslinie.

Entscheidend für eine Betrachtung der menschheitlichen Entwicklung ist es also, zu verstehen, dass die Menschheit nicht erst in der Zeit auf der Erde erschien, in welche die Wissenschaft seine ersten Spuren datiert, sondern dass sie lange vorher in der geschilderten Form existierte, die keine sichtbaren Spuren hinterließ. Damit können wir den Gang der Evolution begreifen. Einige Formen verfestigten sich, degenerierten und starben aus, während andere sich weiterentwickeln konnten und so zu den Vorfahren der gegenwärtigen Menschheit wurden. Wenn man nun annimmt, dass die Menschen von Cro-Magnon, von Neandertal, von Chu-Ku-Tien und so weiter degenerierte Wesen waren, die keine Nachfolger hatten, dann beantwortet sich eine Frage, auf die die Wissenschaftler keine Antwort wissen, die Frage nämlich nach den Zwischengliedern zwischen jenen Menschen und uns heutigen. Die Antwort ergibt sich in der folgenden Weise: Als die Menschheit noch in einem embryonalen Zustand existierte, vollzog sich eine Mutation, indem einige Rassen sklerotisierten. Andere bewahrten dagegen ihren weichen, biegsamen, keine fossilen Spuren hinterlassenden Organismus. Von ihnen stammt die gegenwärtige Menschheit ab. Sie sind die von den Paläontologen gesuchten Zwischenglieder.

Alles, was in diesen Vorfahren mineralisch hart wurde, hinterließ Spuren, die im Großen und Ganzen Zehntausende von Jahren vor unsere Zeit zurückgehen. Wir haben da eine Kette, die fast ununterbrochen bis in unsere Gegenwart reicht; und das Überraschende ist, dass alle diese Wesen, von denen sich Überreste finden und die dieser ununterbrochenen Kette angehören, dem heutigen Menschen gleichen, sehr viel mehr als jene, die aus einer früheren Entwicklungsstufe stammen und deren Erscheinen man sich nur dadurch erklären kann, dass man sagt: Das Formen schaffende Wesen, das Phylum centrale der Evolution, hat Nebenäste getrieben, von denen sich eben die am meisten mineralisierten als fossile Reste erhalten haben.

*

Die Erzählungen der ersten Kapitel der *Genesis* beziehen sich auf eine Zeit der Entwicklung, da alle Organismen noch viel weicher und beweglicher waren und auch der Planet Erde selbst verwandlungsfähig. Es gab noch keine festen Kontinente, und die geologischen Veränderungen erfolgten sehr häufig und schnell. Es gibt Theorien zur Erdbildung, in denen davon die Rede ist, dass die Kontinente driften, das heißt wie Inseln auf einer zähflüssigen Masse schwimmen. Diese Bewegung der Kontinente, die sich noch heute beobachten lässt, war früher noch viel heftiger – bevor auch die Erde selbst einem Mineralisierungs- und Verfestigungsprozess unterworfen wurde. Es gab eine Zeit, da sie, äußerlich gesehen, einem Ei vergleichbar war, einer durch und durch nährenden Substanz, in der die sich bildenden Wesen schwammen und die sich allmählich verdichtete.

Die *Genesis* erzählt von einer Zeit, in der die Verfestigung in Gang gesetzt war. Es wird von der Trennung der Wasser oben und der Wasser unten berichtet und davon, dass auf der Erde das Trockene, das heißt die mineralische Substanz erschien. Die ersten inselartigen Bildungen tauchten in der Zeit auf, die dem Anfang der Genesis-Erzählung entspricht, als alles noch in fließender, sich gestaltender und umgestaltender Bewegung war. Es scheint, dass die Heimstätte, aus der der erste Strahl menschlicher Kultur, einer ganz und gar spirituellen Kultur hervorbrach, an einem Ort zu finden ist, den die Mythen deutlich erkennbar in die gleiche Gegend lokalisieren wie die Paläontologie, im sogenannten »Fruchtbaren Halbmond«. Den Historikern zufolge reicht er von Mesopotamien bis zum Mittelmeerbecken. Den Mythen zufolge umfasst er ein viel größeres Gebiet, nämlich bis nach Indien und dem Malaiischen Archipel sowie einen Teil des Indischen Ozeans und Australiens.

Die Geisteswissenschaft bezeichnet diese Epoche beziehungsweise dieses Entwicklungsstadium als Lemurien oder lemurische Epoche. Es ist die Zeit, in der der Mensch auf der Erde erschien und in den genannten Gegenden lebte, mit einem ganz spirituellen, den äußeren Gestalten der Welt noch sehr wenig geöffneten Bewusstsein. Sein Bewusstsein war eher dem vergleichbar, das wir heute haben, wenn wir träumen. In diesen Träumen hatten indessen die Menschen unmittelbare Wahrnehmungen der geistigen Wesenheiten, mit denen sie verbunden waren.

Diese Bewusstseinsart änderte sich vollständig, als die äußeren Sinne sich der Erde zuwandten. An dieses Sich-Bewusstmachen der irdischen Welt ist bei den Ereignissen zu denken, in deren Mittelpunkt der sogenannte Sündenfall steht. Das Erleben der geistigen Wirklichkeiten wurde in dem Maße immer schwächer, wie sich das Bewusstsein den materiellen Wirklichkeiten öffnete, sich für sie interessierte und von der materiellen Welt zu leben, das heißt sie zu »essen« begann.

Fast alle Mythen sprechen von einer Katastrophe, die man den »Krieg der Titanen« nennt, eine Art tellurischer Revolution, in deren Verlauf sich gewaltige Erdumwälzungen und Vulkanausbrüche ereigneten und Feuerbrände ganze Gegenden überzogen. Danach erschien eine neue Lebensform, in der die Wesen viel weniger beweglich, viel mehr festgelegt waren. Das war das Ende der lemurischen Epoche. An die Stelle einer Lebensweise, die deutlich an die von Kaulquappen erinnerte, trat etwas Neues.

Der Mensch wurde zu einem Wesen, das auf der Erde lebte und dessen Füße auf festen Boden traten; seine äußere Gestalt glich schon mehr der heutigen. Von dieser Menschheit bilden die Rassen, deren Spuren man in den geologischen Erdschichten findet, die degenerierten Abkömmlinge. Das Zentrum der menschlichen Evolution fand sich damals in einer Gegend, die ebenso wie der lemurische Kontinent untergegangen ist, in der Atlantis. Platon war der erste, der von Traditionen berichtete, die er in Ägypten kennengelernt hatte und die davon sprechen, dass dort, wo sich heute der Atlantische Ozean befindet, einmal ein Kontinent gelegen habe.

»Atlantische« Mythen sind über die ganze Welt hin verbreitet, über Amerika und Afrika ebenso wie über Europa. Sie stimmen in vielen Schilderungen der Lebensweise der atlantischen Menschheit überein, vor allem darin, dass der Mensch damals noch über Kräfte verfügte, die man als magisch bezeichnen kann. Er konnte mit seinem Blick, seinen Gesten und Worten sowohl töten als auch beleben, denn er war eng mit den Kräften der Natur verbunden und konnte sie in einem gewissen Ausmaß handhaben, beispielsweise die Kräfte, die in der Atmosphäre und im Wetter wirksam sind, heranziehen oder wegtreiben. Auch die Geschichte von Kain und von Abel ist vielleicht eine Erinnerung an diese Macht. Als wir von der Ermordung Abels durch Kain sprachen, haben wir gesehen, dass es sich nicht einfach darum handelte, dass ein Mensch einen anderen erschlug, sondern mit Sicherheit um ein viel komplexeres Phänomen. Kain verfügte über eine »Lebenskraft«, die derjenigen Abels so sehr überlegen war, dass dieser sie nicht ertragen konnte; was ihn niederstreckte, das war die Feuermacht des Zornes von Kain. Es wäre unrichtig zu sagen, Kain habe Abel nicht getötet; doch war es bestimmt nicht eine so physisch-materielle Tat, wie sie ein Mord heute darstellt.

Wir haben dann die Stelle zitiert, in der von dem ersten Nachkommen Seths, von Enosch, gesprochen und gesagt wird, damals habe man begonnen, den Namen auszurufen. Bis dahin hatten die Menschen eine Religion nicht nötig, weil sie das Göttliche unmittelbar wahrnahmen; sie mussten mit dem Göttlichen nicht durch besondere Riten eigens verbunden werden. Kain selbst spricht nach seiner Tat noch zu Gott, und Gott spricht zu ihm; auch nach seinem Vergehen hat er das Bewusstsein von Gott keineswegs verloren. Enosch ist der Erste, von dem uns berichtet wird, er habe den Menschen die Fähigkeit gebracht, sich mit dem Göttlichen zu verbinden. Die Religion entsteht in dem Augenblick, da die ursprüngliche Verbindung mit der Gottheit abreißt. Das religiöse Leben ist Ausdruck der Tatsache, dass die Menschen für das Göttliche blind geworden sind.

In der Liste der Nachkommenschaft Adams ist von einem Mann namens Henoch (Chanoch) die Rede:

> »Als Chanoch fünfundsechzig Jahre gelebt hatte, zeugte er Metuschalach, und nach Metuschalachs Erzeugung ging Chanoch dreihundert Jahre mit Gott um und zeugte Söhne und Töchter, und aller Tage Chanochs waren dreihundert Jahre und fünfundsechzig Jahre. Chanoch ging mit Gott um, dann war er nicht mehr, denn Gott hatte ihn genommen.«

Unter allen Nachkommen Adams ist Henoch der einzige, dessen Beziehung zu Gott erwähnt wird. Es gibt sehr alte Traditionen, denen zufolge Henoch ein großer Eingeweihter war, ein großer Weiser, der sein Bewusstsein so entwickelte, dass er wieder zum Schauen Gottes gelangte. Er durchlief auf diesem Weg alle Etappen, durch welche die Menschheit im Zuge der fortschreitenden Verdunkelung des Bewusstseins bereits hindurchgegangen war; und es gelang ihm, nacheinander alle Bereiche der geistigen Welt zu beleuchten. So werden die verschiedenen geistigen Ebenen, die er durchschritt bis zu seiner Ankunft an der Schwelle der Gottheit selbst, wo er Gott von Angesicht zu Angesicht erblickte, beschrieben. Er konnte daraufhin den Menschen gewisse Kräfte vermitteln, und, so wird erzählt, er schrieb in ein Buch die Wissenschaft von den Sternen und von den Wesenheiten, welche das Universum bewohnen. Dieses Buch vermachte er seinen Nachkommen; und diejenigen von ihnen, die fähig waren, die Siegel zu öffnen – denn es handelte sich nicht um ein materielles Buch, sondern um eine spirituelle Unterweisung –, wurden zu Trägern eines geheimen, in uralte Zeiten zurückreichenden Wissens.

Auch wird erzählt, dass sich dieser selbe Henoch, zusammen mit Sem, einem Sohn Noahs, auf die Suche nach dem verlorenen Paradies machte. Er fand auch wirklich das Paradiesestor und ließ es sich von dem Cherub mit dem flammenden Schwert öffnen, der vor dem Tore stand. Er durfte eintreten, und er nahm drei Samenkörner vom Baum des Lebens und trug sie zum Mittelpunkt der Welt. Der Mittelpunkt der Welt, das war ein Fels, in dem Adam bestattet war. Henoch legte die drei Samenkörner Adam in den Mund, und es wuchsen drei Bäume aus ihnen hervor. Um diese drei Bäume rankte sich zunächst im Judentum, dann im Christentum ein reicher Legendenschatz. Man sah in ihnen geistige Strömungen, die bis in die Menschheit vor dem Sündenfall zurückreichen und deren Vertreter immer wieder versuchen, einen Zugang zu dieser ursprünglichen Spiritualität zu gewinnen.

*

Das sechste Kapitel der *Genesis* berichtet nun von einem Ereignis, das sich während dieser sehr geheimnisvollen Zeit ereignete, die wir als die »atlantische« bezeichnen. Es ist eine merkwürdige Geschichte:

> »Es geschah als der Mensch auf dem Antlitz des Ackers sich zu mehren begann und Töchter wurden ihnen geboren: die Gottessöhne sahen die Menschentöchter: dass sie schön sind, und nahmen sich Weiber, allwelche sie wählten.
> ER sprach: Nicht niedre mein Geistbraus sich im Menschen für eine Weltzeit, dieweil er auch Fleisch ist, seien denn seine Tage: hundertundzwanzig Jahre.
> In jenen Tagen waren die Riesen auf Erden, und danach auch, als die Gottessöhne zu den Menschentöchtern eingingen und die ihnen gebaren, das sind die Helden, die aus der Vorwelt, die Männer von Namen.
> ER sah: ja, groß war die Bosheit des Menschen auf Erden und alles Gebild der Planungen seines Herzens bloß böse all den Tag, da leidete IHN, dass er den Menschen gemacht hatte auf Erden, und er grämte sich in sein Herz.
> ER sprach: Wegwischen will ich vom Antlitz des Ackers den Menschen, den ich schuf, vom Menschen bis zum Tier, bis zum Kriechgerege und bis zum Vogel des Himmels, denn leid ists mir, dass ich sie machte.
> Noach aber fand Gunst in SEINEN Augen.«

Es ist also von einem zweiten Sündenfall die Rede; und dieser ist so schwer, dass Gott selbst Mut und Vertrauen in sein Werk zu verlieren droht und sich sagt: Es war ein Fehler von mir, die Menschheit zu erschaffen; sie ist an einem Punkt angekommen, an dem sie sich nicht mehr weiter entwickeln kann. – Die Menschheit ist missraten, das ist im Grunde der Sinn dieser Überlegungen der Gottheit. Natürlich lassen sich in den Legenden zahlreiche Züge finden, die uns die Vorgänge beleuchten und uns zu einem Verständnis führen könnten. Wir wollen uns indessen auf einige Ereignisse beschränken, von denen Rudolf Steiner spricht und die uns einen Ariadne-Faden in die Hand geben, mit dessen Hilfe wir uns im Labyrinth der mythischen Bilder zurechtfinden können.

Rudolf Steiner stellt dar, das es in dieser atlantischen Zeit verschiedene große Zentren gab, nicht eigentlich Mysterienorte – denn die Menschen verfügten damals noch über starke geistige Kräfte und konnten viel aus den geistigen Welten wahrnehmen –, sondern Orakelstätten, in denen in gewisser Weise die göttlichen Inspirationen aufgenommen und zu den Menschen weitergeleitet wurden. Diese Orakelstätten waren von Geistwesen regiert, welche von den Griechen und Römern als die Gottheiten der verschiedenen Planeten bezeichnet wurden. Von diesen Orakeln also gingen Kräfte auf die Menschheit über. Von einem gewissen Zeitpunkt an – so schildert es Rudolf Steiner – trat vor allem in den Orakeln der untersonnigen Planeten Merkur, Venus und Mond, die weniger auf das Bewusstsein als auf das vegetative Leben wirken, etwas ein, was man später als Mysterienverrat, als Verrat geistiger Geheimnisse bezeichnete. Die Menschen, vor allem ihre Führer, verfügten noch über magische Kräfte; und wenn man solche Kräfte für egoistische Ziele gebraucht, ruft man Unruhen und Katastrophen von beträchtlichem Ausmaß hervor. (Das ist noch etwas ganz anderes als mit den bescheidenen Gefühls- und Verstandeskräften, die wir heute haben, unserem Egoismus zu frönen.) Das ist mit der Erzählung gemeint, dass gewisse himmlische, übermenschliche Mächte, die »Gottessöhne«, eine Verbindung mit den Menschentöchtern eingingen. In den Bereich der menschlichen Lebenskräfte brachen übermenschliche Kräfte ein und führten zur Entstehung verschiedener Rassen. In der Mythologie der Griechen werden diese Kräfte »Riesen« genannt, Wesen, die auf der vegetativen Ebene viel weiter entwickelt waren als die Mehrzahl der Menschen und hellsichtige Fähigkeiten besaßen, welche ebenfalls die der meisten Menschen überragten.

Solche Wesen konnten in der Umgebung des Menschen ein beträchtliches Chaos hervorrufen. Und man kann dieses so schwer wiegende Wort verstehen, dass es die Gottheit reut, den Menschen geschaffen zu haben. Denn hohe geistige Kräfte sind ihrem Ziel entfremdet und den rein vegetativ-tierischen Instinkten und Begierden dieser menschlichen Rasse unterworfen. Rudolf Steiner schildert, dass zu jener Zeit die Handhabung so gewaltiger Kräfte Auswirkungen sogar auf das Wetter hatte. Und so traten in der Tat als Folge davon gewaltige Wetterkatastrophen ein.

In verschiedenen Mythen haben sich letzte Zeugnisse dieser über gewaltige Kräfte verfügenden Wesen aus der atlantischen Zeit erhalten: die Zyklopen, von denen Odysseus noch einem Exemplar auf Sizilien begegnet, die Riesen, die Siegfried in der germanischen Mythologie bekämpft, oder diejenigen, gegen die Gilgamesch in sumerischen oder chaldäischen Legenden streitet. In allen Völkern begegnet man noch solchen Wesen – auch der »Yeti«, von dem heute immer wieder berichtet wird, gehört dazu –, die größer sind als die normalen Menschen, vor allem jedoch über Fähigkeiten verfügen, die den anderen abgehen.

Das Atlas-Gebirge war ein spirituelles Zentrum und bewahrte noch über lange Zeit Spuren der atlantischen Kultur. Darauf spielt die Geschichte von Herakles an, der auszog, die Äpfel im Garten der Hesperiden zu suchen. Hesperis ist ein griechisches Wort und hat zu tun mit der Schwelle im Westen, dem Atlas. In diesen Atlas-Mysterien wurde ein Bewusstsein gepflegt, das in viel ältere Zeiten zurückreichte. Man hat auf Felsen dieses Gebirges eingraviert große Zeichnungen entdeckt, auf denen besonders ein großes Wesen dargestellt ist, um das andere, kleinere herumlaufen. Dieses große Wesen trägt auf dem Kopf eine Art Mütze, in deren Mitte sich ein einziges Auge befindet, während sich ringsum verschiedene Konstruktionen befinden. Man denkt sogleich an einen Zyklopen; denn das griechische Wort *kyklops* bedeutet: einer, der rings herum sieht. Es handelt sich da nicht um ein physisches Auge, sondern um ein einheitliches, nicht-räumliches Organ für das geistige Schauen.

Es bildete sich also im Laufe der atlantischen Zeit eine Art menschlicher Rasse, deren Fähigkeiten viel tierischerer Natur als die der meisten Menschen waren. Eigenartigerweise findet man in den Grotten von Vézère Zeichnungen von Menschen, deren ganze Erscheinung sehr von der des Cro-Magnon-Menschen abweicht. Ihre Gesichtszüge sind keineswegs affenartig, überhaupt nicht tierähnlich. Sie haben im Gegenteil eine sehr große, hohe Stirn, der obere Teil des Kopfes ist kräftig entwickelt. Das legt die Vorstellung nahe, dass es sich hier um die oben erwähnten, nicht mineralisch verhärteten, noch nicht dekadent gewordenen Menschenwesen handelt, die viel spirituellere physiognomische Formen hatten, und dass die Wesen, von denen fossile Reste gefunden wurden, gerade zu denen gehören, bei denen die tierischen Instinkte über die Menschennatur triumphiert hatten.

Es muss sich also damals innerhalb der Menschheit eine Spaltung vollzogen haben. Der Teil der Menschheit, der vom rechten Weg abgekommen war, war zum Verschwinden verurteilt, denn er war nicht mehr zu weiterer Entwicklung fähig. Da erscheint nun derjenige, der sich die Fähigkeit des Gleichgewichts bewahrt hat; denn so können wir Noah charakterisieren. Es ist dieselbe Individualität, die bei den Hindus den schönen Namen Manu trägt. Dieses Wort ist aus der Wurzel gebildet, in der sich in allen Sprachen der menschliche Geist ausspricht: *man* oder *men*. Die Fähigkeit zu denken ist im Lateinischen *mens*; im Deutschen haben wir *Mensch*, im Englischen *man*, im Sanskrit *manas*, Geist, im Hebräischen eben *Noah*. Die Hebräer wussten von der Verbindung zwischen Noah und Manu. Die Bezeichnung *Menahem* (Tröster) für Noah zeugt davon.

Was bedeutet nun diese Erscheinung, die wir als Sintflut bezeichnen? Geologisch handelt es sich um eine sehr lange Periode, in deren Verlauf die Atlantis versank. Man weiß, dass auch mit diesem Untergang gewaltige Katastrophen verbunden waren. Es gab mehrere Eiszeiten, denen in den wärmeren Gebieten ausgedehnte Regenfälle parallel gingen, welche zur Folge hatten, dass sich der Meeresspiegel hob und ganze Kontinente versanken. An anderen Orten wiederum gab es Vulkanausbrüche; Inseln und Teile von Kontinenten tauchten auf. Kurz, es fanden über das ganze »Antlitz« der Erde hin Umwälzungen statt; und in deren Verlauf versank der Landteil, der heute den Grund des atlantischen Ozeans bildet. Einige biologische Phänomene zeugen unwiderlegbar von der Existenz eines kulturellen und eines vitalen Zentrums. So hat man beispielsweise herausgefunden, dass die Aale, alle Aale der Welt zur Eiablage die Sargossa-See und den Golf von Mexiko aufsuchen und dann wieder wegziehen. Auch die Lachse legen ein ganz ungewöhnliches Verhalten an den Tag; sie ziehen aus dem Pazifik und aus Europa in Richtung Amerika, steigen zur Eiablage kleinere Flüsse hoch und sterben dann. Viele ähnliche Phänomene, die studiert werden können, darunter die Bahnen der Zugvögel, zeigen, dass dort ein wirkliches vitales Zentrum existiert haben muss, das noch heute eine Rolle spielt in dem, was man die Äthergeografie, das heißt die Verteilung und Gliederung des Lebens auf der Oberfläche der Erde nennen kann.

Ein Teil der Menschheit musste die Fähigkeit entwickeln, zwischen den magischen Kräften und der Vertierung ein Gleichgewicht herzustellen. Es sollten allmählich ein waches Bewusstsein und eine bewusste, organische Verbindung mit dem Leib entstehen, sodass es möglich sein würde, mit den in den Leib gelegten Kräften in Harmonie zu leben. Zu diesem Zweck wird die Aufmerksmkeit des Menschen darauf gelenkt, dass er einen Tempel bewohnt, das heißt einen Organismus, der nach kosmischen Gesetzen gebaut ist. In diesem Organismus sind alle kosmischen Kräfte wie in einem Konzentrat vereinigt. Der Mensch trägt in sich die ganze Tierheit der Welt, aber er ist ihr Hirte, er ist für sie verantwortlich. Diese Tatsache liegt dem Bau der Arche zugrunde: Sie wird nach genauen, kosmischen Beziehungen entsprechenden Maßen gebaut und versammelt in sich die ganze Tierheit der Welt, jede Art in männlicher und weiblicher Gestalt, aber jeweils unter der Kontrolle des Menschen. All das wird nun auf Abenteuer ausgeschickt, wird den Fluten übergeben, dem Umhergetriebenwerden zwischen Himmel und Erde.

Im Zentrum dieses Dramas spielen zwei Wesen eine besondere Rolle. Das eine Wesen ist der Rabe. Vergegenwärtigen wir uns die Schreie dieses Vogels, wenn er in Scharen um einen einsamen Kirchturm oder über einen Friedhof streicht und dem Menschen einen Schauder über den Rücken jagt. Oder denken wir an das letzte Bild van Goghs, an das Getreidefeld mit den Raben. Immer wurde der Rabe als ein Wesen empfunden, das an die Schwelle zwischen der physischen und der geistigen Welt erinnert. Die Alten empfanden nicht immer Angst vor dem Raben, denn er kann auch – wenn man jenseits der Schwelle ist – Bote sein aus der geistigen Welt hinüber in die physische. Dieses Bild hat sich in der Sage von Kaiser Barbarossa erhalten, der aus dem Kyffhäuser immer wieder einen Raben abschickt, der erkunden soll, ob die Zeit für seine Wiederkehr gekommen ist. Barbarossa ist nicht in erster Linie ein großer Krieger, sondern ein Mensch, der bewusst eine Verbindung zu spirituellen Überlieferungen gesucht hatte; und das Volk spürte, dass von einem solchen Menschen auch noch nach seinem Tod spirituelle Kräfte ausströmen.- Entsprechend empfingen der Prophet Elias, der heilige Antonius und der heilige Bernhard in der Einsamkeit ihre Nahrung von einem Raben, der aus dem Himmel kam. Der Rabe ist also der erste Bote, der erste Vermittler. In den Mithras-Mysterien Persiens nannte man »Rabe« denjenigen, der in den ersten Grad eingeweiht war und den weiter Fortgeschrittenen als Bote diente.

Noah, der große Menschheitsführer, schickt also als ersten den Raben aus, dann die Taube, diese ist das zweite Wesen im Zentrum des Dramas:

> »Am Ende von vierzig Tagen geschahs: Noach öffnete das Fenster des Kastens, das er gemacht hatte, und schickte den Raben frei, der zog in Zug und Kehre, bis das Wasser von der Erde getrocknet war. Er schickte die Taube von sich aus frei, zu sehen, ob das Wasser von dem Antlitz des Ackers verringert sei. Die Taube fand keine Ruhestatt für ihre Fußsohle, sie kehrte zu ihm in den Kasten, denn Wasser war auf dem Antlitz aller Erde, er schickte seine Hand aus und nahm sie und ließ sie zu sich in den Kasten kommen. Er wartete nochmals ein anderes Tagsiebent und schickte wieder die Taube aus dem Kasten. Zur Abendzeit kam die Taube zu ihm, und, da, ein gepflücktes Ölblatt in ihrem Noach erkannte, dass sich das Wasser von der Erde verringert hatte. Er wartete nochmals ein andres Tagsiebent und schickte die Taube aus; sie kehrte nicht nochmals wieder zu ihm. Im sechshundertundersten Jahr, im Anfangsmonat, am ersten Tag auf die Neuung ließ das Wasser Festland auf der Erde. Noach tat die Decke vom Kasten ab und sah sich um: wohl, fest war das Antlitz des Ackers. In der zweiten Mondneuung aber, am siebenundzwanzigsten Tag auf die Neuung, war die Erde ausgetrocknet.«

Dreimal also wird die Taube ausgeschickt. Sie ist ein Bote anderer Art, ein Bote der Versöhnung und der Brücke, die aus dem Zwischenzustand in die physische Welt führt. Der neue Mensch »landet«, findet festen Boden unter seinen Füßen. Die Menschheit ist dazu aufgerufen, ein neues Gleichgewicht im physischen Leib zu finden. Das ist auch der Sinn des Opfers, das Noah darbringt, der damit an Enosch, den Sohn Seths, anknüpft. Die Zeit, da man unmittelbar mit Gott sprach, ist vorbei; und der Augenblick ist gekommen, da man ihm religiöse Opfer darbringt. Das Wort »Religion« bedeutet »Wiederherstellung der Verbindung«. Und Gott antwortet dadurch, dass er am Himmel einen Regenbogen erscheinen lässt. Rudolf Steiner betont, dass das ganz wörtlich zu nehmen ist. Bis zu diesem Zeitpunkt war ein Regenbogen gar nicht möglich gewesen; der Mensch lebte in einer überall von Wasserdampf geschwängerten Luft und konnte niemals den blauen Himmel sehen, er lebte in einer Art feuchter Dämmerung. Nun erst tritt eine deutliche, klare Scheidung des Wässrigen und des Luftigen ein. Der Mensch sah plötzlich, wie sich das Sonnenlicht auf dem dunklen Wolkenhintergrund des Regens spiegelte und wie der Regenbogen erschien. Wir werden auf das Phänomen des Regenbogens noch zurückkommen.

Das Dritte ist, dass Noah die Menschen lehrt, Getreide und Wein anzubauen. Diese beiden Früchte, denen wir zuerst im Opfer Kains begegneten, finden nun einen Platz im allgemeinen menschlichen Leben. Der Mensch hat gelernt, das Gras und den wilden Wein zu veredeln und Früchte daraus zu gewinnen. Eine ganz besondere Rolle spielt in diesem Zusammenhang der Wein, er wird in der *Genesis* ausdrücklich genannt, während das Getreide nicht eigens erwähnt wird; es wird nur gesagt, dass Noah als »der Mann des Ackers« begann.

Es sei hier an ein besonderes Phänomen erinnert. Die in unserem Blut enthaltene Glucose ist absolut identisch mit den im Honig und im Zucker der Trauben enthaltenen Glucosen. Wenn das Verhältnis zwischen Physischem, Seelischem und Geistigem im Menschen ausgeglichen ist, vollzieht sich eine geheimnisvolle Alchimie: Unsere auf der Sinnesebene bewusste Gegenwart bewirkt, dass ein kleiner Teil Glucose in Alkohol umgewandelt wird. Auf diese Weise stellen wir selber die Menge Alkohol her, die notwendig ist, um die Eiweißstoffe am Zerfallen zu hindern. Diese Verwandlung von Glucose in Alkohol ist die notwendige Bedingung dafür, dass unser geistiges Wesen im Leib existieren kann. Sie erlaubt uns, in unserem Leib anwesend zu sein – während ein Übermaß von Alkohol im Blut das Ich an der Erfüllung seiner Aufgabe hindert; wir sind betrunken. Dieser Zusammenhang bestand nicht immer, er trat erst zu einem bestimmten Zeitpunkt auf. Und der Weingenuss war über lange Zeiträume hinweg dem Kultus vorbehalten. Als zum ersten Mal in das menschliche Blut ein wenig Alkohol vom Saft der Reben eintrat, erkannte das Geistwesen des Menschen, das noch über dem Leib schwebte, plötzlich, dass es in diesem Blut wirken konnte. So machte also in sehr frühen Zeiten der Entwicklung die Aufnahme von Alkohol den Geist des Menschen darauf aufmerksam, dass er im Leib selbst leben kann, dass er dort eine Aufgabe zu erfüllen hat. Die Weinkulte hatten als Ziel die Einwohnung Gottes im Menschen, es sind Kulte, die den Enthusiasmus, die Begeisterung pflegten. Das Wort »Enthusiasmus« bedeutet »Gott im Innern«.

Als die atlantische Katastrophe vorbei war und der Mensch zu einer Lebensform fand, die der unseren ähnlich ist, indem er durch die Sinne mit der physischen Welt verbunden ist, bedeuteten das Pflanzen eines Weinbergs durch Noah und der Genuss von Alkohol eine Hilfe für die Menschheit, das geistige Wesen im physischen Leib zu inkarnieren. Noah selbst trank davon, und mit Sicherheit wurde dadurch im ersten Augenblick ein Zustand hervorgerufen, den das geistige Wesen noch nicht vollständig beherrschen konnte. Dass jedoch Cham, einer der Söhne Noahs, in diesem Zustand etwas Verächtliches und Lächerliches sah, spricht gegen ihn. Die beiden anderen Söhne, Sem und Japhet, das heißt der Urvater aller semitischen Rassen und der der hellenistischen oder europäischen Völker, verstanden, dass es sich da um einen Mysterienakt handelte, dem nichts Verächtliches anhaftete. Cham, der Vater der Völkerschaften Nordafrikas und des Mittleren Orient, hat das nicht begriffen. Er sah nur die Auswirkungen eines biologischen Prozesses und konnte daher nicht anders als sich darüber lustig machen. Er zeigte damit nur, dass er nicht imstande war, zwischen einem geistigen Prozess und einer instinktiven Reaktion zu unterscheiden. In den dieser chamitischen Strömung verwandten Völkern sind gewisse Instinkte stark ausgeprägt; und man weiß schon aus sehr alten Zeiten, dass sich bei ihnen der Genuss von Alkohol als besonders verhängnisvoll erweist. Daher verbietet ihnen ihre Religion, davon zu trinken.

*

Damit verlassen wir den mythischen Bereich der Anfänge und treten in die Geschichte des Menschen ein. Noch handelt es sich nicht um geschichtliche Biografien einzelner individueller Menschen, sondern um die Geschichte von Menschengruppen. Wir werden uns also zuerst repräsentativen Persönlichkeiten, den sogenannten Patriarchen, zuwenden.

DER TURMBAU ZU BABEL. ABRAHAM

In einer langen Liste zählt die *Genesis* die Nachkommen Noahs auf. Die in dieser Genealogie aufeinander folgenden Namen sind gewiss nicht gleichgültig. Man könnte an ihnen sehr genau die Wege studieren, auf denen sich verschiedene Völker und Völkerschaften über den Mittleren Orient und sogar über Teile des Mittelmeerbeckens hin ausgebreitet haben. Wir wollen jedoch nur auf Sem, Cham und Japhet, die drei Söhne Noahs, etwas näher eingehen.

Die Nachkommen Sems bilden die semitischen Völker. Die Nachkommen Chams breiteten sich mehr über den Norden Afrikas und einen Teil des Orients, die Gegend des Euphrat, aus. Die von Japhet abstammenden Völker orientierten sich mehr nach Europa hin. Dem Namen Japhet begegnen wir auch in der griechischen Mythologie: Iapetos ist der Sohn eines der zwölf Titanen, Hyperions, und der Vater von Prometheus und Epimetheus. Einer der Söhne Japhets ist Jawan, das bedeutet »Ionier«, ein Wort, welches einen der Volksstämme bezeichnet, die wahrscheinlich von den Bergen Ziliziens herabkamen, sich in Richtung auf das Meer, auf die griechischen Inseln hin ausbreiteten und allmählich den Westen Griechenlands kolonisierten. – Auch viele andere Namen der genannten Genealogie könnten in ähnlicher Art auf nun schon geschichtlich gewordene Völker verweisen.

Was zu den großen Menschheitsströmungen führen wird, beginnt sich nun herauszubilden. Mit den Nachkommen Seths werden die Menschen immer »persönlicher«. Noah hat wirklich gelebt, als ein großer Volksführer, ein großer Eingeweihter, ein Weiser, der auch bei anderen Völkern bekannt war; wir haben schon erwähnt, dass ihn die Hindus Manu nannten. Dieser Name – Noah-Manu – bezeichnet eine menschliche Individualität und zugleich ein Wesen, welches das Schicksal eines großen Teiles der Menschheit auf sich nimmt. Seine Nachkommen sind in einem gewissen Sinne kollektive Individualitäten, Gruppenseelen oder Gruppengeister. Das ist der Grund dafür, dass uns die Bibel nicht ihr persönliches Schicksal beschreibt; es wird uns von den Erfahrungen, die sie gemacht haben, fast nichts gesagt.

Nachdem auch diese Stufe der Entwicklung durchlaufen ist, erreicht die Menschheit einen stärkeren Grad von Personalisierung. Wir kommen in die Gegenden, die von der Ethnologie als »Fruchtbarer Halbmond« bezeichnet werden oder auch als Sumer, später Chaldäa und Assyrien. Dieses Land erstreckt sich von Palästina und Syrien über Wüsten hinweg bis in die von den beiden großen Strömen Euphrat und Tigris geprägte Gegend und bis zum Persischen Golf. Aus diesen Ländern gibt es neben der *Genesis* noch andere Traditionen, vor allem Sagen und Mythen, die wahrscheinlich die ältesten Zeugnisse der uns bekannten Literatur darstellen. Die Mythen aus dieser Zeit erzählen von Göttern, aber auch von menschlicher Geschichte.

Archäologische Forschungen zeigten, dass die Vorstellungen, die man sich von den damaligen Gesellschaften gemacht hatte, falsch waren; denn es waren keineswegs primitive Menschengruppierungen. Viele Theologen stellten sich die Patriarchen nach dem Bild heutiger Menschen vor, das heißt als Beduinen, die ihre Zelte an Orten aufschlugen, wo es ein wenig Gras gab, dort ihre Herden weiden ließen und dann weiterzogen, um ein Stück weiter einen neuen Weideplatz zu suchen. Alle Ereignisse, von denen die Bibel berichtet, hätten sich demnach in rauen, extrem einfachen Gegenden abgespielt, in denen die Landwirtschaft von nur geringer Bedeutung gewesen sei.

Die archäologischen Funde zeigen uns etwas ganz anderes. Abraham, dieser »einfache Beduine«, stammte aus Ur, von dem die Ausgrabungen ergaben, dass es eine der schönsten und reichsten Städte war, die je existierten. Es war eine Stadt, in der Unmengen Gold zusammengeflossen waren; die Paläste waren mit goldenen Platten gedeckt und von unvorstellbarem Komfort; wir haben also ein Land mit höchster Kultur vor uns. Und in der Tat sprechen Sagen aus dieser Zeit von der Gründung und dem Bau verschiedener großer Städte.

Bei anderen Grabungen wurden Überreste weiterer Städte wie Mari und Uruk gefunden. Letztere spielte eine zumindest ebenso große Rolle wie Ur; ihre Gründung und ihr Bau wird in dem sehr alten sumerischen Epos von Gilgamesch und Eabani (Enkidu) erwähnt. Erst in unserem Jahrhundert wurden Tafeln entdeckt, auf denen teils in sumerischer, teils in chaldäischer Sprache dieselbe Geschichte erzählt wird. Man konnte beide Fassungen miteinander vergleichen und teilweise eine durch die andere ergänzen, sodass man heute die Geschichte der beiden Helden recht gut kennt.

Eabani erscheint am Anfang als ein Wesen, das noch die Sprache der Tiere verstand und sich mit ihnen unterhielt, jedoch über kein menschliches Wissen verfügte und vor der menschlichen Gesellschaft sogar eine Art Furcht empfand. Wir können ihn uns als Angehörigen gewisser Völker oder Menschengruppen vorstellen, die ein abgesondertes, den natürlichen Wachstumsrhythmen hingegebenes Leben führten und deren Bewusstsein, geprägt von der engen Berührung mit der Natur, intuitiver Art war.

Eines Tages steigt Eabani von seinem Berg in die Ebene hinab und begegnet da einem Mann, der ihm zu zwei Drittel Gott und zu einem Drittel Mensch erscheint. Es kommt zwischen beiden Helden zu einem gewaltigen Kampf, in dem jedoch keiner siegen kann. Als die Nacht hereinbricht, halten sie inne; am nächsten Tag beginnt der Kampf von Neuem und dauert bis zum Abend. Schließlich reichen sie sich die Hände und werden nun wie zwei unzertrennliche Brüder. Sie bestehen gemeinsam alle Arten von Abenteuern, besiegen Ungeheuer und schreckliche Wesen. Dann stirbt eines Tages Eabani. Gilgamesch will die Verbindung mit ihm wieder aufnehmen; er bricht auf, um seine Seele zu suchen. Seine lange Reise ist vergleichbar den Reisen, denen man später im Dionysos-Mythos, in den Arbeiten des Herakles, im Leben des Pythagoras oder Platons begegnet – auch in dem Unternehmen, das die westliche Welt erschütterte und aus dem die europäische Kultur im eigentlichen Sinne entstand: in den Alexanderzügen.

Die Eroberung der Welt durch Alexander geschah unter dem direkten Einfluss des Gilgamesch-Epos, das bis zu einem gewissen Grad durch die Geschichte hindurch im Bewusstsein der Menschen weiterlebte. Es wurde in der Folge ergänzt durch analoge Erzählungen, beispielsweise in Romanen der Tafelrunde und des Gral. Alle diese Erzählungen münden in die Suche nach alten Mysterien, die geografisch irgendwo im Osten liegen, in einem Osten jedoch, den man gerade dadurch findet, dass man sich nach Westen wendet. Eine der bedeutendsten ist *Brendans Meerfahrt*, die das mittelalterliche Bewusstsein tief geprägt hat, tiefer noch als das *Rolandslied*. Wie ein Traum lebte sie seit seiner Kindheit in der Seele eines Menschen, der ihrer Spur folgen und zu den Toren des Paradieses gelangen wollte, indem er sich nach Westen wandte: Christoph Kolumbus. Indem er den Weg suchte, den der heilige Brendan gegangen war, entdeckte er schließlich eine Inselgruppe des Fernen Westens. Man kann sich sogar einmal den Gedanken bilden: Wenn Menschen wie Napoleon ihre großen Eroberungszüge unternahmen, dann geschah das nicht nur um der äußeren, materiellen Macht willen, sondern auch deshalb, weil in ihrer Vorstellungswelt noch Reste dieser alten Traditionen lebten, vielleicht sagte man besser: spukten. Eine Persönlichkeit, in der solche dumpf und zerstörerisch gewordenen Traditionen viel stärker wirksam waren als klare, logische Gedanken, war Adolf Hitler. Man sieht, Spuren dieser nicht vor-diluvianischen, sondern nach-diluvianischen Ereignisse finden sich noch heute im Bewusstsein mancher Menschen, die dem Gang der Weltgeschichte ihr Siegel aufdrücken.

Dass das Gilgamesch-Drama so tiefe und lang andauernde Wirkungen hinterließ, lässt vermuten, dass es sich auf einer besonders wichtigen Bewusstseinsschwelle abspielt. In alten heiligen Hindu-Texten wird gesagt, es werde eine Zeit kommen, da sich die Tore zu den Himmeln, die bis dahin noch offen waren, schließen würden. Bis zu diesem Zeitpunkt hatten die Menschen – auch wenn ihr Bewusstsein nicht mehr so klar und durchsichtig war wie vor dem Sündenfall – doch noch Wahrnehmungen der geistigen Welt. Die Eingeweihten entwickelten Fähigkeiten, die in Richtung der heute allgemeinen menschlichen Fähigkeiten gingen; sie hatten von der physischen Welt genauere, konkretere Kenntnisse als die übrigen Menschen ihrer Zeit. Alle Menschen jedoch hatten noch geistige Wahrnehmungen. Die großen Eingeweihten wie Noah-Manu verstanden es, ihre Wahrnehmungen in der geistigen Welt mit der physischen Wirklichkeit zu verbinden.

Die alten Hindus sprachen davon, dass in dem Augenblick, da die noch offenen Tore in die geistige Welt hinein sich schließen würden, die Menschheit in ein Zeitalter der Finsternis eintreten würde, in das Kali Yuga. Im Jahr 3101 vor unserer Zeitrechnung sollte eine Zeit der Verfinsterung einsetzen – und etwa 5000 Jahre dauern –, während der die Menschen die Götter nicht mehr wahrnehmen würden, dafür umso intensiver die physische Wirklichkeit. Zugleich mit der Verfinsterung begann in den Menschen das Bedürfnis zu erwachen, die Verbindung mit der göttlichen Welt wiederzufinden. Und das Gilgamesch-Epos ist das erste Zeugnis dieses Strebens. Gilgamesch versucht das Band mit der Geistwelt neu zu knüpfen; er begibt sich auf seinen Wanderungen in höchst geheimnisvolle Gegenden und stößt schließlich im fernen Westen auf die Spuren eines Menschen, der den Untergang des großen atlantischen Kontinents miterlebt hatte. Er wird durch diesen Weisen, Utnapischtim, eingeweiht in das todlose Leben und empfängt von ihm die Blume des Lebens. Diese trägt er auf abenteuerlicher Fahrt in eine Gegend, die in der Mythologie, vor allem in der Herakles-Mythe, eine große Rolle spielt, in das Atlas-Gebirge. Dort erfasst ihn – wie das oft in Märchen geschieht – ein brennender Durst; und um seinen Durst an einer Quelle stillen zu können, legt er die Blume neben sich auf die Erde. Da kommt, während er trinkt, eine Schlange und raubt sie ihm. Gilgamesch kehrt in seine Heimat zurück ohne das Geheimnis, das ihm anvertraut worden war. Dieses Ende ist von tiefster Tragik; es ist die Bilanz eines Scheiterns.

Von dieser Zeit an breitet sich in den Menschen eine bis dahin nicht gekannte Geistesverfassung aus: Der Mensch erfährt sein Scheitern, seine eigene Unfähigkeit. Nicht nur um das Gefühl handelt es sich, zurückgestoßen worden zu sein, weil man verloren hat, was einem anvertraut wurde; das Erlebnis ist viel vernichtender, es ist die Feststellung, trotz aller Anstrengungen nicht mehr das sein zu können, was man sein sollte, nicht mehr das tun zu können, was man tun sollte. Eine tiefe Melancholie bemächtigt sich allmählich der Seelen, das Gefühl von der Tragik der Geschichte. Dieses Erleben liegt zum Beispiel dem *Buch Hiob* aus dem Alten Testament zugrunde; es schildert die Erlebnisse der Seele während des Kali Yuga, während dieser Zeit der Finsternis.

Hiob ist ein reicher Mann, ein von allen geachteter Familienvater, »aufrichtig und gottesfürchtig und das Böse meidend« Plötzlich überfällt ihn Unheil: Seine Herden werden geraubt, seine Diener massakriert, das Haus, in dem seine Söhne und Töchter versammelt sind, stürzt im Sturm zusammen und begräbt sie unter sich. Hiob sagt nur: »Der Herr hats gegeben, der Herr hats genommen, der Name des Herrn sei gelobt.« Sein Körper überzieht sich mit einem bösen Aussatz, und es bleibt ihm nur noch, in der Asche zu sitzen. Seine Frau fordert ihn auf, Gott abzusagen, ihn zu verfluchen und zu sterben. Hiob behandelt sie als eine Unverständige: »Haben wir Gutes empfangen von Gott und sollten das Böse nicht auch annehmen?« Mitleidige Freunde besuchen ihn und versuchen durch lange Reden, die sie nacheinander halten, ihn zur Erkenntnis und dem Eingeständnis einer verdrängten, verheimlichten Sünde zu bewegen. Hiob antwortet einem jeden von ihnen, bald klagend über die unbegreifliche Härte des Herrn, bald auf Gerechtigkeit hoffend, immer jedoch ohne den Grund seines Schicksals zu begreifen. Ein weiterer Freund tritt hinzu, Elihu, und versucht, Hiobs Blick auf einen möglichen Sinn dessen, was ihm geschieht, zu lenken. Aber nach langem Reden schickt Hiob auch diesen weg. Und da erschallt plötzlich aus der Mitte des Sturmes die Stimme des Ewigen. Hiob findet sich Gott von Angesicht zu Angesicht gegenüber, und Gott nennt ihm alle Herrlichkeiten des Schöpfungswerkes. Es ist wie ein mächtiges Aufrufen aller physischen und geistigen Kräfte der Natur. So findet sich der Mensch all dem gegenüber, was die Gottheit um ihn herum ausgebreitet hat, um ihn zu bilden.

Da zeigt Gott dem Hiob den Behemoth und den Leviathan, zwei Ungeheuer, welche die Schwelle zur anderen Welt bewachen, Behemoth durch seine unüberwindliche Schwere, Leviathan durch seine Beweglichkeit, die macht, dass er sich nicht fassen lässt. In der Sprache der modernen Geisteswissenschaft ausgedrückt bedeutet dies, dass Hiob bis an die Schwelle der geistigen Welt herangekommen ist und hier nun der Wirklichkeit begegnet, der kein Mensch an diesem Ort aus dem Weg gehen kann: Er schaut und erkennt die zerstörenden Mächte, die ihm bisher unbewusst waren und deren Anblick und Gegenwart er nun zu ertragen lernen muss. In dem Augenblick, da Hiob an diesen beiden Wesen vorbei geht – die Griechen nannten sie Skylla und Charybdis –, breitet sich in seiner Seele plötzlich Stille aus, und er sagt: »Ich hatte von dir mit den Ohren gehört, aber nun hat mein Auge dich gesehen.« Die Suche ist an ihr Ziel gelangt. Und so können wir uns vorstellen, wie dieses Buch in konzentrierter, individualisierter Form uns das Schicksal der Menschheit während dieser langen nachatlantischen Zeit nachzeichnet, das Schicksal des Kali Yuga, der Welt der Finsternisse, aus der die Welt des Lichtes ausgeschlossen war.

Bekanntlich inspirierte das *Buch Hiob* Goethe zu dem grandiosen Anfang seines *Faust*, zum Dialog zwischen Mephisto und dem Herrn. Und bis in die moderne Literatur hinein finden wir das Drama Hiobs, das Drama des Menschen, der Gott vergebens fragt, den die Gottheit durch Prüfungen und Leiden formt und bildet und den sie zur Erkenntnis neuer Dimensionen führt, die ihm bis dahin unbekannt waren. So wird das Leiden zu einem der Werkzeuge des Schicksals, zu einem seiner konstituierenden Elemente, zu dem Instrument, dank dessen der Mensch Realitäten kennenlernt, die er nicht hätte kennenlernen können, ohne durch den Schmerz hindurchgegangen zu sein. Wenn wir solche Zusammenhänge bedenken, werden wir empfänglich für das Wesentliche dessen, was nun folgen wird.

Gilgamesch lebte im ersten Teil dieser Epoche der Verfinsterung, um das Jahr 2000, vielleicht etwas früher, also in einer Zeit, die, bezogen auf das Mysterium von Golgatha, zu der unseren symmetrisch liegt. Die Lebenszeit der Abraham genannten Persönlichkeit folgte sehr dicht auf die von Gilgamesch; Abraham lebte um 1950 vor unserer Zeitrechnung. Bevor die *Genesis* auf Abraham zu sprechen kommt, berichtet sie von einem Ereignis, das für einen großen Teil der Menschheit einen Umschwung darstellt. Hier der Bericht:

»Über die Erde allhin war eine Mundart und einerlei Rede. Da wars wie sie nach Osten wanderten: sie fanden ein Gesenk im Lande Schinar und setzten sich dort fest. Sie sprachen ein Mann zum Genossen: Heran! backen wir Backsteine und brennen wir sie zu Brande! So war ihnen der Backstein statt Bausteins und das Roherdpech war ihnen statt Roterdmörtels. Nun sprachen sie: Heran! bauen wir uns eine Stadt und einen Turm, sein Haupt bis an den Himmel, und machen wir uns einen Namen, sonst werden wir zerstreut übers Antlitz aller Erde! ER fuhr nieder, die Stadt und den Turm zu besehen, die die Söhne des Menschen bauten. ER sprach: Da, einerlei Volk ist es und eine Mundart in allen, und nur der Beginn dies ihres Tuns – nichts wäre nunmehr ihnen zu steil, was alles sie zu tun sich ersännen. Heran! fahren wir nieder und vermengen wir dort ihre Mundart, dass sie nicht mehr vernehmen ein Mann den Mund des Genossen. ER zerstreute sie von dort übers Antlitz aller Erde, dass sie es lassen mussten, die Stadt zu bauen. Darum ruft man ihren Namen Babel, Gemenge, denn vermengt hat ER dort die Mundart aller Erde, und zerstreut von dort hat ER sie übers Antlitz aller Erde.«

Mit dem Turmbau zu Babel ist uns eine Spur der Ereignisse erhalten, die den Anfang der sumerischen Kultur markieren. Man kann sagen, dass die Menschen allmählich ein Bewusstsein von der Isolierung gewannen, in die sie gefallen waren und die sie von der geistigen Welt trennte, und dass in ihnen der Wille erwachte, durch ihre eigenen Kräfte das wieder zu gewinnen, was sie verloren hatten. Sie erkannten, dass es einem einzelnen Menschen nicht möglich war, die geistigen Kräfte, die ihnen fehlten, wieder zu erobern, dass es vielmehr dazu der Gemeinschaft bedurfte. Und so begannen sie ein soziales Leben zu pflegen, Städte zu bauen und das gemeinsame Leben zu organisieren. Dieses Streben gewann wirkliche, physische Form in der planvollen Errichtung von Städten und dem Bau jener merkwürdigen Bauwerke, die man Zikkurat nennt. Sie gleichen den Pyramiden, sind jedoch mit Treppenstufen versehen; und wie die Pyramiden gehorchen sie nicht nur dem, was man heute eine funktionsgerechte Bauweise nennt, sondern spiegelten vor allem geistige

Gesetze wider. Man kann erleben, wie der von Stockwerk zu Stockwerk immer enger werdende Raum ein exaktes Bild für den geistigen Weg des Menschen ist: Je höher der Einzelne steigt, desto weniger werden die Gefährten, und diejenigen, die unmittelbar dem Himmel gegenüber sind und ihn betrachten, sind im Allgemeinen allein. »Denn viele sind Berufene, doch wenige sind Erwählte« (Matth. 22,14), das heißt solche, die dem Logos in sich Raum geben, sodass er durch sie wirken kann. Wer Gott von Angesicht zu Angesicht gegenübersteht, ist immer allein.

Die sumerische Kultur wurde von Priester-Königen geleitet. Verfolgt man den Übergang zur assyrisch-chaldäischen Kultur, macht man die überraschende Entdeckung, dass sich etwas ereignet haben muss, das dem Schicksal Gilgameschs analog war: Als die Verbindung mit den geistigen Kräften abgerissen war, übertrug man auf die äußeren Kulturformen, was man auf dem eigentlich geistigen Gebiet nicht mehr realisieren konnte. In dem Maße, in dem die geistige Kraft erlahmte, versuchte man große Reiche zu errichten und die Macht des Menschen äußerlich zu organisieren.

Die ägyptische Kultur, die sich zeitgleich zu dieser sumerisch-chaldäischen Kultur entwickelte, bewahrte das Initiationsprinzip unversehrt. Während Jahrhunderten, ja Jahrtausenden – die Anfänge der ägyptischen Kultur reichen bis in das fünfte Jahrtausend zurück – gründete das Leben in Ägypten auf kosmischen Gesetzen. Die Eingeweihten nahmen diese Gesetze in ihr geistiges Leben, ihre Gebete und Meditationen auf und teilten sie daraufhin dem Volk mit. Hier lebte in harmonischer Weise, was in der chaldäischen Kultur in materialisierter Form nach außen projiziert wurde.

Eine Persönlichkeit verkörperte in genialer Weise diesen Aspekt der chaldäischen Kultur; sie wird in der Bibel »Nimrod« genannt. Dieser Name bedeutet »der Aufbegehrende, derjenige, der sich gegen etwas auflehnt«. Darin drückt sich der Impuls aus, der zum Bau des Turmes zu Babel führte. In dem Augenblick, als sich in den Menschen der Wille zur Macht zu offenbaren beginnt, da sie versuchen, auf der Erde ihr eigenes Königreich zu erobern, nachdem sie das Reich der Himmel verloren haben, in dem Augenblick ist es nun nicht mehr eine »Sintflut«, das heißt eine geophysikalische Umwälzung, wodurch der Mensch auf seine Grenzen verwiesen wird. Nun besteht das Handeln der Gottheit darin, dass sie die Menschen gewähren lässt, dass sie sie ihren eigenen Impulsen überlässt; denn sie weiß sehr wohl, dass es den Menschen aus sich heraus nicht gelingen wird, Einheit und Harmonie zwischen allen Elementen des großen Reiches, das sie errichten wollen, herzustellen. Daher wird dieser prometheische Wille, sich von der materiellen Erde aus bis zum Himmel zu erheben, durch keinen Blitz gebrochen, kein Veto von oben wird eingelegt. Der Wille wird dadurch gelähmt, dass sich die Menschen nicht verstehen können. Die Sprache, in der sie sich ausdrücken und die bis dahin ziemlich einheitlich war, diversifiziert sich so weit, dass sie einander nicht mehr verstehen. Etymologische Forschungen unserer Tage zeigen, dass der Erzählung von der »babylonischen« Sprachverwirrung wahrscheinlich eine historische Wirklichkeit zugrunde liegt. In der sumerischen Sprache finden sich Lautverbindungen, denen man auch in anderen, sehr verschiedenen Sprachen begegnet.

Im Innern beispielsweise der slawischen, skandinavischen oder arabischen Sprachgruppe finden sich zwar verschiedene Einzelsprachen, doch die sie sprechenden Menschen verstehen einander, weil die Sprachen, obwohl verschieden strukturiert, doch eine genügend starke Verbindung mit dem gemeinsamen Stamm bewahrt haben. Wir können uns vorstellen, dass einmal alle Sprachen sehr nahe standen der Ursprache, so dass sich die Menschen untereinander noch verstanden. Eine sehr merkwürdige Erscheinung in diesem Zusammenhang bilden zwei Kulturen, deren Mitglieder sich nicht mehr verstehen, wenn sie sprechen, einander aber sehr wohl verstehen, wenn sie schreiben: Chinesen und Japaner sprechen ganz verschieden aus, was sie auf die gleiche Weise schreiben.

*

Wir müssen nun von Abraham sprechen, dieser Persönlichkeit, die von ganz besonderer Wichtigkeit sein wird. Beginnen wir mit seiner Abstammung. Einer der Söhne Schems, Arpachschad, zeugte neben anderen Söhnen und Töchtern Schalach, der wiederum Eber zeugte. Der Name Eber hängt mit Heber, Hebräer zusammen; die Hebräer sind die *hibrim*, das ist die Wurzel dieses besonderen Volkes. Dann geht es noch über fünf Generationen weiter. Schließlich heißt es: »Als Tarach siebzig Jahre gelebt hatte, zeugte er Abram, Nachor und Haran.«

Nun wird berichtet, dass Tarach seinen Sohn Abram und Lot, den Sohn seines schon gestorbenen Sohnes Haran, sowie Sarah (Ssarai), die Frau Abrams, nahm und mit ihnen die Stadt Ur-Kasdim in Chaldäa verließ, um ins Land Kanaan zu ziehen, bis in eine Stadt, die den Namen seines schon verstorbenen Sohnes trägt, nämlich Haran beziehungsweise Charan. Dieses kleine Detail zeigt die Beziehung zwischen Namen, Ländern und Städten. In Charan siedelten sie sich an, hier starb Tarach.

Wir wollen nun in Kürze darstellen, wer dieser Abram war, der im chaldäischen Ur unter sehr besonderen Umständen geboren wurde. Um seine Gestalt entstand eine ganze Mythologie. Liest man einige dieser legendenartigen Erzählungen, erkennt man schnell, dass die Nachgeborenen in ihm keineswegs einen der Beduinen oder einfachen Leute sahen, die auf der Suche nach fruchtbarem Boden das Land durchzogen, sondern einen jener großen Priesterkönige, die noch über kosmische Kräfte verfügten – so wie die drei Weisen, die aus dem Osten kamen, um dem neugeborenen Jesus ihre Macht zu Füßen zu legen.

Von König Nimrod sagt uns die Bibel (1. Mose 10, 8f.), dass er »ein Held der Jagd vor SEINEM Antlitz war«, »ein großer Jäger vor dem Herrn«, wie Luther übersetzt, das heißt einer von denen, die sich zum Herrn der Naturkräfte machen wollten, nicht um sie zu verehren, sondern um sie unter die eigene Macht zu zwingen und sich ihrer zu bedienen. In den *Sagen der Juden* wird erzählt, dass Nimrod, der auch ein Sternseher und ein Weiser war, eines Tages aus der Stellung der Sterne ersah, dass in seinen Tagen einer geboren würde, der sich wider ihn erheben und ihn besiegen würde. Er fragte seine Ratgeber, was zu tun sei, und diese erwiderten: Lass ein großes Haus bauen, in seinen Eingang einen Wächter stellen und im ganzen Reich verkünden, dass alle schwangeren Frauen dorthin kommen sollen. Und wenn sie einen Knaben gebären, dann lass diesen auf dem Schoße der Mutter abschlachten. – Der König befolgte den Rat. Und man erzählt, dass mehr als siebzigtausend Knaben auf diese Weise umgebracht wurden. Wir sehen, wie der tyrannische Wille, die Tyrannei auf der Erde erscheint.

In diesen Sagen wird Nimrod als derjenige bezeichnet, »der den Krieg erfunden hat«, als der erste, der Menschen um sich versammelte, um Menschen zu töten. In der oben zitierten Erzählung vom Turmbau zu Babel heißt es, dass die Beziehungen der Menschen zueinander die »eines Mannes zum Genossen« waren, das heißt beschränkt auf Menschen, welche einander nahe standen. Nun ist es eine unweigerliche Folge dieser Unfähigkeit der Menschen, sich über eine bestimmte Grenze hinaus zu verstehen, dass sich einzelne Gruppen gegenseitig zu vernichten beginnen. Kampf und Streit gab es schon früher, wir haben es am Beispiel von Gilgamesch und Eabani gesehen. Aber eine menschliche Gesellschaft mit dem Ziel zu organisieren, eine andere zu vernichten, das ist neu, und das ist die Erfindung Nimrods. Die ersten großen Imperialisten waren in der Tat die großen assyrischen und chaldäischen Eroberer. Auch die Ägypter führten Eroberungskriege, aber diese trugen immer auch kulturelle Errungenschaften in die eroberten Länder und zielten vor allem auf die Einrichtung von Handelsbeziehungen ab. Der wirkliche Eroberungskrieg entstand in Chaldäa.

Tarach, von dem oben schon als einem Nachkommen Noahs die Rede war, hatte eine Frau, die schwanger wurde. Als die Monate der Schwangerschaft voll wurden, hatte sie große Furcht. Sie ging aus der Stadt, den Befehl Nimrods missachtend, und durch die Wüste, bis sie an einen Fluss kam, in dessen Nähe sich eine Höhle befand; in die ging sie hinein. Am Tag darauf gebar sie einen Sohn. Da wurde die ganze Höhle hell wie von Sonnenschein, so leuchtete das Angesicht des Knaben. Als er zehn Tage alt war, fing er an zu gehen und zu sprechen. (In der Buddha-Legende finden wir ähnliche Züge; auch die Geburt Buddhas ist von einem geistigen Lichtglanz und das Kind von einer außerordentlichen Frühreife geprägt.) Das frühe Sprechen bedeutet nun nicht, dass dieses Kind – es erhielt den Namen Abram – eine besondere Verbindung zum Geistigen gehabt hätte, sondern im Gegenteil, dass seine Inkarnation auf der Erde schon weit vorangeschritten war. Wir haben hier ein Bild vor uns, das genau das Überschreiten der Bewusstseinsschwelle ausdrückt, von dem schon gesprochen wurde.

Wie kann man sich die Urvölker vorstellen, diese ganz intuitiven Menschen, die in ständiger Verbindung mit den kosmischen Kräften standen? Ihr Wesen war nicht in ihrem Körper eingeschlossen; sie verfügten gleichsam über Fühlorgane, dank derer sie alle Einflüsse aus dem Kosmos wahrnahmen. Sie waren wie mit Fäden mit dem verbunden, was von allen Seiten auf sie einströmte. Enkidu-Eabani war daher ganz von Haaren bedeckt. Das gleiche Motiv findet sich auch bei Esau, dem Zwillingsbruder Jakobs: Esau war wie von einem rötlich-goldfarbenen Fell überzogen, Sonnenkräfte strömten ihm unablässig zu, während Jakob ganz »nackt« war. – Bei jedem Menschen kommt der Augenblick, da er sich wie in einer Höhle gefangen fühlt, denn wir tragen alle eine Höhle mit uns; es ist der Schädel. Und wenn sich der Mensch als Gefangener seiner selbst erlebt, ist er Gefangener in dieser Schädelhöhle geworden. Er nimmt die Einflüsse aus dem Kosmos nicht mehr wahr. Um sich wieder als ein Glied des Kosmos zu erleben, muss er aus seinem Innern heraus Fäden nach außen spinnen, muss die Verbindungen zur Außenwelt selber schaffen und das Weltgewebe für sich selbst wieder herstellen. Er muss überlegen, reflektieren. An die Stelle der Intuition, die von außen nach innen ging, tritt nun eine gedankliche Reflexion. Daher wird uns in den Sagen der Juden Abram auch als Vater der Mathematiker beschrieben, als der erste Mensch, der im Stande war, sich seines Gehirns als eines Denkinstrumentes zu bedienen und zwischen sich und der Welt eine bewusste, gedankliche Verbindung herzustellen.

Eine sehr schöne Legende erzählt, dass Abram stark und mächtig war, sodass die anderen über seine Kraft erstaunten. Als Nimrod das Gesetz erlassen hatte, dass sich alle seinem Willen zu beugen hätten, blieb Abram aufrecht und widersetzte sich der Autorität. Er wurde vor Nimrod gebracht, und dieser ließ ihn dem Feuer übergeben. Aber das Feuer hatte keine Macht über ihn. Nimrod ließ ihn erneut vor sich bringen und fragte ihn, warum das Feuer ihm nichts antun könne, obwohl es doch die höchste Gottheit sei. Abram erwiderte:

»Ja, ich habe mich gefragt, wie Gott im Feuer wirkt, und ich habe gefunden, dass der Gott des Wassers noch mächtiger ist, da er das Feuer löscht. Dann habe ich im Wasser gesucht und habe gefunden, dass der Gott der Wolken mächtiger ist als der Gott der Sonne, denn die Wolken verdecken die Sonne. Und weiter habe ich gesucht und gefunden, dass der Gott der Winde stärker ist als der Gott der Wolken, da der Wind die Wolken vertreibt.« So suchte Abram immer weiter, bis er schließlich am Ziel seiner Suche, nachdem er unter allen Geschöpfen gesucht hatte, sich sagen musste, dass Gott da nicht zu finden sei. Er hörte indessen nicht auf zu suchen. Da hatte er einen Traum. Er sieht sich selbst auf einem Weg gehend und erblickt plötzlich eine große, von einer hohen Mauer umgebene Stadt. Er geht ganz um die Mauer herum, findet jedoch kein Tor. Einmal jedoch, als er seinen Blick nach oben richtet, sieht er an Fenstern Wäsche aufgehängt. Es musste da also jemand sein! – Dieser Traum gab ihm Mut, seine Suche fortzusetzen. Und nachdem er unter allen Geschöpfen vergeblich gesucht hatte, sagte er sich: »Wenn Gott nicht in den Geschöpfen ist, muss er im Universum sein.« Als er nun einmal in seinem Zelt schlief, hörte er eine Stimme, die ihn beim Namen rief. Er trat vor sein Zelt, sah indessen niemanden. Die Stimme fuhr jedoch fort: »Da du mich gesucht hast, ohne dich durch Misserfolge von deiner Suche abbringen zu lassen, segne ich dich jetzt und lege mein Versprechen auf dich und deine Nachkommenschaft. Steh auf, verlasse das Land deiner Väter und ziehe in das Land, das ich dir zeigen werde.« Daraufhin nahm Abram sein Weib Sarah und seinen Neffen Lot und all seinen Besitz und verließ dieses Land mit seiner schönen, reichen Kultur, seinen prachtvollen Städten und sozialen Gesetzen. Er verließ das alles aus freien Stücken zugunsten eines Nomadenlebens in der Wüste, in der Einsamkeit, auf einer nackten Erde unter einem erbarmungslosen Himmel – ohne zu wissen, wohin ihn die Stimme führen würde. In der Legende heißt es: »Gott fand ihn in der Wüste, in der dürren Einöde, da es heult. Er umfing ihn und hatte Acht auf ihn. Er behütete ihn wie seinen Augapfel.«

Diese Aktivität des Bewusstseins, das bereit ist, den Schritt ins Unbekannte zu tun, kann man als »Überschreiten einer Schwelle«

bezeichnen: Man richtet sich auf eine neue Dimension aus, auf eine Wirklichkeit, von der man noch keinen Begriff, keinen Namen hat, weil sie erst noch entstehen muss. Man weiß jedoch, dass sie sich offenbaren wird und dass man ihr entgegen geht. Das wird ausgedrückt in den Worten: »Abram aber vertraute IHM, das achtete er ihm als Bewährung.« Das heißt, der Ewige schuf auf diese Vertrauenskraft hin, die Abram ihm entgegenzubringen verstand, in diesem eine neue Empfänglichkeit für die Kräfte, die ihn umgestalten, ihn verwandeln, ihn zu einem Gerechten machen würden.

Daher wird Abraham in der christlichen Theologie und auch im paulinischen Denken der »Vater der Gläubigen« genannt, das heißt der erste, der die Fähigkeit in sich entwickelte, eine Wirklichkeit ahnend wahrzunehmen und zu ergreifen, die auf dem Gebiet der Erfahrung noch nicht existiert, eine Wirklichkeit, die so neu ist, dass man sie noch nicht mit Namen nennen kann, und der man trotzdem vertraut und entgegengeht. Das ist ein bedeutender Schritt; denn bis dahin hatte sich die Menschheit auf die Vergangenheit, auf die Religion der Väter gestützt. Abraham war der erste, der das hatte, was man die »Religion der Söhne« nennen kann; denn er wusste, dass das ihm gegebene Versprechen sich erst im Laufe zahlloser Generationen nach ihm erfüllen würde.

Und noch ein anderes Versprechen wurde ihm gegeben, dass nämlich seine Nachkommenschaft zahlreich sein werde wie die Sterne des Himmels oder der Sand des Meeres. Auch hier handelt es sich nicht nur um eine Menge, eine Zahl, sondern um einen Rhythmus, eine Ordnung, die so wirklich ist wie die Gesetze, welche den Gang der Sterne ordnen: So wird deine Nachkommenschaft die Ordnung des Kosmos widerspiegeln, und dein Name sei fortan nicht mehr Abram, sondern Abraham, »denn zum Ab-Hamon-Gojim – zum Vater eines Getümmels von Stämmen gebe ich dich«. Darin liegt begründet, dass die Nachkommenschaft Abrahams tatsächlich unter das Gesetz der Zwölf gestellt wurde: Die zwölf Stämme Israels spiegeln innerhalb dieser Volksgruppe das Weltgesetz der zwölf Tierkreiszeichen wider.

Mit Abraham entfaltet sich allmählich eine Fähigkeit, die man versucht ist schwach zu nennen, verglichen mit all den Fähigkeiten, die den Menschen einst zur Verfügung standen. Es ist eine Fähigkeit im Innern der »Höhle«, der Schädelhöhle, nämlich der Intellekt. Es wird auch erzählt, dass Abraham der erste Mensch war, dem die Haare ausgingen und der eine Glatze bekam. Tatssächlich wird der Kopf seiner lebendigen Kräfte beraubt, wenn die intellektuellen Kräfte, die das Gehirn langsam zerstören, stärker werden. Die neue Fähigkeit zieht also eine Schwächung des Menschen nach sich. Abraham jedoch erkannte das Geheimnis; er gebrauchte die neue Kraft auch für ein neues Ziel, nämlich das forschende Streben nach Erkenntnis. So wie Kinder, deren Verstand erwacht und sich betätigen will, unaufhörlich nach dem Warum fragen, so suchte nun Abraham den Dingen auf den Grund zu kommen – nicht wie später der Buddha durch Meditation, sondern durch verstandesmäßige Überlegungen Ursache und Wirkung verknüpfend. Und so konnte er sich sagen: Da das Leben von Ursache zu Ursache, von Wirkung zu Wirkung fortschreitet und es im Universum einen Zusammenhang der Dinge gibt, muss es einen zentralen Geist geben, der das Universum im Gleichgewicht hält. Abraham gebrauchte seinen Intellekt, um sich auf die Suche nach der göttlichen Macht zu begeben, die das Ganze hält und trägt. Die Fähigkeit des Intellekts bewirkt, dass wir von einem Punkt im Innern ausgehen und versuchen, alles, was von außen auf uns zukommt, auf diesen Punkt zu beziehen. Daher kann sich die Gottheit, die im Zentrum ist, nur dem enthüllen, der seinen Intellekt entwickelt hat. Das ist der Schritt vom Polytheismus zum Monotheismus. Die streng intuitiven Fähigkeiten gelangen notwendigerweise zu einer Vielzahl von Wesen und Kräften. Nur diejenigen Menschen, welche die Kraft des Intellekts entwickelt haben, können zum Monotheismus gelangen und fühlen, dass die Welt Eines ist.

Damit jedoch der Intellekt zur Quelle dieser Erkenntnis werden kann, darf er sich nicht darauf beschränken, allein den Einzelphänomenen hinterher zu laufen. Wenn wir uns auf die empirische Forschung und auf ein Anhäufen von Einzelwissen beschränken, laufen wir Gefahr, uns in einer immer stärker werdenden Spezialisierung zu verlieren. Jenseits dieses Intellekts, der allein auf Wahrnehmung aus ist, muss heute eine neue Fähigkeit entwickelt werden. Nicht in der Welt der Geschöpfe finde ich das Zentrum; ich muss es so erkennen, wie ich mich selbst erkenne. Durch unmittelbare persönliche Erfahrung weiß ich, dass ich Hände, Füße, Augen, Ohren, einen Kopf und so weiter habe; aber ich indentifiziere mich mit keinem dieser Teile meiner Person. Ich habe von mir das Bewusstsein, Subjekt zu sein. Alle Teile meines Wesens sind nur Organe dieses Ich, das selbst eine Mitte, ein Zentrum ist. Trotz der Vielzahl von Organen, bin ich doch Eines, bin Ich. – Auch von der Welt, in der ich lebe, mache ich die Erfahrung, dass sie Eines ist, ich kann sie mir auf die gleiche Weise vorstellen wie mich selbst. Sie hat eine Mitte, sie ist ein zusammenhängendes Ganzes. Also gibt es eine zentrale Macht: den Zusammenhang der Welt. Die Akzeptanz, das Annehmen, wie es Abraham übte, bedeutet: dieser Einen Wirklichkeit, die man sich nicht ausdenkt, sondern die man im Erkenntnisakt erfasst, vertrauen und versuchen, in dieser Einheit, dieser Totalität zu leben. Ich gehe damit auf etwas zu, das ich nicht unmittelbar erfahren kann, von dem ich aber weiß, dass es existiert. Ich gehe meinen Weg unter dem Blick des Ganzen, ich vertraue mich dem Ganzen an.

Auf diese Weise vollzieht sich die Metamorphose des Intellekts in eine Quelle des Glaubens, des Vertrauens; diese Fähigkeit wurde von Abraham entwickelt. Er machte aus einer einst hochspirituellen und nun verarmten Fähigkeit den Keim eines neuen geistigen Wahrnehmungsorgans. Dieses Organ ist nicht mehr auf die Vergangenheit hin orientiert, es richtet sich auf die Zukunft, auf das, was kommen wird. Es ist eine Glaubens- und Vertrauenskraft, eine dynamische, schöpferische Religiosität. Abraham hatte Vertrauen in die Kraft des kommenden Sohnes. Das ist gemeint, wenn Paulus im Römerbrief (4,3) aus der *Genesis* zitiert: »Abraham aber vertraute IHM; das achtete er ihm als Bewährung.«

ABRAHAM UND MELCHISEDEK

Wir haben gesehen, dass Abraham, um seine Mission erfüllen zu können, den sumerischen Kulturraum verlassen musste; nur so konnte er die neue Fähigkeit entwickeln und sie den Menschen seiner Zeit, welche noch nicht darüber verfügten, bringen. Die sehr alte sumerische Kultur hatte sich auf der Grundlage intuitiver, instinktiver Fähigkeiten entwickelt, die es den Menschen ermöglichten, die kosmische Ordnung wahrzunehmen. Nach dem, was sie davon begriffen, richteten sie das soziale Leben ein. In dieser ersten großen Stadtkultur, in der die Städte um Babylon als ihrem Mittelpunkt gruppiert waren, versuchte man dadurch, dass man die empfundene kosmische Ordnung auf irdische Verhältnisse übertrug, die menschliche Gesellschaft als ein Bild, eine Widerspiegelung des Kosmos einzurichten.

Die Tierwelt liefert uns einige Bilder, die uns einen Vergleich erlauben. Manche Arten, vor allem Insekten wie Bienen, Ameisen, Termiten, leben in großen Gemeinschaften mit einer ganz besonderen sozialen Struktur. In gewisser Weise ist die Gemeinschaft das Individuum, während die einzelnen Glieder etwas wie die Zellen, die Organe dieses Individuums darstellen. Die Imker kennen diese Tatsache sehr wohl; sie sprechen vom Stock, vom Schwarm, vom Bien als dem Individuum, das von einer Biene mehr oder weniger in keiner Weise berührt wird. Das Bewusstsein der Völker, welche sich in ersten staatenähnlichen Gruppen organisierten, glich in etwa diesen Verhältnissen in einem Bienenstock. Man erlebte sich vor allem anderen als einer Stadt angehörig und als einzelner Mensch nur als ein Glied, eine Zelle dieses Ganzen. Die schon weiter entwickelten

Städte der Römer und vor allem die der Griechen tragen davon noch die Spuren: Die härteste, grausamste Strafe war nicht etwa der Tod, sondern die Verbannung. Es war für einen Menschen unerträglich, von seiner sozialen Gruppe ausgeschlossen weiterzuleben, das war ein unhaltbarer Zustand, eine Art Zerrissenwerden des eigenen Wesens. Erst wenn man versucht, sich ganz in diese Art zu fühlen hineinzuleben, versteht man, wie verschieden Abraham davon war. Er entwickelte die Intellektualität, das individuelle Denken; und er stellte Fragen, wie man sie nur selbst aus seinem Innern heraus stellen kann, wie sie nie von der Volksgemeinschaft gestellt werden können. In einer Volksgemeinschaft geht der Einzelne in der Gruppe auf und wiederholt immer wieder aus Gewohnheit, was ihm als Verhaltensweisen eingeprägt wurde. Damit konnte sich Abraham nicht zufriedengeben. Durch alle seine Fragen hindurch erkennt er, dass die göttlichen Kräfte, die zur Errichtung des sozialen Körpers einer Stadt und auch der ganzen Menschheit beitragen, doch nur Teilkräfte sind. Er sucht nach etwas anderem, nach der die ganze Welt umspannenden Kraft, die im Zentrum wirkt und das Gleichgewicht herstellt. Das ist der Sinn des Traumes, in dem er die torlose Mauer einer Stadt umkreist, hartnäckig seine Suche nach dem fortsetzend, was ihn zu der Erfahrung der Zentralkraft des Kosmos würde führen können, zum Erlebnis des »Ich bin«.

Diese erste Begegnung zeigt sich Abraham in Gestalt von etwas, das wie ein Ruf empfunden werden kann. Er fühlt sich gerufen, aufgerufen; und dieser Ruf zieht ihn wie aus seiner gewohnten Umgebung heraus. Diese Erfahrung wiederholt sich in der Geschichte des jüdischen Volkes mehrfach. Im Schicksal des Propheten Jeremias beispielsweise wird dieser Ruf ganz besonders bewusst erlebt und kleidet sich in deutlich vernehmbare Worte: »Seine Rede geschah zu mir, es sprach: Ehe ich dich bildete im Mutterleib, habe ich dich gekannt, ehe du aus dem Schoße fuhrst, habe ich dich geheiligt, als Künder den Weltstämmen habe ich dich gegeben.« (Jeremias 1,5.)

Dass das Individuum, die Einzelpersönlichkeit als solche einen Wert hat, das ist die Entdeckung Abrahams. Angesichts des kosmischen Ganzen ist auch der einzelne Mensch ein Ganzes, nicht mehr ein untergeordnetes Glied, sondern selbst Subjekt. Das Erstaunliche ist nun, dass diese Entdeckung in Abraham die Vorstellung eines Zieles wachruft, eines fernen Zieles zwar, das er selbst vielleicht nicht erreichen wird, aber doch eines solchen, dem er zustrebt. Durch diese für das jüdische Volk charakteristische Haltung unterscheidet sich die jüdische Religiosität von allen anderen Religionen der Antike. Diese sind wesentlich auf die Ursprünge, die Vergangenheit, die Ur-Offenbarung hin orientiert, während die jüdische Religion den Ursprung zwar nicht außer Acht lässt, jedoch ebenso die Zukunft ins Auge fasst.

Das eigens hervorzuheben kann heute, da man allem, was der Vergangenheit angehört, so wenig Beachtung schenkt, als eine Banalität erscheinen. Das Bewusstsein der Menschen der Gegenwart ist immer entschiedener auf die Zukunft hin ausgerichtet. Versetzt man sich jedoch vier oder fünf Jahrtausende zurück, muss man sich fragen: Wie konnte ein Mensch erscheinen, der die Möglichkeit ins Auge fasste, dass er nicht ausschließlich die Frucht, das Produkt der Vergangenheit ist, so wie die Blüte das Produkt der Pflanze ist, auf der sie sich bildet? Nun, die Blüte ist in Wirklichkeit nicht nur Ergebnis der Pflanze; sie ist zu einem großen Teil Ergebnis des Sonnenlichts, das auf sie herabstrahlt. Damit haben wir ein Bild gewonnen, das, ins Menschliche übersetzt, Abraham charakterisieren kann. Denn auch er war selbstverständlich ein Ergebnis seines Volkes und seiner Vergangenheit; aber er wurde zu einem Organ für die Zukunft, er wurde hinorientiert auf das, was das Alte Testament mit einem Wort bezeichnet, welches das Schlüsselwort der in ihm lebenden Spiritualität ist, das Wort »Verheißung«. Weder die buddhistische noch die hinduistische Offenbarung enthalten eine Verheißung. Hier erklingt sie, und sich ihrer bewusst zu werden, bedeutet eine Umwälzung in allen Lebensverhältnissen. Es heißt:

> »ER sprach zu Abram: Geh vor dich hin aus deinem Land, aus deiner Verwandtschaft, aus dem Haus deines Vaters in das Land, das ich dich sehn lassen werde. Ich will dich zu einem großen Stamme machen und will dich segnen und will deinen Namen großwachsen lassen. Werde ein Segen. Segnen will ich, die dich segnen, die dich lästern, verfluche ich. Mit dir werden sich segnen alle Sippen des Bodens.«

So sprach der Herr zu Abraham, und Abraham gehorchte. Er machte sich auf den Weg, zusammen mit Lot, einzig auf diese Worte hin, in denen doch nichts ausgesprochen war, was in der Wirklichkeit schon existierte, nichts, worauf man sich hätte stützen können, nichts, was auch nur als wahrscheinlich gelten konnte. Nichts als das Wort von einer sehr fernen Zukunft, von einem Land – es wird nicht gesagt, von welchem, nur: »das Land, das ich dich sehn lassen werde«. Abraham erfährt im Grunde nichts, und dennoch verlässt er seine ganze Vergangenheit und bricht ins Unbekannte auf.

Solches vermag also der Intellekt. Später – nicht zu Beginn der christlichen Zeit, sondern zu Beginn unserer gegenwärtigen Kulturepoche – sollte sich in der menschlichen Seelenverfassung etwas Ähnliches ereignen. Damals unternahmen es Menschen, sich dem Unbekannten zuzuwenden, und lernten den Seekompass so gut zu handhaben, dass sie sich mit ihren Schiffen aufs hohe Meer hinauswagen konnten. Weder die Phönizier noch die Griechen, die doch erprobte Seeleute waren, entfernten sich jemals von den Küsten. Erst mit Christoph Kolumbus begannen die Menschen Instrumente zu bauen, die es ihnen erlaubten, Ortsbestimmungen vorzunehmen, und zwar in Bezug auf bestimmte Himmelspunkte. Dieses Verfahren ist also zeitlich noch sehr jung, und es ist an die Entwicklung des Intellekts gebunden. Eine von dessen letzten Errungenschaften besteht darin, dass man sich in Räume begibt, in denen es keine Luft mehr gibt, auf die man sich stützen könnte: In den Raumschiffen muss man sich seine Stütze selbst konstruieren.

Abraham wird also nach Westen geführt, und er gelangt an einen Ort, an dem zwei Berge zusammenkommen und einen Pass bilden. Auf diesem Pass steht ein hoher Baum, die Eiche von Sichem, die in gewissem Sinn das geografische Zentrum von Palästina, das Herz des Heiligen Landes darstellt. Denn von hier aus wird das Heilige Land nach Norden und nach Süden hin in zwei etwa gleich große Teile geteilt. Dieser Ort Sichem, der dazu bestimmt war, dass von ihm Licht über das ganze Land ausging, wurde später zum Ort eines furchtbaren Gemetzels, eines furchtbaren Verrats. Vorerst aber schlägt Abraham hier unter der Eiche sein Zelt auf, hier setzt er den Fuß in das Heilige Land. Nun wird gesagt: »ER ließ von Abram sich sehen und sprach: Deinem Samen gebe ich dieses Land.« Eigenartigerweise sagt er nicht: Dir gebe ich das Land – die Verheißung erfüllt sich also noch nicht! Wir kommen hier dem Geheimnis der Kraft sehr nahe, welche in diesem jüdischen Volk lebt und es die vierzig Jahre in der Wüste aufrecht erhält. Es ist der Gedanke: Wir ziehen in das uns versprochene Land. Zunächst wird es ihnen über zwei, drei Jahrhunderte hin noch nicht gehören; es muss zuerst erobert werden. Und wenn sie es dann politisch erobert haben, werden sie es nur zwei Herrschaftszeiten lang, die Davids und die Salomos, besitzen. Dann wird es ihnen entrissen, es wird geteilt, und sie selbst werden die Unterworfenen sein. Dieses Land, das ihnen versprochen war, das ihnen gegeben wurde, es wird ihnen wieder entrissen, und sie leben allein von der Verheißung. Dann wird es ihnen ein zweites Mal in der Geschichte gegeben, jedoch nicht dem Volk unmittelbar, sondern einem fremden König, Herodes. So waren also die einzigen Zeiten, in denen das Heilige Land eine politische Einheit darstellte, die Regierungszeiten von David und von Salomo und vierzig, fünfzig Jahre unter Herodes.

Die Erwartung des Messias verknüpft sich also mit diesem Land, das immer eine Verheißung war – und es noch heute ist. Auch heute noch glauben viele Menschen, dass sich diese Verheißung auf der physisch-materiellen Ebene erfüllen werde. Nun wissen wir aber aus der späteren Entwicklung der Offenbarung als Ganzer, dass eine Verheißung in dem Maße, in dem sie Verheißung bleibt, sich also nicht erfüllt hat, lebendig und wirksam bleibt. Daher wird in der *Apokalypse* von zwei Jerusalem gesprochen, von dem alten und dem neuen Jerusalem, wobei letzteres so neu ist, dass es immer nur in der Zukunft gesucht werden kann. Eines der größten Mysterien der menschlichen Seele besteht in der Fähigkeit, sich vom Erbe der Vergangenheit abzuwenden, um selbst ein Schöpfer von Zukunft zu werden.

Damit ganz deutlich wird, dass es sich um die Zukunft handelt und nicht darum, einfach sein Zelt aufzuschlagen und sich niederzulassen, und dass der Einsatz vor allem die Entwicklung des Bewusstseins ist, wird Abraham vom Schicksal fern dieses verheißenen Landes nach Süden geführt.

> »Eine Hungersnot ward im Lande. Abram wanderte hinab nach Ägypten, dort zu gasten, denn schwer war der Hunger im Land.«

Er zieht also ins Niltal mit seinen immer reichen Ernten. Hier spielt sich nun ein sehr seltsames Ereignis ab, ein Ereignis, das sich im übrigen bei Abrahams Sohn wiederholen wird und das schwer verständlich ist, jedenfalls auf den ersten Blick. Als Abram – der Name bedeutet »ein hoher Vater« – und seine Frau Sarah – dieser Name bedeutet »meine Fürstin« – Ägypten nahekamen, sprach Abram zu seiner Frau:

> »Da, ich weiß doch, dass du ein Weib schön anzusehen bist. Wenn dich nun die Ägypter sehn und sprechen: Sein Weib ist die, werden sie mich umbringen und dich leben lassen. Sprich doch, du seist meine Schwester, damit mir um deinetwillen Gutes geschehe, ich selber deinethalb lebe.«

Sarah gibt sich also als Schwester Abrams aus, und einer der Minister des Pharao findet sie auch tatsächlich schön und führt sie zu seinem Herrn, der sie in seinen Harem aufnimmt und zugleich Abram mit Reichtümern überhäuft. Da kommt aber eine Plage über das Land, und durch einen Traum erfährt der Pharao ihren Grund: dass er nämlich eine Frau zu sich genommen hat, die einem anderen gehört. Er lässt Abram rufen:

> »Was hast du mir da getan! warum meldetest du mir nicht, dass sie dein Weib ist? warum sprachst du: Meine Schwester ist sie? und so nahm ich sie mir zum Weib.«

Abram erwidert, es sei aus Angst geschehen, getötet zu werden. Da gibt ihm der Pharao sein Weib zurück und heißt ihn gehen. Da sich fast ganz das Gleiche mit Isaak und mit Abimelech abspielen wird, fragt man sich: Worum handelt es sich dabei eigentlich? Die Lösung dieses Rätsels könnte etwa in Folgendem bestehen. Jedenfalls ist in dieser Richtung zu suchen.

Erinnern wir uns zunächst daran, dass die alte sumerische Kultur, aus der Abraham hervorgegangen war, aber auch die ägyptische Kultur, in die er nun eintaucht, und die kanaanäische Kultur, auf die er im verheißenen Land stoßen würde, auf einer alten, auf Vererbung gegründeten Spiritualität beruhten. Deren hervorragendste Vertreter waren eingeweiht worden, nachdem sie lange in einen Zustand versetzt waren, in dem sie das gewöhnliche Bewusstsein verloren, in Verbindung traten mit den seelischen Wirklichkeiten des Kosmos und auf diese Weise innerlich die geistige Welt erlebten. Man hatte ein Wort, diese Loslösung aus dem gewöhnlichen Bewusstsein zu bezeichnen, dieses Ausschließen aller Sinne, des Sehens, des Hörens und so weiter, das heißt der Verbindung mit der äußeren Welt, die uns gezeugt hat. Man nannte das »den Vater töten«, während das Eintauchen in die innere Welt, in der man sich mit den universellen Kräften vereinigte, bezeichnet wurde als »die Mutter heiraten«.

Dass sich dieser Prozess in der griechischen Kultur nicht mehr voll realisieren ließ, führte zu der Tragödie des Ödipus. Es gelang nicht mehr, die Trennung vom Körper auf die alte Art der Initiation zu erreichen. Stattdessen reproduzierte man sie auf materielle Weise durch Gesten oder Handlungen, welche recht und schlecht die geistigen Wirklichkeiten widerspiegeln sollten, also in einer Form, die sie auf den irdischen Plan übertrug. Wenn die Menschen nicht mehr die Kraft haben, einen geistigen Weg zu gehen, projiziert das Schicksal diesen Weg in die physische Welt, wo er tragisch wird und in die Katastrophe führt.

Bei seiner Ankunft in Ägypten sieht sich Abram also von Vertretern alter Traditionen umgeben, während in ihm selbst eine ganz andere Spiritualität lebt. Er fürchtet also, dass man »den Vater tötet« und »die Mutter heiratet«. Diese Furcht mag kindisch erscheinen, so wie es auch wenig verständlich ist, dass Abram seine Frau dem anbietet, von dem er fürchten muss, dass er sie ihm wegnehmen würde. Daher ist es gut, diese Situation nicht materiell zu interpretieren. Man kann sich indessen fragen, ob sie nicht einen Zusammenhang mit dem geistigen Weg jener Zeit hat.

Nachdem Abram in der Berührung mit der alten ägyptischen Kultur die Erfahrung gemacht hat, dass er von ihr nichts mehr lernen kann, wird ihm umso stärker die neue Seelenfähigkeit, die sich in ihm entfaltet, bewusst, das heißt die spirituelle Suche mit Hilfe des Intellekts und des Fragens, die Suche nach dem Zusammenhang des Ganzen, nach dem Einen Gott. Die ägyptische Spiritualität, so groß sie auch ist, kann ihm hier keine Antworten mehr geben. Und so macht er sich erneut auf den Weg, den Weg nach Kanaan.

Wenn es hieß, die Hungersnot habe ihn dazu getrieben, sein Land zu verlassen, so ist das ein doppelsinniges Bild. Die intellektuelle Suche ist austrocknend, sie ist eine Erfahrung der Welt des Hungers. Man findet dieses Motiv in vielen Märchen: Das Mädchen, das den verlorenen Freund wiederfinden will, oder der Prinz, der sich auf die Suche nach der geraubten Prinzessin macht, müssen durch ein Land ziehen, in dem Hunger und Durst herrschen. In diesem Bild drückt das Märchen den Charakter des Weges durch das dürre, unfruchtbare intellektuelle Bewusstsein aus, jenes Bewusstsein, das wir alle seit einigen Jahrhunderten vollständig entwickelt haben. Abraham lernt, dass der menschliche Geist da hindurch muss, dass die Anleihen bei einer alten, noch fruchtbaren Spiritualität vielleicht schön, aber dennoch nicht sein Weg sind. Und so kehrt er zum Negev zurück, der in der Tat eine Wüste ist.

Bei seiner Ankunft im südlichen Teil Palästinas taucht ein neues Problem auf. Abram, als Oberhaupt der Familie, hat seinen Neffen Lot mit sich genommen, welcher die neue Generation repräsentiert. Und da die Herden beider groß geworden sind und das Weideland nicht reicht, alle zu ernähren, kommt es zwischen den Hirten Abrams und denen Lots immer wieder zu Streit. Abram wendet sich daraufhin an Lot:

> »Nicht sei doch Streitigkeit zwischen mir und dir, zwischen meinen Hirten und deinen Hirten, wir sind ja verbrüderte Männer! trenne dich doch von mir ab! ists zur Linken, will ich zur Rechten, ists zur Rechten, will ich zur Linken.«

Er lässt also Lot die Wahl, und dessen Wahl erinnert an das, was Abram getan hatte, als er vor der Hungersnot floh und ins Niltal zog. Lot wählt das damals reiche, fruchtbare Jordantal und den im Süden gelegenen Süßwassersee, um den herum der Boden von überquellender Fruchtbarkeit ist.

Die moderne Archäologie stellte fest, dass das eine sehr stimmige

Wahl war, denn man entdeckte in diesen Gegenden zahlreiche Reste der kanaanäischen Kultur mit ihren Städten Sodom, Gomorrha und Jericho, einer Kultur, deren Spiritualität sich aus der Fruchtbarkeit von Erde und Himmel speiste und daher gerade in Gegenden mit üppiger Vegetation sich entfaltete. Obwohl dieser Landstrich heute fast völlig unfruchtbar ist, wird man doch beim Betreten von Jericho wie berauscht vom Duft der blühenden Orangen- und Zitronenbäume.

Jericho liegt etwa zehn Kilometer nördlich des Toten Meeres, Sodom liegt im Süden. Der Name »Jericho« drückt bereits das Wesen dieser Kultur aus; er ist aus einer Wurzel gebildet, die »Mond« bedeutet. Diese Kultur war durch einen der verschiedenen Mondaspekte gebildet. Der Mond hat bekanntlich mehrere Aspekte. Er wird im Hinblick auf die Bahn betrachtet, auf der er jeden Monat den Tierkreis durchläuft, oder aber im Hinblick auf die Stellung, die er zwischen Sonne und Erde einnimmt und durch welche seine wechselnden Formen – Vollmond, Neumond, Halbmond und so weiter – bedingt sind. Man bezeichnet dies als den synodischen Umlauf, das heißt die Zeitspanne zwischen aufeinander folgenden Vollmonden, während die Zeitspanne, die der Mond braucht, um sich innerhalb des Tierkreises wieder vor demselben Sternenhintergrund zu finden, als siderischer Umlauf bezeichnet wird. Es handelt sich also um zwei verschiedene Rhythmen, von denen der zweite auf das Wachstum der Pflanzen wirkt, ein Phänomen, das von denen gerne bestritten wird, die nicht gesehen haben, dass sich diese Rhythmen überlagern und manchmal sogar behindern. Der Rhythmus der Mondphasen hingegen wirkt nicht auf die Pflanzen, sondern auf die Tiere. In der Sprache der Geisteswissenschaft könnte man sagen: Der synodische Rhythmus ist ein astralischer und wirkt beispielsweise auf die Befruchtung, während der siderische Rhythmus ätherischer Natur ist. Ein Hindernis, in dieser doppelten Wirkweise klar zu sehen, besteht darin, dass ein Teil des Pflanzenwesens, nämlich das Blühen und das Fruchten, auf die Tierheit hin orientiert ist. Daher wirkt der synodische Rhythmus bis zu einem gewissen Grad auch auf diese beiden Prozesse. Sobald man jedoch die beiden Rhythmen getrennt studiert, erkennt man deutlich, dass der eine als vegetativer Rhythmus auf die Pflanzen wirkt, der andere mehr auf die Tierwelt und das, was ihr nahesteht.

Auf diese Weise wird verständlich, dass die Mondkultur Kanaans ganz von dem Motiv der Fruchtbarkeit geprägt war. Sie war indessen zu der Zeit, als Abram und Lot mit ihr in Berührung kamen, bereits dekadent, und die heute wieder entdeckten Spuren dieser Kultur quellen über von Sexualsymbolen. Wenige Kulturen haben so viele Zeugnisse von Kulten hinterlassen, die man nicht anders denn als pornografisch bezeichnen kann, die gewiss schon im Verfall waren, doch von ferne mit alten sumerischen Kulten verwandt. Lot, der von den ständigen Hungersnöten und Dürrezeiten erschöpft war, fühlte sich nun zu diesen fruchtbaren Ebenen hingezogen. Abram, der in Sumer und in Ägypten seine Erfahrungen gemacht hatte, ist bereit, dorthin zu gehen, wohin Lot nicht gehen will. Damit tut er einen neuen Schritt. Gott hatte ihn geheißen, in das Land zu ziehen, das ER ihm zeigen werde, und hatte ihn so vor das Unbekannte gestellt. Nun wählt Abram selbst, aus sich heraus den Weg ins Unbekannte.

Lot nimmt also von dem fruchtbaren Land Besitz, während Abraham sich mit dem unfruchtbaren Boden der Berge Judäas begnügt. Bald nach dieser Entscheidung wird ihm eine erneute Schau zuteil – »ER ließ von Abram sich sehen« –, und Worte werden an ihn gerichtet, welche ihm die Verheißung bekräftigen. Eigenartigerweise betrifft dieses Mal die Verheißung nicht nur das Land, sondern es heißt:

> »Hebe doch deine Augen und sieh von dem Ort, wo du bist, nordwärts, südwärts, ostwärts, westwärts: denn alles Land, das du siehst, dir gebe ich es und deinem Samen auf Weltzeit. Ich will deinen Samen machen wie den Staub der Erde, – dass, vermöchte jemand den Staub der Erde zu zählen, auch dein Same würde gezählt.«

Nun war Abraham aber schon über neunzig Jahre alt und sein Weib war nur zehn Jahre jünger. Trotzdem akzeptiert Abraham diese Verheißung und lebt davon. Lot verlässt ihn, um in das fruchtbare Land zu ziehen, macht jedoch bald die Erfahrung, dass es sich in der Fruchtbarkeit nicht leicht leben lässt.

In diesem fruchtbaren Land residieren viele große und kleine

Könige und liegen miteinander in Streit. Lot wird in diese Auseinandersetzungen hineingezogen und gerät mit all den Seinen in die Gefangenschaft von Kdor-Laomer, des Königs von Elam. Einer seiner Leute entkommt und meldet es Abraham. Dieser versammelt sogleich seine Männer, und mit dem Schwert schlägt er die Feinde und bringt alle Habe zurück, auch Lot und dessen Habe und die Frauen und das Volk. – Interessant ist das Motiv, dass er das Schwert aus der Scheide zieht. Es ist ein Bild dafür, dass inmitten dieser üppigen, wuchernden Vegetation Abraham von seinem Unterscheidungsvermögen Gebrauch macht. Dieses Schwertmotiv erscheint in vielen, vielen Erzählungen bis hin zur Geschichte des Heiligen Gral; es ist Ausdruck der menschlichen Fähigkeit zu trennen. Wenn sich diese Fähigkeit maßvoll darlebt, erlaubt sie dem Menschen zu unterscheiden, auseinander zu halten, zu urteilen. Das aber ist die Fähigkeit eines Menschen, der Herr seiner selbst ist und seine eigene geistige Aktivität zu lenken versteht.

*

Die nun folgende Erzählung zeigt, dass der Kampf Abrahams gegen die kanaanäischen Könige von einer Tragweite gewesen sein muss, die weit über das Militärische hinausgeht. Und tatsächlich wurde das Ereignis, von dem sie berichtet, immer als ein grundlegendes betrachtet. Im Neuen Testament wird es mit einem so feierlichen Ernst genannt, dass man fast bestürzt ist. Es handelt sich um eine Stelle im Hebräerbrief des Paulus, der zu den esoterischsten Texten in der ganzen Bibel gehört, indem er sich gerade an die wendet, die noch den Namen »Hebräer« tragen, also Träger der alten jüdischen Tradition sind. Paulus spielt auf die geheime Überlieferung der Hebräer an, indem er enthüllt, dass der Christus durch seinen Tod auf Golgatha dem höchsten Bund, demjenigen, der zwischen Abraham und Melchisedek geschlossen worden war, seinen Sinn gab.

Melchisedek, diese große Persönlichkeit, trägt in sich etwas Ewiges. Im Alten Testament wird er »Priester von El Elyion« genannt, das heißt Priester des Höchsten Gottes. Es ist das einzige Mal, dass die Gottheit mit diesem Namen genannt wird; gewöhnlich heißt der Gott, zu dem sich das jüdische Volk wendet, Jahwe, das ist der Gott, der »Ich bin« sagt. Im Hebräerbrief ist dieses Verhältnis angedeutet, indem er durchklingen lässt: Es gab eine Gottheit, die höher war als Jahwe und deren Priester Melchisedek war. Auch am Nordportal der Kathedrale von Chartres findet man eine Anspielung darauf: Der heilige Petrus mit den Schlüsseln in der Hand trägt die charakteristischen Zeichen des Priesters des alten Bundes, während ihm gegenüber Melchisedek Brot und Wein trägt.

Um ein wenig zu verstehen, worin dieses Mysterium Melchisedeks bestand, wollen wir heranziehen, was im 7. Kapitel des Hebräerbriefes (1-3) über ihn gesagt wird:

> »Denn dieser Melchisedek, König von Salem, Priester des höchsten Gottes, der dem Abraham, als er von der Niederwerfung der Könige zurückkehrte, entgegenging und ihn segnete, dem auch Abraham den Zehnten von allem gab, er, dessen Name zum ersten bedeutet ›König der Gerechtigkeit‹, der dann aber auch ›König von Salem‹ ist, das heißt ›König des Friedens‹, der ohne Vater, ohne Mutter, ohne Stammbaum ist, ohne Anfang seiner Tage und ohne Ende seines Lebens, gleichgestaltet dem Sohne Gottes; er bleibt Priester für immer.«

Salem bedeutet »Friede«. Melchisedek wohnte an einem Mysterienort, der niemals angegriffen worden war, in dem man keine Kriege führte, den nicht einmal David bei seiner Eroberung des Landes angriff. Ein Orakel des Ortes hatte verkündet, dass an dem Tag, da ein bestimmtes Ereignis eintreten werde, Salem seine Tore öffnen werde. Das geschah, als David anrückte; dieser machte Salem zu seiner Hauptstadt: Jerusalem. Von diesem heiligen Ort aus kommt nun Melchisedek dem Abraham mit Brot und Wein entgegen. Höchst wahrscheinlich besteht hier eine Verbindung zu den Manuskripten des Toten Meeres, in denen zwar nicht von einem König, aber von einem »Herrn der Gerechtigkeit« gesprochen wird, das heißt von einem erhabenen Träger der initiatorischen Strömung innerhalb der jüdischen Esoterik. Dieser Herr der Gerechtigkeit war niemand anders als jener Priester des Höchsten Gottes, der Abraham Brot und Wein brachte.

Wir müssen an dieser Stelle von Brot und Wein sprechen, und zwar so, dass deutlich werden kann: es handelt sich um einen historischen Augenblick allerersten Ranges. Die *Genesis* und auch die griechische Mythologie erzählen von einem weit zurückliegenden Ereignis, das die Menschen in zwei Lager geteilt hat und von dem wir bereits im Zusammenhang mit Kain und Abel gesprochen haben. Gewisse Bilder der griechischen Mythologie zeigen, dass dieses Ereignis ein noch gewaltigeres Drama darstellt; in der *Genesis* erscheint es als die Scheidung von Wasser und fester Erde, so dass die in uns allen anwesende Zweiheit entsteht. Die Griechen sprachen von einer Gottheit des Umkreises, Uranos, dem Himmel, und von Gaia, der festen Erde, dem Kristallinen, der Kraft der Verdichtung. Diese Polarität entwickelte sich immer weiter, und zu einem bestimmten Zeitpunkt wurden alle in der Erde lebenden Gottheiten im Innern der Erde gefesselt, damit ihre verdichtende Kraft nicht auf die Welt wirken konnte. Es waren dies die Titanen, die mit eisernen Ketten gefesselt wurden. Sie leben daher in der Finsternis und herrschen über die Welt der Tiefe. In den Höhen dagegen regieren die Gottheiten der Ordnung, die Diener des Zeus, welche so auf den Menschen einwirken, dass dieser beispielsweise klar denken und seine Gefühle mehr oder weniger beherrschen kann.

Wir kennen die explosiven Kräfte der Tiefe, die, wenn sie entfesselt werden, alles zerstören. Es gibt in der Geschichte Augenblicke, da die Tore sich öffnen; dann ergießen sich diese titanischen oder infernalen Kräfte über die Welt, und die Menschen kämpfen mit den Mächten des Unbewussten. Diesen Kräften – sie werden bei den Griechen die unteren Götter genannt, zu ihnen gehört Hades – stehen die oberen Götter gegenüber, die im gewöhnlichen Bewusstsein herrschen und dem Menschen die Möglichkeit geben, in sich selbst Ordnung zu schaffen.

Versuchen wir nun, uns die Weltentwicklung unter dem christlichen Gesichtspunkt vorzustellen. Es erfolgt also etwas wie ein Zusammenpressen der Kräfte des Unbewussten, was zur Folge hat, dass diese Kräfte in das Erdinnere eindringen. Im Ganzen des Kosmos regiert das, was der Evangelist Johannes den Logos nennt. Der Logos lenkt die Entwicklung der Welt; ein Teil ist indessen in gewissem Sinne in den Tiefen tätig. Die Gegenwart von Gottheiten in diesem Universum verhindert, das sich das Chaos darin breitmacht. Und so beschließt zu einem bestimmten Zeitpunkt Jahwe, dieses Reich der Instinkte zu lenken und zu heiligen. Doch fühlte sich zu jener Zeit keine einzige Gottheit dazu fähig, sowohl in dem einen wie auch in dem anderen Reich zu herrschen.

Nun gab es unter den unteren Göttern einen, der sich von den anderen dadurch unterschied, dass er in die obere Welt strebte. Das war Dionysos, dessen tragisches Schicksal es war, zerstückelt zu werden. Er personifiziert so etwas wie einen Lebensstrom, der sich danach sehnt, sich zu spiritualisieren, und daher den oberen Göttern entgegenstrebt, jedoch nur durch ein Opfer dahin gelangen kann. – In den Himmeln leben Götter, die darauf bedacht sind, sich das helle Licht ihrer Existenz immer zu erhalten, und die vor den Finsternissen der Tiefen fliehen und sie ablehnen. Das sind die luziferischen Mächte. Doch gibt es unter den oberen Gottheiten eine, die bereit ist, das Schicksal der unteren Götter auf sich zu nehmen, sich mit diesem tiefen Chaos zu verbinden und dadurch Licht hineinzutragen. Diese Gottheit ist der Logos.

Diese beiden Strömungen führen zur Entstehung von zwei Kulten. Der eine ist der Kult des Lichtes, das sich in die Erde hinein verkörpert, der Kult des Kornes, der Kult Demeters und Apollons. Das Getreidekorn ist die Gabe des Lichtes an die Erde. Und die Getreidepflanze, eine der lichthaltigsten überhaupt, bringt dadurch, dass sie die Blüte opfert, die härteste, irdischste Substanz hervor. – Im Dunkel der Erde lebt eine andere Pflanze, zu neunzig Prozent aus Wurzeln bestehend und über den Erdboden kriechend, unfähig, sich aus eigener Kraft zum Licht zu erheben. Es ist der Weinstock, der ebenfalls seine Blüte opfert. Wenn Pfingsten naht, blühen die Getreidefelder und die Rebberge; das ist etwas außerordentlich Wichtiges. Nach dem Opfer der Blüte bringt der Weinstock eine Frucht hervor, die wie keine andere unter den Erdenfrüchten durchscheinend und süß ist, reich an Zucker und Wärme, eine Frucht, die sich ganz zur Begegnung mit dem Licht erhoben hat. Genau dieser Vorgang spielt sich in den Dionysos-Kulten ab als Wille, sich der unbewussten Tiefen, der Instinkte zu bemächtigen und sie so emporzuheben, dass sie durch das Licht verwandelt werden können.

In der Geschichte der Menschheit haben diese beiden Kulte, der des Kornes und der des Weines, Platz gegriffen. Das Alte Testament erzählt nun von einem König, einem Priester des Höchsten Gottes, dessen Kult dadurch ausgezeichnet ist, dass er die zwei so verschiedenen Kulte in sich vereint: den der Inkarnation des Lichtes in der Erde und den der Verwandlung der irdischen Kräfte. Deren Symbole, Brot und Wein, trägt Melchisedek Abraham entgegen, dann verschwindet er wieder im Dunkel der Geschichte.

Etwa vierzig Kilometer südöstlich von Poitiers findet sich die romanische Kirche von Saint-Savin-sur-Gartempe. Ihre Innenwände sind ganz von Malereien bedeckt, von Fresken aus dem 13. Jahrhundert, auf denen die ganze Genesis von der Erschaffung der Welt an bis zu den Patriarchen dargestellt ist. Auf einem dieser Bilder sieht man Melchisedek, wie er Abraham mit dem Kelch und mit Brot entgegengeht. Darauf folgt eine kleine, sehr eigenartige Zeichnung, die der Führer so erklärt, der Maler sei hier zum Abschluss seiner Arbeit gelangt, und da ihm noch ein wenig Platz übrig geblieben sei, habe er aus Spaß die kleine Szene hinzugefügt, nämlich ein Kind, das auf einen Baum steigt, um die Früchte des Nachbarn zu stehlen. – So also versucht man die Geheimnisse zu erklären, welchen die Mönche durch ihre Malerei Ausdruck zu geben versuchten. Es genügt, die Erzählungen des Talmud und die alten esoterischen Legenden des Judentums auch nur ein wenig zu kennen, um zu verstehen, worum es sich handelt. Wir sehen, dass unmittelbar nach seiner Begegnung mit Melchisedek Abraham von Gott die Verheißung empfängt, dass ihm ein Sohn geboren werde. Andere Erzählungen sprechen vom Sohn Abrahams, als dieser ihn nach Morija führt, um ihn zu opfern. Morija war der Name des Steines, der sich in Salem direkt über dem Heiligtum des Melchisedek befand. In anderen Erzählungen ist die Rede davon, Melchisedek sei ein Nachkomme Sems gewesen und demzufolge ein Träger der östlichen Weisheit; denn Sem habe ihm ein Geheimnis enthüllt, das er selbst im Paradies »gepflückt« habe, nämlich das *Buch Adam*, in dem die Uroffenbarung niedergeschrieben war. In dem Kind auf der genannten Zeichnung kann man also den Sohn Abrahams erkennen. Was aber wird durch den Baum dargestellt? Wenn der Blick ein wenig nach oben schweift, sieht man eine Darstellung des Paradieses, und man erkennt: Das Kind pflückt die Frucht des Lebensbaumes. Diese kleine Zeichnung zeigt uns also, dass im Mittelalter diese Zusammenhänge um Melchisedek noch bekannt waren und dass man in ihnen etwas für die Geschichte der Welt außerordentlich Bedeutsames sah. Es war dies einer der Augenblicke, da in diese Kultur, die bald eine exoterische, äußere Kultur werden sollte, noch ein Einfluss aus den alten Stätten ursprünglicher Weisheit hineinwirkte.

Im Hebräerbrief (5, 8-10) sagt Paulus: Christus »wurde um seiner selbstlosen Hingabe willen erhört und lernte, obwohl er doch Sohn war, an seinem Leiden den Gehorsam. Und als Vollendeter wurde er allen, die ihm gehorsam sind, zum Quell ewigen Heiles, von Gott angeredet als ›Hoherpriester nach der Ordnung des Melchisedek‹« – das heißt nach dem Ritus, dem Kult des Melchisedek, in dem die seit Urzeiten getrennten großen Strömungen wieder verbunden wurden.

In solchen Erzählungen verbergen sich tiefste Geheimnisse. Unmittelbar nach der Begegnung mit dem Priesterkönig empfängt Abraham zum dritten Mal die Verheißung, dass ihm ein Sohn geboren, dass er eine Nachkommenschaft haben würde. Nicht ein Land wird ihm versprochen; es wird ihm auch nicht gesagt, seine Nachkommenschaft werde wie die Erde sein, fest im Boden verankert; sondern:

> »ER führte ihn hinaus ins Freie und sprach: Blicke doch himmelan und zähle die Sterne, kannst du sie wohl zählen? Und sprach zu ihm: So wird dein Same sein.«

Das heißt: Du wirst eine Nachkommenschaft haben, und diese wird das Erdenvolk par excellence sein, denn es wird die Gesetze des Kosmos auf der Erde spiegeln. Wir werden sehen, wie genau sich dieses Bild des Himmels auf der Erde im Fortgang der Geschichte verwirklichte: in den zwölf Söhnen Jakobs, welche die Stammväter der zwölf Stämme Israels wurden. Die Himmelsgesetze werden diesem Volk wie eingeprägt.

Doch auch die dem jüdischen Volk bevorstehenden Schrecken erscheinen Abraham in einer großen Vision:

»Als nun die Sonne im Eingehn war, fiel auf Abram Betäubung – eine Angst und große Verfinstrung fällt da auf ihn. Er sprach zu Abram: Erkennen sollst du, erkennen, – dass Gastsasse dein Same sein wird in einem Land, nicht dem ihren, dienstbar machen wird man sie und sie drücken, ins vierhundertste Jahr. Aber: auch der Stamm, dem sie dienstbar sind – ich urteile ihn ab, danach werden sie ausfahren mit großer Habe. Du, zu deinen Vätern sollst du eingehn in Frieden und begraben werden in gutem Greisentum. Aber im vierten Geschlecht kehren sie hierher. Denn noch nicht voll ist die Verfehlung des Amoriters bisher. Die Sonne war eingegangen, Nachtschwärze war, da: rauchender Ofen, Feuerfackel, das zog zwischen diesen Stücken querdurch.«

ISMAEL. DIE BESCHNEIDUNG

Auf den Ruf Gottes hin ließ Abraham die alte sumerische Kultur und den Boden, aus dem er hervorgegangen war, hinter sich. Es hatte sich in ihm eine neue Fähigkeit gebildet, eine neue Bewusstseinskraft, vergleichbar derjenigen, aus der heraus sehr viel später Menschen sich zum ersten Mal auf die hohe See hinauswagen werden. Diese Sicherheit des sich selbst tragenden Menschen erschien zum ersten Mal in Abraham. Geführt von der göttlichen Verheißung, gelangte er zunächst nach Sichem und zog dann in Richtung Süden nach Ägypten, wo ihn mit der ägyptischen Welt der große Gegenpol zur chaldäischen Welt erwartete. Aus dem Gleichgewicht zwischen den beiden Kräften wird sich hier die hebräische Kultur entwickeln.

Der Aufenthalt im kanaanäischen Land ist durch eine neue Stufe der Entwicklung gekennzeichnet: Abraham muss sich von seinem Neffen Lot trennen, und er lässt ihm die Wahl, dorthin zu ziehen, wo es ihm gut dünkt, während er selbst die entgegengesetzte Richtung einschlägt. Die neue Entwicklungsstufe besteht darin, dass er Lot freie Wahl lässt, also die Freiheit eines anderen respektiert. Der Mensch überschreitet eine solche Schwelle nicht, ohne zugleich zur Wahrnehmung neuer geistiger Wirklichkeiten fähig zu werden. Erneut erscheint ihm Gott und bekräftigt das ihm gegebene Versprechen. Daraus entsteht etwas, das künftig in der ganzen menschlichen Entwicklung als Ferment wirken wird.

In Melchisedek tritt Abraham der Priester des Höchsten Gottes entgegen, des Repräsentanten der Gesamtheit göttlicher Mächte. Er hat Himmel und Erde, Mitte und Peripherie geschaffen. Diese

Zweiheit drückt sich nun darin aus, dass Melchisedek Brot und Wein bringt: das Brot als Ausdruck der kosmischen Kräfte, die sich von der Peripherie her nach der Mitte hin verdichten und dort das Getreidekorn hervorbringen, die härteste, fast kristalline Frucht; und den Wein, den Saft der Weinbeere, die, aus einer zutiefst dem Irdischen verhafteten Pflanze hervorgegangen, selbst ganz saftig ist und durchlässig für Licht und Wärme.

Eine dritte Stufe wird erreicht, als Abraham auf die erneute Verheißung, dass seine Nachkommenschaft zahlreich sein werde wie die Sterne des Himmels, mit Vertrauen antwortet: »Er aber vertraute IHM; das achtete er ihm als Bewährung«, oder, in der Übersetzung Luthers: »das rechnete er ihm als Gerechtigkeit«. Abraham ist also von nun an im Stande, seine ganze Existenz auf ein Wort, auf die Kraft des Logos zu gründen. Dass ihm das als Gerechtigkeit angerechnet wird, bedeutet: Die in ihm aufkeimende Fähigkeit, alles auf das Wort zu gründen, wird in ihm zur Quelle einer konkreten geistigen Wirklichkeit als Grundbestandteil seiner Persönlichkeit. Denn was ist »Gerechtigkeit«? Sie ist nicht von einer bestimmten Anzahl von Prinzipien und Forderungen abhängig, sondern liegt in der Schaffung eines Gleichgewichts zwischen der äußeren Situation und den inneren Notwendigkeiten, sodass das geistig-moralische Wesen die Gewissheit hat, dass ihm sein physisches Wesen angemessen ist. Von dem Augenblick an, da eine geistige Wirklichkeit das Organ findet, durch das sie aufgenommen werden kann, von dem Augenblick an entsteht »Gerechtigkeit«. Man könnte fast sagen: Abraham glaubte und vertraute dem Wort, und dadurch konnte das Wort zu keimen beginnen, konkret werden und in ihm seine eigene Wirklichkeit entfalten.

Wir hörten noch, dass Abraham im Anschluss an die Verheißung von einer großen Betäubung und Angst befallen wurde. Es sind die Vorzeichen der Prüfungen, denen seine Nachkommenschaft unter fremden Völkern ausgesetzt sein wird, bevor sie wieder, nach vierhundert Jahren, zurückkehren kann.

Man spürt in dieser ganzen Geschichte eine aufsteigende Linie, die Ahnung einer bevorstehenden inneren Entfaltung. Und man fragt sich, was nun geschehen wird. Es gibt nämlich im Schicksal

Abrahams eine große Unsicherheit. Abraham ist schon 85 Jahre alt und seine Frau Sarah nur etwa zehn Jahre jünger. Man kann sich leicht vorstellen, dass in einem Menschen, dem in diesem Alter eine reiche Nachkommenschaft verheißen wird und der närrisch genug ist, daran zu glauben, der Verstand zu rebellieren beginnt.

> »Ssarai, Abrams Weib, hatte ihm nicht geboren. Sie hatte aber eine ägyptische Magd, ihr Name war Hagar. Ssarai sprach zu Abram: Da ER mich doch versperrte fürs Gebären, geh doch ein zu meiner Magd, vielleicht dass ich aus ihr bekindet werde. Abraham hörte auf die Stimme Ssarais. Ssarai, Abrams Weib, nahm Hagar die Ägypterin, ihre Magd, nach Ablauf von zehn Jahren, die Abram im Lande Kanaan siedelte, und gab sie Abram, ihrem Mann, ihm zum Weib. Er ging ein zu Hagar, und sie wurde schwanger. Als sie aber sah, dass sie schwanger war, wurde ihre Herrin gering in ihren Augen. Ssarai sprach zu Abram: Über dich meine Unbill! Selber gab ich meine Magd in deinen Schoß, nun sie sieht, dass sie schwanger ist, bin ich in ihren Augen gering geworden. Richte ER zwischen mir und dir.«

Die so geschaffene Situation enspricht einem Brauch: Wenn eine Frau unfruchtbar war, konnte sie sich durch die Vermittlung einer Dienerin zu einem Kind verhelfen. Nun empfindet aber die Dienerin in diesem Falle, dass sie selbst jemand geworden ist, und vergisst, dass sie als Dienerin gehandelt hat. Auch hier haben wir erneut ein Beispiel dafür, wie sich die Entwicklung in Richtung einer stärkeren Individualisierung bewegt. In der Dienerin Hagar erwacht das Bewusstsein ihrer eigenen Würde; sie erlebt sich ihrer Herrin überlegen, ja sie verachtet sie. Sarah ihrerseits reagiert darauf so, dass sie Abraham Vorwürfe macht. Und Abraham antwortet ihr: »Da, deine Magd ist in deiner Hand, tu mit ihr, was deinen Augen gutdünkt.« Und dann wird gesagt: »Ssarai drückte sie« – das heißt misshandelte sie. »Sie aber entfloh ihr.«

> »SEIN Bote fand sie am Wasserquell in der Wüste, am Quell auf dem Wege nach Schur. Er sprach: Hagar, Ssarais Magd, woher bist du gekommen, wo ziehst du hin? Sie sprach: Vor meiner

> Herrin Ssarai bin ich flüchtig. SEIN Bote sprach zu ihr: Kehre zu deiner Herrin und drücke dich unter ihre Hände. SEIN Bote sprach zu ihr: Mehren will ich, mehren deinen Samen, er werde nicht gezählt vor Menge. SEIN Bote sprach zu ihr: Da, schwanger bist du, gebären wirst du einen Sohn, seinen Namen rufe: Jischmael, Gott erhört, denn erhört hat ER deinen Druck. Ein Wildeselmensch wird der, seine Hand wider alle, aller Hand wider ihn, all seinen Brüdern ins Gesicht macht er Wohnung. Sie aber rief SEINEN Namen, des zu ihr Redenden: Du Gott der Sicht! Denn sie sprach: Sah auch wirklich ich hier dem Michsehenden nach? Darum rief man den Brunnen Brunn des Lebenden Michsehenden. Da ist er, zwischen Kadesch und Bared.
> Hagar gebar dem Abram einen Sohn. Abram rief den Namen seines Sohns, den Hagar gebar: Jischmael. Abram war sechsundachtzig Jahre, als Hagar Abram den Jischmael gebar.«

Das also ist Ismael: Sohn einer Sklavin, die sich ihrer untergeordneten Stellung bewusst geworden ist, sich innerlich dagegen auflehnt und ihre Herrin zu verachten beginnt, die gedemütigt, das heißt erneut unterdrückt wird und fliehen will. Doch der Engel erinnert sie daran, dass sie eine Abhängige ist, die ihre Wege nicht selbst bestimmen kann. Er sagt zu ihr: Nimm es, wie es nun einmal ist. Das Wesen, das aus dir geboren wird, wird ebenfalls Träger eines göttlichen Elementes sein und eine Aufgabe zu erfüllen haben. Es wird zu einer Quelle von Trennungen und Kämpfen werden, aber es wird eine Aufgabe haben. – Der Name dieses Wesens, Ismael, bedeutet: Gott erhört.

Die Nachkommen Ismaels sind die Araber. Und das gleichsam arabischste Wort, das bei jeder Gelegenheit ausgesprochen wird, bei der etwas zu tun oder zu entscheiden ist, lautet: In cha' Allah, das heißt »wenn Gott es will«. Alles hängt also davon ab, ob man von Gott gehört wird. Gerade innerhalb dieses Volkes entstand der Begriff eines absoluten Fatalismus, einer unabwendbaren Vorbestimmtheit. Die Bewusstseinsform, die sich auf diese Weise entwickelte, ist die der Unterwerfung: Der Mensch ist vollständig abhängig von der Gottheit; er kann niemals etwas tun, das nicht von Gott bestimmt wäre.

Und wieder offenbart sich Gott dem Abraham, zu einem Zeitpunkt, da sich der große Bruch mit der umgebenden Welt vollzieht, auch mit der Welt, die in Ismael repräsentiert ist, der Welt einer Menschheit, die nichts weiter ist als Geschöpf in den Händen Gottes. Nun erhält Abram einen neuen Namen. Er ist neunundneunzig Jahre alt; und ER offenbart sich ihm als der »Gewaltige Gott« und sagt: »Geh einher vor meinem Antlitz! sei ganz!« »Gewaltig« bedeutet hier, dass diese Gottheit über alle Möglichkeiten, alle physischen Schaffenskräfte verfügt. Und diese Gottheit spricht nun zu dem »ganzen« Menschen, das heißt zu dem Menschen, der sich selbst treu ist und der schon gezeichneten Spur folgt:

> »Ich, da, mein Bund ists mit dir, dass du Vater wirst eines Getümmels von Stämmen. Nicht werde fortan Abram dein Name gerufen, sondern dein Name sei Abraham, denn zum Ab-Hamon Gojim – zum Vater eines Getümmels von Stämmen gebe ich dich. Ich lasse dich fruchttragen reich, überreich, ich gebe dir, zu Stämmen zu werden, Könige fahren von dir aus. Ich errichte meinen Bund zwischen mir und dir und deinem Samen nach dir in ihre Geschlechter, zu einem Weltzeit-Bund, dir Gott zu sein und deinem Samen nach dir.«

Bis dahin waren die Menschen Geschöpfe in der Hand Gottes. Nun schließt Gott mit einem Menschen einen Bund, einen Vertrag. Das aber ist nur zwischen Gleichberechtigten möglich. Die Gottheit stellt sich einen Menschen gegenüber und schafft zu ihm eine Beziehung von gleich zu gleich, stellt sich selbst auf gleiche Stufe mit dem Menschen:

> »Du aber, du wahre meinen Bund, du und dein Same nach dir in ihre Geschlechter.«

Es wird in die Hände des Menschen gelegt, wie er mit diesem Bund umgeht. Das aber ist nur möglich, wenn sich in die Beziehung der Partner keinerlei Abhängigkeit einschleicht.

> »Dies ist mein Bund, den ihr wahren sollt, zwischen mir und euch und deinem Samen nach dir: Beschnitten unter euch sei alles

> Männnliche. Am Fleisch eurer Vorhaut sollt ihr beschnitten werden, das sei zum Zeichen des Bundes zwischen mir und euch. Mit acht Tagen soll alles Männliche unter euch beschnitten werden, in eure Geschlechter, Hausgeborner und von allirgend Fremdem um Geld Erworbner, der also nicht deines Samens ist, beschnitten werde, beschnitten dein Hausgeborner und dein Gelderworbner, mein Bund sei an eurem Fleisch zum Weltzeit-Bund. Ein vorhautiger Mann aber, der am Fleisch seiner Vorhaut sich nicht beschneiden lässt, gerodet werde solch Wesen aus seinen Volkleuten, meinen Bund hat er gesprengt.«

Um diesen Bund zu verstehen, müssen wir in sehr frühe Zeiten zurückgehen, bis zum sogenannten Sündenfall. Er ist ein Bild für die Kraft, welche im Bewusstsein des Menschen die Möglichkeit erzeugt, für sich selbst in Beschlag zu nehmen, was objektiv bleiben sollte. Diese Kraft wird durch das Bild der Schlange symbolisiert. Als wir davon sprachen, stellten wir fest, dass jeder Mensch diese Schlange in sich trägt, und zwar in Gestalt dessen, was sich wie um seine Wirbelsäule herumschlingt. Es gibt da eine Anzahl von Nerven, die es dem Menschen ermöglichen, sich nicht nur der äußeren Welt bewusst zu werden, sondern auch der Wirkungen, welche durch seine Beziehungen zur Außenwelt auf den eigenen Organismus erfolgen. Neben dem cerebro-spinalen Nervensystem, welches Bewusstsein vermittelt, gibt es das sympathische Nervensystem, das im Allgemeinen unbewusst bleibt, jedoch das Bewusstsein streift durch die Empfindungen, die wir von unseren Organen haben, den Eindruck von Wohlbehagen oder Müdigkeit, einer schlecht funktionierenden Verdauung, von Schwere oder Angst und so weiter. Wir können Wohl- und Missbehagen empfinden dank der Beziehung zwischen dem Nervensystem und der objektiven Wahrnehmung.

Dass der Mensch begann, sich der Vorgänge in seinem Organismus, in seinem lebendigen Wesen, bewusst zu werden, schuf in ihm Unordnung. Ursprünglich sollte der Mensch von allen Bäumen des Paradieses essen, das heißt, seine Lebensfunktionen sollten ganz rein bleiben. Nun isst er von dem einzigen Baum, von dem zu essen ihm untersagt ist; er genießt den Erkenntnisprozess und ernährt sich davon. Das ist der Sündenfall. Die Macht, die im Unbewussten des Menschen wirken sollte, ergriff von seinem bewussten Wesen Besitz; was das Funktionieren des unbewussten Wesens regelte, überschritt die ihm gesetzten Grenzen. Luzifer hatte die Aufgabe erhalten, über die Lebensfunktionen zu wachen. Da er mehr wollte, da er auch die Bewusstseinsprozesse beherrschen wollte, wurden unsere Wahrnehmungen mit Empfindung, mit Subjektivität verunreinigt.

Eine andere Wesenheit war dazu bestimmt, dem Bewusstseinspol Form zu geben und über sein Funktionieren zu wachen mit dem Ziel, ihn immer weiter in Wahrheit und Objektivität zu entwickeln. Diese Wesenheit ist Jahwe. Luzifer schlich sich also in die Domäne Jahwes ein. Er störte das normale Funktionieren des bewussten Denkens. Von da an dringt der Gott des Bewusstseins und des klaren Denkens in das Leben des Unbewussten ein, um dort das Gleichgewicht herzustellen. Gewisse Praktiken treten auf, die dazu bestimmt sind, im Bereich der Lebenskräfte Gesetzen Geltung zu verschaffen, die nicht den Instinkten angehören, sondern der bewussten moralischen Ordnung, und die den Einbruch des Unbewussten in das Bewusstsein auszubalancieren suchen.

Was kann nun das Ergebnis der Beschneidung sein, wie sie am achten Tag nach der Geburt an einem Kind ausgeführt wird? Künftig wird der Mensch immer daran erinnert werden, dass alles, was zur Fortpflanzung gehört, das Siegel des Bundes mit Jahwe trägt. Er wird in seinem Bewusstsein auch nicht die geringste Beziehung zu diesen Dingen haben können, ohne dass sich in seine Empfindungen, Gefühle und Gedanken die Erinnerung daran mischt, dass sich der mit Gott geschlossene Bund bis in den Bereich der Kräfte erstreckt, die den Fortpflanzungsstrom von Generation zu Generation bewirken.

Auf diese Weise werden die Instinkte, Leidenschaften und rein physischen Kräfte im Menschen fortwährend durch dieses geistige Element des zwischen der Gottheit und dem Menschen geschlossenen Bundes ausgeglichen. Die Tragweite dieses Verhältnisses ist groß; denn die aufeinanderfolgenden Generationen können nie mehr profaniert werden, können sich nie mehr dieser Anwesenheit der Gottheit entziehen.

Noch überraschender ist, dass auch Ismael beschnitten wurde – jedoch erst, als er dreizehn Jahre alt war. In den arabischen Ländern wird die Beschneidung erst mit der Pubertät vollzogen, das heißt zu einem Zeitpunkt, da sich der Mensch der damit zusammenhängenden Vorgänge bewusst wird. Auch für diese Völker gibt es also einen Bund, auch für sie spielt die Gottheit eine Rolle, indem sie die Fortpflanzung einem Gesetz unterwirft, wodurch sie aus dem bloß Animalischen herausgehoben wird; der Mensch soll sich dieses moralischen Aspekts bewusst werden. Indessen wird die ganze Prozedur nun nicht im Alter der Unschuld vorgenommen, sondern in dem Augenblick, in dem die Welt persönlicher, subjektiver Gefühle erwacht. Das heißt: Die in der Pubertät vollzogene Beschneidung lässt in den Menschen zwar ein spirituelles Element einströmen, stellt es aber dem Drängen der Leidenschaften und Instinkte gegenüber. Dass dem so ist, lässt sich an der Haltung der arabischen Völker gegenüber der geistig-moralischen Ordnung leicht ablesen. Bei den Arabern offenbart sich die Spiritualität nicht notwendigerweise im Bewusstsein, sie kann sehr wohl auch an den Instinkt gebunden sein. Erinnern wir uns nur an die Art und Weise, wie Mohammed die Offenbarung empfing. Seine Vision schien sich ihm – wie die Hagars – in einer Oase, bei einem Brunnen abzuspielen; sie war von einer etwas mediumistischen Geistigkeit geprägt, gemischt aus wirklicher Geistigkeit und aus Instinkt und im Übrigen mit einem stark entwickelten Intellekt verbunden.

Die Verbindung, die bei den arabischen Völkern zwischen Mann und Frau gepflegt wurde, war durch die Jahrhunderte hindurch – erst heute beginnen sich die Verhältnisse langsam zu ändern – nicht eine solche zwischen zwei einander ebenbürtigen Subjekten, sondern die Frau ist dem Mann durch eine Art physiologisches Gesetz unterworfen, dem das menschliche Gesetz sein Siegel aufprägt. Ein Offizier beispielsweise, der ein Ausgrabungsfeld bei Jericho besucht, kann eine prächtige Uniform tragen, während ihm in zehn Meter Entfernung zwei kleine, schwarz gekleidete Frauen folgen, die ganz unter seiner Herrschaft stehen, die vollständig von ihm abhängig sind. Der Araber – und das fällt einem besonders auf, wenn man dann wieder zu den Israelis kommt – hat keine Komplexe, da ist nichts in ihm, was die Dinge zurückweist. Und diese Haltung ist normal, weil alles der menschlichen Natur eingeschrieben ist. Der Koran gibt keine Gesetze und Verhaltensregeln für die Art, wie Entscheidungen herbeigeführt und getroffen werden sollen. Er enthält zahlreiche Vorschriften für eine praktische Hygiene, Handgriffe sozusagen, die auszuführen sind, aber nichts, was sich auf Entscheidungen beziehen würde. Der Mensch als solcher ist folglich nie in seinen Taten wirklich selbst engagiert. Sein Verhalten gehorcht den seiner Natur innewohnenden Gesetzen und anderen Gesetzen, welche die Gottheit zur Geltung bringt, und zwar nicht durch das Schicksal, sondern durch das Fatum, über das die Natur oder Gott im Vorhinein entschieden haben.

Vergegenwärtigt man sich diese großen Zusammenhänge, so sieht man leicht, dass es sich bei der Beschneidung nicht um eine Nebensächlichkeit handelt, sondern um Kräfte, die in Teile der Menschheit tief eingriffen. Wenn die Beschneidung, welche die Gegenwart der Gottheit im Blut bekräftigt, vollzogen wird, ehe das Bewusstsein erwacht ist, dann erkennt der Mensch, wenn es erwacht, dass Gott schon mit ihm ist und alles sieht, was sich in ihm auf die Fortpflanzung bezieht. Im anderen Fall weiß der Mensch zwar, dass die göttliche Kraft in ihm wirkt, doch gleitet sie gewissermaßen in seine persönlichen Empfindungen hinein. Viele Begegnungen, die man während einer Orientreise machen kann, bezeugen diese Unterschiede zwischen zwei Strömungen innerhalb der Menschheit. Für die einen entwickelt sich das Bewusstsein so, dass es der Natur, wie sie immer war, folgt; es entstehen keine moralischen Konflikte, und der Intellekt wird im Grunde zu einem Verbündeten oder Partner der Instinkte. Für die anderen entsteht dadurch ein Bruch, dass in die Domäne der Instinkte vom Gegenpol her Moralität einschlägt, die einem anderen Weg folgt und ihre eigenen Gesetze hat. Damit ist der Mensch dazu aufgerufen, Bewusstsein zu entwickeln, sich bis zu einem gewissen Grade von den Gesetzen seines Instinkts zu entsolidarisieren, den Instinkt den Gesetzen seines Bewusstseins zu unterwerfen und so immer mehr die Fähigkeit zu erringen, frei mit dem Fortpflanzungsgeschehen umzugehen. Aus einer Intelligenz, die sich selbst in der Verlängerung der Naturgesetze sieht, kann Freiheit nicht hervorgehen;

die Intelligenz wird vielmehr zum Sklaven der Instinkte. Eine Intelligenz hingegen, die über den Strom der Instinkte Macht gewinnt, und zwar aus einem gleichberechtigten Verhältnis zu Gott heraus, bringt in unserer Natur einen anderen Pol hervor, den Pol von Gesetzen, die mich dazu aufrufen, ich selbst zu sein und sie in Freiheit anzunehmen und zu verstehen. Es ist also die Aufgabe eines jeden Einzelnen, eine richtige Beziehung zwischen den Gesetzen des Bewusstseins und denen des Instinkts herzustellen. Das ist der Keim der Freiheit, der moralischen Verantwortung. Und das ist der wahre Inhalt des Bundes zwischen Abraham und Gott.

Die Gottheit schließt in diese Verbindung Sarah, die Frau Abrahams, mit ein. In der traditionellen arabischen Welt wird die Frau niemals beim Namen genannt; sie hat ihren Wert nur dadurch, dass sie ihrem Manne folgt. Nicht so hier! Dabei ist schon der Name Ssarai beachtenswert; er bedeutet »meine Fürstin«.

> »Gott sprach zu Abraham: Ssarai, dein Weib, ihren Namen sollst du nicht mehr Ssarai rufen, denn Ssara, Gebieterin, ist ihr Name. Segnen will ich sie und will dir auch aus ihr einen Sohn geben, segnen will ich sie, dass sie zu Stämmen werde, Könige von Völkern sollen werden aus ihr. Abraham fiel auf sein Antlitz und lachte, er sprach in seinem Herzen: Einem Hundertjährigen soll geboren werden? und Ssara soll als Neunzigjährige gebären?«

Was bedeutet dieses Lachen? Lacht Abraham die Gottheit aus, macht er sich über sie lustig? Wenn etwas zu überraschend, zu unerwartet kommt, geschieht es manchmal, dass man angesichts des Unfassbaren in Lachen ausbricht. Lachen ist die Kraft, Abstand zu nehmen. Im Handgemenge selbst lacht man nicht, jedoch dann, wenn man zurücktritt und die Situation von oben überblickt. Indem Gott den Bund mit Abraham schloss, verlieh er ihm die Fähigkeit, die Situation von außen anzuschauen. Der Eindruck ist übermächtig, und sein Lachen ist der physische Ausdruck der Verteidigung gegen etwas, das er nicht verstehen kann.

> »Abraham sprach zu Gott: Wenn nur Jischmael lebt vor dir! Gott sprach: Dennoch, Ssara dein Weib gebiert dir einen Sohn, seinen

> Namen sollst du rufen: Jizchak. Er lacht. Mit ihm will ich meinen Bund errichten zum Weltzeit-Bund für seinen Samen nach ihm. Doch auch für Jischmael erhöre ich dich: da, ich habe ihn gesegnet, ich lasse ihn fruchttragen, lasse ihn sich mehren reich, überreich, zwölf Fürsten wird er erzeugen, ich will ihm geben zu einem großen Stamme zu werden. Meinen Bund aber werde ich mit Jizchak errichten, den Ssara dir gebiert zu dieser Frist im anderen Jahr. Er hatte vollendet mit ihm zu reden. Und Gott stieg auf, hinauf von Abraham.«

Daraufhin wurden alle männlichen Kinder und alle zur Familie gehörenden Männer beschnitten; und auch der 99-jährige Abraham trat dem mit Gott geschlossenen Bund bei. Sein Sohn Ismael war dreizehn Jahre alt, als er beschnitten wurde.

SODOM UND GOMORRA. ISAAK

Noch hat sich das Rätsel um die Nachkommenschaft Abrahams nicht gelöst. Vielmehr wird die Spannung weiter erhöht, indem die Verheißung ein weiteres Mal gegeben wird. Es heißt (im 18. Kapitel):

> »ER ließ von ihm an den Steineichen Mamres sich sehen, als er bei der Hitze des Tags im Einlass des Zeltes saß. Er hob seine Augen, sah: da, drei Männer, aufrecht über ihm. Er sah, lief vom Einlass des Zelts ihnen entgegen und neigte sich zur Erde.«

Diese so ausdrucksstarke Erzählung macht uns darauf aufmerksam, dass sich die Ereignisse nicht nur auf dem physischen Plan abspielen. Wir finden den gleichen Ausdruck in den Evangelien, wenn es beispielsweise bei Johannes im 6. Kapitel heißt: »Und Jesus ging hinauf auf den Berg und setzte sich dort nieder mit seinen Jüngern … Da nun Jesus seine Augen erhob und schaute …« Wir wissen, dass es sich dabei nicht um die leiblichen Augen handelt, sondern um eine Wahrnehmung auf der imaginativen Ebene von etwas, das mit dem »dritten Auge« gesehen werden kann wie in einer mystischen Begegnung. Man versucht dann, diese Wahrnehmung festzuhalten, so wie die zwei Jünger auf dem Weg nach Emmaus den Christus festhalten wollen (Lukas 24, 29): »Da nötigten sie ihn und baten: Bleibe bei uns, denn es will Abend werden, und der Tag hat sich geneiget.« Wir alle sehen ähnliche Bilder, aber wir sind meist nicht aufmerksam darauf und können sie nicht festhalten.

> »Er … neigte sich zur Erde und sprach: Mein Herr, möchte ich doch Gunst in deinen Augen gefunden haben, schreite an deinem

> Knecht doch nimmer vorüber! Es werde doch ein wenig Wasser geholt, dann badet eure Füße und lehnet unter dem Baum, ich hole einen Bissen Brot, ihr labt euer Herz, danach mögt ihr weiterschreiten. Warum sonst wärt ihr bei eurem Knecht vorübergeschritten! Sie sprachen: Tu so, wie du geredet hast. Abraham eilte ins Zelt zu Ssara und sprach: Eil dich! Drei Maß Mehl, feines! knete, mache Kuchen! Und zu den Rindern lief Abraham, holte ein Jungrind, zart und gut, und gabs dem Knaben, dass ers eilends zurechtmache. Dann holte er Sahne und Milch und das Jungrind, das er hatte zurechtmachen lassen, und gab es vor sie. Er aber stand über ihnen unter dem Baum, während sie aßen. Sie sprachen zu ihm: Wo ist Ssara dein Weib? Er sprach: Da im Zelt. Nun sprach er: Kehren, kehren will ich zu dir, wann die lebenspendende Zeit ist, da hat Ssara dein Weib einen Sohn. Ssara aber horchte am Einlass des Zelts, der war hinter ihm. Abraham und Ssara waren alt, hochgekommen in die Tage, aufgehört hatte es Ssara zu gehen nach der Art der Weiber. Ssara lachte in sich hinein, sprechend: Nachdem ich zermorscht bin, würde mir Üppigkeit? und auch mein Herr ist alt. ER aber sprach zu Abraham: Warum lacht Ssara und spricht: Soll ich wahrhaftig gebären, und ich bin doch alt! Ist IHM ein Ding entrückt? Zur Frist kehre ich zu dir, wann die lebenspendende Zeit ist, und Ssara hat einen Sohn. Ssara leugnete, sprechend: Ich habe nicht gelacht. Denn sie fürchtete sich. Er aber sprach: Nein, wohl hast du gelacht.«

Warum hat auch Sarah, wie Abraham, über die Verheißung gelacht? Wir haben gesehen, dass das Lachen ein Symptom des Abstandes ist, den man zu sich selbst oder zur Natur nimmt. Im Grunde finden Abraham und Sarah denjenigen, der ihnen noch einen Sohn verkündet, ein wenig naiv. Ihr Lachen ist von Luzifer gefärbt, und daher wird dieses Lachen zum Schicksal ihres Sohnes: »Jizchak« (Isaak) heißt »der Lachende«.

> »Die Männer brachen von dort auf und lugten über die Fläche von Sodom hinab, und Abraham ging mit ihnen, sie zu geleiten. ER aber hatte zu sich gesprochen: Sollte ich Abraham verhüllen, was ich tun will? Abraham, ein Stamm wird er werden, groß und kern-

> haft, und mit ihm werden sich segnen alle Stämme der Erde! Ja, ich habe ihn erkannt, auf dass er entbiete seinen Söhnen und seinem Hause nach ihm: sie sollen hüten MEINEN Weg, Wahrhaftigkeit und Recht zu tun, dass ER über Abraham kommen lasse, was er über ihm geredet hat. ER sprach: Der Klageschrei über Sodom und Gomorra, wohl, er schwoll, und ihre Sünde, wohl, sie wuchtet sehr, niederziehen will ich doch und sehen – haben sie nach dem Schrei darüber, der zu mir kam, getan: – Vertilgung! und wenn nicht: – ich wills erkennen. Die Männer wandten sich von dort und gingen auf Sodom zu, Abraham aber, noch stand er vor IHM.«

Die Gottheit enthüllt Abraham ihren Plan, und das ist für die Menschheit von höchster Bedeutung. Erneut können wir sehen, dass Gott mit dem Menschen wie mit seinesgleichen verhandelt.

Trotz aller Katastrophen, die im Laufe der Zeit über Jericho hereingebrochen sind, erscheint diese Stadt auch heute noch in den warmen, monderhellten Frühlingsnächten wie schwimmend in den berauschenden Düften der blühenden Zitronen- und Orangenbäume. Sie gehört zu den ältesten der Welt, und entsprechend alt ist ihre Spiritualität. Sodom und Gomorra sind verschwunden, aber sie mögen einen ähnlichen Ursprung gehabt haben wie Jericho und aus orgiastischen Fruchtbarkeitskulten hervorgegangen sein. Jericho bedeutet »Stadt des Mondes«; hebräisch yar'ah heißt »Mond«. Im Zentrum Jerichos erhob sich eine kleine steinerne Pyramide, die man wie einen Dolmen von oben betrat. Wie die Cheopspyramide war auch diese ein Ort der Einweihung. Ganz im Innern befand sich eine flache Silberplatte mit zwei Muscheln in der Art von Augen, einer kleinen Nase und zwei gerade angedeuteten Lippen; und im Umkreis waren kurze Striche gezeichnet, die wie auf der sogenannten Table des Marchands in Locmariaquer wie Strahlen wirken. Diese strahlende Scheibe hatte Mondcharakter; in Jericho wurde ein Mondenkult gepflegt.

Den alten Völkern war bekannt, dass das menschliche Leben von Mondenrhythmen beherrscht wurde. Das Pflanzenwachstum ist beeinflusst vom Durchgang des Mondes durch den Tierkreis – das ist der siderische Rhythmus –, während der synodische Rhythmus, der durch die Stellung von Mond, Sonne und Erde zueinander bestimmt ist, mehr in unser Bewusstsein hineinwirkt, in die Verwandlung des seelischen Lebens. Bei zunehmendem Mond ist das seelische Leben mehr mit dem vegetativen Organismus verbunden; bei abnehmendem Mond ist dagegen das reflektierende Denken aktiver. Daher wurden die von kosmischen Kräften gelenkten Lebensprozesse von den alten Religionen verehrt. Dann aber wurde es notwendig, dieselbe Verehrung auch den Gedankenkräften entgegenzubringen, den Wandel von den Instinktkräften zur Denkfähigkeit zu vollziehen. Die Kulte, die ursprünglich dazu bestimmt waren, diesen Wandel voranzutreiben, wurden jedoch orgiastisch und verfielen der Dekadenz. Dieses Dekadentwerden ist es nun, das wie ein Schreien zum Herrn emporsteigt. Archäologische Grabungen legten Graburnen und Statuetten frei, oft mit Schlangen verziert, den Symbolen einer mediumistischen Hellsichtigkeit, die an die besondere Konfiguration bestimmter physischer Organe, insbesondere der Sexualorgane, gebunden war.

Wir werden nun Zeuge einer ganz außergewöhnlichen Szene. Abraham wird sich seiner gleichberechtigten Stellung der Gottheit gegenüber bewusst. Er tritt vor und sagt:

> »Willst du wirklich den Bewährten raffen mit dem Frevler? Vielleicht sind fünfzig Bewährte anwesend drin in der Stadt, willst du die wirklich raffen? Willst dus dem Ort nicht tragen der fünfzig Bewährten wegen in ihrer Mitte? Weitab sei dir nach dieser Rede zu tun, den Bewährten mit dem Frevler zu töten, dass Gleiches dem Bewährten, Gleiches dem Frevler geschehe, weitab sei es dir! Alles Erdlands Richter, wird der nicht das Recht tun?«

Diese kühne Rede, dieser Aufschwung des Bewusstseins ist ein offenbares Zeichen dafür, dass Abraham von der Denkfähigkeit, über die er als erster Mensch verfügt, Gebrauch macht. Und Gott kann diese Rede nicht unbeachtet lassen, er willigt in den Dialog ein: »Finde ich in Sodom fünfzig Bewährte, drin in der Stadt, will ichs all dem Ort tragen um ihretwillen.« Der Mensch erfasst aus sich selbst heraus die Idee, den Begriff Gottes, und dieser Begriff ist auch für den Gott selbst eine Wirklichkeit. Der Mensch hat wirklich eine Bewusstseinsschwelle überschritten.

»Abraham antwortete, er sprach: Da habe ich mich doch vorgewagt zu meinem Herrn zu reden, und ich bin ja Staub und Asche: vielleicht fehlen an den fünfzig Bewährten fünf – willst du um die fünf all die Stadt verderben? Er sprach: Nicht will ich verderben, finde ich dort fünfundvierzig. Er aber fuhr fort noch zu ihm zu reden, er sprach: Vielleicht finden sich dort nur vierzig? Er sprach: So tue ichs nicht um der vierzig willen. Er aber sprach: Nimmer entflamme es doch meinen Herrn, dass ich weiter rede: vielleicht finden sich nur dreißig dort? ...«

Wir haben hier einen grandiosen Dialog vor uns; denn Gott nimmt die Worte, die ein Mensch zu ihm spricht, ernst. Dabei handelt es sich für Abraham keineswegs um ein Geschacher; jedesmal wenn er sich erneut vorwagt, drückt er zugleich aus, dass er zu seinem Herrn spricht, und bittet diesen, ihm nicht zu zürnen. Schließlich willigt Gott ein, die Stadt zu verschonen, auch wenn sich nur zehn Bewährte, zehn Gerechte in ihr finden lassen.

»ER ging, als er vollendet hatte, zu Abraham zu reden, und Abraham kehrte an seinen Ort. Die zwei Boten kamen nach Sodom am Abend. Lot aber saß eben im Tore von Sodom. Lot sah auf, erhob sich ihnen entgegen und verneigte sich, Stirn zur Erde, und sprach: Wohlan doch, meine Herrn, biegt doch ab ins Haus eures Knechts, nächtigt, badet eure Füße, frühmorgens mögt ihr eures Weges gehn. Sie sprachen: Nein, sondern auf der Straße nächtigen wir. Er aber drang heftig in sie, so bogen sie zu ihm ab und kamen in sein Haus.«

Lot lädt die Engel in einer Sprache ein, die derjenigen Abrahams gleicht. »Er machte ihnen ein Trinkmahl, buk Fladen, und sie aßen.« – Die Szene mit Abraham hatte sich während des hellen Tages abgespielt; nun ist es dunkel geworden, das heißt, die Zeit der orgiastischen Kulte ist angebrochen. Es gibt eine Frömmigkeit des Tages, des hellen Bewusstseins und eine solche der Nacht, der vertrauenden Hingabe. »Denn seinen Freunden gibt der Herr es im Schlafe«, heißt es im 127. Psalm.

> »Kaum dass sie sich legen wollten, hatten die Männer der Stadt, die Männer von Sodom, das Haus umringt, vom Knaben zum Alten, alles Volk bis zum Ende her, die riefen nach Lot und sprachen zu ihm: Wo sind die Männer, die die Nacht zu dir kamen? gib sie uns heraus, wir wollen sie erkennen!«

Lot ahnt indessen die Gefahr. Er weiß, dass hinter den Männern eine Göttin steht, die verehrt werden will. Und so sucht er zu vermitteln.

> »Lot begab sich zu ihnen hinaus an den Einlass, die Tür verschloss er hinter sich, und sprach: Übt doch nimmer Arges, meine Brüder! Da, ich habe doch zwei Töchter, die noch keinen Mann kennen, die gebe ich euch doch heraus, tut an ihnen, was euern Augen gutdünkt; nur diesen Männern tut nichts, denn warum sonst wären sie unter den Schatten meines Gebälks gekommen!«

Lot kennt die Bewohner der Stadt Sodom. Er versucht die vor ihm stehende Menge zu spalten, indem er an ihren Instinkt appelliert und diesen von seinem ursprünglichen Ziel abzulenken versucht.

> »Sie aber sprachen: Tritt beiseit! und sprachen: Kam da der eine zu gasten und will nun rechten und richten?! an dir üben wir nun noch Ärgres als an ihnen. Sie drangen heftig gegen den Mann, gegen Lot ein und traten herzu, die Tür aufzubrechen. Aber die Männer schickten ihre Hand aus, bekamen Lot zu sich ins Haus, und die Tür verschlossen sie; und die Männer, die am Einlass des Hauses waren, vom Kleinsten bis zum Größten, schlugen sie mit Blendung, die ermüdeten sich, den Einlass zu finden.«

Dieses Geblendetwerden findet sich auch in anderen Zusammenhängen. Mittelalterliche Legenden erzählen, was mit den Soldaten geschah, die vom König ausgesandt waren, um den heiligen Kolumban festzunehmen. Als sie überall gesucht und ihn nicht gefunden hatten, sahen sie ihn plötzlich unterm Kirchenportal sitzen und das Evangelium lesen. Die Augen der Soldaten waren gewissermaßen blind gewesen, ihn zu sehen, während er sich nicht einmal versteckt hielt.

Die Männer erklären Lot nun, was geschehen würde, und fordern ihn auf, mit all den Seinen die Stadt zu verlassen.

»Die Männer sprachen zu Lot: Hast du wen noch hier, einen Eidam, Söhne, Töchter? alle die dein sind in der Stadt führe zum Ort hinaus! denn wir sind daran diesen Ort zu verderben, denn der Klageschrei über sie wuchs groß vor IHM, und ER schickte uns, sie zu verderben. Lot begab sich hinaus und redete zu seinen Eidamen, die seine Töchter genommen hatten, sprechend: Auf, hinaus aus diesem Ort, denn verderben will ER die Stadt! Aber er war in den Augen seiner Eidame wie einer, der Scherz treibt. Wie nun das Morgengrauen aufstieg, bestürmten die Boten Lot, sprechend: Auf, nimm dein Weib und deine zwei Töchter, die sich da befinden, sonst wirst du mitgerafft in der Verfehlung der Stadt! Er zauderte noch, aber die Männer fassten seine Hand, die Hand seines Weibs und die Hand seiner zwei Töchter, weil IHN sein dauerte, sie führten ihn weg und ließen ihn draußen vor der Stadt los. Wie sie nun sie hinausgeführt hatten, sprach einer: Rette dich, es ist um dich selber, blick nimmer hinter dich, bleib in all dem Gau nimmer stehn, rette dich ins Gebirg, sonst wirst du gerafft! Lot sprach zu ihnen: Nicht doch, mein Herr! Wohlan, dein Knecht hat doch Gunst in deinen Augen gefunden, großgemacht hast du deine Huld, die du an mir tatest, mich selber am Leben zu halten – aber ich, nicht vermag ich mich ins Gebirg zu retten, anheften möchte sich mir sonst das Arge, dass ich sterbe. Wohl, diese Stadt da ist doch nah genug, dorthin zu fliehn, und so winzig klein ist sie; dass ich mich dorthin doch retten darf – ist sie nicht winzig klein? – und selber am Leben bleibe! Er sprach zu ihm: Wohl, auch darin achte ich dein, unumgestürzt zu lassen die Stadt, von der du redest, eile, rette dich dorthin, denn ich vermag nichts zu tun, eh du dort hineinkamst. Darum ruft man den Namen der Stadt: Zoar, Winzig. Die Sonne fuhr aus über die Erde und Lot kam nach Zoar, ER aber ließ auf Sodom und auf Gomorra Schwefel und Feuer regnen, von IHM her, vom Himmel, um stürzte er diese Städte und all den Gau, alle Insassen der Städte und das Gewächs des Ackers.«

Die Zerstörung Sodoms und Gomorras muss schrecklich gewesen sein. Damals wuchs in dieser Gegend eine üppige Vegetation; der See, der dann zum Toten Meer wurde, begünstigte Flora und Fauna und wimmelte selbst von Fischen. Heute ist die Salzkonzentration so stark, dass die Fische, die aus dem Jordan hineingeschwemmt werden, innerhalb weniger Minuten sterben. Was mag nun die genannte Katastrophe ausgelöst haben? Ganz gewiss gab es Erdbeben und Gewitter. Erstere haben wohl ein Erdöllager und ein Salzlager aufgerissen, während die Gewitter mit ihren Blitzen eine gewaltige Feuersbrunst auf der ölbedeckten Seeoberfläche und in der ganzen Umgebung auslösten. Der See wurde zu einem Salz- und Pechmeer. Man muss annehmen, dass die Feuersbrunst ein riesiges Ausmaß annahm; denn man findet im Süden des Toten Meeres Spuren einstiger Wälder, und für die Anwesenheit schwarzer Kreidefelsen fand sich bisher keine geologische Erklärung.

Diese Erdkatastrophe macht uns darauf aufmerksam, dass Palästina ein auf der Welt einzigartiges Land darstellt. Rudolf Steiner nannte es eine »imaginative Landschaft«, indem die Geologie selbst Bilder für geistig-seelische Verhältnisse und Vorgänge liefert. Das Salz ist Bild für die mineralischen Ablagerungen, die sich als Folge des intellektuellen Denkens im Gehirn bilden. Das Physische ist gleichzeitig ein Geistiges. Ganz Palästina ist heiliges Bild; wir finden in ihm Spuren der ganzen Entwicklung der Menschheit.

Dass solche Phänomene existieren, das heißt, dass in bestimmten Augenblicken die Geschichte selbst mythisch wird, gehört zu den Grundtatsachen der Heiligen Geschichte oder, wie Edouard Schuré sagte, zur »Inspiration in der Geschichte«. Die Geschichte ist nicht immer und überall heilig oder durchsichtig. Aber in gewissen Augenblicken werden gewisse Taten und Geschehnisse transparent; und dann sieht man, wie sich auf dem historischen Plan die wirkenden Mächte, welche die Menschheit lenken, in mythischer Gestalt offenbaren: Was historisch geschieht, entspricht auf dem imaginativen Plan lebenden Bildern.

Auf eine Einzelheit soll noch etwas näher eingegangen werden. Die Engel gebieten Lot, niemals hinter sich zu blicken, nicht stehen zu bleiben in dem Land. Das heißt, das Bewusstsein soll mit Entschiedenheit den Schritt nach vorne tun. Wenn es seinem vorigen Zustand nachtrauerte, würde die gerade erst erwachte Fähigkeit zu denken den eigenen Instinktkräften verfallen, und es würde etwas Schlimmes geschehen. Dieses wird uns im Bild der Frau Lots gezeigt: Sie blickte sich hinter Lot um und erstarrte zu einer Salzsäule. In dem Maße, in dem der Mensch von seinem Intellekt Gebrauch macht, lagert sich das »Salz« nicht nur im Gehirn, sondern auf dem Weg über das Blut auch im übrigen Körper ab, vor allem in den Arterien. Wenn wir Rheuma haben, nähern wir uns ein Stück mehr einer »Salzsäule«. In der Zeit, als die Menschen noch über eine gewisse Hellsichtigkeit verfügten, sahen diejenigen, welche den Anfang dieses Ablagerungsprozesses im Gehirn und seine Ausbreitung in winzigen Mengen über den ganzen Körper beobachteten – eine Salzsäule.

Die Frau Lots hatte die Fähigkeit des Intellekts entwickelt. Nun schaute sie gegen das ausdrückliche Gebot zurück, statt vorwärts zu gehen. Die einzige Art, sich des Intellekts zu bedienen, ohne dass er zur Falle wird, besteht darin, ihn im Hinblick auf die vor uns liegenden Ideale und Ziele zu gebrauchen. So befreien wir ihn aus seiner Gebundenheit an den leiblichen Organismus – während der Gebrauch des Intellekts, um sich Bedürfnisse und Wünsche zu erfüllen und den Forderungen des Instinkts nachzukommen, die ganz normale Folge hat, dass wir immer mehr zu »Salz« erstarren, bis zu dem Tag, an dem wir sterben.

Wenn der Intellekt einmal erwacht ist, kann er nicht mehr verschwinden; und wenn er den vergangenen Zustand zurücksehnt, entzieht er sich seiner eigentlichen Aufgabe. Viele Menschen des Westens, die mit dem Joga oder ähnlichen Praktiken liebäugeln, tun etwas Ähnliches: Sie sehnen sich nach einem vergangenen Bewusstseinszustand zurück und verfolgen damit einen Prozess, der letztlich in den Tod führt. Es ist eine Illusion zu glauben, dass man sich dabei spiritualisiert. Denn zuerst muss man die Intellektualisierung, diese innere Austrocknung des westlichen Menschen auf sich nehmen; dann erst kann man sich auf die Zukunft hin orientieren. Wer die Hand an den Pflug legt und zurückschaut, ist für das Reich Gottes nicht geeignet.

Dieses Zukunftsproblem ist es, das sich Lot oder vielmehr seinen

Töchtern stellt. Da sie sich dem Erbstrom Abrahams zugehörig fühlen, wollen sie nicht in die alten Kulturen zurückfallen. Wie aber sollen sie das anstellen? Sie befinden sich im Osten des Toten Meeres, in einer Gegend, die – geistig gesprochen – eine Wüste ist. Und um das Blut zu retten, greifen sie nun auf ein altes Prinzip zurück, auf das Prinzip der Blutsverwandtschaft. Sie machen ihren alten Vater trunken und liegen die Nacht über bei ihm, damit er Nachkommen zeuge. So wurden beide Töchter von ihrem Vater schwanger. Sie gebaren jede einen Sohn, Ammon und Moab, die Stammväter zweier Völker, deren heutige Nachkommen die Bewohner Jordaniens sind. Die Stadt Amman-Rabbath ist das alte Ammon, trägt also den Namen eines der Söhne Lots.

*

Abraham geht seinem eigenen Schicksal entgegen. Die *Genesis* schildert nun ein Ereignis, das auf eigenartige Weise einem anderen gleicht, das wir schon kennengelernt haben, als von der Berührung Abrahams mit der ägyptischen Kultur die Rede war. Was geschieht? Während einer gewissen Zeit lebt Abraham im Süden Palästinas, im Negev, jener von Beduinenvölkern besiedelten wüstenartigen Gegend. Er schließt dort Freundschaft mit Abimelech, dem Sohn eines Königs. Wieder müssen wir die Ereignisse in ihrem spirituellen Kontext sehen. Im Leben dieser Völkerschaften ist alles, was Fortpflanzung, Familie und Ehe betrifft, an geistige Riten gebunden. Abraham fürchtet, Abimelech könne ein Auge auf seine Frau werfen und ihn selbst töten – und wieder gibt er sie als seine Schwester aus. Und so nimmt Abimelech Sarah in seinen Harem auf. Im Traum erscheint ihm jedoch der Herr und versetzt ihm einen furchtbaren Schreck, als er ihm mitteilt, er habe eine bereits vermählte Frau zu sich genommen. Abimelech erklärt den Hergang und weist darauf hin, dass er sich Sarah nicht genaht habe. Und Gott anerkennt die Einfalt seines Herzens und befiehlt ihm, die Frau ihrem rechtmäßigen Gemahl zurückzugeben, dann werde er am Leben bleiben. Abimelech hat also die Gastfreundschaft nicht verletzt. So geht er zu Abraham mit der Frage, warum er ihm und seinem Volk das angetan habe. Abraham rechtfertigt sich:

> »Wohl, ich sprach zu mir, gar keine Furcht Gottes sei an diesem Ort, man werde mich meines Weibes wegen umbringen. Auch ist sie wahrhaftig meine Schwester, meines Vaters Tochter, nur nicht meiner Mutter Tochter, so ist sie mein Weib geworden.«

Es ist also möglich, dass Repräsentanten der Vergangenheit begreifen, dass ein neuer Strom in die Entwicklung eingetreten ist. Abimelech bietet Abraham an, zu siedeln, wo es ihm gut dünkt. Und beide schließen miteinander ein Bündnis. Als Gegengabe gleichsam setzt sich Abraham für Abimelech ein,

> »und Gott heilte Abimelech, sein Weib und seine Sklavinnen, dass sie Kinder gewannen. Versperrt nämlich, versperrt hatte ER alljeden Schoß im Haus Abimelechs wegen Ssaras, des Weibes Abrahams.«

Auf dem Land, das Abraham als Geschenk empfangen hatte, befindet sich ein Brunnen, Ber Scheba, »Brunnen des Sieben-Schwurs«.

Nun wird erzählt, wie Sarah in ihrem Alter einen Sohn gebiert, Isaak (Jizchak), das heißt »Er lacht«. Ssara sprach:

> »Ein Lachen hat Gott mir gemacht, alljeder ders hört lacht über mich.«

Wie anders ist dieses Lachen! Sarah lacht nicht mehr über die Einfältigkeit Gottes; sie akzeptiert es sogar, dass man über sie lacht; denn sie ist wieder versöhnt mit dem Schicksal, wieder aufgenommen in den großen Strom. Sie trennt sich vom ägyptischen Strom.

Zwei Söhne sind nun Abraham geboren: Ismael, der Sohn Hagars, und Isaak. Die Spannungen zwischen den beiden Frauen nehmen zu, sodass Sarah Abraham bittet, »diese Sklavin und ihren Sohn« zu vertreiben. Doch Abraham zögert, denn er erinnert sich sehr wohl, dass auf Ismael eine Verheißung Gottes ruht.

> »Aber Gott sprach zu Abraham: Nicht sei es arg in deinen Augen um den Knaben und um deine Sklavin, in allem, was Ssara zu dir spricht, höre auf ihre Stimme, denn in Jizchak wird dir Same berufen. Aber auch den Sohn der Sklavin, zum Stamm will ich ihn machen, denn dein Same ist er.«

Es sollen also beide Strömungen sich getrennt entwickeln; sie sollen sich nicht vermischen, jede soll ihrer eigenen Richtung folgen.

In der Verbindung mit den Naturkräften, denen sie immer treu blieb, entwickelte die arabische Strömung eine außergewöhnliche Intelligenz. Man kann sagen, dass wir der arabischen Intelligenz die Entfaltung der ganzen modernen westlichen Kultur verdanken; die ganze moderne Wissenschaft und Technik, die Medizin, das Universitätssystem gehen auf die arabische Welt zurück. Die große Gefahr, die das Arabertum im Mittelalter darstellte, bestand darin, dass es dieses wissenschaftliche Bewusstsein zu früh entwickelt hatte. Dem stand die Notwendigkeit gegenüber, ein intellektuelles Bewusstsein zu bilden, in dessen Schoß Platz geschaffen würde für die moralische Entfaltung und für die Kraft, die dadurch entstehenden Probleme zu bewältigen. In diesem Bewusstsein sollte nicht der Determinismus herrschen, sondern der Mensch nach und nach zu seiner persönlichen Freiheit finden können. Diese gewaltige Spannung offenbart sich in dramatischer Form in dem Ereignis, von dem nun berichtet wird: Nachdem Gott Abraham einen Sohn gegeben hat, verlangt er von ihm, nach dem Berg Morija zu ziehen und ihn zu opfern.

Was ist Morija? Ein Felsen, einige hundert Meter entfernt von den Höhlen, aus denen der alte Melchisedek herausgetreten war, um Abraham entgegen zu gehen. Auf diesem Felsen wird später Jerusalem erbaut werden. Und die Legende erzählt, dass unter ihm Adam begraben liegt. Um den Besitz dieses Ortes wird noch heute gestritten. Und an diesem Ort soll nun Abraham auf Befehl Gottes seinen Sohn opfern.

Versetzen wir uns in diesen Menschen, der hundert Jahre alt werden musste, bis sich die Verheißung erfüllte, die am Anfang der zarten, sich ankündigenden Morgenröte gestanden hatte; der ein so dramatisches Leben leben musste, bis endlich dieses Kind geboren wurde. Und nun, da das Kind da ist, verlangt Gott, dass er es ihm wieder zurückgibt. Jedes Wort in dieser wunderbaren Erzählung ist an seinem Platz. Und immer müssen wir durch die Worte hindurch hören, um die ganze Bedeutung des Geschehens zu erfassen. Isaak macht seinen Vater darauf aufmerksam, dass das Feuer und die Hölzer vorhanden sind, und fragt, wo das Lamm für das Opfer sei. Abraham antwortet ihm: »Gott ersieht sich das Lamm zur Darhöhung, mein Sohn.« Dieses einfache und doch so große Wort ist in dreifacher Weise symbolisch. Es drückt zunächst die Annahme des Opfers aus; sodann, dass Gott selbst sich ein Lamm verschaffen wird, das heißt, dass eine andere Fähigkeit anstelle des Kindes geopfert werden wird; schließlich, dass Gott für ein Lamm sorgen wird, wenn er an diesem selben Ort, in dieser selben Stadt seinen eigenen Sohn opfern wird. Wir rühren hier unmittelbar an das Geheimnis, das Rudolf Steiner ausdrücken wollte, als er sagte: Was sich in Palästina auf dem irdischen Plan abspielt, ist immer ein Sakrament; es ist immer durchsichtig für geistige Wirklichkeiten und gehört oft mehreren Daseinsebenen an.

Als alle Vorbereitungen getroffen sind und Abraham schon die Hand erhoben hat, um seinen Sohn zu töten – da ertönt eine Stimme, die ihm befiehlt innezuhalten.

> »Abraham hob seine Augen und sah: da, ein Widder hatte sich dahinter im Gestrüpp mit den Hörnern verfangen.«

Am Nordportal der Kathedrale von Chartres sehen wir, wie Abraham, über Melchisedek stehend, zum Engel hinschaut, der den Widder herbeibringt, das Symbol einer geistigen Fähigkeit. Noch war die Entwicklung nicht in das Widderzeitalter eingetreten, sodass wir hier etwas wie eine Zukunftsschau vor uns haben, wie überhaupt in das Geschehen am Fels Morija immer wieder das Christus-Opfer hineinleuchtet. Dem Tierkreiszeichen, das durch den Widder repräsentiert wird, entspricht in der menschlichen Gestalt die Stirn. Und die Widderkraft ist die Kraft eines geistigen Organs, das gewöhnlich als die zweiblättrige Lotusblume bezeichnet wird. Auf die sich darin ausdrückende natürliche, erbliche Hellsichtigkeit musste verzichtet werden zugunsten eines Begreifens der Welt nach Maß, Zahl und Gewicht. Rudolf Steiner stellt dar, wie die letzte der Hellsehergaben, die freiwillig hingeopfert wurde, an das Sternbild des Widders geknüpft ist und wie wir daher bei der Opferung Isaaks den Widder als das eigentliche Opfertier erscheinen sehen.

DAS OPFER ABRAHAMS. REBEKKA

Das Leben Abrahams markiert den Übergang von der mythischen zur im eigentlichen Sinne historischen Zeit. Man kann mit hoher Wahrscheinlichkeit annehmen, dass alle Menschen, von denen nach Abraham gesprochen wird, historische Persönlichkeiten sind und die Ereignisse, von denen berichtet wird, sich tatsächlich auf dem physischen Plan abgespielt haben, während ein großer Teil der zuvor geschilderten Ereignisse in mythischer beziehungsweise bildhafter Form geistige Erfahrungen widerspiegeln.

Wir betreten nun das Gebiet des intellektuellen Bewusstseins, so wie es heute noch vorherrscht. Der Übergang vollzieht sich offensichtlich allmählich. Über lange Zeit hin finden wir neben historischen Darstellungen auch noch bildhafte Erzählungen, beispielsweise diejenigen von Samson. Liest man seine »Geschichte«, so ahnt man, dass einem großen Teil seiner Erfahrungen noch die alte Imaginationskraft zugrunde liegt, während die Erzählungen, die David und Saul betreffen, historische Ereignisse im modernen Sinn des Wortes zum Inhalt haben.

Durch den Sündenfall wurde die Entfaltung des individuellen Bewusstseins ausgelöst, während das Bewusstsein des ursprünglichen Menschen rein aufnehmend und unpersönlich war. Durch den Sündenfall brach der Persönlichkeitsimpuls in die Entwicklung ein. Aus der modernen Geisteswissenschaft erfahren wir, dass die Rollen dabei folgendermaßen auf die die Menschheit lenkenden Mächte verteilt waren: Luzifer hatte die Aufgabe zu bewirken, dass sich der Mensch nach und nach als Einzelwesen erlebt und sich aus der umfassenden Weisheit der Welt herauslöst, die wir im Tierreich beobachten können. Die Tiere sind sehr viel weiser als der Mensch. Sofern sie nicht dem verändernden Einfluss des Menschen ausgesetzt sind, begehen sie praktisch keinen Irrtum, weder in der Nahrungsaufnahme oder den »Heilmitteln« noch in der Art, wie sie in einer drohenden Gefahr reagieren. Sie werden von einer unfehlbaren Weisheit geführt; doch ist diese Weisheit nicht persönlich, sondern wirkt ganz allgemein durch das hindurch, was wir den Instinkt nennen. Die materialistische Wissenschaft wird niemals einen Begriff erarbeiten können, der dem Wesen des Instinkts gerecht wird, denn dieser geht aus einer überindividuellen Intelligenz hervor, die fähig ist, die einzelnen Arten zu lenken. Eine solche überindividuelle, dem Instinkt vergleichbare Weisheit war den Menschen ursprünglich eigen.

Dadurch dass Luzifer nach und nach die Erfahrungen des einzelnen Menschen von seinen Instinkten loslöste, das heißt, indem er die instinktiven Verhaltensweisen individualisierte, sollte er allmählich die menschliche Natur von der kosmischen Intelligenz emanzipieren und dem Menschen erlauben, eine persönliche Intelligenz zu entwickeln. Sein Wirken sollte sich indessen auf das Unterbewusste erstrecken, auf die Blutskräfte; und nach und nach sollten sich zum Beispiel die Funktionen der Fortpflanzung, die sich durch das Blut hindurch offenbaren, individualisieren. – Den anderen Pol stellte die Jahwe-Gottheit dar; diese sollte im Menschen das individuelle Bewusstsein entwickeln. Beide Wesenheiten sollten in gewisser Weise zusammenwirken, die eine dadurch, dass sie individualisierte, was durch das Blut wirkt, die andere, indem sie auf die Wahrnehmung Einfluss nahm und – durch diese hindurch – auf das Entstehen des individuellen Bewusstseins.

Dieses Zusammenwirken, das uspründlich ganz harmonisch gedacht war, wurde indessen verfälscht: Der individualisierende Einfluss Luzifers griff über den Bereich des Unbewussten hinaus und erfasste das Bewusstsein. Die Weisheit des Begehrens, die, wenn sie im Unbewussten wirkt, unfehlbar ist, taucht plötzlich im Bewusstsein auf. Und indem das menschliche Begehren, das bisher den Menschen dazu anleitete, mit Sicherheit das Richtige zu tun, in den Wahrnehmungsbereich einbricht, beginnt der Mensch zu begehren, was er wahrnimmt. Damit aber vermischen sich das Reich des Begehrens, das heißt der vitalen Funktionen, und das des Bewusstseins. Als Ausgleich dazu erhält Jahwe die Aufgabe, sein Wirken nicht länger auf die Ebene des Bewusstseins und der Reflexion zu beschränken, sondern es auf das Gebiet des Lebens auszudehnen.

Man kann sehr deutlich erkennen, wie sich diese Trennung im Schicksal Abrahams vollzieht: Er entwickelt den Intellekt, das konkrete Denken, und er stellt der Gottheit Fragen. Umgekehrt spricht die Gottheit zu seinem Bewusstsein. So trennt sich Abraham von den Blutsbanden, in denen er geboren war; er trennt sich von der alten sumerischen Kultur, der er angehört hatte, und »zieht auf Abenteuer aus«, das heißt, er begibt sich ohne konkrete Absicherungen auf den Weg, allein aus dem Vertrauen heraus, dass sich einmal die Verheißung der Gottheit erfüllen werde. Eine Folge dieser besonderen Bewusstseinsentwicklung ist nun, dass auf dem Gebiet der Lebenskräfte Abraham und seine Frau schwächer werden. Sie bleibt unfruchtbar, und er hat, verglichen mit anderen, nur wenige Kinder.

Gerade an diesem Punkt kann man den oben genannten neuen Einfluss Jahwes beobachten: Die Empfänglichkeit eines Menschen gibt der Verheißung, das heißt einem an ihn gerichteten Wort, eine solche Macht, dass sie sich bis in den Bereich der Lebenskräfte erstreckt. »Du wirst einen Sohn haben, und ich werde mit ihm ein Bündnis schließen« – ich werde mit ihm eine bewusste Verbindung eingehen, eine Verbindung von Angesicht zu Angesicht. Jahwe ist keine Gottheit, die ohne das Wissen des Menschen handeln würde. Er schließt ein Bündnis mit ihm, und dieses Bündnis ist so, dass es die Lebenskräfte erneuert.

*

Wir wollen hier einen Augenblick innehalten und auf die Tatsache schauen, dass sich durch die Bibel bis ins Neue Testament hinein die Empfindung zieht, dass mit Abraham etwas ganz Neues in die Menschheit kam, nämlich der Glaube. Was ist »Glaube«?

In unserem Leben werden wir von Naturgesetzen regiert. Wenn wir auf sie aufmerksam werden und sie erkennen, spiegelt unser

Bewusstsein sie wider. Auf der einen Seite stehen Gesetze, die im Unbewussten den Ablauf unseres Lebens regeln; auf der anderen Seite ist unser Bewusstsein Zeuge dieser Vorgänge, es beobachtet und registriert sie. Aber es registriert sie nicht nur. Es gibt Situationen, in denen innerhalb dieser Gesetzeswelt Impulse, Kräfte entstehen, die mit der gleichen Intensität wirken wie die Naturgesetze, das heißt sich unseres Willens bemächtigen, aber anderer Natur sind. Wenn ich mich darauf beschränke, Gesetze denkend widerzuspiegeln, bin ich nur ein ohnmächtiger Zeuge dessen, was ohne mein Zutun geschieht. Erzeugt jedoch der Gedanke in mir einen Entschluss, wird er zu einer Kraft, die ebenso intensiv wirkt wie die Naturgesetze; er wirkt bis in den organischen Strom hinein, aus dem meine Gesten, Bewegungen, Handlungen hervorgehen. Ich füge also dem determinierten natürlichen Ablauf der Dinge die Frucht meiner schöpferisch gewordenen Bewusstseinskraft hinzu. Ein Gedanke, der die schöpferischen Energien ergreift und sich in die Lebenskräfte ergießt, ist »Glaube« geworden.

Ein anderer Mensch spricht zu mir, und ich verstehe auch, was er sagt. Was ich höre und verstehe, kann mich indessen völlig kalt lassen. Ich kann aber auch versuchen, mich in seine innere Welt einzulassen. Wenn ich erkenne, dass sein Denken nicht einen zufälligen, unverbindlichen Ablauf darstellt, sondern auf Wirklichkeit beruht, dass es tatsächlich eine lebendig wirkende Kraft ist, dann »glaube« ich dem, was er sagt.

Auf der individuellen Ebene kann jeder von uns manchen seiner Gedanken das Gewicht von Wirklichkeit geben. Das kann so weit gehen, dass ich an Dinge glauben kann, die nicht materiell existieren. Wenn ich an ein Ideal glaube, verleihe ich ihm Wirklichkeit. Auf diese Weise wird das, was zuerst nur gedacht war, allmählich zu einer lebendigen Kraft, die mich trägt.

In der Geschichte des Christentums gab es Zeiten, in denen mit aller Heftigkeit über die schwierige Beziehung zwischen dem, was man weiß, und dem, was man glauben muss, gestritten wurde. Lanza del Vasto gab diesem Drama einen treffenden Ausdruck, als er sagte: Wer glaubt, legt das Gewicht seines ganzen Wesens in das, was er denkt. – Denn was ich glaube, ruht auf einer viel tiefer gegründeten

Gewissheit als das, was ich bloß weiß. Diese Form des Glaubens ist das Ergebnis eines langen Weges. Der Glaube reifte im Laufe vieler Jahrhunderte, und wir haben gesehen, wie dieser Prozess bei Abraham seinen Anfang nahm. Es gibt also keinen Gegensatz zwischen Glauben und Denken beziehungsweise Wissen; beide ergänzen einander. Ein Gedanke gewinnt erst dann Tiefe, Wirksamkeit und Fruchtbarkeit, wenn man an ihn glauben kann; und ein Glaube ist erst dann wirklich gefestigt, wenn er von einem klaren Denken durchdrungen ist, das es möglich macht, sich über seinen Inhalt genaue Rechenschaft zu geben.

Was sich hinter diesem Seelendrama verbirgt, ist Luzifer, der in die Entwicklung dadurch eingriff, dass er sich der Lebenskräfte bemächtigte und die Impulse des Begehrens in das Bewusstsein einfließen ließ. Einerseits ermöglichte er damit die Entfaltung des individuellen Menschen, andererseits erzeugte er Irrtum und Zweifel. Indem Jahwe nun dem Gedanken eine gewisse logische Struktur verlieh und dann diesen logischen, fest umrissenen Gedanken mit einer moralischen Struktur versah, gab er ihm zugleich die Kraft, in die Lebensprozesse hineinzuwirken. Damit diese Entwicklung jedoch möglich wurde, war es notwendig, dass sich der Mensch einmal vor einer Art Schwelle befand und die überpersönliche Art des Denkens aufgab, von der er immer noch die Spuren trug und die ihm eine gewisse Hellsichtigkeit erhalten hatte.

Damit der Mensch das objektive, logische Denken entwickeln konnte, musste er die Hellsichtigkeit verlieren. Denn es ist ein Gesetz der Entwicklung, dass in dem Augenblick, da eine neue Fähigkeit geboren werden soll, eine alte sterben muss. Nichts Neues kann entstehen, wenn sich nicht der ganze Zusammenhang erneuert. Man kann zum Beispiel folgende Erfahrung machen. Nachdem man sich einer genauen kritischen Prüfung unterzogen hat, beschließt man, eine Besonderheit seines Charakters, eine bestimmte Eigenheit seines Temperaments, die man als Schwäche empfindet, zu ändern. Man bemerkt dann, dass sich zwar der Wille verändert hat, dass man aber plötzlich mit der Umgebung, die sich nicht verändert hat, über Kreuz liegt. Und es gehört zu den wahrlich härtesten Anstrengungen, aus den Formen und Mustern herauszukommen, die man sich im Laufe der Zeit in seiner Umgebung geschaffen hat. Man muss die Verbindungen abbrechen, damit diese Formen sich ändern. Eine wirklich neue Kraft kann nicht in einer alten Form entstehen. Das ist auch ausgedrückt in dem Bild, das der Christus gebraucht (Matth. 9,17): »Auch gießt man nicht jungen Wein in alte Schläuche, sonst zerreißen die Schläuche, und der Wein läuft aus, und auch die Schläuche gehen verloren. Nein, man gießt jungen Wein in neue Schläuche; dann bleiben beide erhalten.« Das bedeutet, dass der Verwandlungsprozess immer tiefer und langsamer vonstatten geht als das Bewusstsein, das wir davon haben.

*

Und so sehen wir, wie sich im Leben Abrahams ein wirkliches Drama abspielt. Er soll in einen Verzicht, in ein radikales Opfer einwilligen. Er hat eine Gabe empfangen, ein Sohn wurde ihm geschenkt, die Zukunftsverheißung hat in diesem Sohn eine konkrete Gestalt angenommen – und nun wird von ihm verlangt, diesen Sohn zu opfern. Nichts ist beredter als die Darstellung des Geschehens selbst; doch muss man zwischen den Zeilen des Textes lesen. Die ganze Erzählung hat etwas Herzzerreißendes, gerade weil so vieles nicht gesagt wird.

> »Nach diesen Begebnissen geschahs, Gott prüfte Abraham und sprach zu ihm: Abraham! Er sprach: Da bin ich. Er aber sprach: Nimm doch deinen Sohn, deinen Einzigen, den du liebst, Jizchak, und geh vor dich hin in das Land von Morija, und höhe ihn dort zur Darhöhung auf einem der Berge, den ich dir zusprechen werde. Abraham stand frühmorgens auf, er sattelte seinen Esel, er nahm seine beiden Knaben mit sich und Jizchak seinen Sohn, er spaltete Hölzer für die Darhöhung und machte sich auf und ging nach dem Ort, von dem Gott ihm gesprochen hatte. Am dritten Tag erhob Abraham seine Augen und sah den Ort von fern. Abraham sprach zu seinen Knaben: Bleibt ihr hier mit dem Esel, ich aber und der Knabe wollen bis drüben hin gehen, niederwerfen wollen wir uns und dann zu euch kehren. Abraham nahm die Hölzer zur Darhöhung, er legte sie Jizchak seinem Sohn auf, in

> seine Hand nahm er das Feuer und das Messer. So gingen die beiden mitsammen. Jizchak sprach zu Abraham seinem Vater, er sprach: Vater! Er sprach: Da bin ich, mein Sohn. Er sprach: Da ist nun das Feuer und die Hölzer, aber wo ist das Lamm zur Darhöhung? Abraham sprach: Gott ersieht sich das Lamm zur Darhöhung, mein Sohn. So gingen die beiden mitsammen. Sie kamen an den Ort, den Gott ihm zugesprochen hatte. Dort baute Abraham die Schlachtstatt und schichtete die Hölzer und fesselte Jizchak seinen Sohn und legte ihn auf die Schlachtstatt zuoberst der Hölzer. Abraham schickte seine Hand aus, er nahm das Messer, seinen Sohn hinzumetzen. Aber SEIN Bote rief ihm vom Himmel her zu und sprach: Abraham, Abraham! Er sprach: Da bin ich. Er sprach: Schicke nimmer deine Hand nach dem Knaben aus, tu ihm nimmer irgendwas! Denn jetzt habe ich erkannt, dass du Gottes fürchtig bist, – nicht vorenthalten hast du mir deinen Sohn, deinen Einzigen. Abraham hob seine Augen und sah: da, ein Widder hatte sich dahinter im Gestrüpp mit den Hörnern verfangen. Abraham ging hin, er nahm den Widder und höhte ihn zur Darhöhung anstatt seines Sohns.«

Abraham opferte also anstatt seines Sohnes das, was man von jeher die Widderkraft nannte. Noch bis ins 16. Jahrhundert wusste man von der Verbindung, die zwischen bestimmten Organen und den Zeichen des Tierkreises besteht; davon zeugen beispielsweise Zeichnungen in Medizinbüchern wie denen des Paracelsus. Dem Tierkreiszeichen des Widders korrespondiert die Stirn, es wird dort durch zwei Hörner symbolisiert. Es ist das gleiche Organ, das man manchmal auch als zwei rote oder schwarze Antennen auf dem Kopf Luzifers dargestellt findet. Über die Zeit ihrer Berechtigung hinaus bewahrt, werden diese hellsichtigen Kräfte zu etwas Dämonischem.

> »Abraham rief den Namen jenes Orts: ER ersieht. Wie man noch heute spricht: Auf SEINEM Berg wird ersehn. SEIN Bote aber rief Abraham ein zweites Mal vom Himmel her zu und sprach: Bei mir schwöre ich – SEIN Erlauten – ja, dieweil du dieses getan hast, hast deinen Sohn, deinen Einzigen, nicht vorenthalten, segne, ja segne ich dich, mehren will ich, mehren deinen Samen wie

> die Sterne des Himmels und wie den Sand der am Ufer des Meers ist, ererben soll dein Same das Hochtor seiner Feinde, segnen sollen einander mit deinem Samen alle Stämme der Erde, dem zu Folge, dass du auf meine Stimme gehört hast.«

Abraham kehrt nach Ber-Scheba zurück. Wir erfahren nun nicht mehr viel aus seinem Leben. Er hat in einem gewissen Sinne seine Aufgabe erfüllt. Wir hören, dass Sarah im Alter von 127 Jahren starb und Abraham sie um fast 50 Jahre überlebte, bis er selbst 175-jährig starb. Nach dem Tod Sarahs war etwas wie eine Leere entstanden. In manchen Sagen wird erzählt, dass man, wenn sie anwesend war, dort wo ihr Zelt stand, einen Glanz, ein Leuchten wie von Weisheit wahrnahm. Mit ihrem Tod – sie wurde »in die Höhle des Angers auf Machpela, angesichts Mamre, bei Hebron also, im Lande Kanaan« begraben – verschwand auch das Leuchten.

*

Wenn wir die nun folgende Erzählung lesen, erkennen wir deutlich, dass es sich nicht mehr um übersinnliche Kräfte handelt, sondern um eine wirklich-irdische Geschichte, freilich um eine sehr schöne, poetische Idylle:

> Abraham war alt, hochgekommen in die Tage, und ER hatte Abraham in allem gesegnet. Abraham sprach zu seinem Knecht, dem Alten seines Hauses, der alles Seine verwaltete: Lege doch deine Hand unter meine Lende! ich will dich einschwören mit IHM, Gott des Himmels und Gott der Erde, dass du meinem Sohn nicht nehmest ein Weib von den Töchtern des Kanaaniters, bei dem mittinnen ich siedle, sondern in mein Land und zu meiner Verwandtschaft sollst du gehen und ein Weib meinem Sohn nehmen, dem Jizchak.«

Die Kanaaniter gehörten zu den Völkern, deren Leben von den Gesetzen der Fortpflanzung impulsiert war; das Blut beherrschte sozusagen ihre Instinkte. Darüber hinaus besaßen sie noch hellsichtige Fähigkeiten und praktizierten an hochgelegenen Orten ekstatische Kulte, die mehr und mehr einen orgiastischen Charakter annahmen – gerade weil die Hellsichtigkeit mit den Sexualkräften verbunden war. So sah sich Abraham der Notwendigkeit gegenüber, sich von seiner Umgebung und damit den alten Strömungen deutlich abzugrenzen. Daher lässt er seinen Diener schwören, seinen Sohn auf keinen Fall mit einer der Töchter des Landes zu verheiraten. Denn jedes Zurückgehen in alte Verhältnisse schwächt den Zukunftswillen; und wer die Hand an den Pflug gelegt hat und dabei zurückschaut, ist für das Reich Gottes nicht geeignet.

Der Knecht macht sich also auf den Weg ins Zweistromland; er begegnet an einem Brunnen Rebekka (Ribka) und zieht mit ihr zurück zu seinem Herrn.

> »Jizchak war gekommen von wo du zum Brunn des Lebenden Michsehenden kommst, er siedelte nämlich im Südland. Nun zog Jizchak hinaus, zu sinnen auf jenem Anger um die Abendwende. Er hob seine Augen und sah: da, Kamele kommen. Ribka hob ihre Augen und sah Jizchak. Sie glitt vom Kamel hinab und sprach zum Knecht: Wer ist der Mann drüben, der auf dem Anger uns entgegengeht? Der Knecht sprach: Das ist mein Herr. Sie nahm den Schleier und verhüllte sich. Der Knecht aber erzählte Jizchak alle Dinge, die er getan hatte. Und Jizchak ließ sie in das Zelt Ssaras seiner Mutter kommen. Er nahm Ribka und sie wurde sein Weib, und er liebte sie, getröstet wurde Jizchak nach seiner Mutter.«

Sowohl in der Erzählung des Abraham-Opfers als auch in der von der Hochzeit Isaaks wird ein Wort gebraucht, das im Alten Testament äußerst selten ist, vielleicht weil die Menschen eine große Scheu und Scham hatten, es auszusprechen: es ist das Wort »lieben«. Als Gott Abraham dazu auffordert, alles für das Opfer seines Sohnes vorzubereiten, sagt er: »Nimm doch deinen Sohn, deinen Einzigen, den du liebst, Jizchak …« Hier nun haben wir eine der wenigen Stellen im Alten Testament, wo gesagt wird, dass ein Mann seine Frau »liebt«. Später wird es heißen, dass Jakob Rahel liebte. Und von Gott heißt es, dass er Israel liebte, seine Braut.

Das Schicksal Isaaks ist ganz einfach und klar. So bewegt das Schicksal Abrahams war, so ruhig ist das Isaaks. Nur wenig erfahren wir über ihn: Er wird geboren, er heiratet, er hat zwei Söhne – da beginnt aber auch schon die Geschichte dieser Söhne. Unter allen Gestalten des Alten Testaments repräsentiert Isaak so etwas wie eine geschichtslose Biografie, die wie das Auge einer Quelle ist, in der der Himmel sich spiegelt.

Die drei Patriarchen Abraham, Isaak und Jakob spiegeln in gewisser Weise die Große Dreiheit wider. Abraham ist der Vater einer großen Nachkommenschaft. Isaak ist sein Sohn, und nichts anderes als sein Sohn, zweimal geboren unter außergewöhnlichen Umständen, von hochbetagten Eltern als Erfüllung einer Verheißung, dann vom Vater hingegeben und erneut von Gott dem Leben geschenkt; von ihm wird gesagt, dass sein Vater ihn liebt und dass er selbst seine Frau liebt. Jakob schließlich wird der erste Mensch mit einem ganz persönlichen Schicksal sein, der erste, der Fehler begeht und dafür bezahlt und dessen Bewusstsein sich für die moralischen Qualitäten des Lebens öffnet. Abraham ist wie ein Abglanz der Vaterkräfte der Welt, Isaak ein Abglanz der Sohneskräfte, Jakob ein Wesen, in dem sich die Geistfähigkeit spiegelt, die allmählich am menschlichen Horizont aufgeht.

ESAU UND JAKOB

Wir waren bisher Zeuge des Schicksals zweier Söhne Abrahams, Ismaels und Isaaks; und wir lebten insbesondere das Drama mit, das sich abspielte, als Abraham von Gott aufgefordert wurde, seinen Sohn Isaak, an den sich doch so viele Verheißungen und Hoffnungen knüpften, zu opfern. Dass im letzten Augenblick das Kind durch einen Widder ersetzt wurde, ist Ausdruck dafür, dass es sich für die Menschheit darum handelte, auf alte hellsichtige Fähigkeiten zu verzichten und statt dessen das intellektuelle Denken zu entwickeln.

Wir folgten dann den Ereignissen, die zur Hochzeit Isaaks mit seiner Kusine Rebekka führten, sahen, wie der treue Diener Abrahams nach den Anweisungen seines Herrn die Begegnung organisierte. Und Isaak »nahm Ribka und sie wurde sein Weib, und er liebte sie«.

Nun nähern wir uns einer neuen Stufe der Entwicklung, die einen noch größeren Schritt verlangt. In Isaak hatten wir ein friedliches Schicksal vor uns, eine Atmosphäre des Wohlwollens, nicht ein grausames Opfer, sondern ein Verzichten, das zur Versöhnung und Versöhnlichkeit führte. Während uns Abraham immer nahe erscheint, immer wie im Vordergrund stehend, bleibt Isaak mehr im Schatten. Der Erste, in dem sich ein ganz persönliches Schicksal offenbart, ist sein Sohn Jakob. Mit ihm betreten wir wirklich den Bereich, in dem sich eine echte Biografie ereignet. Gewiss können wir mit diesem Wort noch nicht den Sinn verbinden, den es heute hat und den es auch schon bei Saul und David annahm. Jakob spricht noch oft in Bildern, wie wir sie aus Märchen kennen. Und doch scheinen durch diese Bilder Ereignisse hindurch, die sich mit Sicherheit auf der physischen Ebene abgespielt haben. Das persönliche Menschenwesen wird immer greifbarer.

Bevor wir uns mit dem Schicksal Jakobs und Esaus beschäftigen, wollen wir zunächst noch einen Blick auf die anderen Kinder Abrahams werfen.

> »Abraham hatte noch ein Weib genommen, ihr Name war Ktura. Sie gebar ihm Simran und Jokschan, Medan und Midjan, Jischbak und Schuach. Jokschan zeugte Schba und Dedan, Dedans Söhne waren die Aschuriter, die Letuschiter und die Lumiter. Midjans Söhne: Efa, Efer, Chanoch, Abida und Eldaa. Alle diese sind Söhne Kturas. Aber alles was sein war hatte Abraham Jizchak übergeben. Den Söhnen der Kebsweiber, die Abraham hatte, gab Abraham Gaben und sandte sie noch bei seinem Leben hinweg von Jizchak seinem Sohn, ostwärts, ins Ostland.«

Abraham macht also einen großen Unterschied zwischen seinen natürlichen Söhnen und dem Sohn, der die Frucht der Verheißung war. Diesem gibt er, was ihm von besonderem Wert ist, während er die anderen mit Geschenken fortschickt – eine freundliche Geste, doch von geringerem Wert, etwas, das man aus Anstand und oft ohne Fantasie weggibt, das vor allem nicht das Zeichen des Ich, der Persönlichkeit trägt.

Die natürlichen Söhne schickt Abraham also fort »ins Ostland«. Erinnern wir uns daran, dass das Bewusstsein Abrahams, nachdem er seine Heimat verlassen hatte, immer nach dem Westen hin gerichtet war. Er gehörte nicht zu denen, für die das Wort »Ex oriente lux« galt. Im Gegenteil, von ihm müsste man sagen: »Ex occidente lux«. Das heißt, das Licht des Lebens sollte nicht aus dem Osten, sondern aus dem Westen kommen. Wir kommen hier mit diesen beiden Strömungen in Berührung, die dem Leib der Erde wie eingeschrieben sind. Die eine geht nach Osten, die andere nach Westen; und in der Entwicklung der Menschheit vollzieht sich eine Art Pendelbewegung. Noah kam aus der alten, im Westen gelegenen Atlantis und zog nach Osten. Als aber diese große Wanderung an ihr Ende gekommen war, wendete sich der Blick um und ging wieder gegen Westen. Auch Abraham folgt dieser Entwicklung, die schließlich zum Erwachen Europas führen wird. Paulus, der dem Christentum Richtung und Sinn geben wird, wird durch sein Schicksal nach Westen geführt. Doch im Mittelalter geht der Blick erneut nach Osten. Und heute leben wir in einer Periode, in der alles nach dem Westen hin ausgerichtet ist. So wiederholt sich in ständigem Wechsel diese Pendelbewegung.

Nachdem Abraham seine Söhne über die östlichen Gegenden verstreut hat, vollendet er seinen Lebensweg.

> »Dies sind die Tage der Lebensjahre Abrahams, die er lebte: hundert Jahre und siebzig Jahre und fünf Jahre, da verschied er. Abraham starb in gutem Greisentum, alt und satt, und wurde zu seinen Volkleuten eingeholt. Ihn begruben Jizchak und Jischmael seine Söhne« – Ismael ist der Erstgeborene, er gehört nicht dem Staub an wie die Söhne von Ktura, und also ist er beim Tod seines Vaters anwesend – »in die Höhle Machpela, in den Anger Efrons, Sohns Zochars des Chetiters, Mamre gegenüber, den Anger, den Abraham von den Söhnen Chets erworben hatte. Dort wurde begraben Abraham und Ssara sein Weib.«

Diese Höhle von Machpela in Hebron war bis zum Sechstagekrieg eines der großen Heiligtümer der islamischen Welt. Die Kirche über dieser Höhle war im 12., 13. Jahrhundert von Kreuzfahrern errichtet und später in eine Moschee umgewandelt worden, eine der großen Moscheen des Islam. Die Höhle ist seit langem nicht mehr zugänglich, denn die Araber zeigen ihre Verehrung vor heiligen Orten dadurch, dass sie sie vor dem Ansturm Neugieriger schützen. Auf dem Felsen jedoch, der sich über der Höhle erhebt, kann man vor großen, mit grünem Tuch bedeckten Steinsärgen beten; es sind die Särge Abrahams und Sarahs, Isaaks und Jakobs sowie von deren Frauen.

Bei der Bestattung Abrahams sind also Israel (Isaak) und Ismael beide anwesend. Die Bibel erzählt nun, wie jeder von ihnen sich in einen anderen Entwicklungsstrom hineinbegibt.

> »Es geschah nach Abrahams Tod: Gott segnete Jizchak seinen Sohn. Jizchak aber siedelte am Brunn des Lebenden Michsehenden.«

Dann jedoch werden die »Zeugungen« Ismaels genannt, den Hagar, die Ägypterin und Sarahs Magd, Abraham geboren hatte. Diese zwölf Söhne werden als Fürsten von zwölf Völkerschaften bezeichnet. Das heißt, dass sich die Verheißung überträgt und auch Ismael zum Führer einer Zwölfheit wird. Auch in seinen Söhnen spiegeln sich kosmische Gesetze; doch sind es in dieser Strömung mehr die Vererbungsgesetze, die weiterhin die Folge der Generationen bestimmen. Von einem persönlichen Schicksal Ismaels erfahren wir in der *Genesis* nichts, wirken doch die Gesetze mehr durch ihn hindurch, als dass sie sich in ihm individualisieren.

> »Und dies sind die Jahre des Lebens Jischmaels: hundert Jahre und dreißig Jahre und sieben Jahre, da verschied er. Er starb und wurde zu seinen Volkleuten eingeholt. Sie wohnten aber von Chawila bis Schur das angesichts Ägyptens ist und hinwieder bis wo du nach Assyrien kommst: all seinen Brüdern fiel er ins Gesicht.«

Das heißt, sie hatten sich über ein Gebiet ausgebreitet, das von Arabien im Süden bis nach Assyrien und Mesopotamien im Norden reichte.

*

In der Beziehung zwischen Isaak und Rebekka wiederholt sich zunächst die Geschichte. Wie Sarah ist auch Rebekka unfruchtbar. In dieser Abraham verheißenen Nachkommenschaft treten immer wieder Ungewissheiten, Zweifel, Verzögerungen auf; das Schicksal ist ausgesetzt, und der Mensch hat keine Macht darüber. Auf das Flehen Isaaks hin lässt sich Gott erbitten, und Rebekka wird schwanger. In diesem Vorgang drückt sich ein Gesetz aus, das auch heute noch für jeden Menschen gilt: die Trennung des Wesens in das, was es an Natürlichem, an Vererbtem besitzt, und das, was individuell in ihm ist. Es ist das eine Krise, ein Bruch, das, was man später als »Gericht« bezeichnen wird. Jeder muss da hindurch. Die nur vererbte Natur muss zum Gefäß einer neuen, einer schöpferischen Natur werden; immer muss sich das Alte vom Neuen trennen. Dieses dramatische Geschehen ereignet sich nun bereits vor der Geburt.

> »Aber die Kinder stießen einander in ihrem Innern. Sie sprach: Ist dem so, wozu nur bin ich?«

Bis zu diesem Augenblick war noch von keinem Menschen gesagt worden, dass er sich mit »ich« bezeichnet hätte. Als nun Rebekka spürt, dass sich ihre beiden Kinder, die Zwillinge, in ihrem Leib streiten, erfährt sie in sich selbst den Widerspruch, und diese Erfahrung gibt ihr einen Begriff ihrer selbst: »Warum ich?« Jedesmal, wenn ein Mensch von einem heftigen Schmerz ergriffen wird, empfindet er ihn als etwas, das gerade auf ihn zielt, mehr als auf jeden anderen; und er fragt sich: Warum gerade ich? – ohne sich darüber im Klaren zu sein, dass der Augenblick, da ihn der Schmerz ergreift, der Augenblick seiner eigenen Geburt ist, die ihn vor Gott zu einer Persönlichkeit macht. Ohne das wäre er nur eine dieser zufälligen, anonymen, verwehenden Staubwolken. Hier aber haben wir jemanden vor uns, mit dem Gott sich befasst, der jedoch nichts davon weiß. Der Mensch ist noch nicht vollständig Herr seiner selbst. Er erlebt seine eigene Existenz zunächst als etwas Leidvolles, als etwas in sich Zwiespältiges, und er fragt sich nach dem Grund dieses Widerspruchs. Und indem er so fragt, erkennt er sich; er wird zu einem werdenden Wesen. Wir sollten die Widersprüchlichkeit nicht fürchten, sie ist das Gesetz des Menschen. Der Mensch ist mit seinen beiden Armen wie an Pferde gefesselt, die in entgegengesetzte Richtungen ziehen. Wenn es ihm gelingt, die Arme zusammenzuführen und die Pferde in Schach zu halten, dann ist er jemand! Wenn zwei einander entgegengesetzte Kräfte ihn auseinanderzureißen suchen und um die Vorherrschaft in ihm streiten, dann muss er kämpfen, um die Vereinigung herbeizuführen und dadurch zu werden.

> »... wozu nur bin ich? Und sie ging, IHN zu beforschen. ER sprach zu ihr: Zwei Stämme sind in deinem Leib, zwei Haufen von deinem Schoß an getrennt, Hauf überwältigt Hauf, Ältrer muss Jüngerem dienen.«

Auch das ist ein Entwicklungsgesetz. Im Neuen Testament lesen wir (Matth. 22,14): »Viele sind Berufene, doch wenige sind Auserwählte.« Wobei unter »Auserwählten« diejenigen zu verstehen sind, die in sich das Wort neu hervorgebracht haben. Denn nur in der Einsamkeit kann der Mensch der geistigen Wirklichkeit von Angesicht zu Angesicht gegenüberstehen. Der Satz drückt nicht eine Quantität, sondern eine Qualität aus. Er bedeutet: Die Menschenwelt als Ganze trägt in sich den Keim spiritueller Entwicklung, aber dieser Keim entfaltet sich nur in der Einsamkeit. Auf diese Tatsache weist bereits die Antwort der Gottheit auf die Frage Rebekkas hin: »Hauf überwältigt Hauf, Ältrer muss Jüngerem dienen«, oder mit anderen Worten: Ein Volk wird sich mehr als das andere durchsetzen, und der Ältere wird dem Jüngeren dienen. – Dieses Gesetz wird sich in der Geschichte des jüdischen Volkes immer mehr herauskristallisieren. Im Namen dieses Gesetzes wird jedes neue Aufblühen ein Opfer verlangen; jedesmal, wenn der Baum ein Stück gewachsen ist, muss er zurückgeschnitten werden, damit ein neuer Schössling entstehen kann.

> »Als sich nun ihre Tage erfüllten zum Gebären, da, Zwillinge waren in ihrem Leib. Dann fuhr der erste hervor, rötlich, überall wie ein haariger Mantel, sie riefen seinen Namen Essaw, Rauer. Danach fuhr sein Bruder hervor, seine Hand fasste Essaws Ferse, man rief seinen Namen Jaakob, Fersehalt. Jizchak aber war sechzig Jahre, als sie sie gebar.«

Wieder erscheint hier das Motiv der Ferse. Es war uns zum ersten Mal begegnet, als nach dem Sündenfall Gott die Schlange verfluchte: »Feindschaft stelle ich zwischen dich und das Weib, zwischen deinen Samen und ihren Samen, er stößt dich auf das Haupt, du stößest ihm in die Ferse.« Die Schlange ist ein Bild der Kraft, die durch ihr Wirken den Menschen von seiner Berufung abbringen will, ein Bild Luzifers. Luzifer wird künftig Macht über den Menschen haben, er wird ihn in die Ferse stechen, und ihm selbst wird vom Menschen der Kopf zertreten werden. – Auch in der griechischen Mythologie leuchtet das mit der Ferse verbundene Mysterium auf. Achilles, der Leichtfüßige, Inbegriff fast des Helden, ist von der Schwäche gezeichnet, dass Paris ihn in die Ferse sticht. Oft sind es gerade Menschen mit reichen Gaben der Natur und des Geistes, die dieses Zeichen tragen. Sie haben eine Schwäche in der »Ferse«.

Was aber ist die Ferse? Taucher, die bis auf den Grund von Gewässern hinabtauchen, müssen sich, um wieder aufzusteigen, umdrehen und mit einem kräftigen Tritt vom Boden abstoßen. Diese Fähigkeit ist weniger stark entwickelt bei sehr begabten Menschen, weil sie immer von ihren Begabungen wie getragen sind und Erfolge sich wie von allein einstellen. Wer dagegen mit Schwierigkeiten auf die Welt kam und sich alles aus eigener Anstrengung erobern musste, hat es sich früh, vielleicht schon in der Schule, zur Gewohnheit gemacht, auf den Grund zu kommen und dann aus eigenen Kräften wieder hochzusteigen. Der von Natur aus begabte Mensch, das heißt der mit den Gaben Luzifers ausgestattete Mensch, hat eine schwache Ferse.

Bei all seinen Gaben, seiner Kraft, seinem feurigen Mut im Kampf kann doch Achilles seinen Zorn nicht beherrschen; das geht so weit, dass er den Erfolg des Trojanischen Krieges aufs Spiel setzt. Die Persönlichkeit, die ihm gegenübersteht und die von Anfang an auch Angst zeigt, ist Odysseus; er hat immer den Grund berührt. Es besteht eine gewisse Übereinstimmung zwischen Odysseus und Jakob: Beide machen als Erste auf ziemlich elegante Weise von einer menschlichen Fähigkeit Gebrauch, die bis dahin unbekannt war: von der Lüge. Wir stehen hier vor einem Phänomen, das für ein aufrechtes Gewissen etwas Bestürzendes hat. Denn selbstverständlich stellt sich die Frage, wie es möglich ist, dass ausgerechnet der moralisch weniger Reine zum Träger der Verheißung wird. Denn Jakob betrügt Esau um seine Rechte. Das weist darauf hin, dass man für ein Verständnis solcher Erzählungen die gelernten moralischen Begriffe beiseite lassen muss, um nur das anzuschauen, was sich als reines Phänomen bietet. Worin besteht also die Fähigkeit zu lügen?

Ein kleines Kind kann nicht lügen. Es sagt alles, weil es nur sagen kann, was ist. Dann, in einem bestimmten Alter, beginnt es die Unwahrheit zu sagen. Die Eltern sind entrüstet. Im Allgemeinen schaden sie damit dem Kind am allermeisten, denn sie projizieren durch ihre Entrüstung in das Kind eine Form von Moral, die den Erwachsenen, nicht aber den Kindern angemessen ist. Wären die Eltern fähig, die Kinder mit der notwendigen phänomenologischen Objektivität zu beobachten, so würden sie erkennen, dass der Augenblick, in dem der Mensch fähig wird, sich Dinge vorzustellen, die nicht existieren, zugleich der Augenblick ist, in dem er von der äußeren Welt unabhängig zu werden beginnt. Wenn man nur das wiedergeben kann, was die äußere Welt bietet, ist man in keiner Weise frei. Lügen können bedeutet immer auch sich Dinge ein-bilden können. Der Gebrauch, den der Lügner von der Fähigkeit macht, unabhängig von der äußeren Welt zu denken, ist sicher nicht gut; doch die Fähigkeit selbst ist notwendig. Das Große in den beiden Schicksalen, in dem des Odysseus und in dem Jakobs, besteht gerade darin, dass sie, nachdem sie das Lügen und Betrügen entdeckt haben, zugleich entdecken, dass man die Schuld, die man dadurch auf sich geladen hat, tragen muss. Odysseus wird von den Griechen auch als derjenige bezeichnet, »der viel gelitten hat«. Und auch Jakob wird ein außerordentlich schweres Schicksal zu tragen haben; er wird siebenfach für jeden begangenen Fehler bezahlen müssen, um endlich sich die Freiheit zu erringen, zu der ihm die Lüge das Tor geöffnet hat.

> »Die Knaben wuchsen groß, Essaw wurde ein jagdkundiger Mann, ein Mann des Gefildes, Jaakob aber ein schlichter Mann, in Zelten weilend.«

Man sieht sogleich den Gegensatz. Esau ist derjenige, der genau zielt und sein Ziel erreicht, der in der Berührung mit der Natur lebt. Man darf ihn sich nicht als ein grobes, raues Wesen vorstellen; auch wenn sein ganzer Körper behaart ist, hat er doch nichts Tierhaftes an sich. – Wir stehen hier vor einem Geheimnis, ähnlich dem, wie wir ihm im Gegensatz zwischen Kain und Abel schon einmal begegnet sind. Esau war noch eine natürliche Verbindung mit den Kräften der ihn umgebenden Welt eigen; er nahm noch deren verborgenes Leben wahr, er hatte den Spürsinn des Jägers. In der sumerischen Mythologie ist es Eabani, der eine ähnliche Rolle spielt; auch er war über und über mit einem Haarkleid bedeckt und lebte ebenfalls als Jäger in den Wäldern. Auch der König Nimrod gehörte zu dieser Art von Menschen, obwohl er bereits sehr viel persönlichere, tyrannische Züge hatte, so dass sich Abraham von ihm trennte.

Esau ist also ein Träger der vererbten Verbindung mit den Naturkräften; er hat ein offenes, lachendes, sonnenhaft strahlendes Wesen, und es heißt von ihm, dass Isaak ihn lieb gewann, »denn Jagdfang war für seinen Mund«. Rebekka liebte dagegen den einfachen, schlichten Jakob, der gerne im Zelt saß. – In den großen französischen und keltischen Sagen des Mittelalters taucht der vielleicht letzte Vertreter der Hellsichtigkeit und Weisheit der vorchristlichen Mysterien in christlicher Zeit auf. Diese geheimnisvolle Gestalt ist der Sohn einer Nonne, einer dem Christus geweihten Jungfrau also. Diese Nonne empfing ohne ihr Wissen von einem Dämon, von Luzifer. Bei seiner Geburt, so erzählt die Legende, sei das Kind behaart gewesen wie ein Fuchs. Diese rätselhafte Erscheinung war der Zauberer Merlin, von dem die Entstehung der Tafelrunde ausging und der die Suche nach dem Heiligen Gral einleitete, also eine wichtige Rolle in der Geschichte des Christentums spielte. Die Kraft, über die er verfügte, war noch ein Erbe der alten Kräfte der keltischen Druiden. Daher ist das Ende seines Lebens in Melancholie, in Trauer getaucht. Er verfiel einer Fee, Viviane, die noch diese unverwandelten vorchristlichen Kräfte beherrschte, wurde von ihrem Zauberwort gefangen genommen und schläft seit vierzehn Jahrhunderten in einem Gefängnis aus Kristall einen Zauberschlaf. Es gab also bis in spätere Zeiten hinein Wesen, deren Schicksal dem von Menschen wie Esau verwandt war.

> »Einst sott Jaakob einen Sud. Essaw kam vom Gefild, und er war ermattet. Essaw sprach zu Jaakob: Lass mich doch schlingen von dem Roten, dem Roten da, denn ich bin ermattet.«

Die Ausdrucksweise ist sehr charakteristisch. Wenn man von seinen Gefühlen übermannt wird, nimmt man sich nicht die Zeit, nach dem angemessenen Ausdruck zu suchen; dann sagt man einfach: »von dem Roten, dem Roten da«, weil das Rote der vorherrschende Eindruck ist. Das ist die Reaktion eines Wesens, das vor allem in seinen Gefühlen und seinem Willen lebt.

Während Esau ganz in seinem Tun aufgeht, nimmt Jakob Abstand und überschaut einen größeren Zeitraum.

> »Jaakob sprach: Verkaufe mir gleich des Tags dein Erstlingtum. Essaw sprach: Wohl, ich gehe an den Tod, was soll mir da Erstlingtum! Jaakob sprach: Schwöre mir gleich des Tags. Er schwur ihm und verkaufte sein Erstlingtum Jaakob. Jaakob aber gab Essaw Brot und den Linsensud, der aß und trank und stand auf und ging davon. Verachtet hatte Essaw das Erstlingtum.«

In dieser unreflektierten, impulsiven Handlungsweise Esaus zeigt sich ein beträchtlicher Mangel an Selbstbeherrschung. Ähnlich erging es Kain, Prometheus, all jenen Menschen, die über gewaltige Emotionen und Energien verfügen, aber unfähig sind, sie zu beherrschen. Auf diese Weise verlieren sie, worauf sie ein Recht haben.

Dieses Problem taucht in der westlichen Kultur immer wieder auf und hat große Geister beschäftigt. Goethe war in seiner Jugend ein Aufrührer. Er gehörte zu denen, die glauben, alles müsse zerstört werden, um dann bei Null wieder anzufangen. Jedoch machte er die Erfahrung, dass in der Zerstörung der Mensch unfähig ist, etwas Neues zu schaffen. Als ihm das klar geworden war, schrieb er seinen *Torquato Tasso*, das Drama eines sensiblen, glühenden, reinen Dichters, der jedoch nicht Herr seiner selbst ist. So verliert er nacheinander die Fähigkeiten, über die er verfügte, und gerät in einen Zustand der Unterlegenheit. Es ist das Schicksal, dem auch Esau dadurch erliegt, dass er nicht Herr über seine Gefühle ist.

ISAAK IM LAND DER PHILISTER

Wir haben gesehen, wie sich die Scheidung von Jakob und Esau dadurch vollzog, dass Esau sein Erstgeburtsrecht für ein Linsengericht an Jakob verkaufte. Nun berichtet die *Genesis* zunächst nicht mehr von ihnen, sondern kommt auf Isaak zurück. Die Tradition spricht gewöhnlich von den drei großen Patriarchen, und der Gott Jahwe wird der Gott Abrahams, Isaaks und Jakobs genannt. Wir kennen relativ gut das Leben Abrahams, wir kennen Jakob, wissen aber nur sehr wenig von Isaak.

Wir müssen jedoch lernen, die Bibel zwischen den Zeilen zu lesen. Gerade dort, wo sie nichts erzählt, hat sie etwas zu sagen. Wir haben schon bemerkt, dass sie von ihm etwas sagt, was sie von fast keinem Menschen sonst im Alten Testament sagt, dass nämlich Isaak seine Frau liebte. Auffallend ist auch, dass von allen Patriarchen Isaak der einzige ist, der nur *eine* Frau hat. Wir erfahren von seiner Hochzeit; aber weder davor noch danach ist von einer anderen Frau die Rede, auch nicht von einer Dienerin, die er etwa zu sich genommen hätte, um für die Unfruchtbarkeit Rebekkas einen Ausgleich zu schaffen. Dann hören wir, wie Gott das Gebet Isaaks um Nachkommenschaft erhört und Rebekka mit Zwillingen schwanger wird.

Das Schicksal Isaaks hat also etwas sehr Besonderes. Ein Geheimnis umgibt ihn; und wenn sein Name fällt, denkt man unwillkürlich an ihn als an den Knaben, den sein Vater opfern sollte. Dieses Geschehen muss für ihn einer Mysterienerfahrung gleichgekommen sein. Später, zu einer Zeit, als Jakob noch nicht das Patriarchenalter erreicht hatte, wird man vom Gott Abrahams und vom Gott der Angst Isaaks sprechen. Das macht uns darauf aufmerksam, dass Isaak durch eine bis an die Todesschwelle führende Prüfung gegangen ist.

Eine alte jüdische Sage spricht von der göttlichen Stimme, dieser Stimme, die in der althebräischen Sprache als die Stimme des Ewigen bezeichnet wird und die wie ein lebendiges Wesen ist. Später wird von der Tochter dieser Stimme die Rede sein, von Bath-Kol, die eine ganz außerordentliche Kraft war und in der Schar der Cherubim widerhallte. In dem Augenblick, da Abraham seinem Sohn das Messer an die Kehle setzt, ertönt die Stimme des Ewigen und fordert Abraham auf, inne zu halten. Da kehrt die Seele Isaaks, die ihren Leib bereits verlassen hat, wieder zurück, und so weiß er, was sterben und »auferstehen« bedeutet. – Im Brief an die Hebräer kommt Paulus auf die Opferung Isaaks zu sprechen (11, 17–19). Er preist den Glauben, der Abraham den Mut gab, seinen Sohn zu opfern; denn darin lebte das Vertrauen, dass derjenige, der den Tod verlangt, auch die Auferstehung bewirken kann. In das Schicksal Isaaks ist hineinverwoben dieses Geheimnis von Tod und Auferstehung. Im Mittelalter wurde er immer als ein Bild des Gottessohnes betrachtet, der stirbt und wieder zum Leben geboren wird. Diese lebendige Macht muss man sich vergegenwärtigen, wenn man verstehen will, was nun von ihm erzählt wird.

»Eine Hungersnot war im Land, eine andre als die frühere Hungersnot, die in Abrahams Tagen war, und Jizchak ging zu Abimelech, König der Philister, nach Grar. Hier ließ ER von ihm sich sehen und sprach: Zieh nimmer hinab nach Ägypten, wohne in dem Land, das ich dir nun zuspreche, gaste in diesem Land, und ich will dasein bei dir und dich segnen, denn dir und deinem Samen gebe ich all diese Erdenlande und lasse den Schwur erstehn, den ich Abraham deinem Vater geschworen habe: Mehren will ich deinen Samen wie die Sterne des Himmels und will deinem Samen all diese Erdlande geben, segnen sollen sich mit deinem Samen alle Stämme der Erde – dem zu Folge, dass Abraham auf meine Stimme gehört hat und wahrte meine Verwahrung, meine Gebote, meine Satzungen, meine Weisungen. Jizchak siedelte in Grar.«

Abraham war vor dem Hunger aus seinem Land geflohen und hatte sich in Ägypten niedergelassen. Isaak wird ausdrücklich geheißen, nicht nach Ägypten zu ziehen, sondern in der benachbarten Region, im Land der »Philister«, der Phönizier zu bleiben. Er zieht also in den am Meer gelegenen Landstrich und begegnet dort dem König Abimelech. Abraham hatte bei seiner Rückkehr eine Auseinandersetzung mit Abimelech gehabt, nach deren friedlicher Beilegung er einen Pakt mit ihm schloss, der dadurch besiegelt wurde, dass er in der Wüste einen Brunnen grub, der Ber-Scheba, Brunnen des Sieben-Schwurs genannt wurde. Hier war Isaak geboren. So spielt also in dessen Schicksal die Begegnung Abrahams mit Abimelech, dessen Name »Mein Vater ist König« bedeutet, hinein.

Seltsamerweise wiederholte sich zwischen Abraham und Abimelech eine Situation, die Ersterer schon einmal bei seiner Ankunft in Ägypten erlebt hatte: Um zu verhindern, dass ihm die Ägypter seine Frau Sarah wegnehmen, gab er sie nicht als seine Frau, sondern als seine Schwester aus. Wie damals der Pharao verlangte auch Abimelech eine Erklärung, denn er verstand nicht, warum Abraham ihm nicht vertraut hatte. Der Streit wurde geschlichtet. Abimelech gab Abraham seine Frau zurück und schloss mit ihm den genannten Bund. Und um seinen guten Willen unter Beweis zu stellen, bot Abraham dem König sieben Lämmer.

Hier also spielen Lämmer eine Rolle; später wird es ein Widder sein, der an Stelle Isaaks geopfert wird. Dieses Bild des Widders beziehungsweise des Lammes wird von C. G. Jung als Archetypus bezeichnet. Es konnte auftauchen, wenn man sich in die Betrachtung geistiger Wirklichkeiten versenkte. Wenn man sich beispielsweise das Gotteswesen, das die Quelle alles Lebens ist, vorstellen wollte, versenkte man sich in das Leuchten der Sonne, nicht in die Sonne selbst – denn wir können sie nicht anschauen, sie blendet uns. Man vergegenwärtigte sich, wie das Licht eine aufbrechende Knospe liebkost, wie es Ausdruck ist der alles durchdringenden Güte und Klarheit. Denn was tut das Licht? Es verschwindet in den Dingen, es ist selbst Quelle des Lebens und lässt seine eigene Substanz in die Dinge fließen. Wenn dann in der meditativen Versenkung in dieses Geheimnis der Mensch erkannte, dass in der Tat das Leben das ganze Universum durchdringt –

als die Gabe, die Gott von sich selbst macht –, dann erschien in der Meditation das Bild des sich hinschenkenden Lammes. Diese Schau wurde immer als apokalyptisch erlebt; und so taucht das Bild des Lammes auch in der Johannes-Apokalypse auf. Auch Johannes der Täufer hat die Vision des Lammes, als er erkennt, wen er vor sich hat: den Menschen Jesus, in den die sich selbst hingebende Gottheit hineinströmt. Und so konnte er sagen: »Hier das Lamm Gottes.«

Über Isaak schwebt das Geheimnis dessen, der sich selbst hingibt. Und so wiederholt sich nun ein drittes Mal die gleiche Geschichte:

> »Wenn die Leute des Orts nach seinem Weibe fragten, sprach er: Meine Schwester ist sie, denn er fürchtete sich, zu sprechen: Sie ist mein Weib, – die Leute des Orts möchten mich sonst umbringen Ribkas halber, denn sie ist schön von Angesicht. Es geschah, als er lange Tage dort war, Abimelech, der Philister König, lugte durchs Fenster, und sah, da, Jizchak scherzte mit Ribka seinem Weibe. Abimelech ließ Jizchak rufen und sprach: Da ist sie ja doch dein Weib! wie konntest du sprechen: Sie ist meine Schwester! Jizchak sprach zu ihm: Wohl, ich sprach: sonst muss ich gar ihrethalb sterben. Abimelech sprach: Was hast du uns da getan! Wie leicht hätte sich einer vom Volk zu deinem Weibe legen können, und du hättest Schuld über uns kommen lassen. Abimelech gebot allem Volk, sprechend: Wer diesen Mann oder sein Weib berührt, sterben muss er, sterben.
> Jizchak säte in jenem Land und erntete in jenem Jahr hundert Maße, so segnete ER ihn. Groß wurde der Mann und fortgehend größer, bis er übergroß war.«

Was ist das für ein geheimnisvolles Geschehen, das sich nun schon das dritte Mal wiederholt? Diese Männer scheinen sich nicht gerade ritterlich ihren Frauen gegenüber zu verhalten. Warum verteidigen sie sie nicht? Stattdessen liefern sie sie anderen aus, um selbst am Leben gelassen zu werden. Nichts in einem solchen Verhalten stimmt mit unseren gewohnten Kategorien überein.

Gehen wir zu den Ursprüngen der ägyptischen Mysterien zurück, so stoßen wir auf zwei göttliche Mächte, die Bruder und Schwester waren, nämlich Osiris und Isis. Im Mittelpunkt der ägyptischen Mysterien standen die Ermordung des Osiris durch seinen Bruder Seth und die Suche der Isis nach den über alle Himmelsrichtungen zerstreuten Gliedern ihres Gatten. Nun nannte man einen Menschen, der sich auf die Suche nach Erkenntnissen der geistigen Welt begibt, einen »Sohn der Witwe«, und ein Anwärter auf die Einweihung nannte sich selbst ein »Kind der Isis«. Das waren kräftige Bilder für die »den Vater töten« und »die Mutter heiraten« genannten Praktiken.

»Den Vater töten« bedeutet, folgende Erfahrung zu machen. Der Mensch fühlt sich in einer Welt, die ihn umgibt und ihn trägt, die ihn hervorgebracht hat, die er durch seine Sinne wahrnimmt und von der er durch seinen Körper ein Teil ist. Es ist das die Welt des Vaters, des All-Ganzen, so wie ich sie wahrnehme, denn ich bin ein Kind all dessen, was mich umgibt. Was aber muss ich tun, wenn ich die göttlichen Kräfte, die ich nicht durch meine Sinne wahrnehme, erkennen will? Ich muss lernen, wieder in die Stille einzutauchen – was ich im Übrigen jeden Abend im Einschlafen tue. Wenn ich aber einschlafe, tauche ich ins Nichts. Wenn ich das Erlöschen meines Bewusstseins vermeiden will, muss ich mich wachend in mich versenken; das geschieht in der Meditation, in dem, was man auch mystische Askese nennen kann. Wenn ich in die Stille eintrete, ohne dass mir das Bewusstsein vergeht, dann bin ich es, der die äußere Welt zum Schweigen bringt; mit anderen Worten: Ich habe die Welt des Vaters getötet. Und anstatt im Ozean des Unbewussten zu versinken, vereinige ich mich bewusst mit den im Innern wirkenden Kräften, die man einst als mütterliche Wesen erlebte. Mein Bewusstsein hat so etwas wie eine unio mystica vollzogen; es hat sich mit der Weltenmacht vereint, die mir das Leben gegeben hat.

Daher steigt Faust in der Goetheschen Tragödie auf der Suche nach Erkenntnis zu den Müttern, den Kräften des Ursprungs hinab. Er findet dort die Kräfte, dank derer – sagen wir es nun in anderen Worten – wir jeden Morgen verjüngt und wie wiedergeboren erwachen. Und was uns verjüngt, das nannte man eben die mütterlichen Kräfte. Sich diesen Kräften nicht einfach überlassen, sondern bewusst ihr Reich betreten, das hieß, sich mit der Mutter vermählen. Das war also das Symbol.

Zu einer bestimmten Zeit der Entwicklung trat nun ein, dass der

Mensch seine innere Kraft der Meditation nicht mehr so stark machen konnte, dass er den Plan seines gewöhnlichen Bewusstseins zu verlassen im Stande war; er konnte die Fesseln, die ihn an die Außenwelt banden, nicht mehr zerbrechen und mit vollem Bewusstsein in die Innenwelt eindringen. In bestimmten Drogen fand man Mittel, das Ziel dennoch zu erreichen; Cleopatra beispielsweise unternahm ihre »Reisen« mit Hilfe von Drogen. Oder aber man projizierte eine Art Karikatur der Erfahrung in das Leben; das haben wir im Ödipus-Mythos vor uns. Ödipus hat seinen Vater wirklich getötet und seine Mutter wirklich geheiratet. Er lebte also in der physischen Welt eine Art Spiegelbild von dem, was er in seinem Bewusstsein hätte realisieren sollen.

Heute ist die Menschheit dabei, eine Schwelle dieser Art zu überschreiten. Viele Menschen der Gegenwart sind der Schwelle zur geistigen Welt sehr nahe, viele wissen, dass die geistigen Wirklichkeiten fast zum Berühren nahe sind. Zur Zeit des Ödipus und Abrahams führte der Weg in die entgegengesetzte Richtung: Der Mensch verließ einen früheren Zustand, stieg hinab und wurde immer materieller. Heute erforscht er das Geheimnis der Natur, stößt zu ihm hindurch und nähert sich erneut dem Reich jenseits der Schwelle. Im Übrigen liegt unsere Gegenwart – nimmt man die Zeit des Erdenlebens Christi als Spiegelungsachse – symmetrisch zur Zeit Abrahams, der 2000 Jahre vor unserer Zeitrechnung lebte. Und die Ödipus-Sage nimmt deshalb heute einen so bedeutenden Platz ein, weil all diese Dramen im gegen die Vaterkräfte revoltierenden Bewusstsein wieder auftauchen. Daher auch das Hervorbrechen einer ungezügelten Sexualität: Wir sind, noch ohne es zu verstehen, dabei, die Geistdramen zu durchleben und zu durchleiden, die den Menschen dazu führen sollen, ein volles Bewusstsein für die geistigen Wirklichkeiten zu gewinnen.

Isaak findet sich also in einer Situation, die ihn ratlos macht. Sind die Verfechter des alten Initiationsprinzips noch im vollen Besitz ihrer Mysterien, oder praktizieren sie sie mit mehr oder weniger dekadent gewordenen Methoden? Die Geschichte Lots hatte gezeigt, wie tief die Kultur von Sodom durch den Zerfall ihrer Mysterienpraktiken gesunken war. Und auch die ägyptischen Mysterien standen nicht mehr auf der Höhe ihrer Entwicklung. Aber Isaak ist nicht in Ägypten. Er lebt in Phönizien bei Abimelech. Was aber ist das Symbol der phönizischen Mysterien? Es ist der Phönix – daher der Name dieses Volkes. Er kennzeichnet die innerste Substanz dieser Einweihung: die geistige Kraft, die stirbt, um aus der Asche neu zu erstehen. Einen Widerschein davon finden wir in einem anderen Mysterienkult, der wie eine Projektion der Osiris- und Isis-Mysterien ist, im Kult von Adonis und Ischtar oder Astarte. Überall stirbt ein Gott, und aus seiner Vernichtung werden die göttlichen Kräfte neu geboren.

Isaak fürchtete, dieser Kult, der bei den Phöniziern allmählich in Dekadenz geriet, könne Macht über ihn gewinnen und eine Art Magie auf ihn ausüben. Erstaunlich ist nun, dass Abimelech sowohl bei Abraham als auch bei Isaak erkennt, dass die Beziehung des Menschen zu Gott, die hier vorliegt, zu einer anderen Entwicklung gehört als die alten Einweihungspraktiken der Ägypter und Phönizier. Abimelech ahnt das Geheimnis: Aus seinem eigenen Schicksal heraus geht der Mensch der Vernichtung, dem Tod entgegen; und indem er den Tod auf sich nimmt, geht ein neues Leben aus ihm hervor. Die alten Einweihungspraktiken sind nicht mehr notwendig; das Individuum kann durch sein Schicksal durch Tod und Wiedergeburt geführt werden. Das Mysterium des Lammes scheint als Ahnung in der Menschheit auf.

In dem Satz »Groß wurde der Mann und fortgehend größer, bis er übergroß war« drückt sich in der Tat etwas Besonderes aus. Durch Isaak hindurch hat die Menschheit einen Schritt nach vorn getan; das ganze Menschenwesen ist dabei, eine neue Dimension und Qualität, eine neue Fähigkeit zu erlangen.

»... er hatte Schafherden und Rinderherden und vieles Werkvieh, und die Philister neideten ihn. Alle Brunnen, die seines Vaters Knechte in Abrahams seines Vaters Tagen gegraben hatten, verstopften die Philister und füllten sie mit Schutt. Und Abimelech sprach zu Jizchak: Geh von uns, denn du bist uns überstark geworden. So ging Jizchak von dort, er lagerte im Talgrund von Grar und siedelte dort. Jizchak grub die Wasserbrunnen wieder auf, die man in den Tagen Abrahams seines Vaters gegraben hatte und die Philister hatten sie nach Abrahams Tod verstopft, und rief sie mit Namen, den Namen gleich, mit denen sein Vater sie gerufen hatte. Auch gruben Jizchaks Knechte im Talgrund und fanden dort einen Brunnen lebendigen Wassers. Die Hirten von Grar aber stritten mit den Hirten Jizchaks, sprechend: Unser ist das Wasser! So rief er den Namen des Brunnens Essek, Hader, weil sie mit ihm gehadert hatten. Und sie gruben einen anderen Brunnen, und auch um den stritten sie, so rief er seinen Namen Ssitna, Fehde. Er rückte von dort weiter und grub einen anderen Brunnen, um den stritten sie nicht mehr, so rief er seinen Namen Rechobot, Weite, denn er sprach: Geweitet hat ER es uns nun, dass wir im Lande fruchttragen. Von dort stieg er auf nach Berscheba.«

Das ganze Leben Abrahams war von Bäumen begleitet gewesen. Da ist zuerst die Eiche, die er in Sichem pflanzte, dann begegnen wir den Eichen im Hain Mamre in der Nähe von Hebron, schließlich einer Tamariske; Abraham empfing seine Inspirationen durch Bäume. Isaak hingegen ist der Vater der Brunnen. Der einzige Brunnen, den Abraham selbst hatte graben lassen, ist Berscheba, der Geburtsort Isaaks; es ist, als habe Abraham den Brunnen für ihn geöffnet. Nun leitet Isaak die Ablösung ein, indem sich sein ganzes Schicksal in der Nähe von Brunnen abspielt. Einer von ihnen spielte eine besondere Rolle anlässlich der Geburt seines Bruders Ismael, des Sohnes der Hagar, der Ägypterin. Wir erinnern uns an den Streit zwischen Hagar und Sarah. Als Hagar bemerkte, dass sie schwanger war, begann sie ihre Herrin zu verachten. Und auf Sarahs Bitten hin schickte Abraham sie in die Wüste. Dort fand sie an einem Wasserquell der Bote Gottes. Es heißt: »Sie aber rief SEINEN Namen, des zu ihr Redenden: Du Gott der Sicht! Denn sie sprach: Sah auch wirklich ich hier dem Michsehenden nach? Darum rief man den Brunnen Brunn des Lebenden Michsehenden.« Sie macht also die gleiche Erfahrung wie die, von der Paulus im ersten Brief an die Korinther (13,12) spricht: »Dereinst aber werde ich ganz erkennen, so wie auch ich erkannt werde.« Wenn sich dem Menschen die Augen öffnen und er der Anwesenheit Gottes gewahr wird, erkennt er, dass sehen und gesehen werden dasselbe ist. Er erlebt sich von einer unauslöschlichen, beständigen Anwesenheit angeschaut; und da diese Anwesenheit ihn erkennt, erkennt er selbst auch sie.

Marc Chagall gehört zu denjenigen unserer Zeitgenossen, die diese Erfahrung neu gemacht haben. Über allem, was er aus der uns umgebenden Welt darstellt – Tiere, Landschaften, der Eiffelturm, Notre Dame, Brücken über die Seine, Szenen aus dem Leben von Mann und Frau und vieles andere mehr –, ist ein großes geöffnetes Auge, das schaut. Chagall hat offenbar das Geheimnis gekannt: Wenn man die Dinge so anschaut, dass man bis zu ihrem innersten Wesen vordringt, dann erlebt man, dass auch die Dinge uns anschauen. Ich kann nicht sehen, ohne gesehen zu werden. Daher pflegte man früher, zur Zeit des Moses, zu sagen: »Niemand kann Gott schauen und leben.« Denn der Blick Gottes verzehrt den Menschen. Man könnte auch sagen: Er verzehrt den Menschen oder er macht ihn leben. Denn er vernichtet in uns alles, was sterblich ist, und er lässt leben, was zum Leben bestimmt ist. Das ist das Geheimnis der lebendigen Wasser. Man erkennt zuerst seine absolute Nichtigkeit – eine verzehrende Erfahrung; dann entdeckt man, dass man trotzdem angeschaut wird, und man wird in gewisser Weise aus der Asche seiner selbst neu geboren.

Eine Quelle sprudelt unaufhörlich, das ist das Geheimnis des sich selbst erschaffenden Lebens. Ich sehe, wie ich gesehen werde – das ist der Sinn des »Lebenden Michsehenden«.

An einem Brunnen war der Knecht, der von Abraham ausgeschickt war, um für Isaak eine Frau zu suchen, Rebekka begegnet; und daran, dass sie ihm und seinen Kamelen zu trinken gab, hatte er erkannt, dass sie diejenige war, die dem Sohn seines Herrn bestimmt war. Er führt sie mit sich zurück, und Isaak und Rebekka begegnen einander bei dem Brunnen des Lebenden Michsehenden. Nun, da sie in Phönizien siedeln, werden die Knechte Abimelechs neidisch; denn sie erleben in den Fremden eine Festigkeit, die sie selbst nicht haben, und sie spüren, dass ein göttliches Wesen mit den Fremden ist und mit ihnen zieht, wohin sie auch gehen, während sie selbst auf die Naturgötter angewiesen sind, die jeweils mit den verschiedenen Orten verbunden sind. Daher verstopfen sie die von den Knechten Abrahams gegrabenen Brunnen.

Und wie verhält sich Isaak? Er verteidigt sich nicht. Jedesmal wenn man ihm zu schaden sucht und Hader und Streit mit ihm anfängt, bemüht er sich nur, die Situation wieder ins Rechte zu rücken, neue Brunnen zu graben und ihnen Namen zu geben. Endlich, beim dritten Versuch, tritt Friede, »Weite« ein; die Haltung der Gewaltlosigkeit, diese Art, auf das Negative mit einem Positiven zu antworten, trägt schließlich den Sieg davon. Indem er dann nach Berscheba »aufsteigt«, kehrt er nach Hause, an den Ort seines Ursprungs zurück. Abraham war ein großer Umherirrender, Jakob wird ein großer Umherirrender sein; Isaak ist der Mensch des Zuhause, des Daheim.

Isaak kehrt also nach Hause zurück; er kommt zu sich selbst und wird sich der Wirklichkeit erneut bewusst. Daher ist diese Heimkehr von einer Offenbarung Gottes begleitet:

> »ER ließ von ihm sich in derselben Nacht sehen und sprach: Ich bin der Gott deines Vaters Abraham, fürchte dich nimmer, denn ich bin mit dir, ich segne dich und mehre deinen Samen um meines Knechts Abraham willen.«

Die Gottheit offenbart sich ihm als der Gott des Ich, der Gott, der sein Zuhause in sich trägt: »Ich, der Gott Abrahams, deines Vaters«, nichts weiter. Der Jahwe-Gott offenbart sich Isaak zur Erneuerung des mit Abraham geschlossenen Bundes als derjenige, der ganz in sich ruht, der nicht aus sich heraustreten und sich verlieren kann, der die Quelle seiner selbst ist.

Daraufhin baut Isaak dort eine »Schlachtstatt«. Es ist die einzige Opferstätte, die im Leben Isaaks erwähnt wird. Wir werden später sehen, dass der große Erbauer von Altären Jakob ist. Abraham war der Pflanzer von Bäumen, und seine letzte Handlung war das Graben eines Brunnens. Isaak greift das auf, er wird zum Brunnenbauer; seine letzte Tat ist die Errichtung einer Opferstätte, sie wird von seinem Sohn aufgenommen und ausgeweitet.

> »Er baute dort eine Schlachtstatt und rief den NAMEN aus. Dort spannte er sein Zelt, und Jizchaks Knechte bohrten dort einen Brunnen. Abimelech aber ging zu ihm aus Grar, mit Achu-

sat seinem Tischgenossen und Pichol seinem Heeresobersten. Jizchak sprach zu ihnen: Weshalb seid ihr zu mir gekommen? ihr hasst mich ja und habt mich von euch weggeschickt! Sie sprachen: Gesehn haben wir, gesehn, dass ER bei dir war, so sprechen wir: ein Droheid sei doch zwischen uns beiden, zwischen uns und dir, einen Bund wollen wir mit dir schließen: tust du uns je ein Übel an, …! Wie wir dich nicht berührten und wie wir nur Gutes dir taten und dich in Frieden fortschickten, – du nun Gesegneter IHM! Er machte ihnen ein Trinkmal, sie aßen und tranken. Frühmorgens standen sie auf und schwuren einander. Dann schickte Jizchak sie heim, und sie gingen von ihm in Frieden. Es geschah an demselben Tag, dass Jizchaks Knechte kamen und meldeten ihm wegen des Brunnens, den sie gebohrt hatten, und sprachen zu ihm: Wir haben Wasser gefunden. So rief er ihn Schiba, Schwur-Sieben. Darum ist der Name der Stadt Berscheba bis auf diesen Tag.«

Die Phönizier haben also den Gott des »Ich bin« erkannt. Sie haben erkannt, dass diese göttliche Macht in Isaak wohnt und dass sie selbst, da sie diese Macht nicht in sich tragen, von Isaak abhängen. Daher versuchen sie diese Abhängigkeit durch ein Bündnis zu besiegeln und dadurch geschützt zu sein. Denn sie wissen: Wenn wir uns nicht gut mit Isaak stellen, werden wir vernichtet werden. – So schaffen sie die auf dem gegebenen Wort beruhende gegenseitige Übereinkunft. So wie die innerste Substanz Abrahams und Isaaks auf dem Bund mit der Gottheit beruhte, so schaffen nun auch die um sie herum lebenden Menschen Bündnisse, deren Kraft wiederum auf dem gegebenen Wort beruht.

So können wir auf neue Weise die Worte verstehen, mit denen Gott Abraham versprach, dass die Völker der Erde durch ihn würden gesegnet werden. So wie das Verhältnis Abrahams und Isaaks zu Gott auf Gegenseitigkeit und Gleichberechtigung beruht, so soll auch ihr Verhältnis zu anderen Menschen und Völkern auf Gleichberechtigung und gegenseitiger Achtung beruhen.

*

Die beiden letzten Verse des Kapitels kommen auf Esau, den Sohn Isaaks zurück:

> »Als Essaw vierzig Jahre war, nahm er zum Weibe Jehudit Tochter Beris des Chetiters und Bassmat Tochter Elons des Chetiters. Die waren Jizchak und Ribka eine Geistesverbittrung.«

Damit ist die Überleitung zum nächsten Kapitel geschaffen, in dessen Mittelpunkt das zwischen Esau und Jakob sich abspielende Drama steht.

ISAAK SEGNET JAKOB

Es ist aufschlussreich, auf ein Element zurückzukommen, das im Verhältnis zwischen Jakob und Esau eine wichtige Rolle spielt, nämlich die Linsen. Sie werden seit undenklichen Zeiten in Palästina angebaut und hatten offensichtlich eine gewisse Bedeutung, denn man begegnet ihnen auch in den Sagen und Legenden der Juden. Oft werden sie als ein Gericht erwähnt, das man anlässlich gewisser Bestattungszeremonien auftrug. Das Linsengericht war also nicht irgendein Gericht, und so müssen wir in der Erzählung von dem Verzicht auf das Erstgeburtsrecht um eines Linsengerichts willen einen rituellen beziehungsweise religiösen Hintergrund annehmen. Worin kann er bestehen?

Die Linsen gehören zu den Leguminosen, den Schmetterlingsblütlern. Im Gegensatz zu den Erbsen oder Bohnen bilden sie jedoch keine langen Schoten mit mehreren Früchten, sondern in einer kleinen, fast runden Schote, welche die Form eines Tropfens hat, liegen nur ein oder zwei kleine Linsen. In dieser Familie »kollektivistischer« Pflanzen ist die Linse am meisten »individualisiert«. Das kann ein Bild, ein Symbol sein. – Auf der anderen Seite enthalten Linsen reichlich Eisen; sie gehören also zu den seltenen Pflanzen, die direkt unser Blut bereichern. Das Eisen ist bekanntlich für die rote Farbe unseres Blutes verantwortlich, dessen Eisengehalt das ganze Leben hindurch annähernd konstant bleibt, jedoch individuell verschieden ist; jeder hat seine ihm eigene Menge Eisen im Blut. So ist es kein Zufall, dass diese Pflanze in der Bibel in dem Augenblick erscheint, in dem wir uns zum ersten Mal einem individuellen Schicksal gegenübersehen.

*

Zu Beginn des 27. Kapitels erfahren wir, dass Isaak »ergreiste und seine Augen stumpf geworden waren zum Sehen«. Er fühlt seinen Tod nahe. Da bittet er Esau, auf die Jagd zu ziehen und ihm die Beute zum Mahl zuzubereiten: »Ich wills essen, dass meine Seele dich segne, ehe ich sterbe.« Schon diese Worte geben uns eine Ahnung von den Problemen, vor die uns diese Erzählung stellt. Wenn Isaak vom Segen spricht, meint er damit nicht einfach gute, wohlwollende Worte. Vielmehr handelt es sich um einen, fast möchte man sagen magischen Akt, der, einmal vollzogen, in der Wirklichkeit eingeschrieben bleibt. Man kann ihn nicht mehr auslöschen, kann nicht mehr vor ihm zurück. Darauf wird mit den Worten hingewiesen, dass es die Seele ist, die segnet. Um das zu verstehen, muss man sich ganz konkret vor Augen führen, was die Seele ist.

Die Seele ist nicht mit mir identisch, ist nicht ich selbst. Wir sind wie umkleidet mit Eigenschaften, Erinnerungen, Gedanken, Gefühlen und Empfindungen, die unser ganzes Leben lang mit uns gehen, und wir können keine andere Seele haben als die, die nun einmal die unsere ist. Eine der Schwierigkeiten, an denen wir uns im Leben stoßen, besteht darin, dass wir oft gerne anders wären. Und doch können wir weder andere Erinnerungen noch andere Charakterzüge haben. Vergeblich bemühen wir uns, anders zu sein; es ist unmöglich. Mein Seelenkleid wurde mir übergeben, ich habe es geerbt; und durch die Art, wie ich mich im Laufe meines Lebens selbst gestaltet und geformt habe, habe ich ihm neue, besondere Züge zugefügt. Jeder Gedanke, jedes Gefühl, jede Erfahrung hat meinem Seelenkleid etwas Neues hinzugefügt. Und all das ist unauslöschlich. Es ist aus all dem gewoben, was ich mir im Laufe meines Lebens erarbeitet habe, im Guten wie im Bösen.

Es gibt in der christlichen Ikonografie ein Bild, das deutlich zeigt, dass die Alten dieses Geheimnis des Seelenmantels kannten. Der Mantel dessen, dem es gelungen war, durch harte Prüfungen hindurch und durch eine große Offenheit sich von geistigen Kräften durchdringen zu lassen und so dieses Kleid der Seele zu verwandeln, war so beschaffen, dass er auch andere Wesen umkleiden konnte. Und so sieht man oft auf Ikonen, aber auch auf westlichen Darstellungen die Jungfrau Maria, wie sie mit ihrem Mantel die Kirche umhüllt, das heißt die Gemeinschaft derer, die zum mystischen Leib Christi gehören. Die Seeleneigenschaften, die sie in völliger Selbstlosigkeit und Hingabe entwickelte, wurden durchlässig für das Wirken des Heiligen Geistes und damit fähig, andere zu umkleiden. Wenn wir das verstehen, können wir ahnen, dass das, was man Segen nannte, nicht einfach eine Geste war, sondern darin bestand, einen anderen an diesem im Laufe eines Lebens gewobenen Seelenkleid teilhaben zu lassen. Daher sagt Isaak: »... dass meine Seele dich segne.« Die Qualität dieses Segens hängt nicht von einem Entschluss ab, sondern von der seelisch-moralischen Substanz, die der Segnende dem anderen mitzuteilen vermag.

Rudolf Steiner hat immer wieder von diesem mit dem Schicksal, dem Karma verbundenen Mysterium gesprochen. Daran, so sagte er, könne man die Kräfte des Karma im Leben sehen. Die Wirkungen vieler im Leben vollbrachter Handlungen kommen im selben Leben auf den Handelnden zurück. Er drückte das an einem Beispiel lapidar so aus: Wer in seiner Kindheit beten gelernt hat, wird im Alter segnen können. Wer als Kind in vollständiger Hingabe des Wesens an die geistigen Kräfte der Welt die Hände falten konnte, wird – unabhängig von seinen Anstrengungen in dieser Richtung und von seinen Lebenserfahrungen – als alter Mensch fähig sein, seiner Umgebung etwas von den Reichtümern mitzuteilen, die er auf diese Weise empfangen hat. Rudolf Steiner fügt hinzu, dass bis zu einem gewissen Grade diese Verwandlung unabhängig ist von der Entwicklung besonderer moralischer Eigenschaften. Es ist eine Tatsache, dass die Kräfte, die man in sich aufgenommen hat, weiterwirken, selbst wenn in der Folge die Verbindung mit ihnen gerissen oder vergessen scheint; sie tauchen im Alter als wohltätige Kräfte, die sich anderen mitteilen, wieder auf.

Vielleicht rührte bei Isaak die Fähigkeit, einen Teil seiner Kräfte im Alter weiterzugeben, daher, dass er als Kind die Erfahrung gemacht hatte, der göttlichen Welt fast hingeopfert zu werden. Wenn ein Mensch bewusst die geistigen Fähigkeiten erkennt, die er in sich trägt, wird er sich zugleich der Tatsache bewusst, dass kein Wort, einmal ausgesprochen, wieder rückgängig zu machen ist. Ein zu einem anderen gesprochenes Wort prägt sich diesem ein und kann nicht mehr ausgelöscht werden. Nur Schwätzer glauben, die Worte seien Schall und Rauch und man könne etwas sagen, darauf zurückkommen, etwas anderes erklären und so immer weiter. Wer die Wirklichkeit dessen, was man mit Worten ausdrückt, auch nur annähernd wahrnimmt, erlebt, dass jedes ausgesprochene Wort, das von einem geistigen Wesen geprägt und einem anderen geistigen Wesen mitgeteilt wird, eine dauernde, nicht mehr auszulöschende Wirklichkeit darstellt. Von hier aus kann man verstehen, dass eine Handlung, durch die ein Teil der genannten Segenskraft einem anderen mitgeteilt wird, ein für alle Mal vollzogen ist und dass man nicht mehr daran rütteln kann. Und gerade weil das, was ich gegeben habe, ein Teil von mir selbst ist, kann ich es nicht mehr zurücknehmen; ich selbst bin, wenn ich es hingegeben habe, nicht mehr derselbe wie zuvor.

*

Von dieser Art Wirklichkeit spricht das 27. Kapitel der Genesis:

> Als nun Jizchak ergreiste und seine Augen stumpf geworden waren zum Sehen, rief er Essaw, seinen älteren Sohn, und sprach zu ihm: Mein Sohn! Der sprach zu ihm: Da bin ich. Er aber sprach: Da, ich bin doch ergreist, nicht weiß ich den Tag meines Sterbens, hole jetzt doch deine Geräte: dein Gehäng, deinen Bogen, zieh hinaus ins Gefild, erjage mir Jagdfang, mache mir Leckerbissen zurecht, wie ichs liebe, und brings mir, ich wills essen, dass meine Seele dich segne, ehe ich sterbe.«

In den Worten Isaaks zu seinem Sohn Esau – »... und brings mir, ich wills essen, dass meine Seele dich segne, ehe ich sterbe« – kann selbst der moderne Mensch, der gewöhnlich so verhärtet und unsensibel ist, noch einen Zipfel geistiger Wirklichkeit erleben. Wenn das Sterben nahe ist, spürt man mehr als sonst, wie unwiderruflich und unauslöschlich gewisse Wirklichkeiten sind. Daher sind Geburt und Tod, die das Leben begrenzen, wirklich Fenster, durch die das alltägliche Bewusstsein auf das Übernatürliche schauen kann. Einen Menschen geboren werden und einen Menschen sterben sehen gehört zu den mächtigsten Erfahrungen, die man im Leben machen kann. Es sind dies Augenblicke, in denen wir mit unserem gewöhnlichen Bewusstsein geistige Erfahrungen machen können, indem wir wahrnehmen, wie ein unsichtbares Wesen sichtbar beziehungsweise ein sichtbares Wesen unsichtbar wird.

In diesen Augenblicken können wir die Wirklichkeit des Geistes unmittelbar spüren; wir erkennen, dass der Mensch ein übersinnliches Wesen ist und dass das Sinnlich-Wahrnehmbare nur das Gefäß für dieses Wesen ist. Ein Kind ist im Augenblick seiner Geburt seiner Leiblichkeit nach vollständig sichtbar, aber es ist noch wie unbeseelt. Erst mit dem ersten Atemzug beginnt sich sein Wesen zu offenbaren; man sieht, wie die Seele in den Leib einzieht. Umgekehrt ist es beim Sterbenden. Noch ist der Leib beseelt; einen Augenblick später hat man physisch noch das Gleiche vor sich, und doch ist es nicht mehr das Gleiche. Man erkennt, wie das geistige Wesen von einem Zustand in einen anderen übergeht. Und man versteht, dass die Worte und Handlungen eines Sterbenden eine viel dichtere geistige Wirklichkeit haben, weil sie aus einem offenen Bewusstsein heraus gesprochen oder getan werden.

Von einer dreifachen Wirklichkeit spricht Isaak, vom Essen, vom Segnen, von der Gegenwart des Todes, das heißt von einer Kommunion, einem Mitteilen der innersten Kräfte und dem, was wir nicht anders bezeichnen können als die Offenbarung seines übersinnlichen Wesens. Das also ist die Absicht Isaaks. – Die *Genesis* erzählt nun, dass Rebekka gehört hat, was Isaak zu Esau sagte. Und während Esau, seinem Vater gehorchend, auf die Jagd geht, kommt sie den Ereignissen zuvor. Sie eilt zu Jakob, von dem sie weiß, dass er auserwählt ist, und redet ihm zu, die Stelle Esaus einzunehmen und zwei Ziegenböcklein zu schlachten; die wolle sie dann als Leckerbissen für den Vater zubereiten. Jakob zögert, nicht so sehr aus moralischen Bedenken, sondern weil er im Stande ist zu überlegen und sich vorzustellen, was geschehen würde, wenn der Vater den Betrug bemerken und anstatt ihn zu segnen ihn verfluchen würde.

»Jakob sprach zu Ribka seiner Mutter: Aber Essaw mein Bruder ist ja ein haariger Mann, und ich bin ein glatter Mann, vielleicht betastet mich mein Vater, dann bin ich in seinen Augen wie ein

> Gaukler und bringe über mich Verwünschung und nicht Segen. Seine Mutter sprach zu ihm: Über mich deine Verwünschung, mein Sohn! hör nur auf meine Stimme, geh, nimms mir. Er ging und nahm und brachte seiner Mutter, und seine Mutter machte Leckerbissen zurecht, wies sein Vater liebte. Dann nahm Ribka die Gewänder Essaws, ihres ältern Sohns, die köstlichen die bei ihr im Hause waren, und kleidete Jaakob darein, ihren jüngern Sohn, mit den Fellen der Ziegenböcklein aber verkleidete sie seine Hände und die Glätte seines Nackens.«

Wir haben hier eine neue Stufe des Prozesses, der mit Kain und Abel in der Geschichte einsetzte und sich weiter fortpflanzen wird. Bei einem oberflächlichen Lesen bleibt uns verborgen, worauf diese bildhafte Sprache hinzielt. Die so einfach erscheinende Aussage, dass Rebekka die Kleider Esaus nimmt und Jakob damit bekleidet, kann uns weiterhelfen. Wir finden in den traditionellen jüdischen Sagen und Legenden ein Bild, das besagt, Adam habe nach seiner Vertreibung aus dem Paradies seiner Nachkommenschaft ein doppeltes Erbe hinterlassen. Zum einen seine Kleider! Gott hatte ihm ja ein Kleid aus Fell gemacht. Darunter ist nicht etwa eine Tierhaut zu verstehen, wie man es gewöhnlich auf Illustrationen zum Alten Testament sieht; er wurde vielmehr mit einer menschlichen Haut, einem physischen Körper umkleidet. Das erste Erbe, das Adam seinen Nachkommen hinterlässt, ist also seine Haut als sein physischer Leib, der »Adam-Leib«, der von Generation zu Generation weitergegeben wird und von dem gesagt wird, dass immer der Erstgeborene sein Erbe sei. Damit ist das Erstgeburtsrecht verbunden und die Tatsache, dass der Älteste immer den wesentlichen Teil einer Sache erhält.

Dieses Kleid Adams war aus Sonnenfäden gesponnen. Es war ganz von spirituellen Kräften durchtränkt und dadurch gekennzeichnet, dass der Mensch eine Art Konzentrat der ganzen Schöpfung war. Eben diesem Geheimnis begegnen wir auch in manchen Märchen; da wird beispielsweise von Geschöpfen erzählt, die, weil sie alles Besitzes beraubt sind, in Tierfelle gekleidet sind, so Allerleirau oder der Mann in allen Farben. Das ist Ausdruck dafür, dass der

Mensch mit der übrigen Natur verbunden ist. Wir sind mit allen Tieren, allen Pflanzen, allen Steinen verwandt. Wir tragen all das in uns, und unser physischer Leib ist ein Ausdruck dafür; er ist das Konzentrat aller Geheimnisse des Kosmos. Auf dieser Tatsache beruhte der Adel der ursprünglichen Menschheit; es war dies kein selbst errungener Adel, sondern ein ererbter, ein aus der geistigen Welt empfangener. Um seine Persönlichkeit, seine Individualität, seine Selbstständigkeit zu erlangen, muss der Mensch das Bewusstsein davon verlieren, dass er mit der ganzen Welt verwandt ist; er muss sich in sich selbst begründen. Damit aber erfährt er sich immer mehr als ein Einsamer, als ein von der Welt getrennter. Sein Schicksal wird das eines Wesens, das keine unsichtbaren Fäden, keine Sonnenhaare mehr hat, die es mit der umgebenden Welt verbinden würden. Der Mensch wird »glatt«. Diese Glätte der menschlichen Haut trat immer mehr hervor, je stärker sich der Intellekt entwickelte, dessen Tätigkeit – wir haben es gesehen – dazu beiträgt, dass die Haare ausfallen.

Die Legenden erzählen, es sei Esau gewesen, der das Adam-Kleid erbte, der das physische Erbe empfing. Der andere Teil des Adam-Erbes ist das »Buch Adams«, das Buch, in dem die Mysterien aufgeschrieben sind, die der Mensch kennen muss. Das ist nichts anderes als das Bewusstsein. Von einem bestimmten Augenblick an ist das Buch in den Händen eines anderen als dessen, der das Kleid empfangen hat. Cham empfängt das Kleid, und Sem empfängt das Buch. Dadurch entstehen zwei Strömungen: eine Strömung als Träger des Vererbungsprinzips und eine andere, die zum Träger der Bewusstseinsentwicklung wird. Diese Unterscheidung liegt bereits der Trennung zwischen Kain und Abel zu Grunde; sie kennzeichnet den Schnitt zwischen Cham und Sem und auch die Kraft, die Abraham aus dem Volk seines Ursprungs herauslöst. Das gleiche Phänomen der Trennung trat zwischen Ismael und Isaak auf, und nun erneut zwischen Esau und Jakob, dem haarigen und dem glatten Mann. Dabei dürfen wir nicht aus dem Blick verlieren, dass das Auftreten des individuellen Bewusstseins an die Entwicklung des Intellekts gebunden ist, und zwar als unmittelbare Folge des Sündenfalls. Bis dahin brauchte der Mensch kein individuelles Bewusstsein, weil er als Frucht aus dem göttlichen Bewusstsein hervorgegangen war und weiterhin von diesem wie vom Lebensstrom durchflossen wurde. Erst dadurch, dass sich Bewusstseinspol und Lebenspol voneinander trennten, isolierte und individualisierte sich der Mensch. Die Entwicklung der Kräfte der Persönlichkeit und damit des Zurücktretens und Abstandnehmens gegenüber der umgebenden Welt hat zunächst eine Trennung, eine Scheidung, eine Schuld zur Folge.

So finden wir in der Bibel eine ganz andere Haltung gegenüber der Schuld, als sie beispielsweise Buddha einnimmt. Dieser beklagt die Verfehlung, die Schuld als etwas, das unwirksam gemacht, das ausgelöscht werden muss. Die Bibel sieht in der Schuld etwas, das in die Geschichte eingetreten ist, womit man rechnen muss und das einen konstituierenden Teil des Menschenschicksals ausmacht. Nicht als wäre die Verfehlung etwas Gutes! Aber sie ist eine Tatsache, die man nicht unterdrücken, nicht ableugnen kann. Der Mensch muss sie auf sich nehmen und sie verwandeln. Wird man sich dieses Verhältnisses bewusst, dann wird man angesichts dessen, was sich da zwischen Isaak, Rebekka, Esau und Jakob abspielt, weniger moralisieren; man wird vielmehr die Ereignisse einfach an sich vorüberziehen lassen. Man wird dann erkennen, dass in Rebekka ein sicheres Gefühl für das Schicksal Jakobs lebte; sie wusste, dass die Verheißung an ihn übergegangen war. So musste sie ihm den Weg bereiten und die drohende Verfluchung auf sich nehmen. Daher ist sie es, welche die beiden Ziegenböcklein zu einem Mahl zubereitet, wie Isaak es liebt; sie ist es auch, die ihrem Sohn rät, sich in die Felle der Ziegenböcklein zu kleiden und so seinen Vater um den Segen zu bitten.

Die Worte, die Isaak und Jakob nun miteinander wechseln, können einen innerlich schaudern machen:

> Jakob »kam zu seinem Vater und sprach: Mein Vater! Der sprach: Da bin ich. Welcher bist du, mein Sohn? Jaakob sprach zu seinem Vater: Ich, Essaw, dein Erstling, ich habe getan, wie du zu mir geredet hast, richte dich doch auf, sitz und iss von meinem Jagdfang, dass deine Seele mich segne. Jizchak sprach zu seinem Sohn: Wie so eilig hast dus gefunden, mein Sohn! Er sprach: Ja, ER dein Gott hats mir gefügt.«

Diese Worte sind unerhört. Im Grunde sagt Jakob: Durch Gottes Gnade habe ich so schnell ein Wild aufgespürt und sofort töten können. – Die Begegnung ist mit Hilfe Rebekkas zustande gekommen, aber wie sehr bindet Jakob nun sich selbst!

> »Jizchak sprach zu Jaakob: Tritt doch heran, dass ich dich betaste, mein Sohn, ob du es bist, mein Sohn Essaw, oder nicht. Jaakob trat heran zu Jizchak seinem Vater. Der betastete ihn und sprach: Die Stimme Jaakobs Stimme, die Hände Essaws Hände – aber er erspürte ihn nicht, eben weil seine Hände waren wie seines Bruders Essaw Hände, haarig, so segnete er ihn.« – Dennoch ist er sich nicht ganz sicher. – »Und sprach: Du bist es, mein Sohn Essaw? Er sprach: Ich.«

In den alten Sprachen sagte man damals: Ich, ich bin; oder: Ich bin ich. Man vergegenwärtige sich: Es ist das erste Mal in der Bibel, dass ein Mensch diesen Gottesnamen ausspricht und dabei ganz auf sich selbst bezieht – in einer Lüge! Dieses Wort »Ich bin ich« ist so groß, so gewaltig, dass man sich nicht vorstellen kann, ein Mensch spreche es aus, ohne dass sein Bewusstsein ganz davon erfüllt ist. Die Handlung, die Jakob hier vollbringt, hat den gleichen Ton, den gleichen Inhalt wie die Adams und Evas im Paradies, als sie den Bund mit Gott brachen.

Gewiss, Jakob war zu seiner Handlungsweise durch seine Mutter angetrieben worden, die sehr wohl wusste, dass er auserwählt war. Er selbst ist sich dessen noch nicht bewusst. Er muss erst noch durch einen Akt der Selbstzerstörung und moralischen Abdankung hindurchgehen.

> »Nun sprach er: Reichs mir heran, ich will essen vom Jagd fang meines Sohns, dass meine Seele dich segne. Er reichte es ihm heran und er aß, er brachte ihm Wein und er trank. Jizchak sein Vater sprach zu ihm: Tritt doch heran und küsse mich, mein Sohn. Er trat heran und küsste ihn.«

Dieser Kuss soll Ausdruck der innigsten Vereinigung sein. Zugleich erkennt Isaak am Geruch der Gewänder, die Jakob trägt und die in Wirklichkeit seinem Bruder gehören, den Geruch Esaus. Und so segnet er Jakob. Korn und Most erinnern an das Mysterium von Brot und Wein. Und der Segen selbst strömt hin zu der Schwelle zwischen dem Geistigen und dem Physischen, zum Mysterium der Inkarnation des Geistigen in das Irdische und der Verwandlung dessen, was irdisch ist.

> »Sieh, der Geruch meines Sohns ist wie der Geruch eines Feldes, das ER gesegnet hat. So gebe dir Gott vom Tau des Himmels und von den Fetten der Erde, Korns und Mostes die Fülle! Völker sollen dir dienen, Haufen sich dir neigen, Herr sei deinen Brüdern, dir neigen sich deiner Mutter Söhne. Die dir fluchen, verflucht! die dich segnen, gesegnet!«

Man kann erleben, dass es sich hier nicht um einen persönlichen, sondern um einen kosmischen Segen handelt. In diesen Segensworten spricht sich die Essenz der menschlichen Existenz auf der Erde aus. Denn der Mensch ist die Nahtstelle zwischen der sichtbaren und der unsichtbaren Welt, zwischen dem Natürlichen und dem Übernatürlichen. Die Worte sagen: Durch dich, durch dein Bewusstsein hindurch wird die Verbindungslinie zwischen der geistigen und der physischen Welt verlaufen.

Kaum hatte Isaak geendet, Jakob zu segnen, kam Esau von der Jagd, bereitete das Mahl für seinen Vater und bat um dessen Segen. Da erkennt dieser, dass er getäuscht worden ist, und »er erbebte, ein Beben übermächtig groß«. Zugleich erkennt er jedoch, dass sein Segen nicht mehr rückgängig zu machen ist, dass er das, was er Jakob hat zukommen lassen, nicht mehr zurücknehmen kann.

> »Als Essaw die Rede seines Vaters hörte, schrie er, einen Schrei, übermächtig groß und bitter, und sprach zu seinem Vater: Mich, auch mich segne, mein Vater! Der sprach: Mit Trug kam dein Bruder und hat deinen Segen genommen. Er sprach: Rief man drum seinen Namen Jaakob, Fersenschleicher? Beschlichen hat er mich nun schon zweimal: genommen hat er einst mein Erstlingtum, und jetzt eben hat er noch meinen Segen genommen! Und sprach: Hast du mir nicht einen Segen aufgespart? Jizchak antwortete, er sprach zu Essaw: Da, zum Herrn habe ich ihn ja

> über dich gesetzt, all seine Brüder gab ich ihm zu Dienern, mit Korn und Most habe ich ihn belehnt, – dir, was also kann ich tun, mein Sohn?! Essaw sprach zu seinem Vater: Hast du nur den einen Segen, mein Vater? mich, auch mich segne, mein Vater! Essaw erhob seine Stimme und weinte. Jizchak sein Vater antwortete, er sprach zu ihm: Muss da von den Fetten der Erde abseits dein Wohnsitz sein, vom Tau des Himmels von oben, musst von deinem Schwerte du leben, musst deinem Bruder du dienen, – es wird geschehn: sowie du dich schüttelst, zerrst du sein Joch dir vom Nacken.«

Esau wird also auf der Erde umherirren. Weder wird er in den Strom eingegliedert sein, der aus der Erde kommt und bis in die Himmel steigt, noch in den, der aus den Himmeln zur Erde fließt. Sein Leben wird das der allgemeinen Erdenmenschheit sein. Er wird mit dem Schwert kämpfen müssen, im Dienste seines Bruders und immer versuchend, sein Joch abzuschütteln. Das kennzeichnet den Inhalt dessen, was die Bibel »Völker« nennt; das heißt die Menschen, die im Strom der natürlichen Kräfte, der Vererbungskräfte leben. Sie sind einer sozialen Ordnung eingegliedert, der sie sich zu unterwerfen haben, da das Leben nur mit gewissen normativen Regelungen möglich ist. Von Zeit zu Zeit fühlt sich der Mensch unter der Bürde wie erdrückt, und er beginnt an seinem Joch zu rütteln. Dann werden neue normative Regelungen gefunden, bis die Menschen wieder das Joch abzuwerfen trachten. Und so immer fort.

Das Reich des natürlichen Menschen kennt keine Freiheit; es kennt nur das Streben nach Freiheit und die fortwährende Notwendigkeit, die Freiheit einzuschränken. Das ist ein Ordnungsprinzip. Freiheit existiert nicht in der Sphäre des Natürlichen; sie gehört der geistigen Sphäre an, der Sphäre, in der der Mensch sich als Bindeglied zwischen dem Physischen und dem Geistigen erkennt und seine Aufgabe entdeckt: allem Irdischen einen Sinn zu geben. In diesem Augenblick findet er seine Freiheit. Adam bekam im Paradies die Aufgabe, den Tieren einen Namen zu geben; die Dinge zu benennen und ihnen einen Sinn zu geben ist nichts anderes. Wenn ich einem Ding eine Bedeutung gebe, gebe ich ihm einen Namen.

Das ist die Sphäre der Freiheit. Ich kann einem Ding einen Sinn geben, ich bin nicht gezwungen, die Bedeutung zu übernehmen, die es von Natur aus hat. Das gilt für alles, was ich in mein Leben integriere.

Man kann ein Ding so gebrauchen, dass es die Erde beleuchtet, dass es zum irdischen Ausdruck eines Geistigen wird. Der Mensch ist dann für alles, was er berührt und wahrnimmt, verantwortlich. Als die Menschen den Fuß auf den Mond setzten, gaben sie diesem Gestirn allein dadurch, dass sie es berührten, und zugleich dem ganzen Kosmos eine neue Bedeutung. Auf diese Weise ist der Kosmos in die Geschichte des Menschen eingetreten. Und das ist die Aufgabe des Menschen seit der Erschaffung der Welt.

In Esau spielt sich in gewisser Weise dieselbe Reaktion wie in Kain ab. Er weiß, dass sein Bruder durch den Segen seines Vaters geschützt ist. Doch nimmt er sich vor, seinen Bruder, wenn erst die Tage der Trauer um den vermutlich bald erfolgenden Tod seines Vaters vorbei seien, zu erwürgen. Er bäumt sich also gegen das an ihm begangene Unrecht auf.

Die Geschichte Jakobs wird erst dann verständlich, wenn man sie als Ganzes überschaut. Wir müssen diesem Schicksal Schritt für Schritt folgen – denn jeder Schritt ist dabei wichtig – und das Ende abwarten, bevor wir darüber urteilen. Das Schicksal Jakobs durchläuft eine Reihe sehr verschiedenartiger Etappen. Zuerst ist Jakob wie geführt: von seiner Mutter, vom Schicksal, von den eigenen Erfahrungen. Je weiter er jedoch voranschreitet, desto entschiedener nimmt er dieses Schicksal selbst in die Hand; und er wird in dem Augenblick ganz zum Herrn seines Schicksals werden, da er dem Tod gegenübertritt. Wie ein Vorklang dieser Erfahrung mutet der Entschluss Esaus an, seinen Bruder zu erwürgen. Rebekka spielt darauf an, wenn sie Jakob rät:

> »Mach dich auf und entweiche, vor dich hin, zu Laban meinem Bruder nach Charan, und sitze bei ihm etliche Tage, bis die Glut deines Bruders sich abkehrt, bis der Zorn deines Bruders sich von dir abgekehrt hat und er vergessen hat, was du ihm tatest, dann schicke ich und lasse dich von dort nehmen.«

Rebekka rechnet also damit, dass die Zeit die heftigen Gefühle sänftigt. Wir werden jedoch sehen, dass die Dinge einen anderen Verlauf nehmen. Esau wird das ihm angetane Unrecht nicht vergessen; und wenn er sein Verhalten dann trotzdem ändert, so ist das einem anderen Ereignis zuzuschreiben. Weder in Esau noch in Jakob folgen die Ereignisse einer automatischen Verkettung von Ursachen und Wirkungen. Etwas Unerwartetes wird sich ereignen, das von außen in den Schicksalslauf Jakobs und auch in das Leben Esaus eingreift.

Schon kündigt sich dieses Unvorhergesehene an, wenn Rebekka Isaak gegenüber die Abreise Jakobs rechtfertigt:

> »Es widert mich meines Lebens vor den Töchtern Chets, nimmt Jaakob sich ein Weib von den Töchtern Chets, wie diese da, von den Töchtern des Lands, wozu mir dann das Leben!«

Isaak kann sich diesen Worten nicht verschließen, hatte er doch selbst Rebekka dadurch zur Frau gewonnen, dass Eliezer, der Diener seines Vaters Abraham, für ihn im Land der Väter um sie geworben hatte.

> »Jizchak ließ Jaakob rufen, er segnete ihn, er gebot ihm und sprach zu ihm: Du sollst nicht ein Weib von den Töchtern Kanaans nehmen, mach dich auf, geh nach der Aramäerflur zum Haus Btuels, des Vaters deiner Mutter, und nimm dir von dort ein Weib von den Töchtern Labans, des Bruders deiner Mutter.«

Und nun erneuert Isaak bewusst den Segen Jakobs, bekräftigt ihn im Augenblick, da Jakob aufbricht und seine Heimat verlässt:

> »Der Gewaltige Gott segne dich, er lasse dich fruchttragen und mehre dich, dass du werdest eine Versammlung von Völkern, er gebe dir den Segen Abrahams, dir und deinem Samen mit dir, dass du das Land deiner Gastschaft ererbest, das Gott Abraham gab.«

DIE JAKOBSLEITER

Im vorigen Kapitel wurde erzählt, wie Jakob den Segen seines Vaters durch einen Betrug gewissermaßen usurpierte. Wir konnten daran sehen, dass die Wege der geistigen Welt nicht immer die Wege des Menschen sind und dass es nicht angebracht ist, an alles, was geschieht, die Normen anzulegen, die innerhalb der menschlichen Moral Gültigkeit haben. Rudolf Steiner hat darauf hingewiesen, dass man es in der Welt der geistigen Wesenheiten, welche die Geschehnisse auf der Erde lenken, vor allem in der Welt der Erzengel, nicht mit menschlichen Gesetzen zu tun hat. Denn die für den Menschen gültigen Normen sind eine Folge davon, dass er in einem physischen Leib verkörpert ist und dass er sein Verhältnis zu diesem physischen Leib immer neu ins Gleichgewicht bringen muss. Alles, wofür wir Maßnahmen ergreifen, die für das gültig sind, was wir moralische Wirklichkeiten nennen, existiert in dieser geistigen Welt nicht. Die Ereignisse auf der Erde haben eine gewisse Richtung zu nehmen; ethnische Gruppen, Völker, Nationen haben sich gewisse Eigenschaften anzueignen – damit das geschieht, müssen die notwendigen Mittel eingesetzt werden. Das sind Notwendigkeiten, denen man sich nicht entziehen kann.

Zu der Zeit, da sich die Persönlichkeit entwickelt, führt die Komplexität der Entwicklung zu großen Problemen. In den alten Zeiten gingen die Kriege nicht von menschlichen Entscheidungen aus. Je weiter wir in der Geschichte zurückgehen, desto mehr sind die Kriege Ausdruck der Führung der Menschheit durch die geistige Welt. Die Zahl der Toten zählte kaum; die Menschen gingen auf jeden Fall durch Geburt und Tod. Von einem sehr hohen Gesichtspunkt aus zählte für die geistigen Wesenheiten, dass in den verschiedenen Menschengruppen gewisse Fähigkeiten und seelische Möglichkeiten entwickelt wurden. Der Mensch war daher über lange Zeiten hin ein Instrument in der Hand der Götter. Erst allmählich wurde er in jeder Situation für sein Tun selbst verantwortlich. Das erscheint grausam; und es braucht Mut zu denken, dass das Leben tatsächlich so ist, dass es verschiedene Entwicklungszyklen gibt. Es gibt den individuellen Zyklus, in dem die Moral gewissermaßen das Mittel ist, die Entwicklung jedes Einzelnen voranzubringen; es gibt aber auch die Zyklen ganzer Völker, Epochen und Welten. Und in jedem dieser Zyklen regieren andere Normen.

Der Mensch kann die Ziele, die ihm die geistige Welt gesetzt hat, auf verschiedene Weise zu erreichen suchen. Er kann auf rechtschaffene, ehrliche Weise ans Ziel kommen; tut er es durch List und Betrug, dann ist er dafür verantwortlich, selbst wenn sein betrügerisches Verhalten für die Menschheit ein Gewinn ist. Die Judas-Tat beispielsweise lässt erkennen, wie das Problem die ganze Menschheit umfasst. Der Christus selbst sagt von ihm (Luk. 22,22): »Wohl geht der Menschensohn seinen Weg, wie es bestimmt ist; aber wehe dem Menschen, durch den er verraten wird.« Der Christus spricht damit aus, dass für den Einzelmenschen Judas die Tat eine schwere Prüfung darstellte, dass jedoch die Entwicklung der Menschheit abgebrochen worden wäre, hätte sich nicht ein Mensch zu der Tat bereit gefunden.

Wenn man sich ganz konkret darin übt, die Ereignisse, auch die politischen, unter diesem Blickwinkel anzuschauen, dann befreit man sich allmählich – und das ist eine harte Arbeit – von Sentimentalität und Subjektivität. Von dem Augenblick an, da der Mensch von seiner freien Intelligenz Gebrauch macht und unabhängig von der Aufeinanderfolge der Tatsachen zu denken beginnt, läuft er Gefahr, sich zu täuschen und die Unwahrheit zu sagen. Jakob hätte von seinem erfinderischen Geist auch einen anderen Gebrauch machen können. Aber er gebrauchte ihn nun einmal so, dass er seinen Vater täuschte und sich den Segen, der eigentlich seinem Bruder bestimmt war, erschlich. Auf der menschlichen Ebene ist das ein Vergehen, und er ist schuldig. Man muss sehen, dass seine Handlungsweise einen Fortschritt in der Entwicklung bedeutete und dass er zugleich uneingeschränkt verantwortlich war für das, was er getan hatte. Die Bibel betrachtet ihn zwar als einen der drei Ur-Patriarchen; sie zeigt uns indessen auch seine Schuld und dass er für sein Vergehen teuer zu bezahlen hatte.

In Jakob einen großen Patriarchen zu sehen bedeutet den Wert der Fähigkeiten anzuerkennen, die er zum Gewinn der ganzen Menschheit entwickelt hat – ohne zugleich auch alle seine Handlungen zu billigen. Mit dieser Betrachtungsweise stellen wir uns in einen deutlichen Gegensatz zu einem Prinzip, das sich über Jahrhunderte hin im praktischen Christentum entwickelt hat, und zwar gegen den christlichen Geist und selbst gegen den Geist des Alten Testaments. Die Christenheit hätte für sich niemals Unfehlbarkeit beanspruchen dürfen. Sie hat das Recht und die Pflicht zu erkennen, wann sie sich getäuscht hat, um Verzeihung dafür zu bitten, die Folgen auf sich zu nehmen und sich mit aller Kraft um Wiedergutmachung zu bemühen.

Paulus kann uns in dieser Hinsicht ein Vorbild sein. Manchmal sagt er: Das sage ich euch, aber ich sage es euch im Namen des Herrn. Und bei anderen Gelegenheiten: Ich, Paulus, sage es euch. – Er zeigt uns damit, dass es Wirklichkeiten gibt, die den einzelnen Menschen weit übersteigen, und andere, für die der Einzelne voll einzustehen hat. Mit anderen Worten: Der Einzelne darf nicht mit dem gleichen Maß gemessen werden wie die geistige Welt. Wir können diese Haltung den Heiligen oder den Patriarchen gegenüber einüben: wir werden sie tief verehren und uns zugleich ihnen gegenüber unsere Freiheit bewahren, indem wir sie objektiv betrachten.

Im Schicksal Jakobs sehen wir etwas sich entwickeln, das sich bereits deutlich zeigte, als Isaak die Existenz der beiden genannten Wirklichkeitsebenen bewusst wurde. Isaak ist sich vollkommen im Klaren darüber, dass Jakob den Segen gestohlen hat – und er verlässt sich auf das Schicksal Jakobs. Er vertraut darauf, dass das Schicksal des anderen seinen Lauf nimmt, dass der Betroffene selbst seine Verfehlungen, deren er sich schuldig gemacht hat, erkennt und dass sein Gewissen erwacht.

Wenn man einem anderen die Verfehlung, die er begangen hat, brutal vorhält, weckt man damit nicht unbedingt sein Gewissen. Oft rebelliert der Betroffene, oder aber er kriecht zu Kreuz. Es kann sein, dass das Gewissen noch schläft. Manchmal ist es besser, dem Schicksal seinen Lauf zu lassen, bis die entsprechende Tat ihre Früchte zeitigt. Genau das tut Isaak; denn er ahnt hinter diesem Betrug den göttlichen Plan, dass sich nämlich in dem Menschen, der die freie Intelligenz entwickelt und gebraucht hat, sehr viel später ein geistigerer Begriff von Gewissen entwickeln wird. Isaak erkennt die Richtung, in die der göttliche Plan zielt, und daher gibt er nun seinen Segen bewusst, so dass dieser nicht mehr gestohlen ist. Er befiehlt Jakob, seine Frau nicht unter den Kanaanitern zu suchen, das heißt, nicht zurückzusinken in den Strom der Völker, deren Geistigkeit an die Organfunktionen gebunden ist. Jakob soll sich vielmehr dort eine Frau nehmen, wo der Keim zur weiteren Bewusstseinsentwicklung bereits gelegt ist, unter den Chaldäern und Sumerern. Denn die Frauen, die er dort treffen wird, werden fähig sein, ihrer Nachkommenschaft die Fähigkeiten weiterzugeben, zu deren Entwicklung Abraham, Isaak und Jakob selbst bestimmt worden sind. Er schickt ihn also in das Land, in dem das Geschlecht seiner Mutter beheimatet ist, und er erneuert seinen Segen.

Esau sieht, was sein Vater Isaak tut, und er zieht daraus die Konsequenzen für sein eigenes Schicksal. Er sah, »dass übel waren die Töchter Kanaans in den Augen Jizchaks seines Vaters«. Und er will in der Abstammungslinie bleiben. Er gleicht in gewissem Sinne Ismael, dem ersten Sohn Abrahams, in dem sich sowohl der intellektuelle als auch der instinkthafte Pol entwickelten und der nach Ägypten ging. Esau, dessen Natur ähnlich ist, zieht nun zu den Ismaeliten, um sich dort eine Frau zu denen, die er schon hat, zu nehmen. Er verbindet sich also mit den arabischen Völkerschaften.

*

Die Ereignisse nehmen ihren Lauf, und wir wohnen im Schicksal Jakobs der Entfaltung dessen bei, was in ihm zu einem neuen Bewusstsein führen wird. Nicht immer greift die Gottheit zu strengen, harten Mitteln, wenn sie dem Individuum helfen will, sich seiner

Verantwortung bewusst zu werden. Manchmal bedient sie sich auch gnadenhafter Geschenke, so wie einer, der seinem Nächsten in der Nacht zu Hilfe eilen will, ihm keine Vorwürfe wegen seines schwankenden Ganges macht, sondern ihm eine Lampe in die Hand gibt. Einem Bewusstsein dazu zu verhelfen, dass es klarer sieht, ist wirksamer, als ihm Vorwürfe wegen seines schlechten Sehens zu machen.

Die Moral Gottes ist also nicht immer eine Moral von Strafe und Belohnung. Die Gnadengaben Gottes sind gratis – und sie können außerordentlich schwer zu tragen sein. Sodass im Allgemeinen diejenigen, die große Gaben dieser Art empfangen haben, sie als eine schreckliche Strafe erleben; während andere, die sich streng bestraft glaubten, schließlich erkennen, dass sie dadurch das größte Geschenk ihres Lebens erhalten haben. Wir sehen erneut, dass auf dem menschlichen Gebiet das Gesetz gilt, dass jede Verfehlung einen Ausgleich verlangt und dass wir uns dieser Notwendigkeit nicht entziehen können, dass aber die geistigen Wege, wie sie die Gottheit für uns vorgezeichnet hat, nicht einzig dem Prinzip von Sanktionen folgen. Die göttliche Pädagogik appelliert zuerst an das in uns, wovon sie will, dass es geboren wird. Und so findet in der ersten Nacht nach Jakobs Aufbruch in die östlichen Länder ein Ereignis statt, das völlig unvorhergesehen ist und auch in keiner Beziehung zu allem Vorangegangenen steht: Jakob hat eine Vision, einen Traum.

Eine Verfehlung, eine Schuld bedeutet nicht notwendigerweise, dass der Betreffende dadurch für die geistige Wirklichkeit unsensibler würde. Man kann versuchen sich vorzustellen, wie es nach so vielen umstürzenden Ereignissen im Innern Jakobs aussehen mag. Fassen wir zusammen: Der Vater macht sich bereit, seinen Bruder zu segnen; doch Jakob beansprucht selbst diesen Segen, da sein Bruder auf sein Erstgeburtsrecht zu seinen Gunsten verzichtet hat. Auf das Drängen und mit Hilfe seiner Mutter wird er also mit List den väterlichen Segen auf sich ziehen, nicht ohne Furcht, riskierte er doch damit eine Verfluchung, falls der Vater den Betrug durchschauen würde. Auf die Drohungen seines Bruders Esau hin, ihn zu erwürgen, beschließt er zu fliehen. Doch sein Vater Isaak, dem bewusst geworden ist, dass hinter den Ereignissen ein höherer Plan wirksam ist, segnet ihn vor seiner Abreise. Wie verwirrend muss das alles auf Jakob gewirkt haben! Und nun, unterwegs nach dem Land seiner Väter, verbringt er das erste Mal die Nacht auf einem Berg. An diesem Ort, an dem einst Kulte gefeiert worden waren, nahm er einen Stein »und richtete ihn für sein Haupt und legte sich hin am selben Ort«.

> »Und ihm träumte: Da, eine Leiter gestellt auf die Erde, ihr Haupt an den Himmel rührend, und da, Boten Gottes steigen auf, schreiten nieder an ihr. Und da stand ER über ihm und sprach: ICH bins, der Gott deines Vaters Abraham und der Gott Jizchaks. Das Erdland, auf dem du liegst, dir gebe ich es und deinem Samen. Dein Same wird sein wie der Staub der Erde. Ausbrechen wirst du westwärts, ostwärts, nordwärts, südwärts. Segnen werden sich mit dir alle Sippen des Bodens und mit deinem Samen.«

Jakob schaut, wie die Verbindung zwischen Himmel und Erde offen vor ihm liegt und wie die Engelhierarchien die Leiter auf- und niedersteigen. Ein Geheimnis offenbart sich ihm: Der Menschenleib, der da auf der Erde liegt, ist die Frucht der Tätigkeit einer Vielzahl himmlischer Wesen; und diese ganze Tätigkeit wird überstrahlt von dem Zentralwesen, dem Herz der Gottheit, denn ganz oben über der Leiter ist das höchste Gotteswesen, das göttliche »Ich bin«. Er sieht wie von außen seinen Körper auf der Erde ausgestreckt und erlebt das Mysterium, das sich um diesen Leib herum enthüllt, und den Leib selbst als das Ergebnis der fürsorgenden Tätigkeit und Weisheit hoher Mächte. Und das höchste Wesen, das göttliche »Ich bin«, spricht ihn direkt an und erneuert das Versprechen, das Abraham gegeben wurde: »Das Erdland, auf dem du liegst, dir gebe ich es und deinem Samen.« Da ist nun in der physischen Welt ein Ort, der ihm gehört. Er hat ein Ziel auf der Erde, etwas, was ihn mit der Erde verknüpft.

Wenn gesagt wird, dass Jakobs Same wie der Staub der Erde sein wird, dürfen wir nicht in erster Linie an eine große Zahl denken. Erinnern wir uns an das Wort: »Und ER, Gott, bildete den Menschen, Staub vom Acker.« In diesem Sinne bedeuten die Worte, die hier an Jakob gerichtet werden, der seinen Körper wie von außen auf der Erde liegen sieht: Was aus dir hervorgehen wird, wird wie der

Staub der Erde sein; du wirst im Leib inkarniert sein, wirst der Erdenmensch sein, dasjenige, was der Erde ihren Sinn und Wert gibt. – Erinnern wir uns auch daran, dass das Wort »Adama« Acker bedeutet. Wir sind der Humus der Erde, sogar physisch. Und es ist richtig, dass die Menschen, die in die Erde gepflanzt wurden, diese Erde befruchten, zumindest in dem Maße, in dem sie Träger einer höheren Wirklichkeit, eines Ideals sind.

> »Ich da bin bei dir, ich will dich hüten, wo all hin du gehst, und will dich heimkehren lassen zu diesem Boden, ja, ich verlasse dich nicht, bis dass ich tat, was zu dir ich geredet habe.«

Diese wunderbaren Worte strahlen hinein in das Bewusstsein Jakobs und geben ihm die Gewissheit, nie mehr allein, sondern ständig von der göttlichen Macht begleitet zu sein. Musste sich Jakob nach solchen Worten nicht wie umhüllt erleben von der Gegenwart des Allerhöchsten? Musste in ihm nicht das Bewusstsein aufleuchten, dass, welchen Wert seine Taten auch immer hatten, sie doch weit überragt würden von einer höheren Aufgabe, dass sie ihren Sinn und ihre Bedeutung nicht durch bestimmte Normen erhielten, sondern durch eben diese Aufgabe, die er zu erfüllen haben würde?

Was für Gefühle weckt man in der Seele eines Kindes, an dessen Arbeit und Leistung man den Notenmaßstab anlegt, wenn nicht Ehrgeiz, Egoismus, Angst und andere unfruchtbare Empfindungen dieser Art? Besteht das Wesentliche nicht vielmehr darin, dass es sich ein wenn auch noch so bescheidenes Ziel gesetzt hat und nun keine Anstrengungen scheut, dieses Ziel zu erreichen? Denn dann bleiben alle abstrakten Normen beiseite, es trägt in sich selbst den Impuls zu dem, was es tut. In diesem Sinne weckt Gott in Jakob einen Impuls; und er stärkt das Wesen Jakobs mit seiner eigenen Gegenwart, aus der ein Licht hervorbricht, das seinen Weg erleuchten und künftig das Kriterium sein kann, an dem er seine eigenen Dunkelheiten misst.

> »Jaakob erwachte aus seinem Schlaf und sprach: So denn, ER west an diesem Ort, und ich, ich wusste es nicht! Er erschauerte und sprach: Wie schauerlich ist dieser Ort! dies ist kein andres als ein Haus Gottes, und dies ist das Tor des Himmels.«

Jakob erkennt also im Erwachen, dass er bisher blind gewesen ist. Seine nächste Reaktion ist Furcht. Sein Bewusstsein ist wach und ermisst den Abstand zwischen sich und dem, was er geschaut hat. Mit anderen Worten: Die Schwelle zur geistigen Welt ist nahe, und diese Nähe erfüllt die Seele mit Schaudern.

Dieses Erlebnis Jakobs ist sehr nahe dem, was die Geisteswissenschaft die Begegnung mit dem Hüter der Schwelle nennt. Denn angesichts der geistigen Welt wird sich der Mensch immer seiner eigenen Dunkelheiten bewusst, er muss nicht mehr eigens darauf aufmerksam gemacht werden. Ist er einmal zu diesem Schwellenerlebnis gekommen, weiß er besser als jeder andere, woran er mit sich selbst ist. – Dann heißt es:

> »Frühmorgens machte sich Jaakob auf, er nahm den Stein, den er für sein Haupt gerichtet hatte, und errichtete ihn als Standmal und schüttete Öl ihm aufs Haupt.«

Er besiegelt sein eigenes Aufstehen mit einer Handlung, die nun einen symbolischen, fast sakramentalen Charakter annimmt: Er richtet den Stein, auf dem er geschlafen hat, auf zu einem »Menhir«. Dieser aufgerichtete Stein ist ein Appell an das Bewusstsein: O Mensch, lass dich von der Schwere nicht erdrücken! Richte dich auf! Du gehörst der Erde an, was du aber über sie hinaus hast, das ist, dass du dich trotz deines Gewichts aufrichten kannst. – Und Jakob vollzieht am Stein eine sakramentale Handlung: Er salbt ihn mit Öl und segnet ihn.

Öl ist die einzige irdische Substanz, die restlos vom Feuer erfasst werden kann. Es verbrennt ohne Rauch – wenn sich dennoch Rauch bildet, so kommt das vom Docht oder von Verunreinigungen -, es wird selbst zu Feuer. Das ist der Grund dafür, dass jede Berührung mit der geistigen Welt den Weg durch das Öl nimmt.

Dieser Stein ist Bild einer Kraft, die dem Menschen allein gegeben ist, der Kraft, sich aufzurichten. Und da der Stein kein Feuer in sich trägt, muss er mit Öl begossen werden. Und nun, da Jakob dieses Mysterium des Menschen enthüllt ist, da er erfahren hat, wie die himmlischen Hierarchien den Bau seines Leibes errichtet haben, und die Gewissheit in sich tragen darf, dass der »Ich bin«, der sich ihm mitgeteilt hat, ihn nicht mehr verlassen wird, bevor alles erfüllt ist, nun spricht Jakob den Namen des Ortes aus: Bet-El, Haus der Gottheit. Und er antwortet auf die Verheißung des Gotteswesens mit einem Gelübde:

> »Wird Gott dasein bei mir und mich behüten auf diesem Weg, den ich nun gehe, und mir Brot geben zum Essen, Gewand zur Bekleidung, und kehre in Frieden ich heim zum Haus meines Vaters: soll ER mir Gott sein, und dieser Stein, den ich als Standmal errichtete, soll ein Haus Gottes werden, und alles was du mir geben wirst, verzehnten will ichs, verzehnten dir.«

Auch dieser Zehnte entspricht einem kosmischen Gesetz. Von der Schau, die Jakob hatte, wird nicht gesagt, dass sie bis in alle Einzelheiten hinein und mit der intellektuellen und wissenschaftlichen Genauigkeit der Wirklichkeit ausgestaltet gewesen wäre. Was Jakob schaute, war die Bildung des Menschen durch die himmlischen Hierarchien. Denn der Mensch ist eine Konzentration des schöpferischen Wirkens der neun Hierarchien. Er ist – wenn er erwacht und für sich selbst verantwortlich wird – die zehnte Hierarchie. Er fügt also den »Zehnten« wieder in die göttliche Welt ein: Von allem, was du mir gegeben hast, werde ich den zehnten Teil nehmen, und ich werde dir den Teil, der meinem Gewinn entspricht, zurückgeben. Alles andere habe ich empfangen. Wollte ich das für mich behalten, was ich selbst verwirklicht habe, beginge ich einen kosmischen Irrtum; denn ich würde es unfruchtbar machen, es würde keine Früchte tragen. Biete ich es hingegen der geistigen Welt an, dann wird die zehnte Hierarchie wieder mit den neun anderen verbunden. – Das ist das Geheimnis des Zehnten, und es bleibt weiterhin gültig. Noch ist es eine mehr theoretische Angelegenheit, dass jeder von seinem monatlichen Verdienst ein Zehntel abzweigt und zum Opfer bringt. An dem Tag aber, an dem sich die Menschen in Freiheit ein Bewusstsein ihrer Situation der geistigen Welt gegenüber verschafft haben, werden sie dieses Opfer ganz aus sich heraus bringen.

Es geht hier um eine Geisteshaltung. Gewöhnlich sind wir bestrebt, möglichst viele Schätze anzusammeln – wie die Ameise in der Fabel, von der man immer glaubt, sie stelle ein Ideal dar. Das Ideal des Menschen besteht aber darin, Gott zurückzugeben, was von Gott kommt. Gold oder Wissen anzuhäufen führt nur zur Sklerose, zur Verhärtung. Den empfangenen Reichtum zu verschwenden erhält lebendig. Der Mensch, der sich als Frucht der schöpferischen Tätigkeit der geistigen Welt erkennt, erzeugt in sich das Bewusstsein, dass auch er selbst eine schöpferische Aufgabe zu erfüllen hat.

DIE SÖHNE JAKOBS

Wir haben gesehen, dass sich die Wege der Vorsehung und die Wege, welche die Menschen gehen, beträchtlich voneinander unterscheiden können. Die auf dem Feld der menschlichen Moralität geltenden Gesetze gelten nicht notwendigerweise auch für die höheren geistigen Wesenheiten. Wenn einzelne Menschen oder Völker Handlungen vollbringen, die einen gewissen Einfluss auf die weitere Entwicklung der Welt haben, und wenn sie dadurch einer gewissen höheren Bestimmung folgen, ist das jedoch kein Grund anzunehmen, dass ihre eigene Verantwortung keine Rolle dabei spielte.

Man sieht, dass die moralische Beurteilung einer Situation sehr viel komplexer ist, als man glauben möchte, und dass es keine definitiven, absoluten Kriterien gibt. Dem Menschen bleibt auf jeden Fall die Aufgabe, den moralischen Wert seiner Handlungen abzuwägen und die Verantwortung dafür zu übernehmen. Damit haben wir den doppelten Aspekt im Schicksal Jakobs charakterisiert. Auf der einen Seite müssen wir erkennen, dass das Erscheinen der freien Denkfähigkeit, das heißt der Fähigkeit, abgelöst von den Tatsachen sich Gedanken zu bilden – was dann unter Umständen zu List und Lüge führt -, eine Entwicklungsnotwendigkeit war. Auf der anderen Seite entschuldigt die Tatsache, dass Jakob diese Fähigkeit in sich entwickelt hat, in keiner Weise seine Lügen. Er bleibt als Individuum für seine Verfehlungen verantwortlich. Und so erspart ihm sein besonderes Schicksal, sein Karma, keineswegs, für die Schuld, die er auf sich geladen hat, zu bezahlen.

Und doch zieht er mit seinen Verfehlungen nicht etwa – wie es sich eine ein wenig simple, jedoch weit verbreitete Moral gerne vorstellt – den strafenden Zorn der Gottheit auf sich. Das kann im ersten Augenblick schockieren: Wie, da hat er gerade seinen Vater und seinen Bruder in unerhörter Weise betrogen – und Gott zeigt sich ihm dafür in seiner Herrlichkeit und Majestät! Dieses Urteil greift ein wenig kurz; denn die Langmut, die Geduld Gottes reicht viel weiter als die des Menschen, der moralisch so schnell außer Atem gerät.

Die Offenbarung, die Jakob in Bet-El in dem Augenblick zuteil wird, da er sich auf den Weg nach Osten ins Land seiner Väter gemacht hat, diese erste Erfahrung der Gottheit in all ihrem Glanz, bildet den Keim seiner späteren Entwicklung. Oder besser ausgedrückt: Gerade dass Jakob diese erhabene geistige Wirklichkeit wahrnehmen konnte, ermöglicht es ihm, seine Verfehlungen auf sich zu nehmen. Einmal mehr erleben wir, dass die Erziehungsmethode der Gottheit eine andere ist als die vieler menschlicher Erzieher, die nur allzu gerne zu Sanktionen, Strafen und Belohnungen greifen, die eher für die Tierdressur geeignet wären. Man erkennt hier das moralische Verbrechen – ich gebrauche diesen Ausdruck mit Bedacht –, dessen sich der Westen schuldig gemacht hat, indem er durch Jahrhunderte hindurch eine Moral der Vergeltung und des Strafens etablierte. Das Alte Testament eröffnet uns eine ganz andere Perspektive. Die wahre moralische Kraft, das wahre Erziehungsprinzip besteht darin, einem Menschen die Kraft zu vermitteln, derer er bedarf, und darüber zu wachen, dass er lernt, sie im richtigen Augenblick zu ergreifen und das Unterscheidungsvermögen in Bezug auf seine Handlungen zu entwickeln.

Dem moralischen Handeln des Menschen wohnt eine eigene Gerechtigkeit inne, die manchmal nur schwer zu erkennen ist. Mit allerlei Ausflüchten versucht der Mensch, den »Zahlungstermin« hinauszuschieben, und glaubt in der Zwischenzeit, alles gehe weiter wie zuvor. Man kann vielen körperlichen Übeln beikommen, dem Kopfschmerz mit Aspirin, der Schlaflosigkeit mit Schlafmitteln. Vielleicht aber erreicht man damit nur eine scheinbare Heilung, während man in Wirklichkeit den Ausbruch einer schwereren Krankheit nur um zwanzig oder dreißig Jahre hinausschiebt. Auf moralischem Gebiet können die Zahlungstermine noch schneller verdrängt werden, denn oft verfügt der Mensch über die sehr ausgeprägte Fähigkeit, nicht zu sehen, was er nicht sehen will; und zu vergessen, woran er sich nicht erinnern will. Wir vergessen auf diese Weise viele moralische Tatsachen, die wir uns hätten vor Augen stellen sollen und die nun auf uns lasten als eine schwere Bürde verdrängter Fälligkeiten.

Einmal jedoch werden sie wieder auftauchen – so will es das Gesetz des Karma. Wir müssen sie nicht fürchten, sie sind die größte Gnade, die uns zuteil werden kann. Wir erleben uns dann in einer wahren Wirklichkeit, während wir über lange Zeit hin nicht klar sehen wollten, sondern uns nur allzu gerne und ohne es zu wissen über uns täuschten. Die göttliche Pädagogik gibt dem Menschen die Kraft, sich selbst so zu sehen, wie er ist. Er empfängt dann die Möglichkeit, sich in die Hand zu nehmen und wirklich zu wollen, was er wollen soll.

Dass Gott sich Jakob offenbart, ist also nicht »unverdient«. Bemerkenswert ist jedoch, dass Jakob über genügend Bewusstseinskraft verfügt, diese göttliche Gnadengabe zu ergreifen und zu verstehen, dass sie eine Verpflichtung für ihn beinhaltet.

Mit aller Kraft ist auch die Bedeutung des »Ich bin« zu betonen, diese höchste Offenbarung ihrer selbst, welche die Gottheit Jakob gegenüber ausspricht: »Ich bin der Herr, ich bin Jahwe«, das heißt: Ich bin der Ich bin. Und dies in dem Augenblick, da er ihm das erste Geschenk macht: »Das Erdland, auf dem du liegst, dir gebe ich es und deinem Samen.« Rudolf Steiner legte großen Wert darauf, dass diese Worte ganz wörtlich zu nehmen sind. Die Offenbarungen, die dem Volk Israel zuteil werden, haben das Besondere an sich, dass sie sich auf die irdischen Wirklichkeiten, auf die Wirklichkeiten des physischen Plans beziehen. Denn die wahre Mission, zu der dieses Volk bestimmt war, bestand darin, seine Existenz an einem bestimmten Ort der Erde, der ihm zu diesem Ziel gegeben war, zu erfüllen. Durch die Berührung mit der materiellen irdischen Wirklichkeit und durch den Schock, den diese Berührung in uns auslöst, werden wir uns unserer selbst bewusst, ein Vorgang, den weder das konturlose, fließende Traumbewusstsein noch der Schlaf in uns bewirken können.

Der Wert der materiellen Welt besteht darin, dass sie dem Menschen einen Widerstand entgegensetzt. Indem sich der Mensch an den äußeren Wirklichkeiten stößt, gewinnt er ein Selbstbewusstsein. Wir haben bereits gesehen, wie das Hereinbrechen eines Traum- oder Halbschlafbewusstseins in das gewöhnliche Tagesbewusstsein zu krankhaften, rauschhaften Zuständen führt. Ohne die physische Welt hätte der Mensch niemals zum Selbstbewusstsein gefunden; er hätte niemals die Kraft entwickelt, innerlich seine aufrechte Haltung zu bewahren. Daher wurde uns die Erde gegeben, daher erhielten wir einen Körper. Das jüdische Volk war dazu berufen, als erstes dieses Selbstbewusstsein zu entwickeln, es empfängt seine geistige Mission immer im Hinblick auf die irdischen Gegebenheiten. Selbst die verschiedenen Teile des Mosaischen Gesetzes, des Dekalogs, sind in Beziehung zu den Wirklichkeiten der physischen Welt formuliert: »ICH bin dein Gott, der ich dich führte aus dem Land Ägypten, aus dem Haus der Dienstbarkeit.« Und so gibt Gott Jakob als erstes ein Stück Land, das Erdland, auf dem er liegt.

Die Verheißung, Jakobs Same werde wie der Staub der Erde sein, weist keineswegs auf eine unzählbar große Nachkommenschaft hin, ebenso wenig wie das Abraham gegebene Versprechen, seine Nachkommen würden sein wie die Sterne des Himmels und der Staub der Erde. Diese Worte bedeuten vielmehr, dass die Nachkommen die Gesetze der Himmelssterne auf der Erde widerspiegeln werden. Genau das verwirklicht sich in der auf Jakob folgenden Generation. Die zwölf Söhne Jakobs werden zu den Stammvätern der zwölf Stämme Israels – eine Struktur, welche das jüdische Volk immer beibehalten wird. Und wenn die Nachkommenschaft mit dem Staub der Erde verglichen wird, so ist das ein Hinweis darauf, dass sie über die ganze Erde hin verstreut werden wird. Diese Elemente werfen ein Licht auf das künftige Schicksal des jüdischen Volkes. Das Land wurde ihm nicht mit dem Ziel gegeben, dass es sich darin verwurzelt, sondern dass es sich seiner selbst bewusst würde; und dann würde es in die Welt zerstreut: »Ausbrechen wirst du westwärts, ostwärts, nordwärts, südwärts. Segnen werden sich mit dir alle Sippen des Bodens und mit deinem Samen.« Das heißt: Ihr werdet der

Sauerteig sein, der die Welt durchdringt; ihr werdet der Samen sein, der alle Familien, alle Völker der ganzen Welt befruchtet.

Das Missverständnis, das sich an diese Verheißung anschloss, bestimmte das Schicksal des jüdischen Volkes. Es rumorte beispielsweise in Judas, der glaubte, es sei dem Volk ein irdisches Königreich, ein politisch strukturiertes Staatsgebilde versprochen worden. Darüber wurde der eigentliche Aspekt der Verheißung vergessen, dass nämlich die Glieder dieses Volkes sich über die Erde hin ausbreiten und ihren besonderen Charakter niemals verlieren, vielmehr die ganze Welt befruchten würden.

Der dritte Teil der Verheißung liegt in den Worten: »Ich da bin bei dir, ich will dich hüten, wo all hin du gehst.« Das heißt: Die Kraft des Ich bin wird dich nicht mehr verlassen; du wirst im Laufe deiner Entwicklung eine immer engere Verwandtschaft deines Wesens mit der Kraft des Ich bin erkennen. »Ja, ich verlasse dich nicht, bis dass ich tat, was zu dir ich geredet habe.«

Als Jakob erwacht, wird ihm bewusst, dass er an der Schwelle zur geistigen Welt gestanden hat: »ER west an diesem Ort, und ich, ich wusste es nicht!« – was nur heißen kann, dass er vor seiner Schau kein Wissen davon hatte. Nur deshalb hatte er lügen und betrügen können. Die Nähe der Schwelle, die Nähe Gottes, des Ewigen, des Ich bin lässt ihn schaudern und macht ihm den Abgrund bewusst, der ihn moralisch, das heißt im Hinblick auf seine Taten trennt von dem, was er hätte tun sollen. Aus diesem Bewusstsein zieht er die Fähigkeit zu einem Schwur, einer Entscheidung, nämlich Gott diesen Ort zu weihen, der durch diese seine Erfahrung geheiligt wurde; und er nennt ihn Bet-El, Haus der Gottheit. Die zweite Entscheidung ist, wir haben es gesehen, dass er den Zehnten von seinen Ernten opfert. Auch hier handelt es sich nicht um eine messbare Menge, sondern darum, dass der Mensch die zehnte Hierarchie darstellt.

*

Folgen wir nun Jakob auf seinem Weg nach Osten:

> »Jakob hob seine Füße und ging nach dem Land der Söhne des Ostens. Er sah sich um, da war ein Brunnen auf dem Feld, und da,

> drei Schafherden lagerten dort dran, denn aus jenem Brunnen pflegte man die Herde zu tränken. Der Stein aber war groß auf dem Munde des Brunnens.«

Erinnern wir uns an die drei Frauen, die sich am Ostermorgen besorgt fragen, wer ihnen wohl den Stein, von dem es heißt, dass er sehr groß war, vom Eingang des Grabes wälzen würde (Markus 16,4). Solche Bilder wiederholen sich nicht ohne Grund. Der Stein ist sehr groß und schwer, nicht nur auf dem Grab, sondern auch auf dem Mund des Brunnens, in dessen Tiefe die lebendigen Wasser sind, die jedes Lebewesen braucht, um bestehen zu können.

> »Wenn nun alle Herden dort zusammengeholt waren, wälzte man den Stein von dem Munde des Brunnens, man tränkte die Schafe, dann tat man den Stein wieder auf den Mund des Brunnens an seinen Ort. Jaakob sprach zu ihnen: Brüder, wo seid ihr her? Sie sprachen: Aus Charan sind wir. Er sprach zu ihnen: Kennt ihr Laban, den Sohn Nachors? Sie sprachen: Den kennen wir. Er sprach zu ihnen: Ist Friede mit ihm? Sie sprachen: Friede –, und da kommt ja seine Tochter Rachel mit den Schafen. Er sprach: Noch ists ja hoch am Tag, nicht ists die Stunde, das Vieh einzuholen, tränkt die Schafe und geht wieder, weidet. Sie sprachen: Wir könnens nicht, bis dass alle Herden zusammengeholt sind, dann wälzt man den Stein von dem Munde des Brunnens und wir tränken die Schafe. Während er noch mit ihnen redete, kam Rachel mit den Schafen die ihres Vaters waren; sie war nämlich Hirtin. Sowie nun Jaakob Rachel sah, die Tochter Labans des Bruders seiner Mutter, und die Schafe Labans des Bruders seiner Mutter, trat Jaakob heran, er wälzte den Stein von dem Munde des Brunnens und tränkte die Schafe Labans, des Bruders seiner Mutter.«

Erinnern wir uns an die enge Verbindung zwischen Jakob und seiner Mutter Rebekka. Er erlebt diese ganze Welt seiner Mutter gegenwärtig; es ist, als umschwebe ihn die Kindheit seiner Mutter.

> »Dann küsste Jaakob Rachel, und er erhob seine Stimme und weinte. Und Jaakob meldete Rachel, dass er ihres Vaters Bruder sei und dass er Ribkas Sohn sei. Sie lief und meldete es ihrem

> Vater. Als nun Laban das Vernehmen von Jaakob, dem Sohn seiner Schwester vernahm, lief er ihm entgegen, umarmte ihn und küsste ihn ab und ließ ihn in sein Haus mitkommen. Und er erzählte Laban all die Begebnisse. Laban sprach zu ihm: Freilich, du bist mein Bein und mein Fleisch. Und er blieb bei ihm die Tage einer Mondneuung.«

Wir sehen wie in konkreten Bildern diese Szenen im Land der Hirten vor uns, sehen, wie Jakob dem Bruder seiner Mutter begegnet, können uns vorstellen, wie sie sich auf den großen Teppichen, die man auf dem Boden auszubreiten pflegte, niederlassen, wie sie miteinander sprechen »die Tage einer Mondneuung«, das heißt die Zeit von einem Neumond zum nächsten.

> »Laban sprach zu Jaakob: Sollst du mir denn, weil du mein Bruder bist, umsonst dienen?! melde mir, was soll dein Lohn sein? Laban hatte aber zwei Töchter, der Name der Ältern war Lea, der Name der Jüngern war Rachel. Die Augen Leas waren schwach, Rachel aber war schön von Gestalt und schön von Angesicht. Jaakob liebte Rachel. Er sprach: Ich will dir sieben Jahre dienen um Rachel, deine jüngere Tochter. Laban sprach: Besser, ich gebe sie dir, als ich gebe sie einem anderen Mann, verweile bei mir. Jaakob diente um Rachel sieben Jahre, und sie waren in seinen Augen wie einige Tage, weil er sie liebte. Dann sprach Jaakob zu Laban: Her nun mein Weib, denn meine Werktage sind voll, dass ich zu ihr eingehe. Laban holte alle Leute des Orts zusammen und machte ein Trinkmahl. Am Abend aber nahm er seine Tochter Lea und brachte sie zu ihm, und er ging zu ihr ein. Und Laban gab ihr Silpa, seine Magd, Lea seiner Tochter zur Magd. Am Morgen aber, da, es war Lea!«

Vergessen wir nicht, dass auch bei uns noch vor zweihundert Jahren mit dem Abend auch die Finsternis kam und alles bedeckte. Wie viel mehr galt das für die Beduinenzelte und die Häuser des Orients vor dreitausend Jahren. Und da spielt sich nun das ganze Drama zwischen Jaakob, Laban und Lea ab. Man könnte es nicht einfacher und mit größerer Kraft des Ausdrucks darstellen. Und wieder handelt es sich um einen Betrug, wir spüren das Walten des Schicksals.

»… da, es war Lea! Er sprach zu Laban: Was hast du mir hier getan! habe ich nicht um Rachel bei dir gedient? warum hast du mich betrogen? Laban sprach: So tut man nicht an unserm Ort, die Jüngre fortzugeben vor der Ersten, erfülle die Brautwoche dieser, dann geben wir dir auch diese, um den Dienst, den du bei mir dienen wirst noch andre sieben Jahre. Jaakob tat so, er erfüllte die Brautwoche dieser, dann gab er ihm seine Tochter Rachel zum Weib. Und Laban gab seiner Tochter Rachel Bilha seine Magd, ihr zur Magd. So ging er auch zu Rachel ein und durfte auch Rachel lieben, – mehr als Lea. Dann diente er bei ihm noch andere sieben Jahre.«

Versuchen wir zu verstehen, um welche Art von Betrug es sich hier handelt. Hat Laban Jakob in der gleichen Weise betrogen wie dieser seinen Bruder Esau? Laban konnte sich nichts anderes vorstellen als das, was ganz konkret vor ihm lag; sein Bewusstsein war noch nicht frei, sondern klebte an den Ereignissen, wie sie jeder Tag mit sich brachte, so sehr, dass er nicht einmal bemerkte, dass der Zeitpunkt nahte, an dem er seine jüngere Tochter fortgeben sollte – obwohl es im »Vertrag« deutlich ausgesprochen war. Als dann der Tag wirklich gekommen ist, behauptet sich das althergebrachte Gesetz: »So tut man nicht an unserm Ort …« Laban gehorcht den Regeln, die auch schon bei den Vorfahren gegolten haben. Alles geschieht so, wie es geschehen soll, man muss nicht lange überlegen.

Laban ist noch nicht fähig, einen wirklichen Vertrag abzuschließen. Was er auch immer gesagt haben mag, wie sehr er sich auch verpflichtet haben mag – wichtiger ist, dass dem Gesetz Genüge getan wird. Das Denken Jakobs ist dagegen schon ein anderes, er hat eine ganz andere Beziehung zu dem, was beschlossen oder geplant ist. Das Verhalten Labans muss ihm als Betrug erscheinen, und dies um so mehr, als er in sich selbst den Betrug als Verfehlung, als Schuld mit sich trägt, während Laban nur dem Gesetz gehorcht. Er hat also Jakob nicht in der gleichen Weise betrogen wie dieser Esau. Wenn ihm das Verhalten Labans als eine böswillige List erscheint, dann deshalb, weil in ihm eine fortgeschrittene Moralität lebendig ist, mit der er nun Laban misst.

Als Laban von ihm verlangt, noch weitere sieben Jahre um Rachel zu dienen, denkt Jakob nicht einmal daran, über diese Frist zu verhandeln. Denn er fühlt sehr wohl, dass er in Laban ein anderes Bewusstsein vor sich hat. Vielleicht spürt er auch, dass zwischen dem, was ihm da zugestoßen ist, und der eigenen Verfehlung eine Verbindung besteht. Und so tut er, was von ihm verlangt wird. – Doch die himmlische Pädagogik schreitet weiter:

»ER sah, dass Lea die Gehasste war, und er öffnete ihren Schoß, Rachel aber blieb wurzelverstockt. So wurde Lea schwanger und gebar einen Sohn, und sie rief seinen Namen: Ruben, Sohnessicht; denn sie sprach: Angesehn hat ER mein Bedrücktsein, ja, jetzt wird mein Mann mich lieben. Wieder wurde sie schwanger und gebar einen Sohn, und sprach: Ja, gehört hat ER, dass ich die Gehasste bin, so hat er mir auch diesen gegeben. Und rief seinen Namen: Schimon, Erhörung. Wieder wurde sie schwanger und gebar einen Sohn, und sprach: Jetzt, diesmal wird sich mein Mann mir anlehnen, ich habe ihm ja drei Söhne geboren. Darum rief man seinen Namen Lewi, Lehnean. Wieder wurde sie schwanger und gebar einen Sohn, und sprach: Diesmal will ich danksagen IHM! Darum rief sie seinen Namen: Jehuda, Danksage. Dann hörte sie auf zu gebären.«

Diese Aufeinanderfolge ist wunderbar. Jedesmal, wenn sie wiederum ein Kind zur Welt bringt, glaubt sie, von ihrem Mann ein wenig mehr geliebt zu werden; und sie selbst wächst in dieser Hoffnung, geliebt zu werden. Doch das Gleichgewicht muss wieder hergestellt werden. Rachel wurde von ihrem Mann geliebt, Lea wurde mit Kindern beglückt. Und nun ist es Rachel, welche die Verhältnisse als schwer und hart empfindet.

»Rachel sah, dass sie dem Jaakob nicht gebar, Rachel neidete ihre Schwester. Sie sprach zu Jaakob: Her mir Kinder! wo nicht, sterbe ich. Jaakobs Zorn entflammte wider Rachel, er sprach: Bin ich denn an Gottes Statt, der dir Frucht des Leibes vorenthalten hat? Sie sprach: Da ist meine Sklavin Bilha, komm zu ihr, dass sie auf meinen Knien gebäre und auch ich aus ihr bekindet werde. Sie

> gab ihm Bilha, ihre Magd, zum Weibe, und Jaakob kam zu ihr. Bilha wurde schwanger und gebar Jaakob einen Sohn. Rachel sprach: Geurteilt hat Gott über mich und auch erhört hat er meine Stimme, er hat mir einen Sohn gegeben. Darum rief sie seinen Namen: Dan, Urteiler. Wieder ward Bilha, Rachels Magd, schwanger und gebar Jaakob einen zweiten Sohn. Rachel sprach: Einen Gotteswettkampf habe ich mit meiner Schwester gekämpft und habe übermocht. Sie rief seinen Namen: Naftali, Wettkämpfer. Als nun Lea sah, dass sie aufhörte zu gebären, nahm sie Silpa, ihre Magd, und gab sie Jaakob zum Weibe.«

Es ist außerordentlich spannend, dieses Hin und Her ausgleichender Bewegungen zu erleben. Jedesmal, wenn das Selbstbewusstsein auf der einen Seite überwiegt, legt Gott ein Gewicht auf die andere Seite, so dass sich das Gleichgewicht immer wieder herstellt.

> »Silpa, Leas Magd, gebar Jaakob einen Sohn. Lea sprach: Glück zu! Sie rief seinen Namen: Gad, Glück. Silpa, Leas Magd, gebar Jaakob einen zweiten Sohn. Lea sprach: Zu meiner Seligkeit! denn selig preisen mich die Töchter. Sie rief seinen Namen: Ascher, Selig.
> Ruben ging in den Tagen der Weizenernte und fand Minneäpfel auf dem Feld und brachte sie seiner Mutter.«

Mit den Minneäpfeln (Alraune) verlagert sich das Problem mehr ins Innere, es wird persönlicher. Lea hat schon vier Söhne, die Dienerin Bilha hat zwei Söhne, ebenso die Dienerin Silpa. Und nun bringt Ruben seiner Mutter die Minneäpfel. Wird sie weiterhin gebären? Rachel ist immer noch kinderlos, sie muss sich mit der Liebe ihres Mannes trösten. Und so bittet Rachel ihre Schwester, ihr von den Minneäpfeln ihres Sohnes zu geben. Jetzt erst kommt es zu einer Begegnung, einem Gespräch zwischen den beiden Frauen Jakobs, zwischen den Schwestern. Die Handlung gleicht ein wenig der einer klassischen Tragödie: Die Hauptpersonen treten zuerst mit ihren Vertrauten auf, bevor sie einander unmittelbar begegnen.

> Lea sprach zu Rachel: »Ists noch zu wenig, dass du meinen Mann genommen hast, musst du auch die Minneäpfel meines Sohnes

> nehmen? Rachel sprach: Mag er drum die Nacht bei dir liegen für die Minneäpfel deines Sohnes. Als Jaakob des Abends vom Feld kam, trat Lea ihm entgegen und sprach: Zu mir musst du kommen, denn Gedings ausbedungen habe ich dich um die Minneäpfel meines Sohnes. Er lag bei ihr in jener Nacht, und Gott erhörte Lea, sie wurde schwanger und gebar Jaakob einen fünften Sohn. Lea sprach: Gott gab mir meinen Gedinglohn, weil ich meine Magd meinem Manne gegeben habe. Sie rief seinen Namen: Jissachar, Ausbedingnis. Wieder wurde Lea schwanger und gebar Jaakob einen sechsten Sohn. Lea sprach: Zugerichtet hat mir Gott ein gutes Gericht, diesmal wird mein Mann mich aufrichten, denn sechs Söhne habe ich ihm geboren. Sie rief seinen Namen: Sbulun, Aufrecht. Danach gebar sie eine Tochter und rief ihren Namen Dina.«

Man hat den Eindruck, dass sich das Schicksal entschieden nach einer Seite neigt. Nun ist aber die Zeit reif.

> »Gott aber gedachte Rachels, Gott erhörte sie und öffnete ihren Schoß, sie wurde schwanger und gebar einen Sohn. Sie sprach: Assaf – hinwegschaffte Gott meine Schmach. Und rief seinen Namen: Jossef, sprechend: Jossef – hinzufüge mir ER noch einen Sohn.
> Als nun Rachel Jossef geboren hatte, sprach Jaakob zu Laban: Entsende mich heim, dass ich an meinen Ort, in mein Land gehe.«

Überblicken wir die Lage! Von den insgesamt zehn Söhnen hat Lea sechs geboren, die Dienerinnen je zwei, und nur Josef ist aus Rachel hervorgegangen. Hier hält nun die Geschichte inne, und eine neue Situation entsteht. Jakob beginnt sich als Familienvater und Besitzer zahlreicher Güter zu empfinden. Seine Herden haben extrem viel abgeworfen, und er hat den Eindruck, sich nun von der Familie seines Schwiegervaters trennen und in seiner Heimat sein eigener Herr werden zu können. Und so trifft er mit Laban folgende Übereinkunft: Alle gestreiften, gesprenkelten, gefleckten Tiere, die geboren werden, sollen Jakob gehören, alle einfarbigen Laban. – Das

Bild des gefleckten, insbesondere des schwarz-weiß gefleckten Tieres lässt an das Phänomen des sich spaltenden Bewusstseins denken. Laban folgt treu den Gesetzen, die bisher galten. Von dem Augenblick an, da sich der Mensch der Reflexion hingibt, geht er das Wagnis einer anderen Wirklichkeit ein. Es gibt die bekannte Realität, und es gibt das, was der Mensch denkt – eine Dualität erscheint: Licht und Finsternis, Wahrheit und Lüge. Und der Mensch sieht sich immer vor eine Wahl gestellt. Wir können ziemlich genau den Augenblick bezeichnen, da dieses Motiv, noch unbegriffen, aber doch bewusst und wesenhaft, in der westlichen Kultur auftauchte. Ich meine den Anfang von Wolfram von Eschenbachs *Parzival*, wo die menschliche Seele »elsternfarben« genannt wird, das heißt, dass Himmel und Hölle, Licht und Finsternis an ihr ihren Anteil haben. Dieser Zwiespalt ist das Drama Parzivals und das der Menschheit. – Im Alten Testament erscheint dieses Motiv genau in dem Augenblick, da sich Jakob von der Familie seines Onkels und Schwiegervaters zu lösen beginnt.

Jakob bleibt indessen noch einige Zeit im Land Labans. Jeder führt seine Herden an verschiedene Orte. Die Tiere Jakobs sind fruchtbar, so dass die Herde weiter wächst. Die Söhne Labans beklagen sich bei ihrem Vater, und schließlich spitzt sich die Situation zu. Jakob beschließt, mit seinen Frauen, seinen Kindern und seinem Vieh aufzubrechen, »um zu Jizchak seinem Vater ins Land Kanaan zu kommen«. – Zuvor aber nimmt Rachel heimlich die »Wunschlarven« ihres Vaters an sich, die Teraphim. Das sind kleine, aus Ton gebrannte Statuetten von Hausgottheiten, die man überall hin mit sich nahm und an den Stellen, an denen man zu siedeln beschloss, in die Erde grub, wo sie wie Elementargeister wirkten.

Jakob entweicht also mit allem, was sein ist. Erst am dritten Tag erfährt Laban davon. Er nimmt sogleich die Verfolgung auf und holt Jakob am Gebirge Gilad ein, als dieser das verheißene Land Galaad bereits vor sich sieht. Bevor sich die beiden jedoch gegenübertreten, wird Laban in einem Traumgesicht von Gott gewarnt, »mit Jaakob vom Guten weg zum Bösen hin« zu reden. Und so bleibt das Gespräch zwischen beiden, trotz aller Bitterkeit auf Seiten Labans, zunächst friedlich. Jakob weiß sich freilich im Recht, wenn auch keine menschliche Logik sein Vorgehen rechtfertigen kann. Er war mit Gütern überhäuft worden, während die anderen eher benachteiligt waren. Und er weiß, dass dies zu seinem Schicksal gehört und nicht eine Ungerechtigkeit darstellt, dass all dies um der Zukunft willen geschieht. Das aber konnten die anderen nicht verstehen, und so war es sinnlos, sich mit ihnen in Diskussionen darüber einzulassen.

Als sich Laban indessen über den Raub der Teraphim beklagt – von dem Jaakob selbst nichts weiß -, verspricht Jakob, den Dieb mit dem Tod zu bestrafen. Laban sucht daraufhin in allen Zelten und findet nichts, auch nichts im Zelt Rachels. Denn Rachel hat gelernt, in der Art Jakobs zu denken. Sie hat die Statuetten in den Sattelkorb des Kamels gelegt und sich selbst darauf gesetzt.

> »Sie sprach zu ihrem Vater: Nimmer entflamme es die Augen meines Herrn, dass ich vor dir nicht aufzustehn vermag, denn mir ist nach der Art der Weiber.«

Zuletzt schließen Jakob und Laban einen Bund. Sie richten einen Stein auf und bilden aus Steinen einen Wall. Und hier, auf dem Wall essend und ihn zum Zeugen nehmend, schwören sie, einander gegenseitig zu achten und ihn als Grenze zwischen den beiden Ländern zu respektieren. Auf diese Weise wird Laban ganz Mesopotamien zugesprochen, während Jakob das Land Galaad gehören soll.

Jakob hat sich ganz aus der Bewusstseinsstufe seiner Vorfahren herausgelöst; er hat das alte chaldäische und sumerische Bewusstsein hinter sich gelassen. Er hat viel gewonnen, hat aber auch einen hohen Preis zahlen müssen. Auch Laban hat eine Entwicklung durchgemacht; auch sein Bewusstsein ist ein anderes geworden; er hat gelernt zu begreifen, was ein Vertrag, eine notwendige Übereinkunft ist, und er wird sich ihr unterwerfen, indem er bestimmte Regeln erlässt. Regeln sind aber immer etwas Theoretisches, etwas Abstraktes; sie haben niemals die Kraft von Naturgesetzen.

Jakob geht nun der härtesten Prüfung seines Lebens entgegen. Er betritt das Land, in dem seit einundzwanzig Jahren sein Bruder Esau herrscht.

JAKOB WIRD ZU ISRAEL

Bevor wir die Ereignisse weiter verfolgen, wird es gut sein, noch einmal auf die Erfahrung zurückzukommen, die Jakob im Land seiner Väter, in Chaldäa, machte, bevor er sich von seinem Onkel und Schwiegervater Laban trennte. Aus der Erzählung wird deutlich, dass Jakob eine Bewusstseinsform ausgebildet hatte, die sehr viel persönlicher und intellektueller war als die in der alten chaldäischen Kultur, der Erbin der sumerischen Kultur. Die Vorstellungsart dieser Völker trug einen ganz imaginativen Charakter; und die Sprachen selbst stellten keine gedanklichen Begriffe zur Verfügung, so dass die erhaltenen Schriftdokumente sich dem modernen intellektuellen Denken nur unter größten Schwierigkeiten erschließen. Ihre bildhaft-mythische Form ist so ausdrucksstark, dass unser Bewusstsein eher schockiert ist.

Es genügt, die sich um Gilgamesch gruppierenden Erzählungen zu lesen, um einen Eindruck von den oft gewalttätigen Bildern zu bekommen. Das schließt nicht notwendigerweise ein, dass die Menschen dieser Epoche besonders gewalttätig gewesen wären. Aber die Darstellungsart stand noch dem nahe, was wir heute das Traumbewusstsein nennen, wo die Traumbilder ohne rationale Verknüpfung aufeinander folgen, wenn auch nicht ohne eine ihnen allein eigene Logik. Vieles in den Erzählungen von Jakob und den Patriarchen versteht man besser mit einem imaginativen Bewusstsein; und viele Ereignisse zeigen, dass die Personen – auch wenn sie sich in keiner Weise dessen bewusst waren –, in ihrem Handeln dem Grundsatz folgten: Ich mache das so, weil man es immer so gemacht hat. Dieser Grundsatz lag der Täuschung Jakobs durch Laban zugrunde. Als sich Jakob bei Laban beklagt, antwortet ihm dieser ganz einfach: Es ist eine Gepflogenheit bei uns, dass man die Jüngere nicht vor der Älteren verheiratet. – In diesen Worten Labans ist keine verstandesmäßige Überlegung. Das Bewusstsein nimmt eine gewisse Zahl von Verhaltensvorschriften wahr, die fast den Rang von Naturgesetzen haben; aber es macht sich die Verhältnisse nicht wirklich klar. Wenn es zu handeln gilt, gehorcht es diesen Vorschriften. Jakob dagegen rechnet und überlegt im Voraus, dass es sieben Jahre brauchen wird, um Rachel zur Frau zu erhalten. Er erkennt, dass das Denken, dem er sich da gegenübersieht, anders als das seine geartet ist.

Wir haben dann gesehen, wie sich die Familie Jakobs bildete und allmählich vergrößerte und wie dabei immer wieder das Gleichgewicht zwischen Rachel, der Unfruchtbaren, und Lea hergestellt wurde. Erst sehr spät, als bereits zehn Söhne geboren waren – damit sich die wichtigsten Fähigkeiten entwickeln, braucht es offenbar langer Zeiten –, wurde auch Rachel ein Sohn geboren: Josef.

Als Josef geboren ist, beschließt Jakob, in das Land zurückzukehren, das Abraham gewählt hat und das ihm bestimmt ist. Und nun spielt sich eine seltsame Szene ab, welche die Situation Jakobs in ein helles Licht rückt. Er war völlig von Laban abhängig. Er hatte durch seine Arbeit im Dienst Labans seine erste, dann seine zweite Frau »verdient«. Und während all dieser Jahre hatte er es erreicht, dass sich die Herden Labans kräftig vermehrten; denn er hatte eine glückliche Hand dafür. Er wachte sorgfältig über den Herden, beschützte sie gegen die wilden Tiere, und wenn ein Schaf verloren ging, ersetzte er es. Und so stand er einer wahrhaft vielköpfigen Familie und prächtigen Viehherden vor, für deren Erhalt und Mehrung er arbeitete – aber all das hatte ihm nichts eingebracht. Denn es gehörte ihm nach dem in Chaldäa herrschenden Gesetz nichts.

Nun wird ihm bewusst, dass er ein anderes Schicksal zu erfüllen hat: Er wird sich erneut auf das Land der Verheißung hin orientieren; er will durch seiner Hände Arbeit etwas schaffen, das *seine* Umgebung ist, das ihm gehört. Für ein Bewusstsein, das von Bildern gespeist und eng mit der Natur verbunden ist, bedeutet persönlicher Besitz nichts. Denn man lebt von den Gaben, welche die Natur reichlich spendet, und in Symbiose mit ihr; man hat eine Art Naturmoral. Sobald sich die Persönlichkeit entwickelt und der Mensch sich einer Aufgabe, einer Mission bewusst wird, die zu erfüllen ihm persönlich aufgegeben ist, taucht auch die Notwendigkeit persönlichen Besitzes auf; denn damit der Mensch seine Aufgabe erfüllen kann, müssen ihm die dazu notwendigen Mittel zur Verfügung stehen; er muss sie mit einer gewissen Freiheit benutzen können. Er ist dann nicht mehr bloß ein einfacher Träger des natürlichen Lebens, sondern er hat eine Aufgabe. Und so wird Jakob auf eine neue Notwendigkeit aufmerksam, auf die Notwendigkeit, Eigentum zu besitzen.

Als Jakob mit Laban darüber redet, fordert ihn dieser auf, ihm seinen Lohn zu bezeichnen, er werde ihn ihm geben. Es ist charakteristisch für Laban, dass er selbst keine Ideen hat und nicht begreift, was ein Vertrag ist. Er erkennt nur an, dass Jakob ein Recht hat und unabhängig ist. Jakob macht nun einen Vorschlag: Ich werde deine Herden auch weiterhin hüten, wir wollen aber daran gehen, sie allmählich zu trennen. Zu diesem Zweck soll ein bestimmtes Kriterium gelten:

> »Ich will heute durch all deine Tiere gehn, entferne von dort alljedes gesprenkelte und gefleckte Stück; dann soll alljedes braune Stück unter den Schaflämmern und das Gefleckte und das Gesprenkelte unter den Ziegen mein Lohn sein. Und verantworten mag mich am künftigen Tag meine Wahrhaftigkeit: wenn du auf meinen Lohn den du vor dir hast kommst, alles was nicht gesprenkelt und gefleckt ist unter den Ziegen und braun unter den Schaflämmern, das gelte bei mir als gestohlen.«

Das ist ein übliches Mittel, eine Herde aufzuteilen. Jakob sagt nicht, auf wieviele Tiere er Anspruch erhebt, sondern nur: Die braunen und gesprenkelten und gefleckten, die geboren werden, sollen mir gehören; und wenn ich genügend zusammen habe, werde ich aufbrechen.

Jakob überlässt es nicht dem Zufall, was für Tiere geboren werden, sondern greift zu einem bestimmten Mittel, das von ihm gewünschte Ergebnis möglichst zu beschleunigen. Dieses Mittel ist, wissenschaftlich gesehen, natürlich primitiv und fragwürdig. Es scheint auf sehr alte Vorstellungen zurückzugehen, nach denen die

Fortpflanzung nicht nur biologischen Gesetzen folgt, sondern bis zu einem gewissen Grad auch durch das Bewusstsein zu beeinflussen ist. Heute weiß man, dass der größte Teil der ein Individuum auszeichnenden Merkmale nicht erblich ist. In erheblichem Ausmaß werden sie durch das Bewusstsein der Mutter während der Schwangerschaft auf das Kind übertragen. Auch erbliche Charakterzüge, die ihren Ursprung in anderen Familienmitgliedern haben, können sich während der Schwangerschaft einprägen.

Dieser Prozess, den man als biochemisch ansah, ist also schon stark psychosomatisch bestimmt. Die genannten Kennzeichen, auch die sogenannten erblichen, sind zwar mit der Familie, mit den Vorfahren verknüpft, aber sie nehmen ihren Weg über das mütterliche Bewusstsein. Und so weisen die von Jakob ergriffenen Maßnahmen auf instinktive alte Kräfte zurück. Er sagt sich: Wenn die brünstigen Tiere zur Tränke kommen und sich da angesichts von Stäben begatten, an denen weiße Stellen herausgeschält sind, dann wird das einen Einfluss auf die Neugeburten haben. – Und so nimmt er frische Äste von Weißpappel, Mandel und Platane (Bäumen, deren Holz besonders weiß ist) und schält einen Teil der dunklen Rinde ab, sodass ein kräftiger Kontrast zwischen Hell und Dunkel entsteht.

Nun, die Wirksamkeit dieser Methode wurde nicht nachgeprüft. Dass sie jedoch von Hirten praktiziert wurde, ist verständlich, und diese Erzählung hat einen Sinn. Es handelt sich dabei keineswegs um eine magische Praxis; wahrscheinlich geht sie auf die Wahrnehmung von Vorgängen zurück, die uns eines Tages wieder verständlich sein werden.

Wir sind hier an einem Punkt, wo sich zwei Denkweisen voneinander scheiden. In der einen ist der Mensch nicht ganz verantwortlich für das, was er tut, denn er ist ein Erzeugnis der Natur, und sein Leidenschaftswesen bricht sich mit elementarer Gewalt Bahn. Die andere ist durch ein Zurücktreten gegenüber den Naturgesetzen gekennzeichnet, wodurch es möglich wird, etwas zu denken, dem keine Wirklichkeit entspricht, also zu lügen, sich und andere zu täuschen, zugleich aber auch, den Gedanken in einer gewissen Freiheit zu handhaben.

Diese innere Verfassung charakterisiert das Drama Jakobs. Er hat sich auf einen Weg eingelassen, auf dem er ständig die richtige Richtung finden muss, will er nicht vom Weg abkommen. Das persönliche, also bewusste Denken wird zugleich für sich selbst verantwortlich. Vorbei sind die Zeiten, da man sich auf ein »Es steht geschrieben ...« berufen konnte; statt dessen erwacht die Verantwortlichkeit gegenüber dem eigenen Tun. Jakob erkennt an den Reaktionen der Söhne Labans ganz deutlich, dass ihr Denken nicht dem Neuen zu folgen bereit ist, sondern dazu neigt, mit Gewalt zu antworten. Deshalb wagt er es nicht, Laban einfach von seinem Entschluss, aufzubrechen, in Kenntnis zu setzen und Abschied von ihm zu nehmen. Er entweicht in der Nacht, und Laban, der dabei ist, seine Tiere zu scheren, erfährt erst drei Tage später davon. Er jagt ihm nach und holt ihn endlich, nach sieben Tagereisen, ein, und zwar am Gebirge Gihad, einer mehr oder weniger wüstenhaften Gegend, welche die Ostgrenze von Palästina bildet und heute das Westjordanland darstellt.

Hier nun sprechen sich die beiden Männer gegenseitig aus. Jakob verteidigt sich damit, dass er von Laban so oft um seinen Lohn betrogen wurde. Das aber war für Laben »normal«, konnte er sich doch auf geltende Gesetze berufen. Die vom Verstand diktierte Übereinkunft zwischen ihnen war ihm fremd; und so zieht Jakob es vor, sich von ihm zu trennen. Von dem erneuten Vertrag, der zeigt, dass auch Laban eine Entwicklung durchgemacht hat, haben wir bereits gesprochen.

*

Folgen wir nun dem Fortgang der Geschichte.

> »Frühmorgens machte sich Laban auf, er küsste seine Enkel und seine Töchter und segnete sie, dann ging Laban und kehrte an seinen Ort zurück.
> Wie Jaakob seines Wegs ging, trafen Boten Gottes auf ihn. Jaakob sprach, als er sie sah: Ein Heerlager Gottes ist dies! Und er rief den Namen jenes Ortes: Machanajim, Doppellager. Jaakob sandte nun Boten vor seinem Antlitz her zu Essaw seinem Bruder nach dem Lande Sseïr, in Edoms Gefild, und gebot ihnen, sprechend: So sprecht zu meinem Herrn, zu Essaw: So hat dein

Knecht Jaakob gesprochen: Bei Laban gastete ich und habe bis jetzt gesäumt, mir ist Ochs und Esel, Kleinvieh, und Knecht und Magd geworden, nun sende ich, meinem Herrn es zu melden, Gunst in deinen Augen zu finden. Die Boten kehrten zu Jaakob wieder, sprechend: Wir sind zu deinem Bruder, zu Essaw gekommen, aber schon geht er dir entgegen, vierhundert Mann bei ihm. Jaakob fürchtete sich sehr, ihm wurde bang. Er teilte das Volk das mit ihm war, und Kleinvieh und Rind und Kamele, zu zwei Lagern und sprach: Kommt Essaw ans eine Lager und schlägt es, bleibt dem restenden Lager ein Entrinnen. Dann sprach Jaakob: Gott meines Vaters Abraham, Gott meines Vaters Jizchak, DU, der zu mir sprach: Kehre zu deinem Land, zu deiner Verwandtschaft, ich will dir Güte erweisen! Zu klein bin ich all den Hulden und all der Treue die du an deinem Knechte tatest, mit meinem Stab ja überschritt ich diesen Jordan, und jetzt bin ich zu zwei Lagern geworden! O rette mich doch aus der Hand meines Bruders, aus Essaws Hand! Denn ich bin in Furcht vor ihm, dass er kommt und mich schlägt, Mutter über Kindern. Du selbst aber hast gesprochen: Güte will ich dir, Güte erweisen, will deinen Samen machen wie Sand des Meers, der vor Menge nicht gezählt werden kann.

Er nächtigte dort in jener Nacht und nahm von dem was ihm zur Hand gekommen war eine Spende für Essaw seinen Bruder, zweihundert Ziegen und zwanzig Böcke, zweihundert Mutterschafe und zwanzig Widder, dreißig säugende Kamele samt ihren Jungen, vierzig Färsen und zehn Farren, zwanzig Graustuten samt zehn Fohlen, und übergab sie in die Hand seiner Knechte, Herde um Herde besonders, und sprach zu seinen Knechten: Schreitet vor meinem Antlitz her und legt Raum zwischen Herde und Herde. Er gebot dem Ersten, sprechend: Wenn mein Bruder Essaw auf dich stößt und fragt dich, sprechend: Wessen bist du, wohin gehst du, wessen sind diese vor dir? sollst du sprechen: Deines Knechts, Jaakobs, eine Spende ists, gesandt meinem Herrn, Essaw, und da, er selber auch ist hinter uns. Auch dem Zweiten gebot er, auch dem Dritten, allen auch die hinter den Herden gingen, sprechend: Nach dieser Rede sollt ihr zu Essaw reden,

wann ihr ihn findet, und sollt sprechen: Da, auch dein Knecht Jaakob ist hinter uns. Denn er sprach zu sich: Bedecken will ich sein Antlitz mit der Spende, die vor meinem Antlitz geht, danach will ich sein Antlitz sehn, vielleicht hebt er mein Antlitz empor. Die Spende schritt seinem Antlitz voraus, er aber nächtigte in jener Nacht im Lager.
In jener Nacht machte er sich auf, er nahm seine zwei Weiber, seine zwei Mägde und seine elf Kinder und fuhr über die Furt des Jabbok, er nahm sie, führte sie über den Fluss und fuhr über, was sein war. Jaakob blieb allein zurück. – Ein Mann rang mit ihm, bis das Morgengrauen aufzog. Als er sah, dass er ihn nicht übermochte, rührte er an seine Hüftpfanne, und Jaakobs Hüftpfanne verrenkte sich, wie er mit ihm rang. Dann sprach er: Entlasse mich, denn das Morgengrauen ist aufgezogen. Er aber sprach: Ich entlasse dich nicht, du habest mich denn gesegnet.Da sprach er zu ihm: Was ist dein Name? Und er sprach: Jaakob. Da sprach er: Nicht Jaakob werde fürder dein Name gesprochen, sondern Jissrael, Fechter Gottes, denn du fichtst mit Gottheit und mit Menschheit und übermagst. Da fragte Jaakob, er sprach: Vermelde doch deinen Namen! Er aber sprach: Warum denn fragst du nach meinem Namen! Und er segnete ihn dort. Jaakob rief den Namen des Ortes: Pniel, Gottesantlitz, denn: Ich habe Gott gesehn, Antlitz zu Antlitz, und meine Seele ist errettet. Die Sonne strahlte ihm auf, als er an Pniel vorüber war, er aber hinkte an seiner Hüfte.«

Dieser Kampf Jakobs ist nicht nur die bekannteste Szene aus dem Leben Jakobs, sie ist in der Tat die tiefgründigste und wichtigste. Denn in dieser Nacht löst sich Jakob mit Bedacht und klarem Bewusstsein von seiner ganzen Vergangenheit. Er hat alle Herden, die er seinem Bruder zum Geschenk bringen will, voranziehen lassen, dann seine eigenen Herden, dann seine Familie – er selbst kommt als Letzter, und er ist allein, allein mit der Erinnerung an alles, was er hinter sich hat. Was er mit seiner Hände Arbeit geschaffen hat, all das gehört bereits der Zukunft an. Und indem er den Fluss Jabbok überschreitet, der so etwas ist wie eine Schwelle, will er mit seiner

Vergangenheit endgültig Schluss machen; denn er weiß sehr wohl, was ihn erwartet: die Entscheidung seines Bruders Esau, dessen heftiges Temperament, dessen aufwallendes Blut er kennt.

An dem Tag, da Jakob geflohen war, hatte Esau geschworen, ihn umzubringen. Jakob ist sich bewusst, dass jetzt nicht nur sein Leben, sondern die Verheißung überhaupt auf dem Spiele steht. Sein Bewusstsein ist hell, und in seiner Einsamkeit wendet er sich an Gott. Es ist dies eines der ersten wirklichen Gebete, von denen uns die Bibel berichtet:

> »Gott meines Vaters Abraham, Gott meines Vaters Jizchak, DU, der zu mir sprach: Kehre zu deinem Land, zu deiner Verwandtschaft, ich will dir Güte erweisen! Zu klein bin ich all den Hulden und all der Treue die du an deinem Knechte tatest ...«

Jakob erinnert Gott daran, dass er es war, der ihm gebot, in das Land seiner Geburt zurückzukehren, und dass er ihm versprach, immer bei ihm zu bleiben. Es ist ein wunderbares Wort, das er hier zu Gott spricht: Ich bin ganz klein, ohnmächtig, ein Sandkorn in deiner Hand, verglichen mit allem, was du an mir, deinem Diener, getan hast!

Der Bewusstseinsakt besteht gerade in der Erkenntnis, selbst ein Nichts zu sein – ohne dass sich auch nur eine Spur von Verzweiflung hineinmischte. Auch heute noch muss jeder Mensch eine Erfahrung dieser Art durchmachen und seine Kleinheit ertragen lernen. Oft verliert er in einem solchen Augenblick allen Mut. Durch allerlei Vorspiegelungen versucht er dann vor sich selber größer zu erscheinen; und wenn dies nicht gelingt, geht er unter. Jakob gelingt es indessen, seine Kleinheit zu akzeptieren und sich der Hand Gottes anzuvertrauen: Du hast mir unendlich viel mehr gegeben, als ich im Stande war aufzunehmen; und du bist bei mir, du hast mich nie verlassen. So nimm mich denn, wie ich bin, und leite mich auch fürderhin. – Und in großer Einfachheit bittet er die Gottheit, ihn aus der Hand seines Bruders zu retten. Dass Jakob die Gottheit an deren Verheißung erinnert, zeigt, dass nicht nur die Angst vor dem Tod aus ihm spricht, sondern auch die Sorge um die Aufgabe, die er zu erfüllen hat und um derentwillen er den Segen seines Vaters empfing. War er doch in gewissem Sinn mit seinem ganzen Schicksal bevorzugt worden, damit der Generationenstrom durch ihn hindurchfloss und nicht versickerte. Im Namen dieser Zukunft erfleht er den göttlichen Segen. – In dieser Seelenverfassung schickt er Hab und Gut und all seine Leute voraus und bleibt allein zurück. Die Erfahrung, die er nun in der Einsamkeit macht, ist imaginativer Art. Versuchen wir, sie so anzuschauen, wie sie ein modernes menschliches Bewusstsein machen kann.

Mit was für einer Kraft kämpft Jakob? Er ist ganz allein, auf der Grenze zwischen seiner persönlichen Vergangenheit und der Zukunft des Volkes, das entstehen soll, und der Tatsache völlig bewusst, dass das, was ihn am nächsten Tag erwartet, etwas außerordentlich Bedrohliches hat. Aber er weiß, dass da eine Macht ist – denn er hat sich mit seinem Gebet bereits an sie gewandt und sich ihr anvertraut -, die es ihm möglich macht, sich dem Schicksal zu überlassen. Er hat sich dieser Macht hingegeben, und um ihretwillen ist er da, in seiner Einsamkeit. Da sind aber auch seine Furcht, seine Schwäche, seine Unbeständigkeit und das Bewusstsein seiner Verfehlungen – alles Gründe, die ihn der Hilfe Gottes unwürdig erscheinen lassen. Und so kämpft er sich die ganze Nacht über wie durch einen Alptraum, einen Zustand der Depression, in dem die Gedanken durcheinander wirbeln und ihm immer nur eines wiederholen: Nein, es ist nicht der Mühe wert, den Schritt zu versuchen, du kannst es nicht, du bist seiner nicht würdig … – Der andere Teil seines Wesens weiß, dass er beschlossen hat, über diese Schwäche hinaus zu kommen, und spricht ihm zu: Auf, akzeptiere deine Unfähigkeit und tu es trotzdem!

Als der Tag anbricht, öffnet sich der Weg vor ihm. Nur noch ein Schritt, und alles wird seinen Gang nehmen. Aber er wird von einer Art Krampf befallen; und die segnende Macht droht ihn zu verlassen, denn sie ist nur solange da, wie er sie anruft. Sie fordert ihn auf, sie zu entlassen. Da spricht er nun dieses wunderbare Wort: »Ich entlasse dich nicht, du habest mich denn gesegnet.« Anders ausgedrückt: es sei denn, du versiehst mich zuvor mit deinem Zeichen. Denn segnen bedeutet ursprünglich: bezeichnen.

Da hört er sich nach seinem Namen gefragt. Jakob! Dieser Name der sich auf die Ferse bezog – Jakob hatte bei seiner Geburt die

Ferse seines Zwillingsbruders Esau, des Erstgeborenen, gepackt -, also auf eine biologische Tatsache hinwies, soll nun nicht mehr gelten. Von nun an soll Jakob Israel heißen, das heißt »einer, der mit Gott kämpft«. Denn indem Jakob mit Gott und mit den Menschen gekämpft hat, hat er Kraft bekommen. Doch hat dieser Sieg nichts im gewöhnlichen Sinne Glorreiches an sich. Jakob ist gebrochen daraus hervorgegangen. Und sein Flehen, ihn zu segnen, ist ein letzter Versuch, diese Kraft, von der er sehr wohl fühlt, dass sie ihm entgleitet, zu halten. Diesen letzten Atem, den er gerade noch in einem Seufzen aushauchen kann, diesen schwachen Atem erkennt Gott als »die Kraft«.

Erinnern wir uns an das außerordentliche Wort, das Gott zu Paulus sprach, als dieser – auch dieser! – nicht mehr weiter wusste: »Es genüge dir meine Gnade, denn in der Schwachheit kommt meine Kraft zur Vollendung.« Und Paulus selbst fährt fort: »Am allerliebsten will ich mich also meiner Schwachheit rühmen, damit die Kraft Christi sich auf mir niederlasse. Darum bejahe ich die Schwächen, die Beleidigungen, die Notlagen, die Verfolgungen und Drangsale, die ich um Christi willen erleide: denn wenn ich schwach bin, dann bin ich stark.« (2. Kor. 12, 9-10). – »Es genüge dir meine Gnade« bedeutet keineswegs die Aufforderung, nur Vertrauen zu haben, es werde schon alles gut gehen. Gnade bedeutet, in Augenblicken, da wir uns ohne Kraft und als ein Nichts empfinden, trotzdem bereit zu sein, das zu tun, was getan werden muss; denn wenn wir es nicht tun, wird ein anderer es durch uns tun.

Gnade ist keine abstrakte, fernliegende Wirklichkeit. Sie ist die unmittelbare Wahrnehmung, dass etwas für uns getan wird in Augenblicken, da wir selbst es nicht mehr tun können. In Augenblicken, da unsere Lebenskräfte erschöpft sind, kommen andere Kräfte uns zu Hilfe, wenn wir ihnen nur die Tür aufmachen. Und die Türe aufmachen, das ist dieser schwache Seufzer: Verlass mich nicht! Die großen Siege des Geistes sind anders, als man sie erwartet; es sind Eroberungen, in deren Subtilität und Bescheidenheit gerade sich die Größe Gottes offenbart.

Eine der Stellen, wo wir die Größe Gottes unmittelbar ahnen können, ist die Kleinheit des Ortes, an dem der Christus getauft wurde, und seine unendliche Einfachheit. Die Größe Gottes besteht geradezu darin, sich so klein machen zu können. Jakob rührt an dieses Geheimnis, als er sich vor dem Fluss, vor der zu überschreitenden Schwelle befindet, jenseits derer der Tod auf ihn wartet. Er erkennt seine ganze Nichtigkeit und akzeptiert sie, indem er sich sagt: Was getan werden muss, wird getan werden. – Diese Haltung gibt ihm seinen neuen Namen: Fechter Gottes. Als Mensch ein Fechter zu sein, bedeutet, dem anderen auf der Ebene des Bewusstseins gegenüber zu treten. Hier steht das Bewusstsein Jakobs dem göttlichen Bewusstsein gegenüber. Sein Wesen ist durch einen wahrhaft alchimistischen Prozess hindurch gegangen: Es wurde wie zerspalten und aufgelöst und dann neu gebildet.

Auf seine Frage nach dem Namen dessen, mit dem er gekämpft hat, erhält Jakob zur Antwort: »Warum denn fragst du nach meinem Namen!« Das ist alles. Und Jakob nennt den Ort »Gottesantlitz«, da er Gott von Antlitz zu Antlitz gesehen hat. Damit berühren wir zum ersten Mal das Geheimnis der hohen Wesenheit, die in der jüdischen Esoterik oft als »Antlitz Gottes« oder »der selbst das Antlitz Gottes ist« bezeichnet wurde. Fragt man diese Wesenheit nach ihrem Namen, antwortet sie immer mit einer Frage. Sie erscheint dem Bewusstsein des Menschen, indem sie in ihm den Begriff dessen hervorruft, was noch in ferner Zukunft liegt, und indem sie dem Menschen vertraut; denn die Zukunft ist bereits in ihm.

Mit diesem Wesen hat Jakob gekämpft, nicht mit seinem Engel. Von einem Engel ist nirgendwo die Rede. Es heißt: »Ein Mann rang mit ihm.« (Wir erinnern uns an die drei »Männer«, die zu Abraham kamen, von denen der eine »die Stimme oder der Engel des Ewigen« genannt wird!) In der hebräischen Sprache bezeichnet »Mann« nicht unbedingt ein menschliches Wesen, sondern hat oft die allgemeinere Bedeutung von Wesen, Wesenheit. Sodass wir sagen können: Ein höheres Wesen kämpfte mit Jakob. Und die Tatsache, dass der Jakob gegebene neue Name zum Namen des ganzen Volkes geworden ist, weist uns darauf hin, dass dieser »Engel« ein »Volksengel«, ein »Volksgeist« ist. Aber das Volk existierte noch nicht. Nur eine große Familie war da, eine Familie mit elf Söhnen.

Wir erfahren im Folgenden, dass diese Familie größer wird. Zuerst sind es zwölf. Dann führt das Schicksal alle weit weg, nach Ägypten; und erst da wächst der Stamm auf hunderttausend Glieder an. Erst sehr viel später wird daraus ein Volk. Dann wird der Führer dieses Volkes einen Mann auf sich zukommen sehen mit den Worten: »Von nun an werde ich mit euch ziehen.« Da empfängt das Volk seinen Erzengel. Mit diesem Erzengel hat Jakob gekämpft. Er hat diesen Kampf um eines Schicksals willen ausgefochten, das nicht eigentlich das seine war; denn er kämpfte auch für die Nachkommenschaft, die aus ihm hervorgehen würde. Dieser Kampf bildete im Leben Jakobs den großen Übergang. Er überschritt in einem gewissen Sinne die Schwelle des Todes, aber auch die Schwelle hin zu dem Wesen, welches dazu bestimmt war, das Volk Israel zu führen.

VERSÖHNUNG ZWISCHEN JAKOB UND ESAU. IN SICHEM

Wir haben Jakob in dem Augenblick verlassen, da er im Laufe einer umstürzenden Erfahrung seinen neuen Namen Israel empfing. Es war dies die Begegnung mit einem Wesen höherer Ordnung; und wir glaubten zu erkennen, dass diese Macht, mit der er eine ganze Nacht über rang, mehr war als ein Engel, der über das Schicksal und das Bewusstsein eines einzelnen Menschen wacht. Es war der Geist jener Menschengruppe, die dazu bestimmt war, sich zu einem ganzen Volk zu entwickeln. Der Name, den Jakob empfing, Israel, das heißt »Fechter Gottes«, ist gleichzeitig der Name des werdenden Volkes. Die nächtliche Begegnung reicht also weit über das persönliche Schicksal Jakobs hinaus. Und das Überschreiten des Flusses Jabbok, zunächst eine ganz äußerlich konkrete Handlung, ist zugleich Bild für einen inneren Vorgang: In dem Augenblick, da er diesen Wasserlauf überschreitet, der äußerlich nichts weiter ist als ein dünnes, den größten Teil des Jahres über vertrocknetes Rinnsal, überschreitet er innerlich einen mächtigen Strom, indem er aus seinem persönlichen Schicksal hinübertritt in ein umfassenderes Schicksal.

Im 1. Kapitel des Johannes-Evangeliums ist die Rede von einer recht geheimnisvollen Persönlichkeit namens Nathanael, das heißt »von Gott gegeben«. Nachdem Jesus seine allerersten Jünger benannt hat, findet Philippus den Nathanael, und es entspinnt sich zwischen beiden ein Gespräch: »Wir haben den gefunden, von dem Moses im Gesetz und die Propheten geschrieben haben: Jesus, Josephs Sohn aus Nazareth. Da erwiderte ihm Nathanael: Kann etwas Gutes aus Nazareth sein? Philippus spricht zu ihm: Komm und sieh!« Mit den gleichen Worten – »Kommt, und ihr werdet sehen« – hat Jesus selbst seine ersten Jünger eingeladen. Es ist dies eine Art Einladung, das Mysterium zu betreten, vergleichbar dem Satz über dem Eingang zum delphischen Tempel: »Erkenne dich selbst!« Dieses »Komm und sieh« ist wahrhaft das Wort, das aus der Welt der Mysterien hinaustönt, gesprochen vom heiligen Hierophanten, der zu persönlicher Erfahrung einlädt. (Wie anders klingt dies als die Aufforderung zu »glauben«!)

Auf die Worte des Philippus hin ahnt Nathanael, dass es sich hier um ein Geheimnis handelt. Diese Ahnung wird bestätigt, als er Jesus selbst begegnet und dieser von ihm sagt: »Siehe, wirklich ein Israelit, in dem nichts Falsches ist.« Diese Worte lösen in Nathanael eine Art Schock aus, und er fragt: »Woher kennst du mich?« Jesus antwortet ihm mit einem rätselhaften Wort: »Ehe Philippus dich rief, als du unter dem Feigenbaum warst, sah ich dich.« Daraufhin erkennt Nathanael in Jesus den Gottessohn, den König Israels.

Dieser dramatische, schnelle, konzentrierte Dialog ist nur verständlich, wenn man die Erläuterungen Rudolf Steiners hinzunimmt. So sind die beiden Ausdrücke »ein wahrer Israelit« und »als du unter dem Feigenbaum warst« Bilder, die denen bekannt waren, welche einen esoterischen Weg gegangen waren. Rudolf Steiner schildert, wie auf einer bestimmten Stufe der alten esoterischen Entwicklung der Neophyt, der Schüler, sein Bewusstsein über sich selbst hinaus auf die Ebene seines Volkes erweiterte. Es gelang ihm auf dieser Stufe, ganz von sich abzusehen und mit dem Volksgeist eins zu werden; er trug dann dessen Namen. Bei den Persern hieß der Schüler dann »ein wahrer Perser«; das war auch noch in den Mithras-Mysterien der Fall, die ja von Persien ausgegangen waren. In der jüdischen Esoterik wurde »wahrer Israelit« derjenige genannt, der darauf verzichtet hatte, sein eigenes Schicksal auszuleben, und sich statt dessen mit dem seines Volkes identifizierte.

Den Feigenbaum erklärt Rudolf Steiner als eine Form dessen, was die Inder den »Bodhibaum« nannten, den Baum der Weisheit, das heißt einen bestimmten, in der Meditation erreichten Grad geistiger Erkenntnis. Indem Nathanael wahrnimmt, dass Jesus den Grad seiner inneren Entwicklung exakt benennen kann, erkennt er in ihm den, »der kommen soll«.

So erhellt sich uns auch vom Neuen Testament her der Sinn der Änderung des Namens Jakob in den so unermesslich viel mehr umfassenden Namen Israel, »Fechter Gottes«.

*

Wenn wir nun das Geschehen weiter verfolgen, spüren wir die Veränderung, die in Jakob vor sich gegangen ist. Es scheint, als sei er von einer unzerstörbaren Sphäre von Frieden umgeben. Was nun geschieht, gleicht ein wenig kultischen Handlungen; wie diese trägt es Bildcharakter und ist unabhängig von den persönlichen Verfehlungen, Anstrengungen und Kämpfen, vom persönlichen Schicksal der daran Teilnehmenden. Schon die ersten Worte – »Jakob hob seine Augen« – weisen darauf hin, dass es sich nicht nur um eine äußerliche Begegnung handelt, sondern wirklich um das Betreten der geistigen Wirklichkeit:

> »Jaakob hob seine Augen und sah, da, Essaw kam und bei ihm vierhundert Mann. Nun verteilte er die Kinder auf Lea, auf Rachel und auf die zwei Mägde, die Mägde mit ihren Kindern tat er voran, Lea und ihre Kinder dahinter, Rachel und Jossef zuhinterst, selber schritt er vor ihnen her.«

Am Abend zuvor war die Reihenfolge eine andere gewesen; da hatte er als erstes die Herden, die er Esau anbieten wollte, über den Fluss geschickt, dann seine Dienerschaft und als letzte seine Frauen und seine Kinder, während er selbst zurückgeblieben war. Nun setzt er sich an die Spitze des Zuges. Unter menschlichen Gesichtspunkten bedeutet dies, dass er dem Tod entgegengeht. Nichts anderes konnte er als Konsequenz dessen, was er seinem Bruder angetan hatte, erwarten, zumal dieser seinen Tod geschworen hatte.

> »Er verneigte sich siebenmal zur Erde, bis er an seinen Bruder herantrat. Essaw aber lief ihm entgegen, er umarmte ihn, fiel ihm um den Hals und küsste ihn. Und sie weinten. Dann hob er seine Augen und sah die Weiber und die Kinder und sprach: Wer sind

diese dir? Er sprach: Die Kinder sinds, die Gott deinem Knecht vergönnt hat. Die Mägde, sie und ihre Kinder, traten herzu und verneigten sich. Auch Lea trat herzu und ihre Kinder und sie verneigten sich. Danach trat Jossef herzu und Rachel und sie verneigten sich. Er sprach: Was hast du vor mit all diesem Lager, auf das ich gestoßen bin? Er aber sprach: Gunst zu finden in den Augen meines Herrn. Essaw sprach: Ich habe viel, mein Bruder, bleibe dein, was dein ist. Jaakob sprach: Nimmer doch! möchte ich doch Gunst in deinen Augen gefunden haben, dass du meine Spende aus meiner Hand nehmest. Denn ich habe nun doch einmal dein Antlitz angesehn, wie man Gottheitsantlitz ansieht, und du warst mir gnädig, so nimm denn meine Segensgabe, die dir gebracht worden ist! Gott hat mich ja begünstigt, ich habe ja von allem. Er drang in ihn, und er nahms. Dann sprach er: Lass uns nun aufbrechen und weitergehn, und ich will dir zuseiten gehn. Er aber sprach zu ihm: Mein Herr weiß, dass die Kinder zart sind, und ich habe für die Schafe und Rinder, die säugen, zu sorgen, übertriebe man sie einen Tag, stürben alle Schafe. Schreite doch mein Herr seinem Knecht voran, und ich will hinwandeln nach meiner Gemächlichkeit, im Schritt der Habe vor mir und im Schritt der Kinder, bis ich zu meinem Herrn nach Sseïr komme. Essaw sprach: So will ich dir beistellen von dem Volke, das mit mir ist. Er aber sprach: Wozu das? möge ich nur Gunst in meines Herrn Auge finden! Essaw kehrte am selben Tag seines Wegs nach Sseïr zurück, Jaakob aber zog nach Ssukkot. Er baute sich ein Haus, und für seinen Vieherwerb machte er Hütten. Darum ruft man den Namen des Orts Ssukkot, Hütten.
Jaakob kam befriedet in die Stadt Sichem, die im Land Kanaan ist, bei seiner Heimkunft von der Aramäerflur, und lagerte angesichts der Stadt. Er erwarb den Feldanteil, wo er sein Zelt gespannt hatte, von den Söhnen Chamors, des Vaters Schchems, um hundert Lämmerwert. Er errichtete dort eine Schlachtstatt und rief über ihr: Gottheit Gott Jissraels!«

Erinnern wir uns: Als Abraham aus eben dem Land Chaldäa, der »Aramäerflur«, zurückgekommen war, hatte er sein Zelt in Sichem errichtet, angesichts einer Steineiche. Jakob kehrt an denselben Ort zurück, der genau in der Mitte des Heiligen Landes liegt, am Fuße der beiden heiligen Berge Ebal und Garizim. Auch Jakob errichtet da sein Zelt, und wie Abraham wird auch er diese Stätte wieder verlassen. Doch wird sie später im Leben der Kinder Jakobs, insbesondere im Leben Josefs, eine Rolle spielen. Im Johannes-Evangelium (4, 4-6) wird von Jesus gesagt: »Der Weg dahin (nach Galiläa) führte ihn durch Samarien. So kommt er in eine Stadt Samariens namens Sychar, nahe bei dem Gelände, das Jakob seinem Sohne Josef gab; dort war ein Brunnen Jakobs.« Es war dies der Brunnen, den Jakob in der Nähe des Dörfchens Sychar am Fuß der Stadt Sichem gegraben hatte. »Jesus nun, von der Wanderung ermüdet, setzte sich am Brunnen nieder. Es war um die sechste Stunde. Da kommt eine samaritanische Frau ...« – Diese Verbindung zwischen den beiden Erzählungen aus dem Alten und Neuen Testament ist nicht ohne Bedeutung, denn Sichem bildet die Mitte des Heiligen Landes. Samaria liegt zwischen Judäa und Galiläa, vermittelt also zwischen dem harten, wüstenartigen, felsigen Judäa und dem paradiesisch anmutenden Galiläa rund um den See Genezareth. In Samaria trifft man auf kleine Wasserläufe mit ein wenig Grün, auf steinige, aber fruchtbare Felder, auf denen Getreide und Wein wachsen. Sehr viel später wird Moses sein Volk aus Ägypten bis an die Grenze des Heiligen Landes zurückführen. Josua wird es bis nach Sichem führen. Und nach Sichem wird man den Sarg Josefs bringen, der vierhundert Jahre zuvor in Ägypten gestorben war, und man wird ihn in seinem Land begraben.

Als an diesem selben Ort, an eben diesem Brunnen Jesus der Samaritanerin begegnet und mit ihr spricht, geschieht etwas ganz Einzigartiges. Es ist das einzige Mal im Erdenleben des Christus, dass ein fremder Mensch, einer, der nicht zu seinen Jüngern gehört, im Gespräch ahnt, wer er ist. Mit bewundernswürdiger Diskretion sagt diese Frau zu ihm: »Ich weiß, dass der Mesias kommt, den man Christus nennt. Wenn er kommt, wird er uns alles verkünden.« Und so ist sie der einzige Mensch, dem der Christus unverhüllt sagt: »Ich bin es, der mit dir spricht.«

*

Der Brunnen bei Sychar ist ein zentraler Ort. Zum zweiten Mal wird er nun Schauplatz des Geschehens. Und mit der Ankunft Jakobs beginnt eine schwer verständliche Tragödie. Neben seinen elf Söhnen hatte Jakob eine Tochter namens Dina, die Lea ihm geboren hatte. Es wird erzählt:

> »Dina, die Tochter Leas, die sie Jaakob geboren hatte, zog hinaus, sich unter den Töchtern des Landes umzusehn. Da sah Schchem sie, der Sohn Chamors des Chiwwiters, des Landesfürsten. Er nahm sie weg, lag ihr bei und beugte sie. Seine Seele aber haftete an Dina, Jaakobs Tochter, er hatte das Mädchen lieb, und er redete zum Herzen des Mädchens. Dann sprach Schchem zu Chamor seinem Vater, er sprach: Nimm dieses Kind mir zum Weib! Jaakob hatte gehört, dass man Dina seine Tochter bemakelt hatte, da aber seine Söhne bei seinem Vieh auf dem Feld waren, schwieg Jaakob, bis sie kämen. Chamor, Schchems Vater, zog nun zu Jaakob, mit ihm zu reden. Jaakobs Söhne aber kamen vom Feld, als sies hörten. Die Männer vergrämten sich, es entflammte sie sehr, denn eine Schande hatte er Jissrael angetan, Jaakobs Tochter beizuliegen, so darf nicht getan werden.«

Zum Schein bieten die Söhne Jaakobs Chamor und Schchem an, den Kanaanitern ihre Töchter zu geben und selbst deren Töchter zu nehmen – vorausgesetzt, alle Männer sind bereit, sich beschneiden zu lassen. Um die Bedeutung dieser Bedingung zu verstehen, bedarf es einer Erklärung.

Vergleicht man die Ereignisse um Dina und Schchem mit dem, was sich zwischen Jakob und Esau abspielt, erkennt man leicht, dass erstere auf einer ganz anderen Ebene liegen. Die Begegnung erfolgt zufällig und ist von natürlichen Bedürfnissen und Instinkten bestimmt. Dagegen schwebt über der Begegnung zwischen Jakob und Esau die unerhörte Begebenheit, dass Jakob in der Nacht zuvor mit dem Erzengel gerungen hat. Wir erfahren nicht, warum Esau sich seinem Bruder gegenüber so verhält, wie er es tut, nur, dass sein Verhalten nicht voraussehbar war. Dass er Jakob entgegengeht, ihn umarmt und mit ihm weint, lässt ahnen, dass er die Veränderung spürt. Und so verzeiht er, ohne zu überlegen, ganz spontan; er empfängt seinen Bruder mit offenem Herzen, obwohl dieser um nichts bittet. Das heißt: Esau vollzieht einen Akt der Freiheit.

Wenn Jakob mit der Bitte zu Esau gekommen wäre, ihm das große Unrecht, das er ihm gegenüber begangen hatte, zu verzeihen, wäre dieser nicht in gleicher Weise frei gewesen. Er hätte sich sagen müssen, dass er nicht anders könne als zu verzeihen; aber er hätte es nicht aus freiem Entschluss getan. Im Schweigen Jakobs und in dem Zug, der sich gleich einer Prozession auf ihn zubewegt, spürt Esau etwas Heiliges; und diese Empfindung zieht das Verzeihen nach sich, als habe er erkannt: Ja, das Schicksal hat sich nun erfüllt. – Und als er Jakob fragt, wer diese sind, die er mit sich führt, erhält er ganz einfach zur Antwort: »Die Kinder sinds, die Gott deinem Knecht vergönnt hat.« Jakob pocht nicht darauf, dass er ja das Recht des Erstgeborenen und den väterlichen Segen habe. Er gibt sich ganz in die Hand Esaus, eine Handlungsweise, die diesen wiederum frei lässt. Als Esau auf die Herden zeigt, erfährt er, dass sie für ihn bestimmt sind. In Freiheit stellt Jakob ihm zur Verfügung, womit ihn Gott gesegnet hat, und zwar als eine Art Ausgleich für das, was er Esau geraubt hat. Doch Esau antwortet: Ich habe alles, was ich brauche; ich habe es nicht nötig, dass man meinem Wert, meiner Würde, meinem Reichtum etwas hinzufügt; ich bin ich, ich bin mir selbst genug. – Und erst als Jakob ihn drängt, doch die Segensgabe anzunehmen, willigt Esau schließlich ein.

So entsteht zwischen den Brüdern eine Beziehung, die – auch wenn der Ausgleich durchaus eine materielle Basis hat – ganz auf Freiheit beruht. Denn Esau empfängt die Spende nicht als etwas, das ihm zusteht; er verhält sich so, dass Jakob das Geschenk wie eine Segensgabe reichen kann, die Gott ihm für Esau gegeben hat. Schließlich stehen die beiden Männer einander als Freie gegenüber. Das Schicksal hat sich erfüllt, das Karma ist ausgeglichen. Und als Esau daraufhin seinen Bruder einlädt, mit ihm zu ziehen, lehnt Jakob ab. Er will Esau gemächlich folgen, »bis ich zu meinem Herrn nach Seïr komme«. Dann nimmt er aber doch nicht diesen Weg. Während Esau nach Seir zieht, in das Gebiet, in dem er sich niedergelassen hat, zieht Jakob nach Sichem.

Die Begegnung zwischen Jakob und seinem Bruder Esau bildet

den Höhepunkt in beider Schicksalslauf. Die beiden Brüder erringen sich ihre Unabhängigkeit voneinander, als gereifte Persönlichkeiten stehen sie sich gegenüber. Nachdem das Gleichgewicht hergestellt ist, zieht ein jeder seinen Weg. Es ist keine Rede mehr davon, dass der eine sich herabgesetzt, der andere sich bevorzugt fühlte. –

In der Begegnung mit den Leuten von Sichem herrschen dagegen Täuschung, Betrug, Gewalt; die Freiheitssphäre wird von Anfang an missachtet. Die Kanaaniter möchten zwar die Ordnung wieder herstellen, indem Chamor, Schchems Vater, ganz offiziell bei Jakob um die Hand der Tochter anhält; die Söhne Jakobs lehnen sich indessen dagegen auf, denn sie sind sich vollkommen im Klaren darüber, dass sie in einem anderen Bewusstsein leben als die Kanaaniter. Sie wissen sich durch ihre Verbindung mit dem Abraham-Schicksal ausgezeichnet, mit dessen in der damaligen Zeit wirklich einzigartiger Erkenntnis, dass der Mensch nicht eine Anhäufung von Organen ist, sondern eine einheitliche Wesenheit. Ich bin ich, und meine Organe sind Instrumente dieses Ich. Ich sage gewöhnlich nicht: mein Bauch hat einen Schmerz, mein Kopf hat einen Schmerz; sondern: ich habe Bauchweh, ich habe Kopfweh. Ich bin eine Mitte, ein Wesen. Abraham hat daraus den Schluss gezogen: Auch der Kosmos muss ein einheitliches Wesen sein; ich kann es zwar nicht sehen, kann es nicht wahrnehmen, aber es kann nicht anders sein. Woher käme mir auch sonst die Macht, »Ich« zu sagen, wenn das All nicht ein »Ich« wäre? Das war die Geburt des Jahwe-Bewusstseins in Abraham, die Geburt der Kraft, »Ich« zu sagen.

Bei Abraham war die Intelligenz bereits abhängig von der Konfiguration des Gehirns. Das Bewusstsein der vor-monotheistischen Menschheit, das mehr oder weniger hellsichtige Bewusstsein der alten Völker war noch nicht vollständig an den physischen Leib gekettet, so dass die Menschen noch die vielfältigen göttlichen Kräfte wahrnahmen, die im Kosmos und im Menschen am Werk waren. Erst von dem Augenblick an, da sich der ganze Mensch mit seinem physischen Leib identifizierte, wurde ihm seine Einheitlichkeit und als Folge davon die Einheitlichkeit des All bewusst. Daher musste in der jüdischen Religion dieses Sich-Bewusstmachen der Einheit – die denkbar höchste geistige Aktivität – gebunden werden an eine ganz besondere Beziehung des Wesens zum Leib, zum Gehirn, zum gehirn-gebundenen Denken.

Von Abraham an bezeichnet der Bund eine Beziehung zwischen Wesen, von denen jedes ein ihm eigenes Bewusstsein hat. Die bewusste Beziehung zwischen der Gottheit und dem Menschen wird durch die Vererbung, durch das Blut weitergegeben, und jeder Mensch empfängt bei seiner Geburt das Zeichen dieses Bundes. Das Zeichen der gegenseitigen Verpflichtung von Mensch und Gott auf der Ebene der Vererbung ist die Beschneidung am achten Tag nach der Geburt. Dadurch dass diese kultische Handlung vollzogen wird, wenn das Kind klein ist und kein Bewusstsein davon haben kann, wird das jüdische Volk tief geprägt. Nichts, was mit der Fortpflanzung zu tun hat, kann in diesem Volk von nun an ohne das Wissen davon gedacht werden, dass es das Zeichen Gottes trägt. Denn jedes männliche Wesen ist von seiner Geburt an durch diesen göttlichen Segen gekennzeichnet.

Auch bei den arabischen Völkern, beispielsweise den Ismaeliten, wird die Beschneidung praktiziert, aber erst in der Pubertät, beim Übergang also von der Kindheit in das Jugendalter. Das Sakrament der Beschneidung ist also mit dem Aufbrechen persönlicher Gedanken und Empfindungen verbunden und bereits durchtränkt mit dem Begierdeleben. Bei den Juden wird es vollzogen, wenn das Bewusstsein noch gleichsam ganz, noch unversehrt ist wie vor dem Sündenfall, während es überall sonst in dem Augenblick vollzogen wird, da sich im Bewusstsein der Sündenfall wiederholt, das heißt Bewusstsein und Wahrnehmung von persönlichen Empfindungen überschwemmt werden.

Die Kanaaniter, denen die Beschneidung unbekannt war, hatten also mit der Jakobs-Familie nichts gemeinsam. Und als die Söhne Jakobs die Bedingung stellen, dass sich alle Kanaaniter beschneiden lassen – erst dann könnten sie zu einem einzigen Volk werden –, liegt darin bereits die Ablehnung verborgen. Denn ohne dass es ausdrücklich gesagt würde, erwarteten sie, dass die anderen sich umdrehen und gehen würden, nicht verstehend, dass ihnen etwas abgeschlagen wurde, worum sie in gutem Glauben gebeten hatten.

Die Kanaaniter gehen jedoch auf die Bedingung ein; sie lassen sich alle beschneiden, ohne zu begreifen, dass es nicht dasselbe ist. Dieser Bedeutungsunterschied ist das Wesentliche; ohne ihn wäre das folgende Geschehen unverständlich.

> »Aber am dritten Tag, während sie in Schmerzen waren, nahmen zwei Söhne Jaakobs, Schimon und Lewi, Vollbrüder Dinas, jeder sein Schwert, sie kamen über die sorglose Stadt und brachten alles Männliche um, auch Chamor und Schchem seinen Sohn brachten sie um, mit dem Biss des Schwerts. Dann nahmen sie Dina aus Schchems Haus und zogen davon.«

Diese Israeliter und Araber sprechen nicht die gleiche Sprache; und selbst wenn sie die gleichen Worte gebrauchen, bleiben sie doch in ihrer Bewusstseinsverfassung verschieden. Das jüdische Bewusstsein, das Teil einer beiden gemeinsamen Schicht ist, nämlich der Abraham-Schicht, das aber die Verinnerlichung vollzogen hat, kann die Position des anderen Bewusstseins verstehen, dieses jedoch nicht das eigene; denn die Araber haben die Bindung des Bewusstseins an das Gehirn noch nicht vollzogen, ihr Denken ist bildhafter und ihr Leben instinktiver. Zwar haben sie auch den Intellekt entwickelt, sogar in hohem Maße; aber es ist ihnen nicht gelungen, zwischen Intellekt, Imagination und Instinkt eine Harmonie zu schaffen. Das Außerordentliche bei den Juden ist die Vorherrschaft des Bemühens, zum Ich-Bewusstsein zu gelangen. Ihr ganzes religiöses Leben besteht darin, zwischen den extremen Polen der semitischen Natur Ausgleich und Harmonie zu schaffen.

So ist bei ihnen die Imaginationskraft zu einem wahrhaft künstlerisch-schöpferischen Vermögen geworden. Die Intelligenz hat sich stark entwickelt, sie kann jedoch mit dem Herzen und dem Bewusstsein zusammengehen. Und der instinktive Bereich ist eben durch die Beschneidung gekennzeichnet und damit in jedem Augenblick geheiligt. – Nun stoßen zum ersten Mal zwei so gänzlich verschiedene Seelenarten aufeinander. Die Kanaaniter hatten gewiss den allerbesten Willen; aber die Triebnatur Schchems hatte ihnen einen bösen Streich gespielt. Nun wollten sie dafür bezahlen, wollten einen Ausgleich herbei führen; aber das erwies sich als unmöglich. Es wäre nur möglich gewesen, wenn sie sich auf eine geistige Entwicklung eingelassen hätten. Eine solche ist aber nicht zu bewerkstelligen, wenn der Instinkt die Oberhand gewonnen hat; es ist außerordentlich schwer, gegen den Strom zu schwimmen. Die Brüder Dinas erkennen das, ohne dass es ihnen ganz klar zum Bewusstsein kommt. Als dann die Situation heillos geworden ist, als nicht nur die Männer getötet, sondern auch die Stadt geplündert, die Felder zerstört und die Herden weggetrieben sind, erkennt Jakob die Ungeheuerlichkeit und auch »Dummheit« des Vorgehens.

> »Aber Jaakob sprach zu Schimon und zu Lewi: Ihr zerrüttet mich, da ihr mich stinkend gemacht habt beim Insassen des Landes, bei dem Kanaaniter und bei dem Prisiter! Ich bin nur zählige Leute, rotten die sich zusammen wider mich, werden sie mich schlagen, und ich werde vertilgt, ich und mein Haus. Sie aber sprachen: Soll man denn an unserer Schwester wie an einer Hure tun dürfen?!«

Diese Worte unterstreichen, dass es nicht darum gehen kann, dem Instinkt Macht über das Bewusstsein zu geben. An mehreren Ereignissen des Alten Testaments tritt dieses Problem zu Tage. Das erste Mal sind wir ihm im Zusammenhang mit Lot begegnet, dem Neffen Abrahams, im Tal von Sodom und Gomorra. Wir haben gesehen, dass die Bevölkerung im Jordan-Tal den Fruchtbarkeitskulten hingegeben war, und zwar in einer Zeit, als diese Kulte ihre Unschuld bereits verloren hatten. In Sodom waren bereits die Homosexualität und auch der Geschlechtsverkehr mit Tieren weit verbreitet. Archäologische Funde belegen, dass diese alten Kulturen auf der Pflege der vitalen, vegetativen Energien basieren, die der Mensch in seinem Zeugungspol trägt. Hier erlebte man den von Generation zu Generation fließenden Lebensstrom.

Heute ist es nicht schwer zu verstehen, dass man in dem Augenblick, da man diese Art von Kräften verehrt, ohne sie in ihrem Wesen zu erkennen, seine eigenen Begierden, Schwächen und Feigheiten hineinträgt. Man vergöttlicht das, was im Menschen das Niedrigste ist. Gewiss, der Instinkt ist göttlich! Er ist ein göttliches Gesetz, welches die Instinkte der Tiere regelt. Im Menschen indessen ist der Instinkt dem Willen anheim gegeben worden und entzieht sich daher der vollkommenen göttlich-geistigen Lenkung. Der Mensch ist für ihn verantwortlich geworden. An ihm liegt es nun, die göttliche Sphäre innerhalb seines eigenen Horizonts zu schaffen und seine irdisch-physische Natur in die Geistigkeit zu integrieren, die er selbst geschaffen hat.

Das jüdische Volk war von Völkerschaften umgeben, welche diese Bewusstseinsschwelle noch nicht überschritten hatten und daher für sein inneres Gleichgewicht eine ständige Bedrohung darstellten. Nun, wenn man sich gegen unmittelbar drohende Gefahren verteidigt, braucht man sehr viel mehr Kraft, als wenn sie ferner sind. Im Verlauf seiner Geschichte erlebt das jüdische Volk mehrere Situationen dieser Art, und jedes Mal wird dabei an eine unerhörte Strenge und Härte appelliert. Auf diesem Gebiet sind keine Konzessionen möglich, wenn nicht die ganze Zukunft aufs Spiel gesetzt werden soll.

*

Nach dem Gemetzel unter den Kanaanitern verlassen Jakob und seine Familie Sichem. Unter der »Gotteiche« vergraben sie die Teraphim, die kleinen Götter aus Chaldäa, wie um zu sagen: Da ist unser Ort! Dann brechen sie auf.

> »Und eine Gottesscheu lag auf den Städten, die rings um sie waren, dass sie nicht nachsetzten Jakobs Söhnen.«

Sie ziehen nach Bet-El, dorthin, wo sich das Auge Jakobs für die geistige Welt geöffnet hatte und er die himmlischen Hierarchien hatte auf- und absteigen sehen. An diesem Ort erscheint ihm der Ewige erneut, und es ereignet sich etwas wie eine Erneuerung des Bündnisses:

> »Gott ließ von Jaakob sich noch einmal sehen, als er aus der Aramäerflur gekommen war, und segnete ihn. Gott sprach zu ihm: Jaakob ist dein Name, Jaakob werde nicht fürder dein Name gerufen, sondern Jissrael soll dein Name sein. Und er rief seinen Namen: Jissrael! Gott sprach zu ihm: Ich bin der Gewaltige Gott.

> Fruchte und mehre dich! Stamm, Versammlung von Stämmen soll aus dir werden, Könige fahren von deinen Lenden aus. Das Land, das ich Abraham und Jizchak gab, dir gebe ich es, deinem Samen nach dir gebe ich das Land. Gott stieg auf, hinauf von ihm, an dem Ort, wo er mit ihm geredet hatte.«

Und wieder errichtete Jaakob ein Standmal von Stein, einen »Menhir«, und rief den Namen des Ortes: Bet-El, Haus der Gottheit.

Auf dem weiteren Weg, kurz vor Efrat, das heißt Bethlehem, gebar Rachel ihren zweiten Sohn. Die Geburt war schwierig; und als ihr der Odem ausfuhr, denn sie war im Sterben, rief sie noch seinen Namen: »Benoni, Sohn meines Unheils«. Sein Vater jedoch nannte ihn »Binjamin, Sohn der rechten Hand«. Er errichtete über dem Grab Rachels ein Grabmal, in der Nähe Bethlehems also, des »Hauses des Brotes«, in dem die Ereignisse um Ruth und die um David die Aura der Geburt vorbereiten werden.

Nun hat sich die Zahl der Söhne Jakobs auf zwölf gerundet. Wir hören noch einmal die Namen ihrer Mütter und ihre eigenen. Dann heißt es lapidar:

> »Jaakob kam zu Jizchak seinem Vater nach Mamre, der Burg Arbas, das ist Hebron, wo gegastet hatte Abraham und Jizchak. Als der Tage Jizchaks hundert Jahre und achtzig Jahre waren, da verschied Jizchak. Er starb und wurde zu seinen Volkleuten eingeholt, alt, an Tagen satt. Ihn begruben Essaw und Jaakob seine Söhne.«

JOSEF WIRD VON SEINEN BRÜDERN VERKAUFT

Wir haben von den Schicksalen der Patriarchen gehört und gesehen, wie eine grundlegende Revolution des Bewusstseins einsetzte, als Abraham eine Kultur hinter sich ließ, die zwar hoch entwickelt war, deren Erkenntnisse der Gestirne und der göttlichen Mächte aber ganz auf übernatürlichen, hellsichtigen Fähigkeiten beruhte. Abrahams Aufgabe war es, diesen visionären Kulturen und Religionen entschieden den Rücken zu kehren und die Fähigkeit bewusst gehandhabter Intelligenz zu entwickeln. Dieser Prozess wird sich bei Isaak und bei Jakob immer mehr verstärken. Letzterer ist nun an den Punkt gekommen, an dem sich die Abraham gemachte Verheißung zu verwirklichen beginnt. Wenn Abraham die Welt, der er entstammte, hinter sich ließe und in gänzlich unbekannte Gegenden aufbräche, ja, in Richtung dieser noch unbekannten Kultur, dann – so die Verheißung – würden sich die Kräfte des Kosmos, welche die alten Religionen in ihren visionären Zuständen wahrnahmen, seiner Nachkommenschaft einprägen. Diese würde sein wie die Sterne am Himmel.
Mit Benjamin, bei dessen Geburt Rachel stirbt – sie wird vor Efrat, das ist Bethlehem, begraben –, hat Jakob nun zwölf Söhne. Die Zwölfzahl zeigt, dass die Nachkommenschaft nicht mehr das Ergebnis eines Zufalls ist, sondern kosmische Gesetze sich darin spiegeln. Und aus diesen zwölf Söhnen geht das ganze Volk Israel hervor. Bevor Jakob den Jabbok überschritt und seinem Bruder entgegenging, stand er einer bestimmten Wesenheit der geistigen Welt gegenüber, und seitdem ist er Träger des Volksgeistes. Dieses Volk existiert noch nicht; die geistige Wesenheit jedoch, die sein Entste-

hen bewirken wird, hat sich mit der aus Jakob hervorgehenden Vererbungslinie verbunden, und Jakob hat den Namen bekommen, der auch der Name dieses Volkes sein wird; er ist in gewisser Weise mit diesem Namen gesegnet worden.

Wir waren dann Zeuge des Dramas, das sich in Sichem abspielte, als Simon und Lewi die Entführung ihrer Schwester Dina durch Schchem, den Kanaaniter, grausam rächten. Sie verlangten einen radikalen Bruch und massakrierten alle Männer der Stadt. Die Kanaaniter standen in der Tat in gewissen Verbindungen mit der Kultur des Euphrat und Babylons. Gerade davon hatte sich der Keim des werdenden Volkes unter Mühen befreit. Wenn Menschen sich aus einem Gruppenzusammenhang lösen wollen, um sich neue Fähigkeiten zu erringen, ist die Gefahr beträchtlich, in alte Gewohnheiten zurückzufallen. Daher müssen junge Menschen überall durch eine Krise hindurch, in der sie sich, manchmal gewaltsam, äußerlich oder innerlich von ihren Eltern abwenden. Im Augenblick, da sie dabei sind, sich als ein individuelles Wesen hervorzubringen, erleben sie bei dem geringsten Anlass die Versuchung, in die alten, instinktiven Vererbungskräfte, die im Blut weitergegeben werden, zurückzufallen. Um diesen noch so schwachen Keim zu verteidigen, sind Heranwachsende oft sehr ungerecht. Das ist ihre Art, sich zu schützen, sich zu verteidigen. Nur schießen sie dabei oft über das Ziel hinaus.

Das Drama von Sichem bedeutete die Loslösung Jakobs von der chaldäischen Vergangenheit; er hatte sich seine Autonomie errungen. Etwas von dieser Vergangenheit blieb indessen in ihm lebendig, und Josef wurde zum Träger dieser Sehnsucht Jakobs. Erinnern wir uns an Rachel, die Frau, die er erwählt hatte und um die er so viele Jahre gedient hatte. Sie hatte die kleinen Hausgötter gestohlen, im Sattelkorb des Kamels versteckt und mitgenommen, als die Familie Laban verließ. Sie hatte also die Trennung nicht vollständig vollzogen. Und dieser Rest lebte in Josef weiter. Die jüdischen Sagen schildern ihn als einen sehr schönen, reinen, zarten Jüngling. Unter den zwölf Söhnen Jakobs ist er derjenige, der wenigstens teilweise noch Züge des chaldäischen Erbes trägt. Er hatte sich noch Spuren des alten hellsichtigen Bewusstseins bewahrt.

Damit beginnt ein neuer Akt des Dramas. Seine Brüder wollen mit aller Gewalt diesen Josef loswerden, der in der Familie so etwas ist wie ein schlechter Nachgeschmack des chaldäischen Ursprungs. Man denkt an den großen Mythos der chaldäischen Religion, den Mythos von Tammuz, den man in den mehr nach Westen gelegenen Gegenden des Orients auch Adonis nannte. Im Libanon beispielsweise war sein Kult weit verbreitet; zwischen Beirut und Byblos soll die Höhle liegen, in welcher der schöne Adonis weilte, als er die Huldigungen Aphrodites entgegennahm, in der sich die alte Astarte oder Ischtar spiegelt.

Adonis ist so schön, dass sich die Göttin der Liebe selbst in ihn verliebt. Dadurch erregt er die Eifersucht einer anderen Gottheit. Diese nimmt die Gestalt eines Ebers an, der sich auf den schönen Jüngling stürzt und ihn zerfleischt. Sein Blut fließt über die Erde und verwandelt sich in die im Vorderen Orient weit verbreiteten roten Anemonen.

Es ist seltsam zu sehen, wie sich dieser Mythos in gewisser Weise im Schicksal Josefs spiegelt. In solchen Zusammenhängen erkennt man die universelle Tragweite bestimmter Schicksale; sie sind individuell, zugleich aber auch Bilder einer umfassenden Wirklichkeit.

Jakob-Israel liebte Josef mehr als seine anderen Söhne. Ihn hatte Rachel, die Frau, die er liebte, ihm geboren, und er war der letzte seiner Söhne, der auf chaldäischer Erde zur Welt kam. (Benjamin ist schon auf kanaanäischer Erde geboren; er ist der Sohn seines Alters und Ursache für den Tod Rachels.) Dass ihn der Vater bevorzugt, erregt die Eifersucht seiner Brüder. Außerdem spielt er eine hervorragende Rolle; er ist nicht nur begabt, sondern auch sehr schön. Und er hat Träume! Die beiden Träume, die er seinen Brüdern erzählt, sind wie Präfigurationen dessen, was geschehen wird.

Diese Träume haben eine Verbindung mit dem Kosmos. Im ersten Traum sind alle beim Garbenbinden auf dem Feld, da richtet sich Josefs Garbe auf und bleibt stehen, und die Garben seiner Brüder umringen sie und neigen sich vor ihr. Die Naivität, mit der er diesen Traum seinen Brüdern erzählt, zeugt von seiner Gutgläubigkeit und Gutmütigkeit, aber auch davon, dass sein Verstand noch nicht entwickelt ist – er versteht die Bedeutung seiner Träume nicht.

Seine Brüder hassen ihn für diesen Traum. Nichtsdestoweniger erzählt er ihnen auch einen weiteren, in dem sich Sonne, Mond und elf Sterne vor ihm neigen. Diesen Traum erzählt er auch seinem Vater, der den Sinn sofort begreift und ihn schilt: »Kommen sollen wir, ich, deine Mutter und deine Brüder kommen, uns vor dir zur Erde neigen?!« Von da an neiden ihn seine Brüder noch mehr. Jakob aber bewahrt die Rede.

Die Brüder ziehen nun an den Ort, an dem das Schicksal begonnen hat, seine Fäden zu knüpfen, an den Ort, an dem die Teraphim in die Erde vergraben worden waren und sich das Drama um Dina abgespielt hatte, nach Sichem. Sie wollen dort die Schafe ihres Vaters weiden. Ein Detail ist aufschlussreich: Jakob hatte Josef einen Leibrock anfertigen lassen, der bis zu den Knöcheln reichte und an alte kultische Gewänder erinnerte; er war aus verschiedenfarbenen Stoffbahnen zusammengenäht und vielleicht mit Stickereien geschmückt, welche kosmische Figuren abbildeten. Diese – bewusste oder unbewusste – Geste Jakobs unterstreicht die Tatsache, dass dieser zwischen Josef und seinen Brüdern einen deutlichen Unterschied macht. Mit diesem Gewand bekleidet wird er nun zu seinen Brüdern geschickt, um sich nach deren Wohl und dem Wohl der Herden zu erkundigen und um dann Bericht zu erstatten.

> »So schickte er ihn aus dem Tal von Hebron, und er kam nach Sichem. Ein Mann fand ihn, da er auf dem Feld umirrte, und der Mann fragte ihn, sprechend: Was suchst du? Er sprach: Meine Brüder suche ich, melde mir doch, wo hier sie weiden. Der Mann sprach: Aufgebrochen sind sie von hinnen, denn ich hörte sie sprechen: Wir wollen nach Dotan gehn. Jossef ging seinen Brüdern nach und fand sie in Dotan. Sie sahen ihn von fern, und ehe er sich ihnen näherte, ränkelten sie wider ihn, ihn zu töten. Sie sprachen einer zum andern: Ach, da kommt ja jener Meister der Träume daher! und nun, auf, bringen wir ihn um und werfen wir ihn in eins der Wasserlöcher und sprechen: Ein böses Tier hat ihn gefressen! Dann lasst uns sehn, was aus seinen Träumen wird! Ruben hörte es und wollte ihn aus ihrer Hand retten, er sprach: Wir wollen ihn nicht am Leben schlagen. Ruben sprach zu ihnen:

Nimmer sollt Blut ihr vergießen! werft ihn in dieses Loch in der Wüste, aber legt nicht Hand an ihn! – damit er ihn aus ihrer Hand rette, ihn zu seinem Vater zurückzuführen. Es geschah, als Jossef zu seinen Brüdern kam: sie streiften Jossef seinen Leibrock ab, den knöchellangen Leibrock, den er anhatte, und nahmen ihn und warfen ihn ins Loch; das Loch aber war leer, kein Wasser drin. Und sie setzten sich, das Brot zu essen.«

Nach Emil Bock bedeutet das hier mit »Loch«, »Wasserloch« übersetzte Wort auch »Grab«. Damit hätten wir eine Anspielung darauf, dass in den alten Kulturen sowohl Chaldäas als auch Ägyptens der Einzuweihende, der zu den Initiationsriten zugelassen war, in ein Grab gelegt und in einen todähnlichen Zustand gebracht wurde, aus dem ihn nach drei Tagen der einweihende Priester wieder ins Leben zurückholte. In einer Legende wird sogar erzählt, Josef habe in dem »Loch« drei Tage und drei Nächte gelegen.

»Sie hoben ihre Augen und sahn: da kam ein Warenzug von Jischmaelitern einher, aus Gilad, ihre Kamele Tragant, Mastix und Ladanharz tragend, auf dem Gang, es hinab nach Ägypten zu führen. Jehuda sprach zu seinen Brüdern: Was ists für ein Gewinn, wenn wir unsern Bruder umbringen und sein Blut verhüllen? Auf, verkaufen wir ihn den Jischmaelitern, aber unsre Hand sei nicht an ihm, denn unser Bruder ist er, unser Fleisch! Und seine Brüder hörten zu.
Derweil schritten Männer vorbei, Händler aus Midjan. Sie holten Jossef aus dem Loch herauf, und sie verkauften Jossef an die Jischmaeliter um zwanzig Silberstücke. Die aber ließen Jossef mitkommen nach Ägypten.«

Wir müssen annehmen, dass Ruben bei diesem Handel nicht dabei war. Es sind die anderen Brüder, unter ihnen vor allem Juda, die Josef verkaufen. Aus Juda wird der Stamm der Könige hervorgehen, welche das ödeste, unfruchtbarste Land ganz Palästinas unter sich haben und am meisten das entwickeln werden, was man den »jüdischen Intellekt« nennt. Die Juden par excellence stammen von Juda ab – auch David, auch Jesus.

Juda ist der vierte Sohn Jakobs; zwischen ihm und Ruben liegen Simeon und Lewi, die beiden, welche alle Männer von Sichem massakriert hatten und am stärksten den Impuls in sich trugen, mit diesen Völkerschaften radikal zu brechen. Juda ist der Listige, der Dialektiker. Er hat keine Gewissensskrupel wie Ruben; er findet es einfach vorteilhafter, sich nicht mit einem Verbrechen zu belasten. Da kommen die Ismaeliten – auch sie Nachkommen Abrahams, Vettern gewissermaßen – gerade recht. Und so ziehen sie Josef wieder aus dem Loch heraus und verkaufen ihn für zwanzig Silberstücke.

Ruben, der ans Wasserloch zurückkehrt, findet Josef nicht mehr darin und zerreißt seine Kleider vor Schmerz, dass »das Kind« nicht mehr da ist. Wie soll man sich vor Jakob rechtfertigen? Es kommt ihnen der Gedanke, einen Ziegenbock zu schlachten, den Leibrock in das Blut zu tauchen und ihn Jakob zu schicken.

> »Sie schickten den knöchellangen Leibrock fort, dass man damit zu ihrem Vater komme und spreche: Dies haben wir gefunden, betrachte doch, ob es deines Sohns Leibrock ist oder nicht. Er betrachtete ihn und sprach: Meines Sohnes Leibrock! ein böses Tier hat ihn gefressen, zerfleischt, zerfleischt ist Jossef! Jaakob zerriss seine Gewänder, er legte das Sackleinen um seine Hüften und trauerte um seinen Sohn viele Tage. All seine Söhne und all seine Töchter standen auf, ihn zu trösten, er aber weigerte, sich trösten zu lassen. Er sprach: Nein, hinabfahren will ich zu meinem Sohn, trauernd, ins Gruftreich! So weinte sein Vater um ihn.«

Wir sehen die Rolle, welche der Leibrock Josefs spielt. Die Adonis-Priester trugen ein Gewand dieser Art. Und so haben wir auch hier einen Hinweis darauf, dass sich in der Geschichte Josefs der Mythos von Adonis-Tammuz spiegelt, der von einem wilden Tier, dem Eber, zerrissen wurde. »Zerfleischt, zerfleischt ist Jossef!« – Man kann sagen, dass damit das chaldäische Schicksal des jüdischen Volkes als der eine Pol wirklich an sein Ende gekommen ist. Sogleich erscheint der andere Pol: Ägypten. Denn das ganze Schicksal des jüdischen Volkes pendelt zwischen Chaldäa und Ägypten; durch Josef wird es wieder nach Ägypten hin gelenkt. Josef wird dort andere, neue Erfahrungen machen. Er wird das religiöse, kulturelle und ökonomische Leben in Ägypten genauestens kennen lernen und zu einer bedeutenden Persönlichkeit heranwachsen. Währenddessen weint und trauert sein Vater um ihn und will sich nicht trösten lassen.

*

Nun folgt die Erzählung einer merkwürdigen Begebenheit. Sie wird nicht nur erzählt, sondern lebt durch die Generationen weiter. In der Genealogie Jesu im Neuen Testament (Matth. 1, 2-16) macht man dann eine erstaunliche Entdeckung: Unter den zahlreichen Namen von Männern findet man auch fünf Namen von Frauen; und eine dieser Frauen ist Tamar.

Juda hatte Tamar für seinen ältesten Sohn Her zur Frau ausgesucht; dieser aber war »arg in SEINEN Augen, und ER ließ ihn sterben«. Ebenso erging es Onan, der die Schwagerehe an Tamar vollziehen sollte. Juda verspricht Tamar seinen dritten Sohn, der aber noch zu jung zur Ehe ist, und schickt sie ins Haus ihres Vaters zurück. So verstreicht eine lange Zeit. Die Vererbungslinie scheint abgebrochen. – Als Tamar erfährt, Juda werde auf einem bestimmten Weg vorbeikommen, setzt sie sich verhüllt an den Wegrand. Ihre List gelingt: Juda, der sie nicht erkennt und sie für eine Prostituierte hält, legt sich zu ihr. Sie verlangt indessen ein Pfand von ihm. – Nach drei Monaten wird Juda gemeldet, seine Schwiegertochter Tamar sei schwanger geworden. In seinem Zorn gibt er den Befehl, sie zu verbrennen. Tamar weist ihm jedoch das Pfand, und er muss anerkennen: »Bewährt ist sie, mehr als ich.«

Wir sehen an dieser Geschichte, wie sehr das Schicksal Judas von etwas geprägt ist, das das genaue Gegenteil dessen darstellt, was bei Josef zu Tage tritt, der übermenschlichen Lichtkraft und Klarheit, wodurch alle Wesen für ihn eingenommen werden. Für Josef ist alles gut; das Schicksal ist klar, man sieht sofort, wohin es führen wird, haben es doch die Träume bereits angekündigt. Bei Juda hat man dagegen den Eindruck, dass das Schicksal ins Stocken geraten ist und dass, so sehr er sich anstrengen mag, das Notwendige zu tun, alles doch nutzlos ist. Der Vererbungsstrom darf nicht abreißen. Zwei der drei Söhne sterben jedoch, er weiß nicht weiter.

Aber da ist Tamar. Auch sie sieht, dass der Faden abgerissen ist. Auch sie überlegt und sucht nach einem Mittel, ihn wieder zu knüpfen. Mit seltener Geistesgegenwart ergreift sie die Gelegenheit, die sich ihr so unerwartet bietet. Sie geht dabei mit klarer Überlegung vor, indem sie drei Zeichen als Bürgschaft von ihm verlangt, mit deren Hilfe sie ihn dann vor das stellen kann, was objektiv geschehen ist. Aus der Verbindung werden Zwillinge geboren, von denen Parez, »Riss«, Träger der Generationenfolge wird.

Wenn sich das Bewusstsein des Menschen entwickelt, kommt ein Augenblick, da nicht mehr Gott alles, was geschehen soll, selbst bewirkt. Er überlässt es dem Menschen, selbst für den nächsten Schritt zu sorgen. Der Name *Parez* erscheint in den Gralslegenden des Mittelalters als Parzival. Als Parzival Schande und Scheitern erfahren und erkannt hat, dass er das, wozu er bestimmt war, nicht erreichte, muss er das Tal des Schicksals durchqueren. Es ist das gleiche Prinzip, das sich auch in der Tamar-Juda-Geschichte zeigt: Diese Generation, die Träger der Verheißung ist und immer überstrahlt vom Segen Gottes, hat einen Punkt der Entwicklung erreicht, in dem nichts mehr von alleine geht. Nun müssen der Wille des Menschen und selbst seine Verfehlungen hinzutreten.

JOSEF IN ÄGYPTEN

Unter den zwölf Söhnen Jakobs ist Josef wie ein Nachklang der chaldäischen Vergangenheit des jüdischen Volkes. Er ist noch mit höheren Fähigkeiten begabt, als die sind, die man heute als normal bezeichnet; aber gerade diese Offenheit seines Geistes weckt in seinen Brüdern Eifersucht und Feindschaft.

Was uns zunächst überrascht, das ist die naive, reine Seele dieses Kindes, dessen Träume fast Visionen sind, das aber ihre Bedeutung nicht zu fassen weiß. Sie werden ihm geschenkt, und er erzählt sie arglos seinen Brüdern und seinem Vater. Diese erkennen sofort die Bedeutung und sehen in ihnen das Zeichen einer Überlegenheit Josefs über die anderen. An unseren gewohnten Kriterien gemessen haben die Ereignisse um Josef etwas Schockierendes, nicht anders als die um Jakob und Esau, Isaak und Ismael, Kain und Abel. Es ist dies jedes Mal der Fall, wenn eine Geistigkeit, die noch den Strahlenkranz der Vergangenheit an sich trägt, einer Geistigkeit weichen muss, die ganz offensichtlich enger und trockener ist. Und doch ist dieser Übergang notwendig, wenn neue Erdenaufgaben ergriffen werden sollen.

Warum führen so viele Märchen, die mit dem scheinbar glücklichen Leben eines Königs und einer Königin oder eines Prinzen beginnen, in so tiefe Dunkelheit? Warum müssen so viele Helden des Mythos, zum Beispiel Krischna, Herakles, Orpheus, denselben Weg gehen? Warum führt die zentrale Geschichte der Entwicklung, an dessen Anfang die Verehrung der Könige und der Hirten steht, zum Tod am Kreuz? Warum überall diese sich verengenden Wege, diese Durchgänge durch das enge Tor? Man erkennt: Wenn die Menschheit diese strahlende Spiritualität, mit der sie ursprünglich begabt war, hingeben musste, dann deshalb, weil sie eine neue Fähigkeit, nämlich Autonomie und Verantwortung, erringen sollte. Erst wenn der Mensch die Armseligkeit und Nacktheit seines Wesens erfahren hat, kann er neue Werte schaffen. Das künftige Licht kann der Mensch nicht sehen, weil er noch nicht die Organe hat, es wahrzunehmen. Das Osterereignis lehrt uns gerade: Das Christus-Schicksal ist mit dem Tod am Kreuz nicht zu Ende; was aber dann geschieht, ist nicht mit denselben Sinnen und denselben Verstandeskräften wahrzunehmen. Von der Auferstehung an nimmt der Mensch Teil an der Schöpfung einer neuen Bewusstseinsdimension.

Das Besondere am Schicksal Josefs besteht darin, dass sich diese Metamorphose bis zu einem gewissen Grad innerhalb seines eigenen Lebens vollzieht. Diese anmutige und begnadete Kindheit muss ihren Weg durch Demütigung und Elend hindurch nehmen. Josef wird von seinen Brüdern verkauft und in Ägypten als Sklave von einem Mann erworben, der in der ägyptischen Verwaltung eine verantwortliche Stellung innehat.

> »Als Jossef nach Ägypten hinabgebracht wurde, erwarb ihn Potifar, ein Höfling Pharaos, der Oberste der Palastwache, ein ägyptischer Mann, aus der Hand der Jischmaeliter, die ihn dorthin gebracht hatten. Und ER war mit Jossef, dass er ein Mann des Gelingens wurde. Wie er im Haus seines Herrn, des Ägypters, blieb, sah sein Herr, dass ER mit ihm ist und alles, was er zu tun hat, ER in seiner Hand gelingen lässt. Gunst fand Jossef in seinen Augen, er durfte ihm aufwarten. Dann verordnete er ihn über sein Haus, und alles ihm Angehörige gab er in seine Hand. Und von da an, seit er ihn über sein Haus und über alles das ihm gehörte verordnet hatte, segnete ER Jossefs halber das Haus des Ägypters, Segen von IHM war auf allem, das ihm gehörte, in Haus und Feld. So überließ er alles, was sein war, in Jossefs Hand und machte sich neben ihm um gar nichts mehr zu wissen als um das Brot, das er aß. Jossef aber wurde schön von Gestalt und schön von Angesicht.«

Dreimal wird gesagt, Potifar habe alles, was ihm gehörte, in die Hände Josefs gelegt, ausgenommen das, was er für seinen unmittelbaren persönlichen Bedarf brauchte, das Brot. Wir erfahren fast nichts anderes und sind gespannt, was geschehen wird.

Wir haben Josef bereits mit Adonis verglichen. Eines der Geheimnisse der orientalischen Mysterien besteht darin, dass der Mann, der schön ist, Liebe und Begierde weckt, sogar bei der Liebesgöttin selbst. Im Schicksal Josefs erscheint nun etwas wie ein Reflex des Mythos von Adonis, der ja, wir haben es gehört, ein tragisches Ende nahm, weil eine Göttin ihn geliebt hatte.

> »Es geschah nach diesen Begebnissen, das Weib seines Herrn schlug ihre Augen zu Jossef auf und sprach: Liege bei mir! Er aber weigerte sich, er sprach zum Weib seines Herrn: Da, mein Herr macht sich neben mir um nichts mehr zu wissen, was im Haus ist, alles, was ihm gehört, hat er in meine Hand gegeben, er selber ist in diesem Haus nicht größer als ich, gar nichts hat er mir vorenthalten als dich allein, dieweil du sein Weib bist. Wie sollte ich nun dieses große Übel tun! an Gott würde ich sündigen! Es geschah aber, da sie Tag um Tag Jossef anredete, er aber hörte nicht auf sie, bei ihr zu liegen, mit ihr zu sein – es geschah an einem solchen Tag, er kam ins Haus, seine Arbeit zu tun, und keiner von den Hausleuten war dort im Haus, – sie fasste ihn an seinem Gewand, sprechend: Liege bei mir! Er aber ließ sein Gewand in ihrer Hand und floh, entsprang ins Freie. Es geschah, wie sie sah, dass er sein Gewand in ihrer Hand gelassen hatte und war ins Freie entflohn, – sie rief ihre Hausleute herbei und sprach zu ihnen, sprach: Seht! einen ebräischen Mann hat er uns herkommen lassen, dass er sein Spiel mit uns treibe! zu mir ist er gekommen und wollte bei mir liegen, ich aber rief mit lauter Stimme, und es geschah, wie er hörte, dass ich meine Stimme erhebe und rufe: er ließ sein Gewand neben mir und floh, entsprang ins Freie. Und sie legte sein Gewand neben sich, bis sein Herr nach Hause käme.«

Sie redet also nicht nur, sondern bewahrt als Zeichen ein sichtbares »Beweisstück«. Ein »Zeichen« spielt immer eine große Rolle, selbst noch im Neuen Testament. Wenn man mit jemandem spricht, teilt man ihm eine Kraft mit. Will man nun, dass sich eine Kraft seinem Gedächtnis tief einprägt, ist es wirksamer, nichts zu sagen und statt dessen etwas zu tun, was Spuren hinterlässt, wenn man selbst weggegangen ist. Das ist ein »Zeichen«. Mit diesem Wort charakterisiert Johannes in seinem Evangelium die großen Geistestaten, die der Christus auf der Erde vollbrachte, um ihr eine dauernde Spur seines Erdendaseins einzuprägen. Dieser Charakter, Spur zu sein, ist der Grund dafür, warum diese Zeichen später Sakramente genannt wurden.

Die Zeichen-Praxis ist den alten Mysterien entnommen. Wenn etwas weiterzugeben war, was nicht mit Worten gesagt werden konnte, vollzog man bedeutunsvolle Handlungen, und diese Handlungen sprachen dann. Die Frau Potifars zeigt, dass sie diese Sprache noch kennt. Sie sagt ihrem Mann natürlich nicht, was sich tatsächlich ereignet hat; sie weist ihm das Gewand als Beweisstück, als »Zeichen« vor. Und sein Zorn entflammt.

Im Hebräischen bedeutet das hier für »Zorn« gebrauchte Wort auch Nasenflügel, Nüstern. Im 18. Psalm beispielsweise heißt es: »Die Grundfesten der Berge bewegten sich und erbebten vor seinem Zorn. Rauch dampfte aus seinen Nüstern, ein verzehrendes Feuer schlug hervor aus seinem Munde, sodass Blitze sprühten.« Man weiß, dass Empfindungen seelischer Art oft durch Worte ausgedrückt werden, die auch Seh-, Hör- oder Geruchsempfindungen, überhaupt Sinnesempfindungen bezeichnen: Alles ist dunkel (unklar), jetzt hellt es sich auf! Oder: es stinkt mir! In alten Schilderungen kultischer Vorgänge wurde beispielsweise gesagt: Und das Opfer stieg als Wohlgeruch zu Gott empor. Das heißt: Wenn das Gebet aus dem Herzen kommt, ist es aufrichtig und berührt angenehm die Nase Gottes. Verbreitet die menschliche Handlung dagegen einen Gestank, kann aus dieser Nase auch der Atem der Missbilligung schlagen. Wenn unser Verhalten die Gottheit unangenehm berührt, schlägt die Bewegung auf den Menschen zurück: Die Nüstern der Gottheit entflammen.

Potifar hatte volles Vertrauen in Josef, und Josef hatte dieses Vertrauen auch voll gerechtfertigt. Und nun zeigt seine Frau auf dessen

Gewand, das neben ihr auf dem Bett liegt. Dieser Mann muss also verschwinden!

> »Der Herr Jossefs nahm ihn und übergab ihn in das Zwingerhaus, den Ort, wo die Königsgefangnen gefangen sind. Er blieb dort im Zwinger.«

Im Zwinger, das heißt in einem Turmgemach. Auch hier müssen wir abspüren, was eine solche Darstellung bedeutet. Ein Turm ist durch eine gut verschließbare Tür, keine oder nur sehr kleine Fenster und hohe Mauern charakterisiert. Er ist Bild für den physischen Leib, in den der Mensch hineingestürzt und in dem er gefangen ist. Diese Erfahrung machen manchmal Heranwachsende, wenn sie die abgeschlossene Form ihrer Erdeninkarnation berühren. Scham erfüllt sie, und sie träumen unter Umständen von einem Turm, in dem sie gefangen sind. In vielen Mythen und Legenden erscheint dieser Turm. So wurde beispielsweise Danae, die Tochter des Königs von Argos, in einen Turm eingeschlossen, damit sie keine Kinder bekäme; Zeus fand jedoch in Gestalt eines Goldregens den Weg zu ihr.

Josef ist also im Turm und hat damit den tiefsten Punkt seines Erdenschicksals erreicht; kein übernatürlicher Strahlenglanz umgibt ihn mehr. Er ist gefangen »im Fleisch«, in-karniert; er ist allein und er lebt. Bei Plato findet sich dieses Bild in Gestalt eines Wortspiels: *»soma sema«*. Der Körper heißt im Griechischen *soma*; und das Wort *sema* wird für Gefängnis oder Grab gebraucht. Der Körper ist also ein Gefängnis oder ein Grab.

> »Aber ER war mit Jossef und neigte ihm Huld zu, er gab ihm Gunst in den Augen des Zwingervogts.«

In der Einsamkeit seines Gefängnisses bleibt ihm die Gegenwart des Ewigen erhalten. Und so geht auch jetzt noch der Schimmer eines Göttlichen von ihm aus. Er hat jedoch keine Träume mehr. Dafür wird er für die Ägypter, die zwar noch Träume haben, sie aber nicht mehr zu deuten wissen, zu einem Führer. Damit hat sich eine Umwendung vollzogen. Er hat im Laufe seines bewegten Schicksals ein richtiges Denken gelernt, das ihm nun hilft, die Träume anderer auszulegen.

Als die Frau Potifars versucht, ihrer beider Herrn zu betrügen, greift sie gerade zu seiner absoluten Treue, um diese gegen ihn zu kehren. Um einen Menschen zu vernichten, gibt es sehr raffinierte Mittel: Lüge, Verleumdung, Intrigen und so weiter. Ein Mittel könnte man geradezu »übernatürlich« nennen; es besteht darin, die guten Eigenschaften eines Menschen gegen ihn zu gebrauchen. Dagegen kann sich der Betroffene nicht verteidigen, zumindest nicht äußerlich. Doch können solche Prüfungen den moralischen Kern eines Wesens nicht schädigen, sie können sogar völlig neue Kräfte in ihm erzeugen, nachdem die alten Kräfte und Qualitäten, die man zu haben glaubte, von einem abgefallen sind. Man ist dann nur noch das, was man in Wirklichkeit ist. Das ist der Durchgang durch den Nullpunkt.

Alles scheint zu sagen, dass Josef ohne jede Möglichkeit der Verteidigung ist. Da heißt es: »Aber ER war mit Jossef und neigte ihm Huld zu.« Die Wirklichkeit seines Seins, die Wirklichkeit des »Ich bin« kann ihm nicht genommen werden, wenn auch alles andere schwindet. Josef ist zu einem armen Bettler geworden, der nichts mehr hat. Aber dieses Hindurchgehen durch die äußerste Armut öffnet ihm die Welt des Geistes und weckt in ihm ein neues Bewusstsein. Er kann die Welt neu entdecken und erkennen.

> »Aber ER war mit Jossef und neigte ihm Huld zu, er gab ihm Gunst in den Augen des Zwingervogts. Der Zwingervogt gab in Jossefs Hand alle Gefangnen die im Zwinger waren, alles was man dort zu tun hatte, er wars der es tat. Der Zwingervogt sah nach ganz und gar nichts in seiner Hand, weil ER mit ihm war und, was er tat, ER gelingen ließ.«

Das Schicksal kommt nun in Gestalt zweier Ägypter, die man zu ihm ins Gefängnis tat.

> »Nach diesen Begebnissen geschah, der Schenk des Königs von Ägypten und der Bäcker versündigten sich gegen ihren Herrn, den König von Ägypten, Pharao ergrimmte über seine zwei Höflinge, über den Obersten der Schenken und über den Obersten der Bäcker, und gab sie in Gewahrsam ins Haus des Obersten der

> Palastwache, in das Zwingerhaus, den Ort, wo Jossef gefangen war. Der Oberste der Palastwache aber ordnete ihnen Jossef bei, dass er ihnen aufwarte. Sie blieben manche Tage in Gewahrsam. Und sie träumten, beide, einen Traum, jeder seinen Traum, in einer einzigen Nacht, jeder nach der Bedeutung seines Traums, der Schenk und der Bäcker des Königs von Ägypten, die im Zwingerhaus gefangen waren. Am Morgen kam Jossef zu ihnen und sah sie an, da, verdrossen waren sie. Er fragte die Höflinge Pharaos, die mit ihm in Gewahrsam im Haus seines Herrn waren, sprechend: Weshalb ist euer Antlitz heuttags so übel?«

Josef beobachtet nun also seine Umgebung und versucht, die physische Welt zu verstehen. Er ist aufgewacht, weil sein früheres Wissen zu Nichts zusammengeschmolzen ist. Damit ist die Welt für ihn zu einem Gegenstand des Staunens geworden. Bisher haben wir nie erlebt, dass er sich für irgend etwas in seiner Umgebung interessiert hätte. Im Gegenteil, als Kind war er so von seinen eigenen Träumen erfüllt, dass er nicht einmal bemerkte, wie er anderen Menschen Schmerz zufügte; er lebte spontan, natürlich und ganz aus der Wärme seines Herzens. Nun entdeckt er die Welt. Sein Blick ist neu und frisch, und so sieht er, dass der Schenk und der Bäcker an diesem Tag verstört sind, und er fragt sie nach der Ursache.

> »Sie sprachen zu ihm: Einen Traum haben wir geträumt, und keiner ist, der ihn deute. Jossef sprach zu ihnen: Sind Deutungen nicht Gottes? erzählt mir doch! Der Oberste der Schenken erzählte Jossef seinen Traum, er sprach zu ihm: In meinem Traum – da, ein Weinstock vor mir, und am Weinstock drei Ranken, und wie er ausschlägt, stieg schon die Blüte, schon reiften seine Trauben Beeren, – und in meiner Hand Pharaos Becher, da nehme ich die Beeren und presse sie in Pharaos Becher und gebe den Becher in Pharaos Faust. Jossef sprach zu ihm: Dies ist seine Deutung: Die drei Ranken sind drei Tage – drei Tage noch, dann erhöht Pharao dein Haupt, er lässt dich wieder in deine Bestallung kehren und du gibst Pharaos Becher ihm zuhand nach der frühern Gerechtsame, als du sein Schenke warst. Mögest du dich denn mein erinnern, wenn dirs gut geht, o tue Huld an mir und erinnre mich dem Pharao, und

führe mich aus diesem Haus. Gestohlen nämlich, gestohlen bin ich aus dem Land der Ebräer, und auch hier habe ich gar nichts getan, dass sie mich ins Loch gesteckt haben.
Als der Oberste der Bäcker sah, dass er zum Guten gedeutet hatte, sprach er zu Jossef: Auch ich in meinem Traum – da, drei Körbe Weißbrots auf meinem Kopf, und im obersten Korb allerlei Essware für Pharao, Backwerk, und das Vogelvolk frissts aus dem Korb von meinem Kopf hinweg. Jossef antwortete, er sprach: Dies ist seine Deutung: Die drei Körbe sind drei Tage – drei Tage noch, dann erhöht Pharao dein Haupt über dich hinweg, er hängt dich ans Holz, und das Vogelvolk frisst dein Fleisch von dir hinweg. Und es geschah am dritten Tag, dem Geburtstag Pharaos, er machte ein Trinkmal für all seine Diener, und erhöhte das Haupt des Obersten der Schenken und das Haupt des Obersten der Bäcker inmitten seiner Diener: den Obersten der Schenken ließ er wieder in sein Schenkenamt kehren, dass den Becher er gab in Pharaos Faust, und den Obersten der Bäcker hängte er, wie Jossef ihnen gedeutet hatte. Doch der Oberste der Schenken erinnerte sich Jossefs nicht, er vergaß ihn.«

Man sieht an dieser Erzählung, dass ein einzelnes menschliches Bewusstsein nicht ausreicht, die Schicksalsfäden alle zusammenzuhalten; ein einzelner Mensch kann sie nicht alle miteinander verknüpfen. Andere jedoch knüpfen die Fäden, sodass das Schicksal seinen Lauf nehmen kann. – Die Zeit vergeht indessen; zwei Jahre verstreichen, und Josef ist immer noch in seinem Zwinger gefangen. Und nun ist es der Pharao selbst, der einen Traum hat.

»Nach Verlauf zweier Jahre geschah, dass Pharao träumte: Da, er steht an dem Fluss, und da, aus dem Fluss steigend sieben Kühe, schön von Aussehn und fett von Fleisch, und sie weideten im Ried, und da, ihnen nach aus dem Fluss steigend sieben andre Kühe, übel von Aussehen und mager von Fleisch, und sie standen neben den Kühen am Ufer des Flusses, und die von Aussehn übeln und von Fleisch magern Kühe fraßen die sieben von Aussehn schönen, die fetten Kühe. Pharao erwachte. Er schlief ein und träumte zum zweitenmal: Da, an einem einzigen Halm steigend sieben Ähren, fett und gut, und da, ihnen nachschießend sieben Ähren, mager und vom Ostwind versengt, und die mageren Ähren verschlangen die sieben fetten und vollen Ähren. Pharao erwachte, da: es war ein Traum. Am Morgen aber geschahs, dass sein Geist aufgerührt war. Er sandte und ließ alle Magier Ägyptens und all seine Weisen rufen. Pharao erzählte ihnen seinen Traum, aber keiner konnte sie dem Pharao deuten.«

Hier kündigt sich ein Phänomen an, dem wir später häufiger begegnen werden. Das ägyptische Volk verfügt immer noch über gewisse visionäre Fähigkeiten, aber es verliert immer mehr die Macht, diese Zeichen zu deuten und sie in das praktische Leben überzuführen. In den Ereignissen, die sich um Moses abspielen, wird deutlich, dass sie ihre Schauungen nicht nur nicht mehr deuten können, sondern dass sie über die visionären Zustände, wenn diese erst einmal herbeigeführt sind, jede Kontrolle verlieren. Diesem Missverhältnis kann man auch heute noch begegnen; auch heute noch gibt es Menschen, die über hellsichtige Fähigkeiten nach ägyptischem Muster verfügen, man organisiert mit ihnen sogar bestimmte Sitzungen. Den Zeugen solcher Sitzungen fällt dann auf, dass die Medien – denn um solche handelt es sich – ihre übernatürlichen Wahrnehmungen nicht deuten und auf den physischen Plan herabholen können. Daher fließen in ihre Erfahrungen allzu leicht unkontrollierbare Elemente ein.

Als Rudolf Steiner von dieser Art Hellsichtigkeit sprach, machte er darauf aufmerksam, dass Menschen, die sie besitzen und pflegen, immer unfähiger werden, die Wahrheit von der Lüge zu unterscheiden. Ihr Bewusstsein pendelt ständig zwischen einem Zustand, wo es vom Körper gelöst, und einem anderen, wo es mit ihm verbunden ist. Diese Menschen beherrschen nicht den Übergang von einem Zustand in den anderen; sie unterscheiden nicht klar zwischen den beiden Ebenen. Diese Zustände können zu wahren Ergebnissen führen, aber sie sind der Kontrolle entglitten.

Als in den alten Kulturen die Menschen noch die volle Hellsichtigkeit besaßen, hatten sie damit immer auch die Kraft, sie für das irdische Leben fruchtbar zu machen. Allmählich erlosch jedoch diese Fähigkeit. In Delphi beispielsweise sah man sich gezwungen, einzelne Priester speziell in der Kunst der Deutung auszubilden. Die Pythia wusste im Zustand der Trance nicht, was sie sagte; und es waren Priester nötig, die ihre Schreie in eine verständliche Sprache übersetzten. Je mehr dann der Intellekt erwacht, desto undurchlässiger wird die Wand zwischen den übersinnlichen Fähigkeiten und dem gewöhnlichen Bewusstsein; und der Übergang von einem Zustand in den anderen kann nicht mehr bewusst vollzogen werden. Wenn Rudolf Steiner von den übersinnlichen Fähigkeiten spricht, die der Mensch heute entwickeln kann, gibt er folgendes Kriterium an: Die neuen Fähigkeiten bleiben immer unter der Führung des einzelnen Menschen – so wie wir von der Fähigkeit des Lesens nicht ohne unser Wissen Gebrauch machen –, er gebraucht sie aus seinem freien Entschluss heraus. Während die dekadenten spirituellen Strömungen aus dem Gleichgewicht geraten, kann der Mensch, der über einen klaren, unbestechlichen Intellekt verfügt, sein Gleichgewicht finden, selbst wenn der Intellekt nicht sehr stark ist. Das zeigt sich sehr deutlich im Schicksal Josefs.

Der Pharao hatte also zwei Träume, die ihm niemand zu deuten wusste. Da erinnerte sich der Oberste der Schenken an den hebräischen Jüngling, der ihm und dem Bäcker im Zwinger die Träume richtig gedeutet und den er in der Zwischenzeit ganz vergessen hatte.

> »Pharao sandte und ließ Jossef rufen. Schleunig holten sie ihn aus dem Loch, er schor sich, wechselte seine Gewänder und kam zu Pharao. Pharao sprach zu Jossef: Ich habe einen Traum geträumt, und keiner ist, der ihn deute. Ich aber, ich habe von dir sprechen gehört, du brauchest einen Traum nur zu hören, um ihn zu deuten. Jossef antwortete Pharao, sprechend: Ohne mich! Gott möge antworten, was zu Pharaos Frieden ist.«

Es gibt eine Übung, die jeder ausführen kann. Wenn man Märchen liest, wirkliche Märchen, die über lange Zeiten hin nur von Mund zu Ohr überliefert wurden, kann es passieren, dass man überhaupt nichts versteht, ebenso wenig wie die Magier und Weisen vom Traum des Pharao. Nun kann man folgendermaßen vorgehen; man braucht nur Ausdauer dazu. Man liest aufmerksam zwei Bücher von

Rudolf Steiner, die *Theosophie* und *Wie erlangt man Erkenntnisse der höheren Welten?*. Man liest jeden Morgen und jeden Abend eine Seite, nicht mehr, aber so, dass man sich die Schilderungen tief einprägt. Von Zeit zu Zeit liest man ein Märchen, ohne dass man jedoch versucht, es zu deuten; dann kehrt man zu einem der beiden Bücher zurück, dann zum anderen. Wenn man das drei, vier, fünf Jahre lang gemacht hat, stößt man eines Tages vielleicht auf die Stelle bei Rudolf Steiner, wo er ein erstes Ergebnis der Meditation beschreibt. Nach langer Meditationspraxis empfindet man schließlich am Ende jeder Meditation etwas wie ein Sich-Öffnen: Jetzt bin ich da! Man nennt das, so Rudolf Steiner, »sein Haus bauen« oder »eine Hütte bauen«. Und man versteht auf einmal die Worte des Petrus, als er mit Jesus und zwei anderen Jüngern auf dem Berg war: »Herr, gut ist es für uns, hier zu sein – wenn du willst, werde ich hier drei Hütten bauen, dir eine und Moses eine und Elias eine« (Matth. 17,4). Oder man begreift, dass Hänsel und Gretel mitten im Wald auf ein Häuschen stoßen, das ganz aus Lebkuchen gebildet ist; es ist das Haus der Hexe. Oder man liest eines der zahlreichen russischen Märchen, in denen der Held auf seinem Pferd zum Wald kommt, an dessen Eingang ein Häuschen auf Hühnerfüßchen steht; es dreht sich um sich selber, bis der Held ihm gebietet stille zu stehen, sodass er eintreten kann. So beginnt man allmählich das Geheimnis des Hauses, der Hütte oder des Zeltes zu verstehen.

Viele andere Erfahrungen dieser Art kann man machen. Man darf nur nicht zu interpretieren versuchen; denn dadurch schließt sich sogleich das Tor. Man muss warten können, bis sich die Öffnung im Innern ereignet. »Gott möge antworten, was zu Pharaos Frieden ist.« Wenn wir gleichzeitig eine intellektuelle Sprache und die Sprache der Bilder sprechen, gelangen wir allmählich dazu, das Echo der einen in der anderen zu vernehmen.

So gewinnt Leben, was man eine imaginative Logik nennen könnte, eine Logik der Worte, die zu Bildern geworden sind und plötzlich ihren Inhalt aufleuchten lassen, sodass man sie versteht, ohne lange spekuliert zu haben (die Spekulation führt zumeist in Sackgassen). Der davon völlig befreite Gedanke wird wieder zu einem Wesen, dem sich in seinem ureigenen Gebiet die Augen öffnen. Dann erlangt man in seinem Wahrnehmen und Erkennen Sicherheit. Friede ist in die Seele eingekehrt. Die Umsetzung der Bilderwelt in die Welt des Intellekts gelingt, wenn man sich regelmäßig darin übt.

Der Pharao erzählt nun Josef den Traum von den sieben fetten und den sieben mageren Kühen, die den fetten nachsteigen,

> »elend und sehr übel von Gestalt und hager von Fleisch, in allem Land Ägypten habe ich nie ihresgleichen an Übelbeschaffenheit gesehn, und die sieben hagern und übeln Kühe fraßen die sieben ersten, die fetten Kühe, die kamen in ihren Leib, aber dass sie in ihren Leib gekommen waren, nicht wars zu erkennen: ihr Aussehn war übel wie zu Beginn. Und ich erwachte. Und wieder sah ich in meinem Traum: da, an einem Halm steigend, sieben Ähren, voll und gut, und da, ihnen nachschießend sieben Ähren, hart, mager, vom Ostwind versengt, und die sieben magern Ähren verschlangen die sieben guten Ähren. Ich habe mit den Magiern gesprochen, aber keiner kann mir etwas ermelden. Josef sprach zu Pharao: Pharaos Traum ist eins.«

Josef nimmt also wahr, dass die beiden Träume sich decken: Das Magere zehrt das Fette auf. Statt die einzelnen Bilder für sich zu deuten, ist es aufschlussreicher, auf die innere Dramatik zu achten und daraus abzulesen, was die Träume sagen wollen.

> »Was Gott tun will, hat er Pharao gemeldet. Die sieben guten Kühe sind sieben Jahre und die sieben guten Ähren sind sieben Jahre – ein einziger Traum ists. Und die sieben hagern und übeln Kühe, die ihnen nachgestiegen sind, sind sieben Jahre, und die sieben hohlen, vom Ostwind versengten Ähren: sieben Jahre des Hungers werden es sein. Das ist die Rede, die ich zu Pharao geredet habe: was Gott tun will, hat er Pharao sehen lassen. Da: sieben Jahre kommen, große Sättigung in allem Land Ägypten, und nach ihnen erstehen sieben Jahre des Hungers, vergessen wird all die Sättigung im Land Ägypten, so zehrt der Hunger das Land all auf, und nicht ist zu erkennen, dass Sättigung im Land war, wegen jenes Hungers hernach, denn er ist sehr schwer. Und

> dass der Traum sich Pharao doppelte, zu zwei Malen, meint: festgegründet ist die Sache bei Gott, und Gott eilt, sie zu tun. Jetzt aber ersehe Pharao sich einen Mann, verständig und weise, den setze er über das Land Ägypten! Pharao tue dies, dass er Verordnete über das Land ordne und wappne das Land Ägypten in den sieben Jahren der Sättigung. Häufen sollen sie allerart Essvorrat dieser kommenden guten Jahre, Korn speichern unter Pharaos Hand in den Städten als Essvorrat und verwahren.«

Man sieht hier, welchen Weg Josef zurückgelegt hat: Er deutet nicht nur, was geschehen ist, sondern denkt an die Zukunft. Er ist fähig, die Begriffe, die er sich gebildet hat, miteinander zu verknüpfen und eine Maßnahme für die bevorstehenden Jahre zu konzipieren. Und so gibt er dem Pharao einen klugen Rat. Das ist nun keine Hellsichtigkeit mehr, das ist reine, einfache Gedankenarbeit und -klarheit.

> »So sei der Essvorrat ein Sparverordnetes dem Land auf die sieben Jahre des Hungers, die im Land Ägypten sein werden, dass das Land nicht gerodet werde vom Hunger. Gut erschien die Rede in den Augen Pharaos und in den Augen all seiner Diener.«

Wir können auch hier unsere oben beschriebene Arbeitsmethode anwenden. Eine bekannte Fabel erzählt, dass die Grille den ganzen Sommer über gesungen hat, denn sie war erfüllt von den Harmonien der ganzen Welt – ein Bild für den Strahlenglanz des gotterfüllten Bewusstseins. Unter dieser Perspektive ist die Ameise das Wesen, das begonnen hat, seinen ordnenden Verstand zu gebrauchen, und das nun die Dinge so arrangiert, dass die Zukunft gesichert ist. Als dann der Winter beginnt, ist ihr Speicher gefüllt, während die Grille nichts hat. Die Ägypter waren solche Grillen, und ihre Speicher wären leer geblieben, wäre nicht diese »Ameise« gekommen und hätte ihnen geraten, Essvorräte anzulegen, sodass sie in den mageren Jahren genug zu essen hätten. In Josef haben wir ein Bewusstsein vor uns, das durch den Nullpunkt hindurchgegangen ist, das neugierig geworden ist und mit Staunen aufnimmt, was es in der Welt noch nicht versteht, das die Dinge intelligent miteinander verbindet – das lateinische Wort *intellegere* heißt verstehen, verbinden –

und selbst die Verantwortung auf sich nimmt, während zuvor Gott der eigentlich Verantwortliche war.

> »Pharao sprach zu seinen Dienern: Könnten wir noch einen finden wie dieser, einen Mann, in dem Geist eines Gottes ist? Pharao sprach zu Jossef: Nachdem ein Gott dich dies alles hat erkennen lassen, ist keiner verständig und weise wie du, du also sollst über meinem Haus sein, auf deines Munds Geheiß soll all mein Volk sich rüsten, nur um den Thron will ich größer sein als du.«

Mit anderen Worten: Die Stellung, in die Josef nun erhoben wird, gleicht der, welche er im Haus Potifars inne hatte; nur ist sie viel bedeutender, soll er doch die Wirtschaft eines ganzen Landes führen. Der König Ägyptens selbst, der Eingeweihte, legt alles in seine Hände und behält sich nur den Thron vor.

> »Pharao sprach zu Jossef: Sieh, ich gebe dich über alles Land Ägypten. Pharao streifte seinen Siegelring von seiner Hand und gab ihn an die Hand Jossefs, er kleidete ihn in Linnengewänder und legte die goldenen Kette um seinen Hals, er ließ ihn fahren in seinem Zweitgefährt und vor ihm ausrufen: ›Abrek‹, Achtung! – er gab ihn über alles Land Ägypten. Pharao sprach zu Jossef: Ich bin Pharao, aber ohne dich hebe niemand seine Hand und seinen Fuß in allem Land Ägypten.«

DAS WIEDERSEHEN JOSEFS MIT SEINEN BRÜDERN UND SEINEM VATER

Bevor wir die Geschichte Josefs weiter verfolgen, wollen wir versuchen, ihren Platz im historischen Kontext zu bestimmen. Ein wesentlicher Aspekt für das Verständnis des Alten Testaments besteht darin zu erkennen, welche seelischen und geistigen Fähigkeiten durch die verschiedenen Völker repräsentiert werden und wie sich die Geschichte dadurch entwickelt, dass diese Fähigkeiten nach und nach entfaltet werden. Man versteht dann, warum der Schwerpunkt der geschichtlichen Entwicklung von einem Volk zum anderen wanderte.

In der uns hier interessierenden Epoche, der Epoche, welche der Entfaltung des modernen intellektuellen Bewusstseins voranging, waren die Träger der wesentlichen Fähigkeiten einerseits die Chaldäer und Assyrer, andererseits die Ägypter. Mitten in dieser chaldäisch-assyrischen, dann ägyptischen Kultur bildete sich die jüdische Kultur, die des hebräischen Volkes heraus, und zwar als Vermittlerin zwischen den alten Kulturen und der griechisch-römischen Epoche.

In der chaldäisch-assyrisch-ägyptischen Epoche wurde vor allem entwickelt, was die Geisteswissenschaft die Empfindungsseele nennt, dieses Element im Menschen, das sich in der dichterischen und liturgischen Form des Wortes offenbart. In dieser äußerst reichen Periode hatte der Mensch durch Intuition, durch Hellsichtigkeit noch ein Bewusstsein der Beziehungen zwischen sich und dem Kosmos.

Wenn Rudolf Steiner die verschiedenen Aspekte dieser Epoche beschrieb, machte er immer wieder auf zwei sich ergänzende Pole dieser großen Kultur aufmerksam. Der Weg der geistigen Entwicklung ging bei Chaldäern und Ägyptern in entgegengesetzte Richtungen. Die

Assyrer stellten schon eine Veräußerlichung dar; sie waren ein kriegerisches Volk, immer bestrebt, ihre Machtsphäre auszudehnen und äußerlich die geistige Substanz zu realisieren, deren Verwalter die Chaldäer, die Nachfolger der uralten sumerischen Kultur, waren. Der Weg der Chaldäer führte durch den Kosmos; daher war das Wort »chaldäisch« lange Zeit gleichbedeutend mit astrologisch oder astronomisch. Sie hatten ein tiefes übersinnliches Wissen der göttlichen Kräfte, die sich in den Bahnen und Rhythmen der Sterne offenbaren. Das gab ihnen die Gewissheit, dass der Mensch eng mit dem Kosmos verbunden ist. Was auf der Erde geschah, war für sie Bild der Dramen, die sich im Kosmos abspielten.

Die Ägypter gingen den umgekehrten Weg. Aus den wenigen uns erhaltenen Spuren ihres Einweihungsweges lässt sich entnehmen, dass an seinem Anfang die Entwicklung der seelischen Fähigkeiten des Menschen stand; der Mensch sollte in sein eigenes Inneres sich versenken, sein Leben bis zur Geburt zurückverfolgen und schließlich in das vorgeburtliche Leben eintauchen. Die Ägypter entwickelten eine Art Bewusstsein ihres Körpers und ihres Blutes; sie versuchten in tranceartige Zustände zu gelangen, in denen sie erlebten, was die Organe des Menschen eigentlich sind.

Wir können uns das heute sehr gut vorstellen. Gewisse Drogen, zum Beispiel LSD oder Meskalin, bewirken bekanntlich, dass die normalen Funktionen von Hirn, Lunge, Leber, Magen und Sexualorganen mehr oder weniger unterbrochen werden. Dem Menschen wird dieses Unterbrechen der biologischen Funktionen in einem ekstatischen, manchmal auch alptraumartigen Zustand bewusst; er dringt mit seinem Bewusstsein in die unterbrochenen Funktionen ein und erlebt sie in der Form von Träumen, das heißt von Bildern, welche das Funktionieren der Organe widerspiegeln. Dabei entstehen beispielsweise bewegte Bänder von Farben, Abbilder der Eingeweide oder gewisser Teile der Reproduktionsorgane.

Die Ägypter gelangten zu diesen Erfahrungen nach langer, strenger seelischer Vorbereitung (Drogen wurden erst im 5. und 4. Jahrhundert vor unserer Zeitrechnung eingesetzt). Man trennte die Fähigkeiten des Tagesbewusstseins und gab ihnen eine bestimmte Autonomie; dann tauchte man willentlich in das Funktionieren seiner inneren Organe unter und erkannte die Zusammenhänge zwischen den biologischen Kräften im Innern und den Kräften, die im Kosmos wirken.

Die Ägypter erlangten eine Kenntnis des Kosmos dadurch, dass sie den menschlichen Organismus erforschten, während die Chaldäer den Sternenhimmel betrachteten und in seinen Gesetzen die Urbilder dessen erkannten, was auf der Erde geschah.

Von diesen beiden Polen war also die chaldäisch-assyrisch-ägyptische Kulturepoche bestimmt. Damit sich nun das jüdische Volk herausbilden konnte, musste es sich bereits in seinen allerersten Anfängen von diesen Kulturen distanzieren. Wir haben die Wege Abrahams, Isaaks und Jakobs verfolgt und gesehen, wie jeder von ihnen im Laufe seines Lebens in das Land seiner Vorfahren zurückkehren musste, um sich dann aus eigenem Entschluss wieder davon zu trennen. Diese Erfahrung lag bei Jakob am sichtbarsten zu Tage.

Gegenüber der ägyptischen Kultur Stellung zu beziehen war auch für Abraham eine Notwendigkeit. Er hatte lange Zeit in Ägypten gelebt, hatte mit der Ägypterin Hagar einen Sohn gezeugt, Ismael, der zum Stammvater der Araber wurde. In all diesen Erfahrungen zeichnet sich die Beziehung ab zwischen dem hebräischen Volk und der ägyptischen Kultur. Dieses Verhältnis spiegelt sich erneut im Schicksal Josefs.

Wir haben den Zeitpunkt erreicht, das 18. Jahrhundert vor unserer Zeitrechnung, da die ägyptische Kultur ihren Höhepunkt überschritten hat; sie neigt sich ihrem Ende entgegen. Die alten ägyptischen Mysterien mit ihrem Zentrum Memphis waren bereits nach Theben und Karnak überführt worden. Die geistliche Macht und die zeitlich-weltliche Macht, die bisher eines waren, begannen sich zu trennen: Theben wird die Hauptstadt des Reiches, Karnak das Zentrum der Mysterien. Ursprünglich bildeten beide eine Einheit, die Religion war die Hauptkraft, welche das soziale Leben gestaltete und ordnete.

Im Leben Josefs spielen nun die Begegnungen mit der ägyptischen Kultur eine zentrale Rolle. Die erste Begegnung war bereits von der Dekadenz geprägt, erinnerte jedoch in ihrer Form entfernt an gewisse alte Mythen. In ihr spiegelten sich gewisse Dramen, die früher kosmische, übermenschliche Erfahrungen darstellten, zum Beispiel das der Gottheit namens Adonis. Die Treue zu seinem Herrn und die Art, wie er der Versuchung durch die Frau Potifars widerstand, stürzte Josef zunächst ins Unglück.

Seine zweite große Erfahrung in Ägypten ist die Gefangenschaft im Zwinger, im Turm. Wie haben gesehen, was sich in diesem Bild des Turmes, dem man in vielen Mythen und auch in Träumen begegnet, ausspricht. Im Turm gefangen sein bedeutet, sein Leibesgefängnis zu erleben, das Gekettetsein an die Welt unseres Körpers durch die Sinne, den Verstand und alles, was wir durch den physischen Leib empfangen. Durch diese Erfahrung verwandelt sich die Hellsichtigkeit seiner Kindheit in die Kraft des Verstehens. Allmählich verbindet sich der Intellekt immer enger mit den Gehirnfunktionen. Und so kann Josef diesen Ägyptern helfen, die träumen, ohne ihre Träume zu verstehen. Dabei ist zunächst rätselhaft, dass die Träume der beiden Mitgefangenen um das Geheimnis von Brot und Wein kreisen. Der Bäcker und der Schenke sind dafür zuständig, dass dem Pharao Brot und Wein aufgetragen werden. Der Traum des Bäckers zeigt nun, dass sich das Mysterium des Brotes verdunkelt hat; es wird künftig kein Brot mehr geben, und der Bäcker stirbt. Das Mysterium des Weines wird einer Verwandlung unterworfen; es ist ernsthaft gefährdet, erholt sich jedoch, und der Schenke wird in sein altes Amt wieder eingesetzt.

Es wird an dieser Stelle ganz deutlich, dass die Erfahrungen Josefs nicht das Ergebnis einer zufälligen Begegnung im Gefängnis sind. In Wirklichkeit begegnen sich hier verschiedene Schicksale an einem entscheidenden Punkt der Entwicklung. Die beiden großen Strömungen, die bei den Griechen apollinisch und dionysisch genannt wurden, offenbaren sich hier als in einer Krise steckend. Der apollinische Strom ist derjenige, der die großen, das Leben des Kosmos lenkenden Gesetze erkannte und die Offenbarung dieser Gesetze in sich aufnahm. Daher ist er durch die Neigung zu Ordnung und Harmonie gekennzeichnet. Die dionysische Strömung ist von Begeisterung durchflammt; sie ist Ausdruck der Kräfte, die aus dem Innern der menschlichen Natur hervorbrechen und sich entwickeln. Man könnte sagen: Der apollinische Strom trägt die Kräfte mit sich, die aus der Gottheit stammen und sich auf die Erde zu bewegen, um sich zu inkarnieren; der dionysische Strom führt die Kräfte mit sich, die aus den primitivsten Formen aufsteigen und sich höher entwickeln, um Verwandlung und Vergeistigung zu erfahren.

In der alten chaldäisch-ägyptischen Kultur stand das Chaldäertum unter dem Zeichen des Apollinischen, das Ägyptertum mehr unter dem des Dionysischen; man könnte das erstere als »kosmisch«, das letztere als »mystisch« bezeichnen. Beide Strömungen gehen durch eine Krise, und Josef befindet sich an einer Bruchstelle. Das Schicksal, das er mit all seinen Leiden und Opfern auf sich nimmt, lässt in ihm eine neue Fähigkeit entstehen: Das Erbe der Vergangenheit, das in ihm noch lebendig ist, verwandelt sich in die Kraft des Bewusstseins, des Verstehens, so dass er anderen Menschen ihre Probleme erklären kann. Diese Fähigkeit zeigt sich auch den zwei Träumen des Pharao gegenüber. Wiederum wird in einem der Träume auf das Geheimnis des Brotes angespielt: Zuerst ist Korn in Überfülle da, dann herrscht der Mangel. Das heißt, die aus dem Kosmos herabströmenden und den Menschen ernährenden Kräfte sind versiegt. – Im anderen der Träume spielen die Bilder auf das den Ägyptern heilige Tier, den Stier, an. Die schönen, fetten Kühe werden von den nachfolgenden mageren verschlungen. Dadurch dass sich die ursprünglich einheitliche ägyptische Kultur in eine Dualität gespalten hatte – die spirituelle Macht auf der einen, die politische Macht auf der anderen Seite –, hatte die alte Hellsichtigkeit die Kraft verloren, die Probleme des praktischen Lebens zu ordnen und zu lösen. Nachdem die Träume gedeutet sind, sieht sich daher der Pharao genötigt, an das Organisationstalent Josefs zu appellieren.

Rudolf Steiner hat die Bedeutung der Aufgabe Josefs hervorgehoben, nämlich Ägypten wieder einen kulturellen Reichtum zu verschaffen, der ohne ihn nicht möglich gewesen wäre. Tatsächlich wurde der Niedergang der ägyptischen Kultur um mehrere Jahrhunderte hinausgeschoben. Dieser Vorgang nahm eine ganz konkrete Form an. Man kann sich vorstellen, dass Josef den Bau von Getreidesilos anordnete, um die Versorgung der Bevölkerung in den bevorstehenden unfruchtbaren Jahren sicher zu stellen. Das

Wesentliche der Erzählung liegt jedoch auf seelischem und geistigem Gebiet: Josef war dazu berufen, die Quelle der spirituellen Kräfte des Landes neu sprudeln zu lassen oder wenigstens – da eine wirkliche Erneuerung nicht möglich war – das vollständige Versiegen hinauszuzögern.

Auch das Christentum hat vergleichbare Zeiten durchgemacht. Wenn keine großen Propheten und Heilige, keine Menschen mehr auftreten, die im Stande sind, die Kirche zu erneuern, dann beginnen die Menschen von den Traditionen zu leben, das heißt von dem, was einst große Persönlichkeiten gegeben haben. In diesem Sinn ermöglichte Josef seinen ägyptischen Zeitgenossen, von der Tradition zu zehren; er hielt sie lebendig, während das Volk nicht mehr wie einst einen direkten Zugang zu den geistigen Quellen hatte. Das zeigt sich in der Begegnung Josefs mit *Poti Fera*, dem »Priester des Stieres«, dem Obersten Priester von On, das heißt von Heliopolis, dem Mittelpunkt der ägyptischen Sonnenmysterien. Poti Fera gibt Josef seine Tochter Assnat zur Frau. Aus der Verbindung werden zwei Söhne geboren: Mnasche (Manasse) und Efrajim.

Es ist seit langem bekannt, dass in dem Namen »Assnat« der Name »Neïth« der verschleierten Göttin von Sais enthalten ist. Die Schüler dieser sehr verborgenen Mysterien begegneten auf ihrem Einweihungsweg einer verschleierten Göttin; und nur derjenige, dem es gelang, ihren Schleier zu heben, durfte an den Mysterien teilnehmen. Man sagte: Keiner kann den Schleier heben und weiter leben. Moses drückte später diese Erfahrung, die er selbst gemacht hatte, mit den Worten aus: Keiner kann Jahwe schauen und weiter leben. Formulierungen dieser Art, denen man oft in der Bibel begegnet, gewinnen plötzlich einen ganz konkreten Sinn, wenn man weiß, dass sie der Sprache der Mysterien entnommen sind. Zugleich weist die Verbindung Josefs mit Assnat darauf hin, dass Josef eine ägyptische Einweihung durchmachte und dadurch die Möglichkeit bekam, von den Mysterienstätten aus in die Geschicke des Landes leitend einzugreifen.

*

Die angekündigte Hungersnot erfasst alle Länder, auch Kanaan, in dem Jakob und seine elf Söhne leben. Von Anfang an hatte die hebräische Kultur auf die himmlische Nahrung von einst verzichtet, während die Ägypter jetzt die Erfahrung machen, dass sie versiegt ist, dass die Offenbarungen aufgehört haben. Von Anfang an waren sich die Hebräer auch der Tatsache bewusst, dass sie sich ohne die Hilfe dieser Vergangenheitskräfte in die Welt stellen sollten. Abraham hatte seinem Neffen Lot die reichen, fruchtbaren Länder von Sodom und Gomorra überlassen, in denen die Kulte in volle Dekadenz gerieten. Mehr noch, Abraham wird abverlangt, dass er seinen eigenen Sohn, den Sohn, auf dem die Verheißung ruht, opfert. Die jüdische Kultur ist ganz auf dem Verzicht errichtet. Das zeigt sich erneut an Jakob und seinen Söhnen.

Jakob ist überzeugt, dass sein Sohn Josef tot ist. Als nun die Hungersnot über das Land kommt und kein Brot mehr da ist, schickt er seine Söhne nach Ägypten, von dem er gehört hat, dass die Getreidespeicher noch voll sind. Nur Benjamin, den Jüngsten, hält er zurück, aus Furcht, es könne ihn ein Leid treffen.

> »Jossef aber war der Machthaber über das Land, er wars der Markt hielt für alles Volk des Landes. Jossefs Brüder kamen und neigten sich vor ihm, Stirn zur Erde. Jossef sah seine Brüder und kannte sie, aber er stellte sich unbekannt gegen sie und redete hart mit ihnen. Er sprach zu ihnen: Woher seid ihr gekommen? Sie sprachen: Aus dem Lande Kanaan, Essware zu ermarkten. Aber ob schon Jossef seine Brüder kannte, sie kannten ihn nicht. Und Jossef gedachte der Träume, die er von ihnen geträumt hatte. Er sprach zu ihnen: Späher seid ihr! die Blöße des Landes zu sichten seid ihr gekommen! Sie sprachen zu ihm: Nein, mein Herr! Deine Knechte sind gekommen, Essware zu ermarkten. Wir alle sind Söhne Eines Mannes, rechtschaffen sind wir, nie sind deine Knechte Späher gewesen. Er aber sprach zu ihnen: Nein! sondern ihr seid gekommen die Blöße des Landes zu sichten! Sie sprachen: Deiner Knechte sind zwölf, Brüder sind wir, Söhne Eines Mannes, im Lande Kanaan, so nämlich: der Jüngste ist bei unserm Vater heute, und einer ist nicht mehr da.«

»Wir alle sind Söhne Eines Mannes« oder »Söhne des Einen Mannes«, das heißt eines Mannes, der seine Würde in sich selbst hat. Ähnlich bezeichnen sie Josef, den sie einst verkauft haben: Einer – oder: der Eine – ist nicht mehr da. Das heißt, dadurch dass sie ihn aus dem Familienzusammenhang herausgetrennt haben, ist er zu einem Einen geworden. Wir haben gesehen, wie das Schicksal ihn dazu führte, dass er sich selbst erkannte und zu einem Individuum entwickelte – zu Einem, dem Einen Mann.

> »Jossef sprach zu ihnen: Das ists, was ich zu euch geredet habe, sprechend: Späher seid ihr. Daran sollt ihr erprobt werden: Beim Leben Pharaos! ob je ihr von hinnen sollt, es sei denn, euer jüngster Bruder kommt her! Schickt von euch einen, dass er euren Bruder herhole. Ihr aber bleibt gefangen. Erprobt sollen eure Reden werden, ob Vertrauen mit euch sein darf – und wenn nicht: beim Leben Pharaos, Späher seid ihr. Er ließ sie mitsammen drei Tage in Gewahrsam halten.«

Sie sind also im Gefängnis, im Zwinger, im »Turm« und machen da die Erfahrung, dem Schicksal ausgeliefert zu sein.

> »Am dritten Tag sprach Jossef zu ihnen: Seid dies zu tun bereit, so bleibt ihr am Leben, denn Gottes bin ich fürchtig: seid ihr rechtschaffen, sitze von euch Brüdern einer im Haus eures Gewahrsams gefangen, ihr aber geht, bringt Marktgetreide für den Hungerbedarf eurer Häuser, und dann sollt ihr euren jüngsten Bruder zu mir bringen, dass eure Worte sich getreu erzeigen und ihr nicht sterben müsst. Sie waren bereit so zu tun.«

Wenn sich Josef als »Gottes fürchtig« bezeichnet, so ist das wahrer, als seine Brüder glauben mögen; denn da er ägyptisch spricht und einen Dolmetscher gebraucht, müssen sie denken, er verehre eine der ägyptischen Gottheiten, Osiris oder Ra. – Nach drei Tagen Prüfungszeit im Gefängnis entlässt Josef seine Brüder, außer einem; die Lage wendet sich. Doch war es notwendig, dass sie sich vollständig ausgeliefert fühlten. Denn nun ist es ihnen möglich, ihre eigene Schuld zu erkennen und anzuerkennen.

»Aber sie sprachen einer zum andern: Dennoch, schuldig sind wir: an unserem Bruder! wir sahen die Drangsal seiner Seele, wie er uns anflehte, und wir hörten nicht! darum ist diese Drangsal an uns gekommen!«

Sie bringen also von sich aus ihre gegenwärtige Situation mit ihrem Verbrechen an Josef in Verbindung. Dieser selbst hat sich wohl gehütet, sie moralisch zu richten. Es geht ihm in keiner Weise darum, sich zu rächen. Gerade daran erkennen wir, zu welch großer Weisheit er gekommen ist. Er weiß, dass das Eingeständnis eigener Verfehlungen nicht in einer Sphäre von Vergeltung und Rache erfolgt. Er stellt seine Brüder in eine Situation, die so ist, dass sie innerlich nicht mehr weiter können und die ungelösten Probleme in ihr Bewusstsein treten. Auch eine schlimme Grippe kann ein brutales Erwachen herbeiführen. Ein Pulsrasen beispielsweise weckt in uns die Empfindung, kurz vor dem Zusammenbruch zu sein. Aber gerade solche nächtlichen Angstzustände können uns helfen, uns gewisser Dinge bewusst zu werden, die wir in uns verdrängt haben.

»Ruben antwortete ihnen, sprechend: Sprach ich nicht zu euch, sprach: Versündigt euch nimmer an dem Kind! ihr aber habt nicht gehört – sein Blut, da, nun wirds heimgefordert! Sie wussten nicht, dass Jossef hinhörte, denn der Dolmetsch war zwischen ihnen. Er aber wandte sich von ihnen und weinte. Dann kehrte er sich wieder zu ihnen und redete zu ihnen und ließ Schimon von ihnen nehmen und ihn vor ihren Augen gefangensetzen. Jossef gebot, dass man ihr Zeug mit Korn fülle und ihr Silber jedem in seinen Sack zurücklege und ihnen Zehrung auf den Weg gebe. Man tat ihnen so. Sie trugen ihr Marktgetreide auf ihre Esel und gingen von dannen. Als aber der eine seinen Sack öffnete, um in der Herberge seinem Esel Futter zu geben, sah er sein Silber: da wars, an der Mündung seines Ranzens. Er sprach zu seinen Brüdern: Mein Silber ist zurückgeraten, da ists gar in meinem Ranzen! Ihr Herz entwich, sie erbebten einander zu, sprechend: Was hat uns Gott da getan! Sie kamen zu ihrem Vater Jaakob ins Land Kanaan und meldeten ihm alles, was sie betroffen hatte, sprechend: Hart hat mit uns der Mann geredet, der Herr des Landes, er gab uns für Späher im Land aus. Wir sprachen zu ihm: Wir sind rechtschaffen, nie sind wir Späher gewesen, zwölf sind wir, Brüder, Söhne unsres Vaters, einer ist nicht mehr da, der Jüngste ist bei unserem Vater im Lande Kanaan heute. Aber der Mann, der Herr des Landes, sprach zu uns: Daraus werde ich wissen, ob ihr rechtschaffen seid: von euch Brüdern einen hinterlasset bei mir, den Hungerbedarf eurer Häuser nehmt und geht, und euren jüngsten Bruder bringet mir, dann werde ich wissen, dass ihr nicht Späher seid, dass ihr rechtschaffen seid, euren Bruder gebe ich euch, und ihr mögt das Land bereisen. Es geschah aber, wie sie ihre Säcke leerten: da war eines jeden Silberbündel in seinem Sack. Sie sahen ihre Silberbündel an, sie und ihr Vater, und erschraken. Jaakob, ihr Vater, sprach zu ihnen: Ihr verwaist mich! Jossef ist nicht mehr da, Schimon ist nicht da, nun wollt ihr Binjamin nehmen – auf mich gerät das alles! Ruben sprach zu seinem Vater, sprach: Meine beiden Söhne töte, lasse ich dir ihn nicht wiederkommen, gib ihn an meine Hand, und ich, ich bringe dir ihn zurück! Er aber sprach: Nicht soll mein Sohn mit euch hinab! sein Bruder ist ja tot, er allein ist überblieben – träfe ein Leides ihn auf dem Weg, den ihr geht, ihr ließet mein Grauhaar im Jammer zum Gruftreich hinabfahren.«

Josef und Benjamin waren die beiden einzigen Söhne, die ihm Rachel, seine Frau, geboren hatte. Man versteht Jakobs Angst, nun auch den Jüngsten zu verlieren, bei dessen Geburt Rachel gestorben war, kurz vor dem Dorf Bethlehem. Nach all dem Leiden, das ihm diese beiden Söhne gebracht hatten – der eine hatte der Mutter das Leben gekostet, den andern musste er für tot, für zerfleischt halten –, soll er nun den hingeben, der ihm geblieben ist, damit er zu opfern lerne. Er weigert sich.

Die Hungersnot lastet indessen schwer auf dem Land. Und als die Vorräte aufgezehrt sind, fordert Jakob seine Söhne auf, noch einmal nach Ägypten zu ziehen. Die Söhne machen ihn darauf aufmerksam, dass sie nicht ohne den jüngsten Bruder zurückkehren dürfen. – Im Folgenden wird Jakob bei seinem Geistnamen, Israel, genannt:

»Jissrael sprach: Warum habt ihr mir so übelgetan, dem Mann zu melden, dass ihr noch einen Bruder habt? Sie sprachen: Gefragt

> hat der Mann, Fragen nach uns und unsrer Verwandtschaft, sprechend: Lebt noch euer Vater? habt ihr einen Bruder? Wir meldetens ihm, nach dem Geheiß dieser Reden. Konnten wir wissen denn, wissen dass er sprechen würde: Holt euren Bruder herab!? Jehuda sprach zu Jissrael seinem Vater: Schick nur den Knaben mit mir, und wir machen uns auf und gehn und dürfen leben und müssen nicht sterben, so wir, so du, so unsre Kleinen! Ich selber will bürgen für ihn, von meiner Hand heische ihn! lasse ich ihn nicht heimkommen dir, stelle ihn nicht vor dich, gesündigt habe ich dir alle Tage! Ja, hätten wir nicht gezögert, wir wären ja jetzt schon zweimal zurück. Jissrael, ihr Vater, sprach zu ihnen: Muss es denn also sein, tut dies: nehmt in euer Zeug von dem Preis des Landes und tragts dem Mann als Spende hinab: etwas Mastix, etwas Honig, Tragant und Ladanharz, Pistazien und Mandeln. Und Silber zwiefältig nehmt in eure Hand: das an die Mündung eurer Ranzen zurückgeratne Silber bringt in eurer Hand wieder zurück, vielleicht war es ein Irrtum. Und euren Bruder nehmt. Macht euch nun auf, kehrt wieder zurück zu dem Mann! Der Gewaltige Gott gebe euch Erbarmen vor dem Mann, dass er euch freischicke euren andern Bruder und dazu Binjamin! Ich aber – wie ich verwaisen soll, muss ich verwaisen!«

Nun also willigt Jakob-Israel in das Risiko ein, dass sein Sohn Benjamin nicht zurückkommen könnte. Die Brüder ziehen mit den Spenden erneut nach Ägypten. Als Josef sie zusammen mit Benjamin erblickt, weist er seinen Hausverwalter an, die Männer ins Haus zu laden und ein großes Gastmahl zu richten. Die Brüder fürchten indessen, man werde sich des Silbers wegen auf sie stürzen und sie gefangen nehmen.

> »Sie traten zu dem Mann, Jossefs Hauswart, und redeten zu ihm am Einlass des Hauses, sie sprachen: Ach, mein Herr! herabgezogen waren wir ein voriges Mal, zumarkt um Essware gezogen, und wie wir dann in die Herberge kamen und öffneten unsre Ranzen, da war eines jeden Silber an der Mündung seines Ranzens, unser Silber nach seinem Gewicht, – nun erstatten wirs mit unsern Händen zurück; auch andres Silber haben wir in unsrer Hand mit he-

rabgenommen, Essware zu ermarkten; wir wissen nicht, wer unser Silber in unsre Ranzen gelegt hat. Er sprach: Frieden euch, fürchtet euch nimmer! euer Gott, der Gott eures Vaters, hat euch einen Hort in eure Ranzen gegeben, euer Silber ist an mich gekommen. Er brachte ihnen Schimon heraus. Dann ließ der Mann die Männer in Jossefs Haus kommen und gab Wasser, dass sie die Füße sich badeten, und gab ihren Eseln Futter. Sie richteten die Spende her, bis Jossef am Mittag käme, denn sie hatten gehört, dass sie dort das Brot essen sollten. Als Jossef nach Hause kam, kamen sie zu ihm mit der Spende, die sie in Händen hatten, ins Haus, und neigten sich vor ihm zur Erde. Er fragte nach ihrem Wohl und sprach: Ist euer alter Vater wohlauf, von dem ihr sprachet? lebt er noch? Sie sprachen: Wohlauf ist dein Knecht, unser Vater, er lebt noch – und bückten und verneigten sich. Er hob seine Augen und sah Binjamin, seinen Bruder, den Sohn seiner Mutter, und er sprach: Ist das euer jüngster Bruder, von dem ihr zu mir spracht? und sprach: Gott sei dir hold, mein Sohn! Und eilig – denn sein Eingeweide glühte seinem Bruder zu, er musste weinen – kam Jossef in die Kammer und weinte dort. Dann badete er sein Antlitz, trat hervor, bezähmte sich und sprach: Tragt das Brot auf! Man trug auf, ihm besonders und ihnen besonders und den Ägyptern, die mit ihm aßen, besonders. Denn die Ägypter können nicht mit den Ebräern zusammen das Brot essen, das ist für Ägypter ein Gräuel. Sie saßen aber vor ihm, der Erstling nach seinem Erstlingtum und der Spätling nach seinem Spätlingtum, und die Männer staunten darob einander an. Er ließ Gänge von sich aus zu ihnen hinübergehn, Binjamins Gang aber war fünffach größer als ihrer aller Gänge. Dann tranken sie mit ihm und berauschten sich. Er aber gebot seinem Hauswart, sprechend: Fülle die Ranzen dieser Männer mit Essware, soviel sie nur tragen können, und lege das Silber eines jeden an die Mündung seines Ranzens, und meinen Kelch, den Silberkelch, lege an die Mündung des Ranzens des Jüngsten, mitsamt dem Silber, für das er ermarktet hat!«

Es handelt sich hier um den Kelch, aus dem Josef den Wein trinkt, der ihm das gibt, was man Enthusiasmus, das heißt »Gott in uns«

nennt. Es geht hier also sehr wohl um eine geistige Realität. Und nun trifft Josef die Vorkehrungen, seine Brüder später des Diebstahls dieses Kelches bezichtigen zu können.

> »Er tat nach Jossefs Rede, die er geredet hatte. Wie der Morgen licht ward, schickte man die Männer heim, sie und ihre Esel. Eben waren sie zur Stadt hinaus, noch nicht fern, als Jossef zu seinem Hauswart sprach: Mache dich auf, jage den Männern nach, und hast du sie eingeholt, sprich zu ihnen: Warum habt ihr Böses für Gutes gezahlt? ists nicht das, woraus mein Herr trinkt und woraus er Ahnung zu erahnen pflegt?! Böses habt ihr mit dem, was ihr tatet, verübt! Er holte sie ein und redete diese Rede mit ihnen. Sie sprachen zu ihm: Warum redet mein Herr solche Rede! weitab seis deinen Knechten, dergleichen zu tun! haben wir ja das Silber, das wir an der Mündung unsrer Ranzen fanden, dir zurückgebracht aus dem Lande Kanaan – wie sollten wir Silber oder Gold aus dem Haus deines Herrn stehlen! bei wems von deinen Knechten sich findet, er sterbe, und auch wir, wir seien fortan meinem Herrn verknechtet.«

Sie bestimmen also selbst die mögliche Strafe für den Fall, dass tatsächlich der Kelch bei einem von ihnen gefunden werden sollte.

> »Er sprach: Soll es jetzt wohl auch so nach eurer Rede geschehn, sei doch nur, bei wem es sich findet, mir verknechtet, ihr aber bleibt straffrei. Eilends ließen sie jeder seinen Ranzen zur Erde hinab und öffneten jeder seinen Ranzen, und er durchstöberte, beim Ältesten fing er an und beim Jüngsten hörte er auf, und der Kelch fand sich im Ranzen Binjamins. Sie zerrissen ihre Gewänder, jeder belud seinen Esel, und sie kehrten in die Stadt zurück. Jehuda kam mit seinen Brüdern in Jossefs Haus, der war noch dort, und sie fielen vor ihm nieder zur Erde. Jossef sprach zu ihnen: Was ist das für eine Tat, die ihr da getan habt! wusstet ihr nicht, dass ein Mann wie ich Ahnung erahnen kann? Jehuda sprach: Was sollen wir zu unserm Herrn sprechen! was sollen wir reden, wie uns bewahrheiten! Gott hat die Schuld deiner Knechte gefunden! Da verknechten wir uns meinem Herrn, so wir, so er,

in dessen Hand der Kelch gefunden wurde. Er aber sprach: Weitab seis mir, das zu tun! der Mann, in dessen Hand der Kelch gefunden wurde, der sei mir verknechtet, ihr aber zieht in Frieden zu euerm Vater hinauf! Jehuda trat vor zu ihm und sprach: Ach, mein Herr, möge doch dein Knecht Rede in meines Herrn Ohren reden dürfen, und nimmer entflamme dein Zorn wider deinen Knecht, denn du bist wie Pharao! Mein Herr hat seine Knechte gefragt, sprechend: Habt ihr noch Vater oder Bruder? und wir sprachen zu meinem Herrn: und wir sprachen zu meinem Herrn: Wir haben einen alten Vater und einen jungen Sohn seines Alters, dessen Bruder tot ist, so ist er allein von seiner Mutter überblieben, und sein Vater liebt ihn. Und du sprachst zu deinen Knechten: Führt ihn herab zu mir, ich will mein Auge auf ihn wenden. Wir aber sprachen zu meinem Herrn: Nicht kann der Knabe seinen Vater verlassen, verließe er seinen Vater, der stürbe. Du aber sprachst zu deinen Knechten: Fährt euer jüngster Bruder nicht mit euch herab, seht ihr mein Antlitz nicht mehr. Wie wir hinaufgezogen waren zu deinem Knecht, meinem Vater, meldeten wir ihm die Rede meines Herrn. Dann sprach unser Vater: Kehrt nochmals zurück, ermarktet uns ein wenig Essware! Wir aber sprachen: Wir können nicht hinab – wenn unser jüngster Bruder mit uns ist, wollen wir hinab, denn wir können das Antlitz des Mannes nicht sehn, ist unser jüngster Bruder nicht mit uns. Dein Knecht, mein Vater, sprach zu uns: Ihr selber wisst, dass zwei mir mein Weib geboren hat, der eine ist von mir hinweg, ich sprach: Wahrlich, zerfleischt ist er, zerfleischt! – ich habe ihn bislang nicht wieder gesehn! nähmt ihr auch diesen von meinem Antlitz hinweg – träfe ein Leides ihn, ihr ließet mein Grauhaar im Jammer zum Gruftreich hinabfahren! Und nun, wann ich zu deinem Knecht, meinem Vater, komme, und der Knabe ist nicht mehr mit uns – und mit dessen Seele ist seine Seele verknotet! – so wirds geschehn, wann er sieht, dass der Knabe nicht da ist, wird er sterben, und deine Knechte haben das Grauhaar deines Knechts, unsers Vaters, im Jammer zum Gruftreich hinabfahren lassen. Denn dein Knecht hat den Knaben von meinem Vater erbürgt, sprechend: Bringe ich ihn dir nicht, gesündigt habe ich

> meinem Vater alle Tage. Und so sitze doch nun dein Knecht statt des Knaben als meinem Herrn verknechtet, der Knabe aber ziehe mit seinen Brüdern hinauf. Denn wie sollte ich zu meinem Vater hinaufziehn, und der Knabe ist nicht mehr mit mir! Ich müsste ansehn das Übel, das meinen Vater befände!«

Wir sehen, dass Juda praktisch ebenso weit gegangen ist wie Abraham. Im Grunde sagt er: Ich bin bereit, an Stelle des Knaben selber Gefangenschaft und Tod auf mich zu nehmen, wenn nur der Knabe heimkehren kann. Diese Haltung bedeutet die Auflösung des Knotens.

> »Nicht vermochte Jossef sich zu bezähmen vor allen, die ihn umstanden, er rief: Schafft jedermann von mir hinaus! Und niemand weilte bei ihm, als Jossef sich seinen Brüdern zu erkennen gab. Er ließ seine Stimme in Weinen aus, die Ägypter hörtens, das Haus Pharaos hörte es. Jossef sprach zu seinen Brüdern: Ich bin Jossef. Lebt mein Vater noch? Aber seine Brüder vermochten ihm nicht zu antworten, denn bestürzt waren sie vor seinem Antlitz. Jossef sprach zu seinen Brüdern: Tretet doch zu mir heran! Sie traten heran. Er sprach: Ich bin Jossef, euer Bruder, den ihr nach Ägypten verkauft habt. Nun aber, grämt euch nimmer! es entflamme nimmer eure Augen, dass ihr mich hierher verkauft habt! Denn zu Lebenserhaltung sandte mich Gott vor euch aus. Denn zwei Jahre ist schon der Hunger drinnen im Land und noch fünf Jahre sinds, da kein Pflugriss und Kornschnitt sein soll. Gott hat mich vor euch ausgesandt, euch ein Überbleiben auf Erden zu bereiten, euch am Leben zu halten, zu großer Errettung. Nun also, nicht ihr habt mich hierher gesandt, sondern Gott! Er hat mich zu einem Vater bei Pharao und zum Herrn all seinem Haus und Walter in allem Land Ägypten gesetzt. Eilt, steigt hinauf zu meinem Vater und sprecht zu ihm: So hat dein Sohn Jossef gesprochen: Gott hat mich allem Ägypten zum Herrn gesetzt, zieh herab zu mir, bleib nimmer stehn, du sollst siedeln im Lande Goschen, sollst nah mir sein, du und deine Söhne und die Söhne deiner Söhne, deine Schafe, deine Rinder und alles was dein ist, ich will dich versorgen dort, denn noch fünf

Jahre ist Hunger, sonst müsstest du verkümmern mit deinem Haus und allem, was dein ist. Da, eure Augen sehens und meines Bruders Binjamin Augen, dass mein Mund es ist, der zu euch redet. Vermeldet meinem Vater all meine Gewichtigkeit in Ägypten und alles, was ihr gesehn habt, und eilt, nehmt meinen Vater hier herab! Er fiel seinem Bruder Binjamin um den Hals und weinte, und Binjamin weinte an seinem Hals. Er küsste alle seine Brüder und weinte an ihnen. Danach redeten seine Brüder mit ihm.«

Das Wesentliche an diesen Ereignissen ist, dass durch sie Josef dazu gelangt, sein Schicksal von einer höheren Warte aus zu betrachten. So kann er sagen, es seien in Wirklichkeit nicht seine Brüder gewesen, die ihn nach Ägypten verkauften, sondern Gott. Er erkennt, dass in allem, was geschah, ein höherer Wille waltete, und er akzeptiert ihn. Dieses Annehmen des eigenen Schicksals gibt ihm die Kraft, alles Verworrene wieder zu lösen. Hätte er nicht erkannt, dass in der Tat alles seine Richtigkeit hat, dass die Hand des Schicksals, der Gottheit über allem lag, wäre er nicht im Stande gewesen, die Verhältnisse wieder zu ordnen.

»Gehört wurde die Stimme in Pharaos Haus, man sprach: Jossefs Brüder sind gekommen! Gut wars in Pharaos Augen und in den Augen seiner Diener. Pharao sprach zu Jossef: Sprich zu deinen Brüdern: Dies tut – beladet eure Tiere und geht, kommt ins Land Kanaan, nehmt euern Vater und euer Hausvolk und kommt zu mir! Ich will euch das Bestgut des Landes Ägypten geben, das Fett des Landes sollt ihr essen. Du selber bist dafür entboten: Dies tut – nehmt euch aus dem Land Ägypten Wagen für eure Kleinen und eure Weiber, und tragt auch euern Vater hinein, und kommt! Euer Auge bedaure euer Gerät nimmer, denn das Bestgut alles Landes Ägypten, euer ists. Die Söhne Jissraels taten so, Jossef gab ihnen Wagen nach Pharaos Geheiß und gab ihnen Zehrung auf den Weg, allen gab er, jedem Wechselkleider, Binjamin aber gab er dreihundert Silberstücke und fünf Wechselkleider, und seinem Vater sandte er dieses: zehn Esel, vom Bestgut Ägyptens tragend, dazu zehn Stuten, tragend Korn und Brot und

> Kost für seinen Vater auf den Weg. Dann entsendete er seine Brüder, und sie gingen, und er sprach zu ihnen: Erregt euch nicht unterwegs. Sie zogen von Ägypten hinauf und kamen ins Land Kanaan zu Jaakob ihrem Vater. Und sie meldeten ihm, sprechend: Noch lebt Jossef, ja Walter ist er im Land Ägypten. Aber sein Herz blieb starr, denn er traute ihnen nicht. Sie redeten nun zu ihm alle Rede Jossefs, die er zu ihnen geredet hatte, er sah die Wagen, die Jossef gesandt hatte, ihn hinzutragen, und der Geist ihres Vaters Jaakob lebte auf. Jissrael sprach: Genug! mein Sohn Jossef lebt noch, ich will hingehn und ihn sehen, ehe ich sterbe.«

Das ist nicht nur eine spannende, ergreifende Geschichte. Man kann ahnen, wie durch alle diese Ereignisse das Werden hindurchleuchtet und sie zu einem Glied der menschlichen Entwicklung überhaupt macht. Da sind Menschen, die allmählich lernen, sich bewusst Rechenschaft abzulegen für das, was sie getan haben, und die ihre Taten bewusst auf sich nehmen. In die Enge getrieben und dem gegenüber gestellt, was im Schicksal unwiderruflich geworden ist, fühlen sie, wie aus ihrem eigenen Herzen die Kraft emporsteigt, welche ihre Taten mit deren Folgen verknüpft. So entwickeln sie nach und nach das, was wir heute Gewissen nennen.

DIE FAMILIE JAKOBS IN ÄGYPTEN

Die nun folgenden Ereignisse hätten leicht eine katastrophale Wendung nehmen können. Denn es charakterisiert die Entwicklung des hebräischen Volkes, dass es dazu berufen war, gewisse Fähigkeiten zu entfalten, die es als erstes Volk überhaupt in dieser Form besitzen sollte. Dazu gehörten vor allem moralische Fähigkeiten, die von der Ausgestaltung des intellektuellen Gehirndenkens ausgingen. Wir können uns diesen Umschwung nicht leicht vorstellen, da dieses Denken heute unser gewöhnliches geworden ist und das, was vorausging, nur noch in Ausnahmezuständen von uns erreicht werden kann.

In früheren Zeiten waren die Menschen vor allem geistige Wesen. Als sie im Laufe der Entwicklung mehr und mehr physisch wurden bis zu dem Punkt, dass ihr Bewusstsein, ihr Denken vom physischen Organismus abhängig wurde, geriet das Schicksal der Menschheit ernsthaft in Gefahr. Von einem gewissen Gesichtspunkt aus kann man sich fragen, ob nicht das Abenteuer Mensch erneut einem Scheitern entgegenging. Schon einmal schien ein Scheitern unvermeidlich, als nämlich die atlantische Entwicklung, während welcher der Mensch noch über seinem Körper schwebte, sich also noch nicht wirklich inkarniert hatte, im Untergang des atlantischen Kontinents ihr Ende fand. Dass die dreifaltige Gottheit diese Entwicklung akzeptiert hatte, bedeutete, dass sie das Wagnis akzeptierte. Das nach dem Bilde Gottes gestaltete Geschöpf sollte der Gefahr ausgesetzt werden, diese Ebenbildlichkeit zu verlieren; denn ohne diese Gefahr hätte es sich niemals zu einem freien Wesen entwickeln können. Ein Wesen, das nur Spiegelbild der Gottheit ist, hat selbst keine göttliche Kraft, es ist nicht autonom. Es muss also der Gefahr ausgeliefert werden, alles zu verlieren, um einmal seine geistige Selbstständigkeit in und durch sich zu erringen. Im jüdischen Volk kristallisiert sich gleichsam dieses Problem. Selbstverständlich ist es nicht nur das Problem dieses Volkes, sondern ein menschheitliches; doch wird es eine Zeit lang im jüdischen Volk besonders akut, gerade weil dieses Volk am tiefsten inkarniert und am meisten der Stoffeswelt verbunden ist.

Deshalb spielt sich das Schicksal der Menschheit in diesem Volk auf fundamentale Weise ab; hier stoßen das spirituelle Bewusstsein und der physische Organismus am radikalsten aufeinander. Der Begriff »auserwähltes Volk« verliert unter diesem Gesichtspunkt jede Nuance von Bevorzugung oder Begünstigung. Es ist das aus den natürlichen Zusammenhängen herausgenommene Volk oder, wenn man so will, das »Test-Volk« der Menschheit, nicht besser und nicht schlechter als andere Völker. In diesem Volk spielt sich ein wesentlicher Teil des Dramas ab, vor dem niemand bewahrt bleibt; jeder muss da hindurch, aber an einem bestimmten Ort in der Menschheit offenbart sich der Grundzug des Dramas.

Wie bildet sich die dramatische Verwicklung? Der Mensch hat sich so sehr mit seinem Organismus verbunden, dass sein Bewusstsein seine Selbstständigkeit zu verlieren beginnt; er ist von nun an für sein Denken so sehr auf die Sinne, die Wahrnehmung und das Gehirn angewiesen, dass er Gefahr läuft, die Erinnerung an seinen geistigen Ursprung und das Bewusstsein seiner Beziehung zur geistigen Welt, seine Religion, zu verlieren. Das jüdische Volk musste als erstes durch diese Verarmung seines inneren Lebens hindurchgehen und lernen, dieses Schicksal auf sich zu nehmen. Hier liegt der eigentliche Grund dafür, dass es alle Überreste alten Hellsehens sorgfältig auszutilgen hatte. Jede Generation lebte das Drama einer Trennung. Abraham trennt sich von der sumerischen Kultur und verinnerlicht das Drama, indem er auf die Fähigkeiten Verzicht leistet, die durch seinen eigenen Sohn symbolisiert sind. Isaak empfängt schon in seiner Jugend das Zeichen dieses Opfers, dieser Trennung von seinem Vater. Das Motiv der Trennung setzt sich fort in seinen Söhnen. Jakob muss in das Land seiner Vorfahren ziehen, um sich dann bewusst daraus zu lösen, nachdem er um die Hand Rachels angehalten hat. Alle Ereignisse, die mit Laban und seinen Eltern zusammenhängen, gewinnen unter dieser Perspektive ihren Sinn. – Wir haben dann gesehen, wie sich elf der Söhne Jakobs von dem zwölften trennen, von Josef, der spirituell am meisten begabt ist, da er noch einen Rest chaldäischen Geisteserbes in sich trägt. Josef schließlich wird von seinem Schicksal Prüfungen unterzogen, in deren Verlauf er von seiner Heimat abgeschnitten wird und zugleich seine angeborenen Fähigkeiten opfern muss. Indem er durch die Einsamkeit hindurchgeht, gelingt es ihm, seine Fähigkeiten in ein neues, spirituelles Urteilsvermögen zu verwandeln. Statt mit der ägyptischen Kultur zu verschmelzen, kann er sie befruchten und erneuern, und zwar in einem Augenblick, da sie bereits in die Dekadenz übergeht.

Nun stellt sich ein Problem: Nicht allein Josef, sondern das ganze im Entstehen begriffene Volk soll diesen selben Weg gehen; auch seine Brüder und sein Vater sollen diese Erfahrung machen. Sie sollen sich ihrer Besonderheit bewusst werden, sodass sie im Stande sind, der Welt Ägyptens gegenüberzutreten. Nicht unterwerfen sollen sie sich ihr, sondern im Gegenteil ihr Kräfte zuführen, die sie allein ihr in jener Epoche geben können.

Allmählich enthüllt sich ein Gesetz, das, wenn wir es richtig verstehen, ein wichtiger Schlüssel für das Verständnis des Alten Testaments und vielleicht für viele alten Religionen sein kann. Es ist das Gesetz des notwendigen Sich-Abgrenzens innerhalb einer Umgebung, die noch ganz anderen Impulsen folgt. Liest man das Alte Testament ohne Kenntnis dieses Gesetzes, das die ganze Entwicklung bestimmt, passiert es leicht, dass man anfängt zu revoltieren; denn man stößt sich ständig an dem, was man den grausamen, kriegerischen, eifersüchtigen Charakter der alttestamentarischen Religion genannt hat.

Bei aufmerksamer Lektüre erkennt man indessen, dass zu dieser offensichtlichen Härte ein Gegenbild gehört. Es ist damit wie mit einem Kind, dessen Erziehung man so einrichten möchte, dass es einmal im Stande ist, das Erbe seines Vaters zu übernehmen, beispielsweise an der Spitze eines großen Unternehmens zu stehen.

Was sein Vater sich vielleicht in langen Kämpfen hat erringen müssen, steht dem Kind von Anfang an zur Verfügung. Damit es jedoch fähig wird, wirklich die Nachfolge seines Vaters anzutreten, muss es die Bequemlichkeit und das Behagen abstreifen, die es in einem bereits vollendeten Werk findet. Es muss in gewissem Sinne Armut lernen. Die Pioniere der amerikanischen Großindustrie, die ein gewaltiges Firmengebäude errichteten, waren als Väter von außerordentlichr Strenge gegenüber ihren Söhnen; sie schickten sie oft mit vierzehn, sechzehn Jahren bereits in die Welt, wo sie sich bewähren sollten. Diesen Vätern wird oft vorgeworfen, sie hätten ein Herz von Stein gehabt. Sie wussten jedoch, dass man durch Prüfungen hindurch muss, wenn man einmal große Verantwortung auf sich nehmen will. Durch die harte Behandlung bereiteten sie ihre Söhne darauf vor, das sich zurückzuerobern, was sie selbst ihnen genommen hatten. – Ähnlich verhält es sich in der Entwicklung der Menschheit. Manchmal hat man den Eindruck, dass die fast unmenschliche Härte, mit der das jüdische Volk unüberschreitbare Barrieren zwischen sich und anderen Völkern errichtete, notwendig war. Die Grausamkeit war eine Folge des Willens, mit Fähigkeiten, die eine fortwährende Versuchung darstellten, radikal zu brechen.

Das Gegenbild dieser Grausamkeit ist jedoch, dass im Anschluss daran die Früchte geerntet werden. Wenn man aufmerksam ist, weiß man, dass keine dieser strengen Abgrenzungen und Feindseligkeiten endgültig ist. Alle diese unversöhnlichen Haltungen führen mit absoluter Notwendigkeit zu einer »Versöhnung«, aber auf einem anderen Plan. Was auf dem Plan der angeborenen Fähigkeiten eliminiert werden musste, taucht später auf dem Bewusstseinsfeld verwandelt auf.

Das Schicksal Josefs ist dafür ein charakteristisches Beispiel. Er musste von seinen Brüdern getrennt und durch fast unmenschliche Schicksalsfügungen geprüft werden. Wir haben jedoch gesehen, dass er selbst im Rückblick erkannte, dass alles, was geschah, richtig war. Und als er nun seine Brüder wiedersieht, führt das keineswegs dazu, dass alles wieder so eingerichtet wird wie in der Vergangenheit. Im Gegenteil! Das Bewusstsein hat eine Entwicklung durchgemacht, und Josef wird auf einer höheren Ebene in den Schoß seiner Familie aufgenommen. Das wird ganz deutlich, wenn wir hören, wie Israel-Jakob zu Josef kommt.

Auf dem Weg nach Ägypten hat Israel eine jener großen spirituellen Erfahrungen, die ihm immer zuteil werden, wenn ein entscheidender Augenblick in seinem Leben bevorsteht. Als er auf dem Weg nach Osten war, war ihm Gott bei Bethel erschienen. Auch als er dabei war, das Land seiner Vorfahren zu verlassen, um nach Kanaan zurückzukehren, hatte sich Jahwe ihm offenbart. Schließlich, vor seiner Begegnung mit seinem Bruder Esau, hatte sich ihm die geistige Welt in einer anderen Gestalt gezeigt; er hatte mit dem »Mann« gekämpft. Und nun, da er das Land, das ihm zuteil geworden ist, verlässt, erscheint ihm der Ewige erneut, wie um diese Tatsache zu besiegeln.

> »Gott sprach zu Jissrael in Gesichten der Nacht, er sprach: Jaakob! Jaakob! Und er sprach: Da bin ich. Er aber sprach: Ich bin die Gottheit, der Gott deines Vaters. Fürchte dich nimmer, nach Ägypten hinabzuziehen, denn dort mache ich dich zu einem großen Stamm. Ich selber ziehe mit dir nach Ägypten hinab und ich selber bringe dich wieder herauf, ja herauf. Aber Jossef legt dir die Hand auf die Augen.«

Der Zug Jakobs nach Ägypten ist weder durch die väterliche Liebe noch durch die Sorge um Nahrung bestimmt, sondern durch das »Ich«, durch den Gott, der »Ich« sagt. In dieser einzigartigen kurzen Passage finden wir fünfmal das Wort »ich«. Mit anderen Worten: Die Kraft, die dich begleiten und führen wird, die du niemals verlieren wirst, nicht du und nicht deine Nachkommen, diese Kraft ist die Kraft des Menschen, der im tiefsten Innern seines Wesens sich seiner selbst bewusst geworden ist. Nicht aus Schwäche ziehst du nach Ägypten hinab, sondern aus der Kraft des »Ich bin«.

> »Jaakob brach auf von Berscheba, Jissraels Söhne trugen ihren Vater Jaakob, ihre Kleinen und ihre Weiber in die Wagen, die Pharao gesandt hatte ihn herüberzutragen, und nahmen ihr Vieh, ihren Zuchtgewinn, den sie im Lande Kanaan gewonnen hatten, und ka-

> men nach Ägypten, Jaakob und all sein Same mit ihm, seine Söhne und die Söhne seiner Söhne mit ihm, seine Töchter und die Töchter seiner Söhne, mit all seinem Samen kam er nach Ägypten.«

In einer langen Liste werden nun die Namen aller Nachkommen Jakobs aufgezählt, die mit ihm nach Ägypten ziehen; zusammen mit Josef und dessen beiden Söhnen sind es siebzig Seelen aus »Jakobs Haus«.

Jakob schickt nun einen seiner Söhne voraus, und zwar denjenigen, der sich vor seinen Brüdern dadurch ausgezeichnet hatte, dass er Schuld auf sich lud, sich dieser Schuld bewusst wurde und schließlich bereit war, die Konsequenzen zu tragen: Juda. Juda hatte seinen Bruder verkauft, hatte zumindest die Idee gehabt, ihn zu verkaufen. Er begreift, dass die Erlebnisse in Ägypten Folge dieser Schuld sind, und ist bereit, anstelle seines Bruders Benjamin in Geiselhaft zu gehen. Er nimmt so die Verantwortung bis zur Selbstaufopferung auf sich. Dadurch erscheint er uns individueller, bewusstseinsstärker als die anderen, die noch viel mehr im Gruppengefühl aufgehen. Juda ist zu einem Individuum geworden. Und als Individuum zieht er nun seiner Familie voraus.

> »Den Jehuda aber sandte er vor sich her zu Jossef, dass er vor ihm Weisung nach Goschen gäbe. Sie kamen nach dem Lande Goschen. Jossef ließ sein Gefährt bespannen und zog hinauf nach Goschen, Jissrael seinem Vater entgegen. Als er seiner ansichtig wurde, fiel er ihm um den Hals und weinte an seinem Hals lange fort. Jissrael sprach zu Jossef: Nunmehr kann ich sterben, nachdem ich dein Antlitz gesehen habe, dass du noch lebst!«

Hört man diese Worte, so klingen sofort andere mit, die sehr viel später gesprochen wurden; es ist dies ein Beispiel dafür, dass der Ablauf von Schicksalsereignissen Bildcharakter annimmt.

Fast identisch klingen die Worte des alten, frommen Simeon, als er im Tempel zu Jerusalem den Erlöser Israel, den Gesalbten des Herrn erblickt: »Nun entlässt du, o Gebieter, deinen Knecht in Frieden, wie du es verheißen. Denn meine Augen haben dein Heil gesehen« (Lukas 2,29). Wir erleben die Entsprechung; im Schicksal

Josefs sind gewisse Aspekte des Schicksals dessen vorgebildet, der einmal das Schicksal der Menschheit auf sich nehmen wird.

> »Jossef sprach zu seinen Brüdern und zum Haus seines Vaters: Ich ziehe vorauf, dass ich es Pharao melde und zu ihm spreche: Meine Brüder und das Haus meines Vaters, die im Lande Kanaan waren, sind zu mir gekommen; die Leute sind Schafhirten – denn Herdenleute waren sie von je –, ihre Schafe und ihre Rinder und alles, was ihrer ist, haben sie mitkommen lassen. Es soll aber geschehen, wenn euch Pharao rufen lässt und spricht: Was ist eure Tätigkeit? dann sprecht: Herdenleute waren deine Knecht von unsrer Jugend auf bis jetzt, so wir so unsre Väter, – damit ihr im Land Goschen siedeln dürft, denn ein Gräuel ist den Ägyptern alles Schafhirtentum.«

Dieses Kapitel der *Genesis* liefert uns also den Schlüssel für die scharfen Brüche und Abgrenzungen. Niemals sind es »Abfälle der Geschichte«; immer leiten sie eine Verwandlung ein, und was zuerst abgestoßen wurde, wird später in spiritueller Gestalt wieder in das Ganze integriert. Immer! Selbst der andere Judas, derjenige, von dem der Christus sagte: »Und keiner von ihnen ging verloren, außer dem Sohn des Verderbens«, aber sogleich hinzufügte: »damit die Schrift erfüllt werde« (Joh. 17,12). Das heißt, einer musste das Opfer des Verrats bringen. Aber selbst dieser Judas ist nicht für immer ausgestoßen, die Brücken sind nicht abgebrochen. Der eifersüchtige Gott existiert nicht. Wir erkennen das deutlich, wenn wir das Buch *Exodus* und die Geschichte des Moses studieren. In Wirklichkeit bedeutet »eifersüchtiger Gott«: ein Gott, der immer in Bewegung ist, ein Gott, der nie stehen bleibt, nie unbeweglich verharrt.

Die Bemerkung, dass »ein Gräuel ist den Ägyptern alles Schafhirtentum«, deutet auf das kommende Problem hin. Diese Familie, die alles Trübe aus sich ausgestoßen und sich abseits der allgemeinen Seelen- und Geisteshaltungen einen Eigenraum geschaffen hat, kommt nun in eine Kultur, für die sie ein vollständiger Fremdkörper ist; ihre Lebensweise ist den Ägyptern ein Gräuel. Warum dies? Warum verabscheuen die Ägypter die Hirtenvölker?

Dieses Problem hängt mit einem der großen Mythen der Menschheit zusammen; und es bestätigt uns die Einheit der biblischen Darstellung der *Genesis*. Am Anfang war der Text ganz bildhaft, wie in sich selbst geschlossen. Allmählich drangen dann in anekdotischer Form historische Elemente in die Erzählung ein; man konnte den Eindruck bekommen, dass die Substanz, die machtvoll den Anfang bestimmte, verloren ging. Nachdem das Menschengeschlecht auf der Erde Gestalt angenommen hatte, ereignete sich das erste große Drama: die Spaltung des einheitlichen Stromes in zwei Strömungen, von denen eine jede zur geistigen Welt eine andere Beziehung hatte. Die eine pflegte ein unmittelbares, instinktives, angeborenes Verhältnis zu ihr, sie war gleichsam spirituell von Natur aus; die andere besaß diese natürliche Spiritualität nicht mehr, sie lebte notwendigerweise mehr in sich gekehrt und entwickelte dadurch eine innere Spiritualität. Die Spaltung war tragisch. Denn das Gebet des einen, der das Beten lernen sollte, wurde angenommen, das wiederum fand der andere ungerecht. Es kam zu einer Krise, in deren Verlauf der erste Mord geschah. Wir sprechen von Kain und Abel. Die Religiosität Kains war dadurch geprägt, dass er die Erde bearbeitete und deren Frucht zum Opfer brachte: das Korn, in dem sich die ganze belebende Kraft des kosmischen Lichtes auf der Erde verdichtet. Abel hatte dagegen als Hirte über die Herden zu wachen, von denen er die Erstlinge opferte; wir sehen in ihm das Geheimnis des Blutes, der Innerlichkeit am Werk. Das ist der Ursprung der Unterscheidung, die man, etwas summarisch, zwischen den »guten« Anbetern des Herrn und den »Heiden« trifft. Die Heiden, das sind die Bauern, diejenigen, die außerhalb der Städte leben und Verbindung haben mit den Kräften der Natur.

Die Religion der Ägypter war vollständig bestimmt von den großen Rhythmen der Natur, vom jährlichen Anschwellen des Nils, vom Gang der Sonne, von Sommer und Winter und von den Sonnenkräften, wie sie im zunehmenden und abnehmenden Mond gespiegelt werden. All das war zusammengefasst im Mythos von Isis und Osiris.

Das Schicksal, das nun in imaginativer Form erzählt wird, zeigt, dass die Entwicklung Ägyptens den Punkt erreicht hatte,wo die alte Weisheit einer Natur, welche ihre nährende Substanz über die Menschen ergießt, am Versiegen war. So erklärt sich die Hungersnot, die nicht nur Ägypten, sondern den ganzen Umkreis traf. Wenn Ägypten den katastrophalen Folgen dieser – auch geistigen – Hungersnot und Dürre entkommen konnte, dann geschah das nicht dank der alten ägyptischen Mysterien – denn diese brachten keine Frucht mehr –, sondern dank der Ankunft dieses Hebräers, der kam, litt und beinahe starb, der durch Prüfungen hindurch ging – all dies mit dem Ziel, nicht nur das von außen eingegebene Wissen zu haben, sondern aus den eigenen Kräften heraus zu denken, der göttlichen Offenbarung sein eigenes Verständnis hinzuzufügen. Dank dieser Fähigkeit konnte er dann die Schauungen der Ägypter, welche diesen selbst unverständlich geworden waren, in intellektuelle Begriffe überführen. Er konnte sie interpretieren und die praktische Folgerung daraus ableiten, Getreidevorräte für die zu erwartenden Hungerjahre anzulegen. Wir haben da eine irdische und zugleich spirituelle Ökonomie. Diese Art von »Trägheit« indessen, die nicht aus der Selbstbetrachtung und den eigenen Seelenkräften heraustritt und noch dazu behauptet, sich mit Gebeten an die Gottheit zu wenden – diese »Trägheit« der Abelströmung ist den Ägyptern ein Gräuel.

Und doch war gerade dies der Weg, den die Gottheit gewählt hatte: Die Menschen sollten die Erfahrung der inneren Armut machen und von da aus sich ein neues Vertrauen bilden. Das war die Mission Abels und die der Religiosität, die sich inmitten des hebräischen Volkes entwickelte und später, vermittelt durch Moses, im Gesetz Gestalt annahm. Das Gesetz ist der große Versuch, moralische und intellektuelle Begriffe zu bilden, aus denen dann eine neue Verbindung mit der geistigen Wirklichkeit hervorgehen könnte.

Zwischen Josef und dem Pharao entstand so eine einzigartige Verbindung. Josef wurde als ein Mensch anerkannt, der Zugang zu den geistigen Wirklichkeiten hatte; darüber hinaus gab ihm der Priester von On, von Heliopolis, dem größten Mysterienzentrum jener Zeit, seine Tochter Assnath zur Frau. Wir haben gesehen, dass zwischen dem Namen Assnath und der verschleierten Göttin zu Sais eine enge Beziehung besteht. Josef wurde für würdig befunden, den Schleier der Göttin zu heben. Er wurde in die ägyptischen Mysterien eingeweiht, sodass er ein Glied der Mysterienpriesterschaft wurde und aus den Mysterien heraus wirken konnte. Zwischen ihm und dem Pharao entwickelte sich ein gegenseitiges Vertrauen. Und so begreift Letzterer, dass die eigene verdorrende Spiritualität eine Spiritualität gastlich aufnehmen muss, die sie eigentlich verabscheut. Die Ägypter sehen sich genötigt, die hebräischen Hirten aufzunehmen und ihnen das grüne Land Goschen als Weideplatz anzubieten. Hier lässt sich nun also die Nachkommenschaft Jakobs, der Keim des Volkes Israel, nieder. Dieser erste Dialog zwischen der Kain- und der Abelströmung leitet eine lange, tiefe Entwicklung ein, die in der Geschichte nicht mehr abreißen wird. Die alte Kain-Spiritualität, die im Verborgenen leben muss – denn es war zu Kain gesagt worden, dass er sich vor den Augen aller würde verbergen müssen –, bietet der aus der Abel-Strömung hervorgegangenen Spiritualität Asyl und lässt sich durch sie befruchten. Es ist ein erster Schritt auf dem Weg zur Versöhnung.

Josef wendet sich an den Pharao und bittet diesen um Gastfreundschaft für seine Verwandten. Wir hören nun, wie die Ägypter, die vom Hunger immer erschöpfter werden, Jahr für Jahr zu Josef kommen, um Getreide zu kaufen, und schließlich, als sie kein Silber mehr besitzen, ihre Herden hergeben, dann, als sie auch keine Herden mehr haben, auch ihre Äcker und sich selbst als Knechte. So geht das Land in den Besitz des Pharao über; dafür erhalten die Bauern Saatgut für die Äcker; und Josef erhebt zum Gesetz, dass jeweils ein Fünftel der Ernte dem Pharao gehören soll. (Nur den Acker der Priester erwarb Josef nicht.)

Wir können hier erkennen, wie die Kulturimpulse aus den Mysterien kamen. Von ihnen gingen die Kunst, das Handwerk, die verschiedenen Impulse des Handels und sogar die sozialen Strukturen der Verwaltung hervor. Aus der ihnen offenbarten Weisheit heraus konnten die Mysterienpriester erkennen, welche Gesetze nötig waren, um Ordnung und Gleichgewicht im Zusammenleben der Menschen zu schaffen. Indem die politischen und ökonomischen Strukturen von den Mysterien ausgingen, wurden ihnen die Menschen gleichsam tributpflichtig. Dieses Verhältnis tritt in der ganzen griechischen Geschichte klar zu Tage: Im Tempelinnern von Eleusis und durch die Orakel von Delphi wurde über die Geschicke des Volkes entschieden.

An Eleusis und Delphi wandten sich Heerführer, Könige und Handelsleute um Rat. Was man die »pyläisch-delphische Amphiktyonie« genannt hat, ist eine der ersten Ausprägungen einer föderativen Sozialgestaltung, die jedoch immer durch die Priesterkaste geleitet war. Dieser Kultur schaffenden und ordnenden Kraft der Mysterien können wir uns bewusst werden, wenn wir das Wirken Josefs betrachten. Die Mysterien selbst blieben im Verborgenen; aus ihrem Wirken gingen indessen Gesetze und Kräfte hervor, welche die Entwicklung der Menschheit tiefgehend beeinflussten, indem sie auf das Volk eine unmittelbare Wirkung ausübten.

*

Hören wir, wie das Leben Jakobs sich seinem Ende zuneigt.

> »Jissrael saß im Lande Ägypten, im Lande Goschen, sie fassten Hufe darin, waren fruchtbar und mehrten sich sehr. Jaakob lebte im Land Ägypten siebzehn Jahre. Der Tage Jaakobs, der Jahre seines Lebens wurden hundertundvierzig Jahre und sieben Jahre. Als die Tage Jissraels dem Sterben nahten, berief er seinen Sohn Jossef und sprach zu ihm: Möge ich doch Gunst in deinen Augen gefunden haben, lege doch deine Hand unter meine Hüfte – tue Huld und Treue an mir: nimmer doch begrabe mich in Ägypten! Bei meinen Vätern will ich liegen, trage mich fort aus Ägypten, begrabe mich in ihrem Grab! Er sprach: Selber werde ichs tun, nach deiner Rede. Er aber sprach: Schwöre mir! Er schwur ihm. Jissrael neigte sich, hin zu Häupten des Betts.«

Dann geschieht in ritueller Gestalt die »Versöhnung«, welche die Trennung, die am Anfang des Lebens Josefs stand, heilt: Was aus der Gruppenseele verbannt worden war, wird wieder in sie zurückgenommen. Als Josef hört, dass sein Vater im Sterben liege, bringt er seine beiden Söhne Ephraim und Manasse zu ihm.

> »Jissrael sah die Söhne Jossefs und sprach: Wer sind diese? Jossef sprach zu seinem Vater: Meine Söhne sinds, die Gott mir hier gab. Er aber sprach: Nimm sie doch her zu mir, dass ich sie segne. Jissraels Augen nämlich waren vor Alter schwer, er konnte nicht

> sehen. Er ließ sie zu ihm herantreten, und er küsste sie und umarmte sie. Jissrael sprach zu Jossef: Dein Antlitz wieder zu sehn, nicht hatte ichs mehr vermeint, und da hat mich Gott deinen Samen noch sehen lassen. Jossef zog sie ihm wieder von den Knien und neigte sich, seine Stirn zur Erde. Jossef nahm die beiden, Efrajim an seine Rechte zur Linken Jissraels, und Mnasche an seine Linke zur Rechten Jissraels, und ließ sie zu ihm herantreten. Aber Jissrael schickte seine Rechte aus und tat sie auf den Kopf Efrajims, der doch der Jüngere war, und seine Linke auf den Kopf Mnasches, seine Hände querte er, obschon der Erstling Mnasche war.« – Josef glaubt, sein Vater irre sich und macht ihn auf den vermeintlichen Irrtum aufmerksam. Dieser jedoch wehrt ab: »Ich weiß, mein Sohn, ich weiß – auch er wird zum Volk, auch er wird groß, jedoch sein kleinrer Bruder wird größer als er und sein Same wird eine Fülle der Stämme.«

Jakob, der wie sein Vater Isaak erblindet war, hatte die Weisheit des Herzens. Auch Isaak hatte seine beiden Söhne gesegnet, aber sein Intellekt hatte ihm geboten, den Ältesten zu segnen; und so musste Gott selbst, durch die listige Täuschung Jakobs, die »Verwechslung« der beiden Söhne herbeiführen. Daher segnete er mit der rechten Hand – das ist bildhaft gesprochen – Jakob, und mit der linken Hand Esau. Das Gesetz des Jüngeren ersetzt das des Älteren; der Ältere war Träger des physischen Erbes, der Jüngere war Sohn der Gnade. Dieser geheimnisvolle Vorgang wiederholt sich nun, als Jakob die beiden Söhne Josefs segnet: Der Jüngere empfängt den Segen mit der Rechten, der Ältere den mit der Linken.

> »Dann sprach Jissrael zu Jossef: Ich sterbe nun. Gott wird dasein bei euch, wird zurück euch führen ins Land eurer Väter. Ich aber, ich gebe dir, schulterhoch, ein Teil über deine Brüder, was ich dem Amoriter abnehmen muss mit meinem Schwert, mit meinem Bogen.«

Ein rätselhaftes Wort! Wir ahnen seine Bedeutung, wenn wir erkennen, dass das hebräische Wort für »Teil« *sichem* ist, sodass wir sagen können: Ich gebe dir ein Sichem … – den Ort, an den Jakob nach seiner Flucht vor Laban gekommen war; unter der Steineiche von Sichem hatte er die Hausgötter vergraben, die Rachel ihrem Vater gestohlen hatte. Er hatte sie am geografischen Herzen Palästinas der Erde anvertraut. Wir erinnern uns an das Massaker, das Simeon und Lewi, zwei Söhne Jakobs, unter den Männern von Sichem anrichteten, um die Heirat Schchems mit ihrer Schwester Dina zu verhindern und die Reinheit des Blutes zu bewahren. »Mit meinem Schwert, mit meinem Bogen«, sagt Jakob, habe er das Land Sichem erobert.

Als später das Evangelium von der Begegnung der samaritanischen Frau mit Jesus am Brunnen Jakobs berichtet, spielt es auf das Geschenk an, das Jakob seinem Sohn Josef macht: »So kommt er in eine Stadt Samariens namens Sychar, nahe bei dem Gelände, das Jakob seinem Sohne Josef gab; dort war ein Brunnen Jakobs« (Joh. 4, 4f.). Es gehört zum letzten Willen Jakobs: Ich gebe dir das Feld von Sichem; ich gebe dir ein Teil über deine Brüder.

So kommt es, dass es unter den zwölf Stämmen Israels keinen Stamm Josef gibt. Als das Land Kanaan aufgeteilt wird, entstehen das Land von Ephraim und das Land von Manasse, seinen beiden Söhnen. Josef erhält ein Teil, Sichem, das Teil. Und dieses Teil stellt ihn abseits.

JAKOB SEGNET SEINE ZWÖLF SÖHNE

Am Lebensende Jakobs erscheint ein Element, das zwar schon bei den früheren Patriarchen da war, nun aber in der Form des bewusst gesprochenen Wortes auftritt: das Element des Segens.

Solange ein Mensch jung ist, sind alle seine Energien darauf gerichtet, den eigenen Inkarnationsprozess, der bis zur Lebensmitte dauert, voranzutreiben. Daher sollte man von jungen Menschen nichts anderes erwarten, als dass sie Egoisten sind. Sie schulden es der Welt, dass sie sich auf diesen Prozess konzentrieren. Es ist ganz und gar normal, dass die Jungen Idealisten sind, weil in ihnen, wenn sie nicht durch die Erziehung erstickt worden sind, noch moralische und geistige Kräfte wirken, die weit über ihre physische Gestalt hinausreichen. Aber dieser Idealismus soll sich noch nicht in die Welt ergießen; er soll sich im Gegenteil zuerst wirklich verleiblichen. Eine zu früh sich entwickelnde Freigebigkeit und Großzügigkeit führt zu einer Schwächung und Verarmung; denn die Freigebigkeit muss einem selbstlosen Herzen entspringen.

Das alles ändert sich mit voranschreitendem Alter; der umgekehrte Prozess setzt ein. Der Mensch löst sich allmählich von seiner leiblichen Hülle. Bleibt er dabei weiterhin auf sich zentriert, verfehlt er seine Aufgabe in der Welt. Menschen, die, nachdem sie ein gewisses Alter erreicht haben, weiterhin versuchen, sich ein Nest zu bauen, haben nicht fliegen gelernt; sie haben nicht begriffen, dass die Eroberung eines bestimmten Platzes auf der Erde kein Ziel in sich darstellt, sondern nur Mittel ist, die seelischen, moralischen und intellektuellen Kräfte zu ihrer vollen Reife zu führen. Der Inkarnationsprozess hatte zum Ziel, der geistigen Statur ein Maximum an

Wirksamkeit zu verschaffen. Wenn er ganz vollzogen ist, wenn die Instrumente und Waffen geschmiedet sind und gehandhabt werden können, ist es die Aufgabe des Menschen, sich nach außen zu wenden und draußen sein Leben zu verwirklichen.

Bei den Alten, bei den Griechen ebenso wenig wie bei den Hebräern, durfte niemand in der Öffentlichkeit sprechen, bevor er das vierzigste Lebensjahr erreicht hatte. Das Wort vor diesem Alter zu ergreifen war eine Unverschämtheit. Das beweist, dass die Menschen damals ein sicheres Gespür für den Reifungsprozess besaßen. Denn ein Wort, das nicht durch den Inkarnationsprozess hindurchgegangen ist, das zu keiner konkreten Verwirklichung auf der Erde geführt hat, ist ein leeres Wort, so edel und wahr es auch daherkommen mag. Ist es jedoch einmal durch ein Werk bestätigt worden, hat es ein ganz anderes Gewicht. – Noch später liegt das Alter, von dem an man nicht nur das Recht zu sprechen, sondern auch die Pflicht hat, Verantwortung auf sich zu nehmen. Das war in früheren Zeiten das fünfzigste Lebensjahr etwa. Man verfügt über die Kraft zur Verantwortung erst, wenn man sich von seinem Egoismus befreit hat. Damit trat man in das ein, was man das schöne, das strahlende Alter nannte. – Dieser Prozess geht nun weiter in dem Maße, wie die physischen Kräfte abnehmen. Der moderne Mensch ist oft deprimiert, wenn er bemerkt, wie seine physischen Kräfte ihm den Dienst versagen, wie er nicht mehr so aktiv wie früher sein kann, wie sein Gedächtnis nachlässt und seine Aufmerksamkeit schwankt. Könnte man diesen Prozess gelassen anschauen, würde man die feine Beobachtung machen: So wie die Flamme einer Kerze größer wird, wenn das Wachs allmählich zur Neige geht, so dehnt sich das geistige Wesen des Menschen aus, wenn seine leibliche Konstitution sich ihrem Ende zuneigt. Von einem gewissen Alter an hat man nichts mehr auf der Erde zu tun – es sei denn für andere zu beten. Je weniger man seine Aufmerksamkeit, seine Bewusstseins- und Geisteskraft den anderen zuwendet, desto mehr glaubt man, ihrer zum Überleben zu bedürfen. Das aber ist eine Illusion. Auf der Kenntnis dieses Geheimnisses beruhte eine der schönsten Fähigkeiten alter Menschen in früheren Zeiten: die Fähigkeit zu segnen.

Häufig weist Rudolf Steiner auf eine Kraft hin, durch die sich ganz unmittelbar Schicksalszusammenhänge offenbaren. Er sagt: Wer als Kind gelernt hat, die Hände zum Gebet zu falten und zu verehren, wird im Alter die Kraft zu segnen haben. – Die Segenskräfte bedeuten nicht, dass man den Wunsch hat, Ratschläge zu erteilen und für andere da zu sein. Es sind vielmehr Kräfte, die aus dem Wesen selbst hervorströmen, ob man es will oder nicht. Manche Menschen haben sie, andere nicht. Denn hier geht es nicht um ein angestrengtes Bemühen, sondern um eine karmische Angelegenheit. Wenn die Vorbedingungen dazu in der Kindheit gepflegt wurden, erscheinen im Alter die Früchte.

Nun ist der Augenblick gekommen, da Jakob fühlt, dass er diese Erde verlassen muss. Es kann auffallen, dass in keinem einzigen Bericht vom Sterben dieser Menschen von Todesangst gesprochen wird. Die Alten hatten ein sicheres Wissen davon, dass Sterben nur ein Hindurchgehen durch ein Tor ist. Und wenn der Mensch nun diesen Augenblick kommen fühlte, begann er sich darauf vorzubereiten, indem er für das nachtodliche Leben eine erste Verbindung mit den Lebenden knüpfte; diese Verbindung bestand im Segnen. Es ist ein wenig wie mit dem Licht, das uns umgibt, auch wenn wir nicht darauf achten; dennoch leben wir durch es. Ebenso geht von Menschen, die sich dem Tod nähern, etwas aus, und die Umstehenden leben von diesen Kräften. Wir erinnern uns, dass Jakob der erste war, der das persönliche intellektuelle Denken entwickelte, der persönliche Verfehlungen beging, sie erkannte und die Folgen auf sich nahm. Als individueller Mensch brachte er sich die Probleme und Dramen seines Lebens zum Bewusstsein; und so kann er nun die Kräfte seines Wesens, die sich um ihn herum ausdehnen möchten, wie in einer Garbe zusammenhalten und sie durch Worte ausdrücken.

Diese Worte sind eine Art geistiges Testament, man könnte auch sagen: eine Art Statuten für das Volk Israel. Dieses Volk existiert noch nicht, es ist nur erst eine Familie. Aber die zwölf Söhne formen dieses Bild des Kosmos, das sich entsprechend der Abraham gemachten Verheißung zu verwirklichen beginnt: »Deine Nachkommen werden sein wie die Sterne am Himmel.« Das heißt, sie werden die Gesetze des Kosmos spiegeln. Die Zwölfheit ist verwirklicht, und Jakob gibt seinen Segen in Worten, die auch in die Zukunft weisen. Auch das folgende Buch des Alten Testaments, das Buch *Exodus*, das die Geschichte Moses' und der Bildung des eigentlichen Volkes erzählt, endet mit einem Segen. Moses wird indessen nicht zwölf Menschen, sondern zwölf Stämme segnen.

Wir sind am Ausgangspunkt einer Entwicklung, die nicht mehr abreißen wird. Die Zwölfheit, diese kosmische Form, ist ein Bild, ein Urbild des Menschen. Die *Apokalypse* des Johannes schließt mit der großen Vision des Neuen Jerusalem, das auf zwölf Edelsteinen errichtet ist, das heißt auf den zwölf Stämmen des Volkes Israel. Auf den zwölf Toren sind die Namen der zwölf Stämme Israels beziehungsweise der zwölf Söhne Jakobs geschrieben und auf den zwölf Grundsteinen die zwölf Namen der zwölf Apostel des Lammes. Das ist die Oktave der zwölf Stämme.

Solange die Entwicklung dem hebräischen Volk anvertraut ist, wird sie vom Blut getragen; sie folgt dem Vererbungsstrom. Die göttliche Macht, die den Namen Jahwe trägt, hat die Aufgabe, in den Vererbungskräften die spirituellen Impulse fließen zu lassen und so über das Unbewusste des Menschen zu wirken, um die Spiritualität in dieses Volk hineinzutragen. Eine Zeit wird aber kommen, da sie nicht mehr diesen Weg nimmt, sondern den über das Bewusstsein und damit neue Verbindungen schafft, die auf einer Spiritualität beruhen, welche so weit aufgenommen, integriert und assimiliert ist, dass sie zu einem biologischen Faktor wird. Alle, die mit dem gleichen Geist kommuniziert haben, kommunizieren auch mit dem gleichen Blut und werden zu einem einzigen Leib. Das ist der neue Bund, der schließlich die ganze Menschheit umfassen wird. Der alte Bund, der erste, ging von einer Familie, einer biologisch bestimmten Gruppe aus, der er den geistigen Impuls zu einem freien Bewusstsein einprägte. Im Schoß dieses Bewusstseins entsteht eine neue Kraft, das gläubige Vertrauen, das sich von Mensch zu Mensch, von Jahr zu Jahr, von Jahrhundert zu Jahrhundert immer weiter fortpflanzt und eine Verbindung schafft, die ebenso stark, ja stärker ist als die durch Vererbung entstandene und zu einer »geistigen Blutsverwandtschaft« führt.

Man sieht, wie sich hier das Mysterium der Eucharistie, der Kommunion vorbereitet. Die Kommunion ist eine geistige, vom Bewusstsein vollzogene Handlung, die jedoch ihre Wirkungen bis in den physischen Leib erstreckt und dadurch eine geistige Gemeinschaft unter den Menschen schafft. Mit dem Segen Jakobs stehen wir am Anfang dieser Entwicklung. Er reicht daher viel weiter, als einfach gütige Worte reichen könnten. Jakob charakterisiert nicht nur das Wesen eines jeden seiner Söhne, sondern zugleich das Schicksal des Stammes, der aus jedem von ihnen hervorgeht.

> »Jaakob berief seine Söhne und sprach: Gesellt euch zueinander, dass ich euch melde, was euch begegnet in der Folge der Tage. Tretet zuhauf und hört, Söhne Jaakobs, hört auf Jissrael euren Vater!«

Schon diese Worte weisen weit über sich hinaus; sie bedeuten: Ich spreche, Jakob, euer Vater, aber auch Israel, der mit Gott gekämpft hat, der dem Engel des Ewigen gegenüberstand. Und als solcher spreche ich zu euch; ich spreche als ein Vater zu euch, der das Bewusstseinselement in sich aufgenommen hat. – Zuerst wendet er sich an Ruben:

> »Ruben, mein Erstling bist du, meine Kraft, meiner Mächtigkeit Anfang! Ragende Würde, ragender Trotz! Überschwall wie Wassers – ragest nimmer! Denn du erstiegst das Bett deines Vaters, damals gabst du ihn preis, der mein Lager erstieg.«

Der Erstgeborene ist Träger des biologischen Segens, des Segens der Vitalität. Aber diesem Prinzip war bereits zuwider gehandelt worden: Isaak war nicht der älteste Sohn Abrahams; das war Ismael, und dennoch wurde Isaak erwählt. Auch Jakob selbst war nicht der Erstgeborene; das war Esau, und dennoch wurde Jakob erwählt. Ruben ist der Erstgeborene Jakobs und Träger der physischen Vererbung, aber der »Überschwang wie Wassers« reicht nur bis zur Geburt, nicht weiter. Umso weniger, als Ruben, vielleicht auf der Grundlage seines Erstgeburtsrechts, eine Handlung vollzogen hatte, wie man sie bei allen Völkern des Mittleren Orients findet, bei den Ägyptern ebenso wie bei den Chaldäern und Kanaanitern, und die überall zu einem Zeichen der Dekadenz geworden war. Man suchte da die Verbindung mit gewissen geistigen Kräften auf dem Weg über sexuelle Praktiken zu erreichen. Die Geschichte der späten ägyptischen Kultur berichtet von Beziehungen zwischen Bruder und Schwester, Vater und Tochter und so weiter. Durch außernatürliche Emotionen sollte eine gewisse Sensibilität für Kräfte übersinnlicher Natur hervorgerufen werden. Diese Mittel, die in Zeiten der Dekadenz angewendet wurden, gingen wahrscheinlich auf mythische Ursprünge zurück. Sie waren nun in die Öffentlichkeit gedrungen und verzerrt worden. So gibt uns der Ödipus-Mythos im Tod des Vaters und der Vereinigung mit der Mutter Bilder eines rein geistigen Weges; und die Katastrophe wurde dadurch ausgelöst, dass der Mensch, der unfähig war, diesen Weg geistig zu gehen, ihn auf die physische Ebene verlagerte.

Ruben hat zu einem bestimmten Zeitpunkt tatsächlich diesen Vereinigungsakt mit einer der Frauen seines Vaters vollzogen. Es war weder seine Mutter noch die Dienerin seiner Mutter, es war die Dienerin Rachels. Der Versuch, auf diese Weise mit geistigen Kräften in Verbindung zu treten, stand der dem Volk Gottes gegebenen Weisung absolut konträr entgegen. Deshalb erwähnt Jakob beim Segen diesen Akt, um ihm damit zu sagen: Durch diese Handlungsweise hast du dich abseits gestellt. – Im Laufe der langen Geschichte des hebräischen Volkes werden Handlungen dieser Art immer wieder auftreten, in der Wüste ebenso wie später in Jerusalem oder Samarien. Nie aber wird in diesem Punkt auch nur die geringste Nachsicht walten. Die jüdische Religion hat tatsächlich in diesem Punkt eine radikale Klärung der Kräfte gebracht.

Der aus Ruben hervorgegangene Stamm war immer von einer gewissen Ungeduld gekennzeichnet. Die Rubeniten betraten als Erste das Heilige Land; und als man daran ging, es in verschiedene Territorien aufzuteilen, waren sie wiederum die Ersten, die ihr Teil, das Gebiet jenseits des Jordans, in Empfang nahmen. Es war im Übrigen in dieser Gegend, dass einmal eine Handlung gleicher Art stattgefunden hatte, als die Töchter Lots, des Neffen Abrahams, ihren Vater betrunken machten, damit er sie unbewusst schwängere. Aus diesem Inzest gingen Ammon und Moab beziehungsweise die Ammoniter und Moabiter hervor. Es handelt sich also dabei um eine

Strömung, in der zwischen Vererbung und Spiritualität nicht klar unterschieden wird. – Dann spricht Jakob zu Simeon und Lewi gemeinsam:

> »Schimon und Lewi die Brüder, Geräte der Unbill ihre Karste! Nimmer komme in ihren Rat meine Seele, nimmer eine, meine Ehre, dich ihrer Versammlung! Denn in ihrem Zorn erwürgen sie Männer, in ihrem Mutwill lähmen sie Stiere. Fluch ihrem Zorn, dass er trotzt, ihrem Grimm, dass er so hart ist! Ich zerteile sie in Jaakob, ich zerstreue sie in Jissrael.«

Simeon und Lewi waren die Hauptverantwortlichen für das Massaker in Sichem. Sie nahmen in gewisser Hinsicht die Gegenposition zu Ruben ein, indem sie keinerlei Kompromiss einzugehen bereit waren und trotz ihres gegebenen Wortes die Männer von Sichem töteten. Keine dieser extremen Haltungen führt indessen weiter; verlangt ist eine vermittelnde Gesinnung. Jakob verflucht nicht Simeon und Lewi selbst, sondern deren Zorn; und er fügt hinzu, dass sie in Israel zerstreut würden. Später, nach den großen Erfahrungen in der Wüste, wird Moses einen Teil dieses Fluches in Gnade verwandeln: Der Stamm Lewi wird zwar tatsächlich zerstreut bleiben, doch wird er Träger des Priestertums werden. Flüche, Strafen können also zu Gnadengaben werden; alles hängt davon ab, wie man sie trägt. Jede vom Schicksal auferlegte Prüfung kann zu einer Quelle des Segens werden.

Nach diesen beiden Brüdern, in denen sich starke Emotionen ungehindert ausleben, die also nicht dem Mittelweg folgen, ist derjenige an der Reihe, der zum wirklichen Erben der geistigen Vererbungsströmung werden wird, Juda, der dem ganzen Volk seinen Namen gegeben hat:

> »Jehuda, du, dir danken deine Brüder. Deine Hand deinen Feinden im Nacken! Deines Vaters Söhne neigen sich dir. Ein Löwenjunges Jehuda – vom Zerfleischen, mein Sohn, steigst du empor! Er kauert, er lagert, wie der Leu, wie die Löwin, wer reizt ihn auf! Nicht weicht von Jehuda das Zepter, nicht zwischen seinen Füßen der Richtstab, bis dass kommt Dems-zusteht, – ihm der Völ-

ker Botmäßigkeit! An die Rebe bindet sein Füllen er, an die Purpurranke sein Eslein, wäscht im Wein sein Gewand, seinen Umhang im Blut der Trauben, die Augen funkelnd von Wein, die Zähne weißschimmernd von Milch.«

Diese Segensworte sind sicher die prophetischsten; sie sind außerordentlich dicht. Der Name »Jehuda« wird Wirklichkeit, denn er bedeutet »Lobpreis«. Alles wird Lobpreis sein, sein ganzes Wesen, wie umgekehrt er Lobpreis empfangen wird: »Deine Hand deinen Feinden im Nacken! Deines Vaters Söhne neigen sich dir.« Als sich das Drama um Josef abspielte, war Juda es gewesen, der die nach Ägypten ziehende Karawane entdeckt und den Vorschlag gemacht hatte, Josef nicht zu töten, sondern ihn zu verkaufen, sodass er also seinen Bruder zugleich beschützte und ihn den Fremden preisgab. Juda war es auch gewesen, der sich selbst in Ägypten als Geisel angeboten hatte. Er fühlte sich verantwortlich für das Geschehene, und sein Gewissen war zum Gewissen der ganzen Familie geworden. »Deines Vaters Söhne neigen sich dir.« Das heißt: Alle deine Brüder werden deine Herrschaftsstellung anerkennen, du brauchst sie ihnen nicht aufzuzwingen, deine moralische Kraft wird das Zentrum sein. »Ein Löwenjunges Jehuda!« Was zeichnet den Löwen vor den anderen Tieren aus? Wenn er der König der Tiere ist, so nicht durch seine Kraft. Vergleicht man ihn mit dem Tiger, dem Elefanten oder irgend einem anderen Tier, das gleich mächtig oder furchterregend ist, so fällt auf, dass von ihm etwas wie Gleichgewicht ausstrahlt; als Tierkreiszeichen ist der Löwe dem Herzen zugeordnet. Oder schauen wir uns einen Löwen an! Er hat praktisch keinen Hals; sein Kopf schließt unmittelbar an den Brustkorb an, er ist wie das Antlitz seines Herzens. Der Löwe lebt aus den Kräften des Herzens, aus dem Leuchten des Herzens, und wenn er herrscht, dann deshalb, weil er in sich dieses Gleichgewicht des Herzens hat.

»Vom Zerfleischen, mein Sohn, steigst du empor! Er kauert, er lagert, wie der Leu, wie die Löwin, wer reizt ihn auf!« Man hat das Bild eines Löwen vor sich, der mit seiner Beute von der Jagd zurückkehrt. – Wenn wir uns heute einen König aus der alten hebräischen Geschichte vorstellen, denken wir an David oder Salomon. Diese beiden Könige waren groß nicht durch ihre äußerliche Macht, sondern weil die anderen Völker ihren Wert anerkannten. Darüber hinaus ist wunderbarerweise die Vererbungslinie der Könige von Juda nie abgerissen. Nach dem Tod Salomons bildeten zehn Stämme das nördliche Reich, das Königreich Israel, während die beiden Stämme Juda und Benjamin das Südreich bildeten, welches das weitaus ärmste war. Dieses kleine Königreich Juda widerstand während fast eines Jahrtausends allen Stürmen. Keinem der großen Reiche jener Zeit, weder Ägypten, noch Assyrien, weder Chaldäa noch Persien, gelang es, die Königslinie auf dem Thron zu unterbrechen. Der erste König auf dem Thron von Jerusalem, der nicht dem Geschlecht Davids angehörte, war Herodes, ein Araber.

»Nicht weicht von Juda das Zepter, nicht zwischen seinen Füßen der Richtstab« – man kann im Zepter das Zeichen der Königswürde und im Richtstab das der richterlichen Kraft sehen –, »bis dass kommt der shilo.« »Shilo« ist ein hebräisches Wort, dessen genaue Bedeutung man nicht kennt. Möglich ist die Bedeutung »Friedenbringer«, aber auch: »Der, dem das Königreich zusteht«. – »Ihm, der Vöker Botmäßigkeit!« Ein Tag wird kommen, da die Herrscher der Völker nach Jerusalem ziehen werden. Was für David und Salomon galt, wird auf geistigem Gebiet noch mehr zutreffen: Die Könige Jerusalems werden nicht durch äußere Machtentfaltung herrschen, sondern durch Vertrauen, durch geistige Autorität. Es ist das eines der Bilder, die in apokalyptischen Texten immer wieder auftauchen: Einmal werden die Könige der Erde ihren Glanz, ihre geistige Leuchtekraft nach Jerusalem tragen. Der Thron Judas ist also etwas, das weit über eine bloß politische Bedeutung hinausreicht. Er ist ein geistiges Zentrum. Und die verschiedenen Kräfte, die über die Welt ausgegossen sind, werden in dem zusammenfließen, der dem Thron Judas seine wirkliche Bedeutung gibt: dem Friedensbringer, »Dems-zusteht«. In diesem Sinne war Josef von Nazareth der Erbprinz und Jesus der Thronprätendent.

Die Bilder, in denen die weitere Segnung Judas spricht, sind dem bäuerlichen Leben entnommen; sie sind einfach und sprechen zum Herzen. Das Bild des Esels spielte beispielsweise in vielen mythischen Erzählungen eine Rolle; es deutet auf den Inkarnationsprozess. »Geh, Bruder Esel«, pflegte Franz von Assisi seinem Körper zuzurufen, wenn ihm dieser manchmal den Dienst versagte. Im Orient war der Esel ein unverzichtbares Fortbewegungsmittel. Das Kamel tauchte erst im Mittelalter, also relativ spät, in dieser Rolle auf. Das wirkliche Wesen, dank dessen man sich auf der Erde bewegen kann, ist der Esel. So nimmt beispielsweise der gute Samaritaner den verletzten, ausgeraubten Menschen auf seinen Esel. Hier, in der Segnung Judas, ist darauf hingedeutet, wie der Träger des königlichen Glanzes und Bringer der Einheit bis in die einfachste, bescheidenste Erdenwirklichkeit herabsteigt.

Es handelt sich hier also um das Mysterium des physischen Leibes. Der folgende Satz rührt an das Geheimnis des Blutes: er wäscht »seinen Umhang im Blut der Trauben«. Früher kelterte man den Wein mit den Füßen in großen Kübeln, und man breitete ein Gewand über die Trauben, um zu verhindern, dass der Saft überall hinspritzte. Das Gewand war aber dann vom »Blut der Trauben« getränkt. Dieser Ausdruck ist umso mehr berechtigt, als der Traubensaft der einzige Pflanzensaft ist, der dieselbe Glukose enthält wie das menschliche Blut. Es besteht zwischen dem Saft der Traube und dem Blut eine enge Verwandtschaft.

Dasselbe Bild begegnet uns in der *Johannes-Apokalypse*, als es von dem Reiter auf dem weißen Pferd heißt: »Bekleidet ist er mit einem blutbesprengten Gewande, dessen Name lautet: Das Wort Gottes … Er tritt die Weinkelter des Zornmutes Gottes, des Alldurchwalters« (Apok. 19,13 und 15). Hinter all diesen Bildern – das Blut der Trauben mit den Füßen treten, den Mantel tragen, der von diesem »Blut«, aber auch von allen Leiden und Schicksalen durchtränkt ist und so zu einem Zeichen der Würde wird – schimmert zart das apokalyptische Bild des Lammes hindurch, das sein Blut hingibt. Man tränkt in der Tat seinen Mantel im Blut; und das wird zum Zeichen des himmlischen Königtums. – Die Segnung Judas schließt mit dem kräftigen Klang zweier Farben: Rot und Weiß, Rot als die Farbe des Blutes und Weiß als die Farbe der absoluten Reinheit.

Die anderen Söhne werden weniger stark charakterisiert.

> »Sbulun, am Gestade des Meers wohnt er, er an der Schiffe Gestad, den Rücken an Sidon gelehnt.«

Das Land Zabulons lag in der Tat im Nordwesten und war immer der Gefahr kriegerischer Einfälle aus der Gegend des heutigen Libanon, dem Land von Tyrus und Sidon, ausgesetzt.

> »Jissachar, ein knochiger Esel, lagernd zwischen den Hürden – er sah Ruhe, dass sie ein Gut, das Land, dass es freundlich war, zum Lasttragen neigte er seine Schulter und wurde ein Fronknecht.«

Die Angehörigen dieses Stammes werden gute Bauern sein; sie besitzen eine der fruchtbarsten Gegenden überhaupt, die wunderbare Ebene, die sich zwischen dem See Genezareth und dem Mittelmeer erstreckt und auf der Meggido liegt. Die Ebene Jezreel ist ein wahrer Garten, er reicht bis Haifa und bis zum Berg Karmel. Es ist eine Art Hochebene mit Torf im Untergrund, eine äußerst fruchtbare, frische, feuchte Erde, von Blütenpflanzen übersäht. Hier lebt dieser friedliche Stamm, dem es nicht schwer fiel, die geforderten Steuern zu bezahlen: »… und wurde ein Fronknecht.«

> »Dan dient um Recht seinem Volk, wie nur einer von Jissraels Zweigen. Eine Schlange wird Dan am Weg, eine Hornotter am Pfad, die beißt die Fersen des Rosses, und rückwärts stürzt sein Reiter.«

»Dan« bedeutet »Richter«; auch er ist also mit seinem Namen begnadet. Will man in den zwölf Stämmen den Widerschein des Tierkreises erkennen, so hat man hier wahrscheinlich den Skorpion zu sehen. Das Land Dans in der Nähe des Mittelmeers, in der Gegend des heutigen Tel Aviv, lag fortwährend mit den Philistern und den Phöniziern in Streit. Das ging so weit, dass ein Teil dieses Stammes aufbrach und nach Norden zog, in Richtung auf die Grenze von Sidon, wo eine sehr reiche, schöne Stadt lag. Die Stadt wurde durch Überrumpelung und Verrat eingenommen, und so ließ sich ein Teil der Leute Dans im äußersten Norden des Landes nieder. Der Stamm Dans wurde also in zwei relativ wenige Mitglieder umfassende Teile gespalten, von denen der nördliche in ständiger Berührung mit den autochthonen Völkern stand. So kann man tatsächlich sagen, dass dieser Stammesteil, der den eigenen Kult verriet und Kompromisse mit den zu jener Zeit schon ziemlich dekadenten Naturkulten einging, die Skorpionkraft repräsentiert; immer versuchten diese Menschen, das alte, auf Vererbung beruhende Hellsehen wieder zu beleben. Das blieb nicht ohne Folgen, denn die Kraft der Schlange, der Mediumismus, verfälscht das Denken. Als Rudolf Steiner einmal nach den Folgen von Mediumismus und Spiritismus gefragt wurde, antwortete er: Menschen, die in dieser Weise von einem Bewusstseinszustand in einen anderen hinübergleiten, verlieren die Fähigkeit, klar zu unterscheiden, ob sie sich in der übersinnlichen oder in der sinnlichen Welt befinden; sie vermischen beide Welten, und darunter leidet der klare Wahrheitssinn. – Wenn die Schlange in die Fersen des Rosses beißt, greifen die unbewussten Seelenkräfte schädigend in die klaren Gedankenkräfte ein; denn das Pferd ist immer Bild für ein klares, reinliches, exaktes Denken. – Wie um das Erbarmen Gottes über ein so tragisches Schicksal herabzurufen, fügt Jakob hinzu: »Zu deiner Freiheit streck ich mich, DU!«

»Gad, Gedräng der Raubschar umdrängt ihn, doch schon drängt auf der Ferse er nach.«

Das Gebiet Gad lag an den Grenzen des Landes, zwischen Syrien und Jordanien, also östlich des Jordans, beim See Genezareth. Der Stamm Gad gehört zu den Stämmen, die sich ständig mit den angrenzenden Beduinen herumzuschlagen hatten. Es war wie im Wilden Westen: Man griff ein kleines Dorf oder ein Lager an und nahm es ein; es wurde wieder zurückerobert und so immer weiter; ein Raubzug folgt dem andern »auf der Ferse«.

»Ascher, seine Nahrung ist Fettigkeit, Königsleckereien gibt er her.«

Das Gebiet von Ascher erstreckte sich ebenfalls als lang gedehnte Ebene entlang des Mittelmeeres, und zwar nördlich von Haifa.

»Naftali, eine losgelassene Hindin, er der Wohllaut-Sprüche ausgibt.«

Dann ist Josef, der Lieblingssohn Jakobs, an der Reihe:

> »Sprossender Fruchtstock Jossef, sprossender Fruchtstock am Quell, Tochtergespross schwingt sich mauerhinan … Wider ihn erbittert beschießen, befehden die Pfeilmeister ihn, doch im Urstand bleibt sein Bogen, seiner Hände Arme schnellen: von den Händen des Recken Jaakobs her, von dort her, dem Hirten vom Jissrael-Stein. Vom Gott deines Vaters – er helfe dir, von dem Gewaltigen – er segne dich: Segnungen des Himmels von droben, Segnungen des Wirbels, der drunten lagert, Segnungen von Brüsten und Schoß! Die Segnungen deines Vaters wuchsen an die Segnungen der ewigen Berge, an die Lust der Weltzeit-Höhn – sie mögen sich senken auf Jossefs Haupt, auf den Scheitel des Geweihten unter seinen Brüdern!«

Man spürt die ganz besondere Liebe Jakobs zu diesem Sohn, dem Erstgeborenen seiner geliebten Frau Rachel. Da ist zuerst das schöne Bild des Fruchtstocks, das heißt des Fruchtbaums über der Quelle. Das hier mit »Quelle« übersetzte hebräische Wort ain bedeutet auch »Auge«: Jede Quelle ist ein Auge, durch das die Erde zum Himmel schaut. Und das Tochtergespross, das sind die Zweige, die über die Mauer hinauswachsen. Das also ist das Bild Josefs: Lebenskräfte, die sich der Umgebung mitteilen, die wie lebendiges Wasser sind.

Nun gab es, wie schon erwähnt, keinen Stamm Josef; aber seine beiden Söhne wurden zu Stammesführern. Sie besaßen das Land zwischen Judäa, dem wüstenartigen Süden, und dem paradiesischen Galiläa. In diesem Mittlerland fließen die meisten Quellen und kleinen Flüsse. In der Gegend des Jakob-Brunnens, an dem Jesus der samaritanischen Frau begegnete, ein wenig im Norden davon hat sich dieser Charakter der Landschaft bis heute erhalten. Das Land Efraim bietet das Bild einer Erde, die durch kleine Wasserläufe, Brunnen und in den Bergen verstreute Quellen fruchtbar wurde. – Die Pfeilmeister, die Josef befehden, während dieser selbst seinen Bogen zurückhält, spielen auf das Schicksal Josefs in Ägypten an, Jahre, während derer er unter dem immer gegenwärtigen Schutz des göttlichen Denkens stand. Um wen aber handelt es sich, wenn vom »Recken Jaakobs« die

Rede ist? (Manchmal wird er auch der »Mutige Jakobs« oder der »Starke des Herrn« genannt.) Es ist derselbe, mit dem Jakob die ganze Nacht über rang, bevor er den Jabbok überschritt. Es ist derselbe, der in der *Apokalypse* »der starke Engel« genannt wird. Dank der Kraft dieses Erzengels, der Josef bei seinem Gang durch die so verführerische ägyptische Kultur beschützt, kommt dieser nicht von seinem Weg ab und bleibt aufrecht. Fast übergewaltig, in hymnischer Sprache strömt dann der Segen Jakobs auf Josef herab, macht ihn zu dem Geweihten unter seinen Brüdern.

Welch wunderbares Bild: »die ewigen Berge«, Berge, die immer beständig bleiben! Inmitten von Bergen ließ sich der Stamm Efraim – und auch der Stamm Manasse – nieder, auf gleicher Höhe, aber östlich des Jordans, in einer friedlichen, sanften Landschaft.

Die Segnungen mögen sich senken auf Josefs Haupt, auf den Scheitel des Geweihten – man könnte auch sagen: des Gekrönten – unter seinen Brüdern. Der Gekrönte heißt im Hebräischen *nazir*; und von Moses an tritt innerhalb des Volkes ein besonderer Orden auf, der Orden der Nasiräer, der aus Männern besteht, die von ihrer Geburt an dem Ewigen geweiht sind. Sie sind nach außen hin dadurch zu erkennen, dass keine Schere je ihre Haare kürzte, dass sie keine vergorenen Getränke zu sich nehmen und gewissen Regeln, besonders der Pflege der Musik, folgen. Die Nasiräer praktizierten, ohne ausgesprochen asketisch zu sein – Samson beispielsweise zählte zu ihnen –, gewisse Übungen, die sie in Berührung mit der geistigen Welt brachten. Wenn Jesus Nazarener oder Nasiräer genannt wird – beide Bezeichnungen finden sich im Neuen Testament –, ist das ein Hinweis darauf, dass das umherziehende Leben Jesu der Lebensweise der Nasiräer glich. Es handelt sich bei der »Krone« Josefs nicht um eine Königskrone, sondern um ein geistiges Diadem, welches den Menschen in einem Zustand hält, der der geistigen Welt näher ist. Die Nasiräer inkarnieren sich nicht vollständig. Sie verkörpern in gewisser Weise die Kindheitskräfte des Volkes, ein wenig so wie die Mönche der Ostkirchen, die sich die Haare nicht schneiden. Sie bewahren so eine gewisse Verbindung mit den kosmischen Kräften. Um diese Erdenferne auszugleichen, machen sie Musik, tanzen und singen sie: »der nazir unter seinen Brüdern.«

Schließlich der letzte, Benjamin, den seine sterbende Mutter Benoni, »Sohn meines Unheils« genannt hatte und der seinem Vater den vielleicht größten Schmerz dadurch zufügte, dass er durch seine Geburt seiner Mutter das Leben kostete:

»Binjamin, ein Wolf, der zerfleischt, am Morgen noch frisst er den Raub, am Abend verteilt er schon Beute.«

Der Stamm Benjamin, der sehr klein war, ließ sich nördlich von Jerusalem nieder. Zwei herausragende Persönlichkeiten gehörten ihm an. Beide trugen sie den selben Namen: Saul, der erste König, und Saul von Tarsus, der zu Paulus wurde. Diese beiden Persönlichkeiten sind wie »Wölfe« – Paulus war ein Choleriker –, Erscheinungen mit einem mächtig wirkenden Temperament. Der König Saul wurde nicht Herr über dieses Temperament; er verlor die Herrschaft über seine eigene Kraft und war gegen das Ende seines Lebens von ihr besessen. Saulus von Tarsus machte die Erfahrung, durch die man lernt, ganz klein zu werden. Erinnern wir uns nur an das Wort, das Gott zu ihm spricht: »Es genüge dir meine Gnade, denn in der Schwachheit kommt meine Kraft zur Vollendung.« (2. Kor. 12,9) Paulos heißt »der ganz Kleine«; das machte ihn zum Träger der Heilsbotschaft.

*

Das Buch *Genesis* des Alten Testaments endet mit dem Bericht von Jakobs und dann von Josefs Tod. – Jakob spricht zu seinen versammelten Söhnen:

»Ich werde nun eingeholt zu meinem Volke, begrabt mich zu meinen Vätern in die Höhle, die auf dem Anger Efrons des Chetiters, in der Höhle, der auf dem Anger Machpela, angesichts von Mamre, im Lande Kanaan, welchen Anger Abraham von Efron dem Chetiter zur Grabhufe erwarb. Dorthin begrub man Abraham und sein Weib Ssara, dorthin begrub man Jizchak und sein Weib Ribka, dorthin habe ich Lea begraben – den Anger und darauf die Höhle, Erwerb von den Söhnen Chets.

> Als Jaakob geendet hatte, seinen Söhnen zu gebieten, holte er seine Füße ins Bett und verschied und wurde zu seinen Volkleuten eingeholt.«

Josef holt vom Pharao die Erlaubnis ein, den Vater an dem Ort zu begraben, den er ausgesucht hatte. Und so ziehen alle hinauf und lassen im Lande Goschen nur die Kinder und die Herden zurück. Und Jaakob wurde im Lande Kanaan in der Höhle von Machpela begraben.

Die Brüder fürchten, Josef könne ihnen nach dem Tod des Vaters das Böse, das sie ihm angetan hatten, vergelten. Er beruhigt sie jedoch:

> »Fürchtet euch nimmer! bin ich denn an Gottes Statt? Habt ihr, ihr Böses wider mich geplant, Gott hats umgeplant zum Guten, um zu tun, wies heut am Tag ist: ein großes Volk am Leben zu halten. Nun aber fürchtet euch nimmer, ich selber will euch und eure Kleinen verpflegen. Er tröstete sie und redete zu ihrem Herzen.«

Wir hören noch, dass Josef und das ganze Haus seines Vaters in Ägypten bleiben. Seine letzten Worte vor seinem Tod enthalten eine Prophetie und eine Bitte.

> »Jossef sprach zu seinen Brüdern: Ich sterbe, aber Gott wirds zuordnen, zuordnen euch, hinan führt er euch aus diesem Land in das Land, das er zuschwor Abraham, Jizchak und Jaakob. Jossef beschwor die Söhne Jissraels, sprechend: Zuordnen, zuordnen wirds euch Gott, bringt dann meine Gebeine von hier hinan! Jossef starb, hundertundzehn Jahre alt. Man balsamierte ihn und man legte ihn in den Schrein in Ägypten.«

Josef wurde also nach ägyptischer Sitte in einem Sarkophag bestattet.

Dieses Bild vom Ende der *Genesis* wird das hebräische Volk auf allen seinen Wanderungen, wie sie im Buch *Exodus* dargestellt werden, begleiten. Sie werden dann den Sarg mit den sterblichen Überresten Josefs mit sich nehmen und zu dem Ort tragen, zu dem Jakob auf seinem Rückweg aus Chaldäa gekommen war. Und sie werden

den Sarg Josefs bei der Stadt Sichem niederstellen, auf dem Feld, das Jakob seinem Sohn Josef nahe der berühmten Quelle geschenkt hatte. Damit beginnt dann eine neue, verheißungsvolle Geschichte.

WEITERFÜHRENDE LITERATUR

A. Grundlagen

Die Schrift. Verdeutscht von Martin Buber gemeinsam mit Franz Rosenzweig. Band I: *Die fünf Bücher der Weisung.* 11. verbesserte Auflage der neubearbeiteten Ausgabe von 1954. Verlag Lambert Schneider, Heidelberg 1987. – Zu diesem ersten Band erschien die Beilage mit Ausführungen Martin Bubers »Zu einer neuen Verdeutschung der Schrift«.

Das Neue Testament. In der Übersetzung von Heinrich Ogilvie. Verlag Urachhaus, Stuttgart 1996.

Die Sagen der Juden. Gesammelt von Micha Josef bin Gorion. Neu herausgegeben und mit einem Nachwort versehen von Emanuel bin Gorion. Insel Verlag, Frankfurt a.M. 1962.

B. Weitere Literatur

Bock, Emil, Beiträge zur Geistesgeschichte der Menschheit. Band 1: *Urgeschichte.* Verlag Urachhaus, Stuttgart [8]1990.

Cloos, Walter, *Lebensstufen der Erde.* Beiträge zu einer organischen Gesteins- und Mineralkunde. Verlag Freies Geistesleben, Stuttgart [2]1970.

Husemann, Armin J., *Der musikalische Bau des Menschen* – Entwurf einer plastisch-musikalischen Menschenkunde. Verlag Freies Geistesleben, Stuttgart [3]1993.

Schwenk, Theodor, *Das sensible Chaos* – Strömendes Formenschaffen in Wasser und Luft. Verlag Freies Geistesleben, Stuttgart [9]1995.

Steiner, Rudolf (die Gesamtausgabe – GA – des Werkes erscheint im Rudolf Steiner Verlag Dornach/Schweiz)

– *Theosophie. Einführung in übersinnliche Welterkenntnis und Menschenbestimmung.* GA 9.

– *Wie erlangt man Erkenntnisse der höheren Welten?* GA 10.

- *Aus der Akasha-Chronik*. GA 11.
- *Die Geheimwissenschaft im Umriss*. GA 13.
- *Die Geheimnisse der biblischen Schöpfungsgeschichte*. GA 122.
- *Die Evolution vom Gesichtspunkt des Wahrhaftigen*. GA 132.
- *Welche Bedeutung hat die okkulte Entwickelung des Menschen für seine Hüllen – physischen Leib, Ätherleib, Astralleib – und sein Selbst?* GA 145.
- *Die Erkenntnis des Menschenwesens nach Leib, Seele und Geist. Über frühere Erdzustände*. GA 347.

GERARD KLOCKENBRING

Das Johannes-Evangelium

Ein Kurs in 22 Betrachtungen

538 Seiten, kartoniert

Ohne den Ballast theologischer Auseinandersetzungen konzentriert sich Gérard Klockenbring ganz auf die einzigartige Bildsprache des Johannes-Evangeliums und lässt in jedem Augenblick die geistige Aktualität, den uns unmittelbar packenden Dialog des Göttlichen mit dem Menschen aufleuchten. Man ahnt, dass es eine noch ganz andere, zukünftige Gestalt des Christentums geben kann.

URACHHAUS

GERARD KLOCKENBRING

Wer war St. Martin?

86 Seiten, kartoniert

Der hl. Martin von Tours (316/17 bis 397), der ein mönchisches Dasein mit dem Bischofsthron zu vereinen wusste, hat nichts Schriftliches hinterlassen. Er hat allein durch seine Wundertaten gewirkt, die ihn in der Nachfolge Christi erscheinen lassen. Viele Einzelheiten über sein Leben verdanken wir seinem Biographen, dem Geschichtsschreiber Sulpicius Severus.
Anhand dieser Überlieferungen und zahlreicher Legenden macht Gérard Klockenbring die spirituelle Bedeutung dieses Heiligen sichtbar, der nicht nur durch innere Disziplin, sondern auch durch Demut und Opferbereitschaft durchlässig wurde für die ausgleichende, belebende und verklärende Wirkung des Christus, sodass er ein wahrer Kämpfer in seinen Diensten werden konnte.